Esslinger-Hinz · Kultursensible Didaktik

Ilona Esslinger-Hinz

Kultursensible Didaktik

Eine Einführung in Theorie und Praxis

Mit Online-
Materialien

BELTZ

Dr. Ilona Esslinger-Hinz ist Professorin für Schulpädagogik an der Pädagogischen Hochschule Heidelberg.

Hinweise zu den Onlinematerialien finden sich auf Seite 20.

FSC www.fsc.org MIX Papier aus verantwortungsvollen Quellen FSC® C089473

Dieses Buch ist erhältlich als:
ISBN 978-3-407-25824-3 Print
ISBN 978-3-407-25833-5 E-Book (PDF)

1. Auflage 2021

Lektorat: Miriam Frank
Layout/Reihenkonzept: glas ag, Seeheim-Jugenheim
Umschlaggestaltung: Michael Matl

Herstellung: Victoria Larson
Satz: WMTP Wendt-Media Text-Processing GmbH, Birkenau
Druck und Bindung: Beltz Grafische Betriebe, Bad Langensalza
Printed in Germany

Weitere Informationen zu unseren Autor_innen und Titeln finden Sie unter: www.beltz.de

Inhalt

Zum Hintergund

Vor zwei Jahrzehnten besuchte ich im Rahmen einer repräsentativen Untersuchung Gesamtlehrerkonferenzen, um die Lehrerinnen und Lehrer für die Mitarbeit im Rahmen einer Fragebogenerhebung zu gewinnen.[1] Obwohl es immer dieselbe Schulart war und auch dasselbe Setting »Gesamtlehrerkonferenz«, stimmten mich diese Besuche, es waren 24 Konferenzen, nachdenklich: Ich hätte sagen können, in welchem Kollegium ich gern gearbeitet hätte und in welchem nicht. Irgendetwas machte eine Differenz. Seither sind etliche Jahre vergangen und das Thema »Schul- und Unterrichtskultur« beschäftigte mich seither empirisch wie auch theoretisch[2] – und seit einigen Jahren ganz besonders im Hinblick auf die Gestaltung von Unterricht.

In der allgemeindidaktischen Fachliteratur wird zum Zeitpunkt der Publikation des vorliegenden Buches mit dem Abgesang der Allgemeinen Didaktik gerungen – kaum ein Text zur Allgemeinen Didaktik, der in der Einleitung nicht auf Todes- oder Endzeitmetaphorik verzichten könnte oder das Verhältnis zur empirischen Unterrichts-, Schul- oder Bildungsforschung thematisiert. Dennoch steigt die Zahl der didaktischen Theorien kontinuierlich. Der jeweilige Fokus ist zumeist mit der Bezeichnung der Theorie angegeben. Zuweilen wird sogar auf zwei Attribute zurückgegriffen, was ihnen das wenig schmeichelhafte Etikett der »Bindestrich-Didaktik« eingebracht hat.[3] Neuerdings listet Scholl[4] einhundertundeine Didaktiken auf; Arnold und Zierer[5] spekulieren sogar, ob mit der Ausbildung einer eigenen didaktischen Theorie ein Versuch unternommen würde, sich einen schulpädagogischen Ritterschlag zu sichern, und denken angesichts der immensen Anzahl an didaktischen Theorien darüber nach, wie die Spreu vom Weizen getrennt werden könnte.

Sich in eine lange Schlange einzureihen, ist zumeist unangenehm – wer will schon die einhundertundzweite Didaktik schreiben? –, ganz abgesehen von der zu investierenden Lebenszeit. Dennoch liegt das Buch jetzt vor. Mir war wichtig, es zu schreiben,

---

1 Esslinger, I. (2002). *Berufsverständnis und Schulentwicklung: ein Passungsverhältnis? Eine empirische Untersuchung zu schulentwicklungsrelevanten Berufsauffassungen von Lehrerinnen und Lehrern.* Bad Heilbrunn: Klinkhardt.

2 Esslinger-Hinz, I. (2010). *Schulkulturanalyse. Eine vergleichende empirische Untersuchung zu ausgewählten Dimensionen schulischer Kulturen.* Bad Heilbrunn: Klinkhardt; Esslinger-Hinz, I. (2019). *Schulkultur.* In: M. Harring, C. Rohlfs & M. Gläser-Zikuda (Hrsg.): Handbuch Schulpädagogik. (S. 608–620). Münster: Waxmann.

3 Zum Beispiel Kritisch-konstruktive Didaktik, Handlungs- und entwicklungsorientierte Didaktik, Informationstheoretisch-kybernetische Didaktik, Lehr-lerntheoretische Didaktik.

4 Scholl, D. (2018). *Metatheorie der Allgemeinen Didaktik. Ein systemtheoretisch begründeter Vorschlag.* Bad Heilbrunn: Klinkhardt.

5 Arnold, K.-H., Zierer, K. (2015). *Die deutsche Didaktik-Tradition. Grundlagentexte zu den großen Modellen der Unterrichtsplanung.* Bad Heilbrunn: Klinkhardt, S. 14.

weil ich denke, dass es Zeit ist, den Fokus neu und anders auf Unterricht zu richten. Mit der hier vorgelegten Kultursensiblen Didaktik möchte ich den sehr gewohnten und etablierten Blick auf die Planung und Analyse von Unterricht, vor allem aber die Idee, dass die Betrachtung von Oberflächenstrukturen des Unterrichts hinreichend sei, irritieren. Das würde mich freuen; denn die vorhandenen Planungskulturen, die in der deutschspachigen Lehrerbildung tradiert werden, gilt es angesichts der jeweils aktuellen Chancen und Gefahrenlagen in der Biografie der einzelnen Person sowie im Zusammenleben mit anderen in dieser einen Welt fortzuentwickeln, stellenweise anders zu denken, neu zu justieren und reflektiert zu gestalten.

Die Allgemeine Didaktik ist tückisch, weil sie einen omnipotenten Anspruch hat, und an jeder Stelle ließen sich die Argumentationslinien weiterspinnen, ausdifferenzieren, belegen und verfeinern. Kurz: Ein solches Buch fände nie einen Abschluss, schon gar nicht auf rund 200 Seiten, dieser ist somit immer auch nur vorläufig.

Vor einigen Jahren musste ich einen Vortrag zum Ruhestand von Frau Prof. Dr. Barbara Koch-Priewe absagen; er erscheint nunmehr als später Nachtrag in Form dieses Buches und soll ein Stück Verbundenheit markieren – persönlich sowie inhaltlich.

Heidelberg, im Frühjahr 2021

1. Grundlegendes zu diesem Buch

1.1 Der Kerngedanke

Sobald Menschen zusammen sind, beginnt sie sich auszubilden: eine Kultur. Dieser Vorgang der Kulturgenerierung und Kulturetablierung ist zwangsläufig, er lässt sich nicht aufhalten oder verhindern und findet somit auch in jeder schulischen Lerngruppe bzw. Schulklasse statt. Die Präsenz von Unterrichtskulturen in grundsätzlich jedem Lehr-Lernsetting ist zwar unbestritten und findet in theoretischen wie auch in empirischen Arbeiten Erwähnung, sie ist aber in ihrer Bedeutung für die Praxis bzw. für die Praktiken des Unterrichts nicht so ausgearbeitet,[6] dass eine theoretische Grundlage vorläge, die für das professionelle Arbeiten in Schule und Unterricht eine handlungsrelevante Grundlage bieten könnte.[7] Diese Lücke existiert, obwohl die Bedeutung der Schulkultur immer wieder hervorgehoben und auch empirisch untersucht ist.[8] Sie wird mit dem hier vorgestellten Ansatz geschlossen, der die stetigen, fest etablierten Anteile von Schule und Unterricht in den Fokus der Aufmerksamkeit rückt, denn sie sind es, die sich situieren und tradieren. Sie sind es auch, auf deren Gestaltung und Etablierung Lehrpersonen ihr Augenmerk richten sollten, und schließlich sind sie es, die den Rahmen für das Leben und Lernen in Schule und Unterricht bieten.

Aus struktur-funktionalistischer Perspektive[9] differenzieren sich Gesellschaften immer mehr aus, so auch die unsrige, im Alltag bemerkbar an der Existenz von Subsystemen im Mikrobereich: Für alles und jedes existieren Expertisen und separierte soziale Rahmungen – vom Tele-Chirurg, dem Feelgood-Manager oder Make-up-Artist über das Nageldesign, das Wakeboarden bis hin zum Stand-up-Paddling. Jeder dieser Kontexte lässt neue soziale und damit auch kulturelle Räume entstehen. In Schule und Unterricht passiert dies aktuell insbesondere durch die Ausbildung von Profilfächern, die Etablierung von Neigungsgruppen, durch Leistungsdifferenzierungen oder in Ganztagsschulen durch Freizeitangebote. Bildet sich eine AG, die eine Cajón baut, in der ein Musical geprobt wird oder eine Schülerfirma eingerichtet wird: Immer ent-

---

6 Im Sachwortverzeichnis gängiger Literatur zur Unterrichtsplanung ist das Stichwort »Unterrichtskultur« nicht zugelistet. Zum Beispiel Tulodziecki, G.; Herzig, B.; Blömeke, S. (2017). *Gestaltung von Unterricht* (3. überarb. und erw. Aufl.). Bad Heilbrunn: Klinkhardt.

7 Berkemeyer, N., Junker, R., Bos, W. & Müthing, K. (2015). Organizational cultures in education: Theory-based use of an instrument for identifying school culture. In *Journal for Educational Research/Journal für Bildungsforschung, 7*(3), 87.

8 Zum Beispiel Gazil, H. H. (1997): Impact of school culture on effectiveness of secondary schools with disadvantaged students. *In The Journal of Educational Research, 90*(5), 310–318.

9 Keller, F. (2014). *Strukturelle Faktoren des Bildungserfolgs. Wie das Bildungssystem den Übertritt ins Berufsleben bestimmt.* Wiesbaden: Springer; Fend, H. (2008). *Neue Theorie der Schule. Einführung in das Verstehen von Bildungssystemen.* (2. durchg. Aufl.). Wiesbaden: Verlag für Sozialwissenschaften.

stehen soziale Räume und damit Kulturen. Mit zunehmender Globalisierung, Technologisierung und Digitalisierung rücken diese Räume zugleich näher zueinander und werden für die Akteure[10] sichtbar und zugänglich. Die Möglichkeit, ihnen zuzugehören, steigt für den Einzelnen und damit auch die Anzahl an kulturellen Räumen, denen jeder und jede angehört – im »real life« oder virtuell. Diese Entwicklungen weisen darauf hin, dass das Wissen über kulturelle Räume bzw. die Kompetenz, sich zwischen ihnen zu bewegen, immer bedeutsamer werden wird.

Daneben zeichnen sich Kulturen immer auch durch Stetigkeit, durch Sinngebungen sowie durch Innovationsgrenzen aus. Diese Aspekte sind für die Gestaltung von Schule und Unterricht von zentraler Bedeutung, denn zu meinen, alles sei möglich, es handele sich bei der Unterrichtsplanung immer wieder aufs Neue um ein weißes Blatt, das nur beschrieben, oder eine leere Datei, die nur neu geöffnet zu werden braucht, greift zu kurz und führt zu Verwunderung bis Frustation bei beteiligten Akteuren, zumal die kulturellen Logiken als Ursache nicht identifiziert werden.

Um aktuelle Entwicklungen und Anforderungen sowie die Strukturmomente von Unterricht aufnehmen zu können und Unterricht angesichts vorhandener kultureller Gegebenheiten zu planen und zu entwickeln, wird *Unterricht im Rahmen der hier vorgestellten Didaktik als kultureller Raum*[11] *begriffen. Diese Sichtweise ist mit dem Begriff Kulturhabitat bezeichnet (Kap. 4).* Die damit benannten stetigen Anteile und festen Verankerungen von Kulturen führen einerseits dazu, dass ein verlässlicher Rahmen für alle beteiligten Akteure entsteht, andererseits sind sie, sobald sie etabliert sind, auch schwer zu verändern. Deshalb ist es wichtig, dass Lehrpersonen diesen schul- und unterrichtskulturellen Rahmen bewusst gestalten und die sich ausbildende Kultur professionell stützen. »Doing culture«[12] findet immer statt – eine Unterrichtskultur bildet sich immer aus –, allerdings nicht unbedingt die aus schulpädagogischer Pers-

---

10 Mit »Akteur« sind die handelnden Personen bezeichnet. Der Terminus wird zwar klassischerweise handlungstheoretisch buchstabiert; ein Gegensatz oder eine Abgrenzung zur Struktur- oder Systemtheorie ist damit nicht bezeichnet, vielmehr ist das Schlepptau dieses Begriffs verglichen mit Termini wie »Person«, »Subjekt« oder »Individuum« am wenigsten konnotativ und diskursiv in den Bildungswissenschaften gebunden. An dieser Stelle soll nur eine Referenz hergestellt werden. Zur Diskussion vgl. Lüdtke, N., Matsuzaki, H. (Hrsg.) (2011). *Akteur – Individuum – Subjekt. Fragen zu ›Personalität‹ und ›Sozialität‹*. Wiesbaden: Springer sowie Wulf, C., Zirfas, J. (Hrsg.) (2014). *Handbuch Pädagogische Anthropologie.* Wiesbaden: Springer..

11 Vgl. Suderland, M. (2014). Sozialer Raum (espace social). In G. Fröhlich & B. Rehbein (Hrsg.), *Bourdieu Handbuch* (S. 219–225). Stuttgart: Metzler; Ecarius, J., Oliveras, R. (2014): Sozialer Raum. In C. Wulf & J. Zirfas (Hrsg.), *Handbuch Pädagogische Anthropologie* (S. 413–422). Wiesbaden: Springer; Berkemeyer, N., Hermstein, B., Manitius, V. (2016). Auf dem Weg zu einer raumorientierten Schulsystemforschung. Was können raumsensible Sozialtheorien für empirische Analysen regionaler Bildungsdisparitäten leisten? *In Zeitschrift für Pädagogik 62*(1), 48–61; Kessl, F., Reutlinger, C. (Hrsg.) (2008). *Schlüsselwerke der Sozialraumforschung. Traditionslinien in Text und Kontexten.* Wiesbaden: VS Verlag für Sozialwissenschaften.

12 Hörning, K. H., Reuter, J. (2004*). Doing Culture. Neue Positionen zum Verhältnis von Kultur und sozialer Praxis.* Bielefeld: transcript.

pektive gewünschte. Welche Faktoren hier eine Rolle spielen, welche Gestaltungsmöglichkeiten Lehrpersonen haben und welchen Qualitätsansprüchen eine Unterrichtskultur genügen sollte, ist im vorliegenden Ansatz dargelegt. *Unterrichten wird hier als Kultur ausbildende und Kultur erhaltende professionelle Tätigkeit beschrieben. In der Konsequenz ist zu fragen, wodurch sich eine »pädagogische« Kultur*[13] *auszeichnet.*

Empirisch braucht es nicht viel Aufwand, um Stetigkeiten im Unterricht zu identifizieren, und auch Sie, liebe Leserin, lieber Leser, brauchen nur an Lehr-Lernsituationen zu denken, die Sie mit denselben Akteuren über einen längeren Zeitraum erlebt haben; das kann in der eigenen Schulzeit gewesen sein, im Rahmen eines Praktikums, im Referendariat oder bei Fort- und Weiterbildungen. Was war typisch und charakteristisch, erwartbar und regelmäßig wahrzunehmen, wenn Sie an diesen Unterricht denken? Gefragt sind somit »Praktiken«, verstanden als »Handlungsakte, die wiederholt hervorgebracht werden«[14]. Praktiken sind wenig flexibel und wenig zugänglich für Wandel, für Reflexion, für Modifikation und für Entwicklung. Alltagsweltlich werden sie zuweilen Jahrzehnte später noch im Rahmen von Klassentreffen besprochen: »Weißt du noch, Lehrperson XY hat *immer* dies und jenes gemacht.« Studierende, die im Rahmen ihres Semesterpraktikums ca. 40 Unterrichtsstunden mit derselben Lehrperson und Lerngruppe verbrachten, beschreiben diese stetigen Merkmale recht mühelos. Hier ein Beispiel:

Beispiel

Also bei mir im Praktikum war es so, dass wir die Zeitplanung strikt einhalten mussten. Wir hatten in Religion zum Beispiel eine dritte Klasse, da hat die Lehrerin vorher immer überzogen und danach standen alle Tische kreuz und quer. Da haben wir erst mal eine Viertelstunde gebraucht, um das Chaos zu beseitigen. Wir konnten wirklich nur Unterricht planen mit dreißig Minuten, das war sehr kurz, weil die Lehrerin, gerade im Fach Religion, sehr viel Wert auf das Anfangsritual und das Endritual, was jeweils ein Lied war, geachtet hat. Das hat ziemlich viel Zeit beansprucht. Wir mussten diese einzelnen Phasen immer strikt einhalten und am besten noch sehr kreativ mit Gruppenarbeit und Vorstellungen arbeiten. Es war für uns immer sehr, sehr hektisch, weil wir diesen Plan nie durchbekommen haben.

Das Singen im Religionsunterricht steht im obigen Beispiel nicht zur Disposition. Es ist eine etablierte Praktik, die zum Unmut der Studierenden durch Argumente nicht ausgehebelt oder modifiziert werden konnte. Das Phänomen »Unterrichtskultur« in ihren stetigen, schwer- bis unverrückbaren Anteilen ist Akteuren vertraut, zugänglich

13 Hier steht eine Definition von Meyer (2016, S. 249) in Passung: »Sie [Bildung] bedarf einer pädagogischen Kultur, die innovatorische Interaktionsprozesse überhaupt erst ermöglicht und nicht nur die Reproduktion der Gesellschaft sichert, sondern zugleich gesellschaftliche Transformation ermöglicht.«

14 Vgl. Reckwitz, A. (2006). *Die Transformation der Kulturtheorien. Zur Entwicklung eines Theorieprogramms.* Göttingen: Velbrück Wissenschaft, S. 38.

und damit auch beschreibbar. Das Merkmal der Dauer ist der Schulkultur zueigen.[15] Im Rahmen des hier vorgestellten Ansatzes wird dieses Phänomen systematisch beschrieben, in seiner Tragweite für Schule und Unterricht diskutiert und in seiner schulpraktischen Relevanz – insbesondere im Hinblick auf die Planung und Analyse von Unterricht, aber auch für Unterrichts- und Schulentwicklung konkretisiert.

Sich der kulturellen Grundlage von Schule und Unterricht zu widmen, ist wichtig, denn unter kulturtheoretischer Perspektive lassen sich Ergebnisse aus Unterrichtsentwicklungsprojekten, wonach gut strukturierte und durchdachte Unterrichtsprojekte nicht greifen bzw. keine Nachhaltigkeit zeigen,[16] sowie Befunde, wonach Unterrichtskompetenzentwicklung stagniert und neues Wissen nur schwer in Praxen integrierbar ist,[17] neu einordnen. Heitzmann & Fischer (2016) bilanzieren[18]: »Eine wichtige Erkenntnis der Lehr-/Lernforschung ist, dass Transfer von einer Lernsituation auf eine Anwendungssituation eher die Ausnahme als die Regel ist« (S. 248). Wenn Unterrichtsentwicklung an Hürden stößt, dann lohnt es sich zu prüfen, ob vorhandene Unterrichtskulturen für den Transferstopp verantwortlich zeichnen. Es gilt also, die Möglichkeitsräume freizulegen und Gelungenes und Bewährtes zu bewahren. Die Sicht auf den Möglichkeitsraum wird mit dem vorliegenden Ansatz eingenommen und im Folgenden systematisch entfaltet. Der vorgestellte Ansatz legt den Blick frei, um das Phänomen stabiler Unterrichtspraktiken zu verstehen, ihre Bedeutung einzuordnen und Konsequenzen für die Schulpraxis abzuleiten, die in die konkrete Gestaltung von Unterricht münden.

Die vorliegende Didaktik ist eine Allgemeine. Das heißt, dass der hier vorgestellte Ansatz auf Vollständigkeit zielt in dem Sinne, dass alles Geschehen im Lehr-Lernkontext in die Theorie eingebunden ist. Nun könnte man sagen, dass solche »Supertheorien« unbrauchbar seien, weil sie ihren omnipotenten Anspruch nicht einlösen könnten oder weil der Abstraktionsgrad zu hoch sei. Insbesondere der häufig attestierte hohe Komplexitätsgrad von Unterricht, dem Lehrpersonen tagtäglich auf professionelle Art und Weise zu genügen haben, lässt didaktische Theorien jedoch brauchbar erscheinen: Sie zeigen Strukturen auf und bieten Orientierung. Merkmale von Unter-

---

15 Zur Definition und Bedeutung von »Dauer« vgl. Markowitz, J. (1982). Relevanz im Unterricht – eine Modellskizze. In: N. Luhmann & K. E. Schorr (Hrsg.), *Zwischen Technologie und Selbstreferenz. Fragen an die Pädagogik.* (S. 87–115). Frankfurt: Suhrkamp.

16 Zum Beispiel Stadler-Altmann, U., Gördel, B.-M. (2015). Schule bildet. Organisations- und Schulentwicklung zu demokratischen Aspekten von Schulkultur und der Unterrichtstheorien von Lehrkräften. In: H. Petzold & N. Hoffmann (Hrsg.), *Organisation bildet.* (S. 194–195). Weinheim: Juventa.

17 Huber, S. G. (2009). Wirksamkeit von Fort- und Weiterbildung. In: O. Zlatkin-Troitschanskaia, K. Beck, D. Sembill, R. Nickolaus, R. Mulder (Hrsg.), *Lehrerprofessionalität. Bedingungen, Genese, Wirkungen und Messung,* Weinheim: Beltz, S. 454.

18 Heitzmann, N., Fischer, F. (2016). Berufsbegleitendes Lernen: Modelle und Befunde aus der Lehr-/Lernforschung. In: M. Dick, W. Marotzki & H. Mieg (Hrsg.), *Handbuch Professionsentwicklung.* (S. 239–250). Bad Heilbrunn: Klinkhardt/UTB.

richt wie »mehrdimensional«, »simultan«, »unmittelbar«, »nicht voraussagbar« oder »antinomisch« markieren eine Verfasstheit von Unterricht, die eine professionelle Ordnung benötigt. Angesichts dieser Merkmalsbeschreibungen, die das Viele, Gleichzeitige und Interdependente hervorstellen, bietet die Allgemeindidaktische Theoriebildung genau dieses: Sie zeigt übergreifende Zusammenhänge, Strukturen, Grundlagen und Einflüsse auf. Sie trägt dazu bei, dass Komplexität handhabbarer wird im Berufsalltag, weil die Allgemeine Didaktik ein strukturerkennendes Gerüst bietet und dadurch auch eine Distanz zur gesellschaftlich verwirklichten Form von Schule und Unterricht schafft. Das Ziel der vorliegenden Theorie besteht darin, mittels Kulturanalysen vorhandene Strukturen identifizieren und vestehen zu können und auf dieser Grundlage Unterricht zu entwickeln. Kaum ein Blickwinkel und Ansatz könnte für diesen Allgemeinheitsanspruch angemessener sein als der kulturtheoretische. Und kaum ein Blickwinkel in die Einübung von Praxen ist wichtiger.

Diesen breiten Bezugsrahmen des Kulturbegriffs hat schon früh und sehr prominent der Anthropologe bzw. Ethnologe Edward B. Taylor im Jahr 1871 eingeführt: »Culture or Civilization, taken in its wide ethnographic sense, is that complex whole which includes knowledge, belief, art, morals, law, custom, and any other capabilities and habits acquired by man as a member of society«.[19] So zutreffend diese Defintion ist, so umfassend ist sie auch, wenn vom »komplexen Ganzen« die Rede ist. Der Terminus erweist sich durch seine Extensionsseite als sperrig für Präzisierungen, Operationalisierungen oder gar Messungen. Auf der anderen Seite ist Komplexität eine Diagnose für Unterricht, die von schulpädagogischer Seite immer wieder aufgegriffen wurde; insofern scheint der Kulturbegriff geeignet zu sein.[20]

Die hier vorgestellte Kultursensible Didaktik zielt auf eine allgemeindidaktisch-systematische Modellierung von Schul- und Unterrichts*entwicklung* und bietet eine Reflexions- und Professionalisierungsgrundlage. In der Konsequenz wird die Einbeziehung der Unterrichtskultur als zu reflektierende Größe bei der Analyse und Planung von Unterricht vorgestellt. Fokussiert ist die Mikrologik sozialer Praktiken, die für die Planung, Umsetzung und Analyse von Unterricht wichtig ist: dem Aufgabenfeld von

19 Tylor, E. B. (1871). *Primitive culture: researches into the development of mythology, philosophy, religion, art, and custom.* (In two volumes. Vol. I.) London: John Murray.

20 Bereits in den späten 1960er Jahren hat Werner Loch den Terminus der »Enkulturation« als pädagogischen Grundbegriff geprägt, allerdings ohne den systematischen Bezug auf Schul- und Unterrichtsentwicklung, sondern unter der Perspektive der Kulturaneignung. Vgl. Loch, W. (1969). Enkulturation als anthropologischer Grundbegriff der Pädagogik. In E. E. Weber (Hrsg.), *Der Erziehungs- und Bildungsbegriff im 20. Jahrhundert* (S. 122–140). Bad Heilbrunn: Klinkhardt, S. 126 f.; Kron et al. (2014) sprechen mit Bezug auf Loch von »Didaktik als Enkulturationswissenschaft« (S. 42); vgl. auch Bennewitz, H. (2011). »doing teacher« – Forschung zum Lehrerberuf in kulturtheoretischer Perspektive. In: E. Terhard, H. Bennewitz, M. Rothland (Hrsg.), *Handbuch der Forschung zum Lehrerberuf* (S. 192–213). Münster: Waxmann. Eine Begriffsanalyse aus fachdidaktischer Perspektive bietet Hammel, L. (2007). Der Kulturbegriff im wissenschaftlichen Diskurs und seine Bedeutung für die Musikpädagogik. Versuch eines Literaturberichts. In *Zeitschrift für Kritische Musikpädagogik,* http://www.zfkm.org/07-hammel.pdf.

Lehrerinnen und Lehrern, an dem sich ihre Expertise, verstanden als professionelle Entwicklungsaufgabe, entscheidet.[21]

Unterricht unter der Perspektive Kultursensibler Didaktik verändert die Einschätzung dreier aktueller auf Unterricht bezogener Paradigmen: die pauschale Forderung nach Differenzierung, programmatische Vorstellungen von Inklusion sowie Vorstellungen von gutem Unterricht im Rahmen von Merkmalkatalogen. Geltende Paradigmen und Programmatiken auf den Prüfstand zu stellen, stößt in der Regel auf Ablehnung, gerade weil diese – unter kulturtheoretischer Perspektive betrachtet – (noch) relativ fest verankert sind. Gefordert wird eine kritische Auseinandersetzung mit den jeweils geltenden Güte- und den dahinterstehenden *Sinnvorstellungen von Schule und Unterricht*; denn jede Praxis von Schule und Unterricht zu jeder Zeit fußt auf Wert- und Normvorstellungen[22]; die freilich selten zur Disposition stehen. Diese freizulegen und zu prüfen muss im wissenschaftlichen Diskurs nicht nur möglich, sondern eingefordert sein – mit allen zur Verfügung stehenden Möglichkeiten und Zugängen: Hierzu zählen empirische Zugänge aller Art sowie (bildungs-)theoretische Anfragen.

Um diese Forderung am Beispiel einer aktuellen Programmtik zu verdeutlichen, sei der Terminus »Outputorientierung« aufgegriffen. Benannt ist mit dem Grundwort »Orientierung«, dass ein paradigmatischer Anspruch erhoben wird. Kaum jemand beginnt über den Sinn und Unsinn einer »Outputorientierung« zu diskutieren; der zum Hochwertwort geronnene Anglizismus markiert, dass das Bezeichnete gut und richtig sei. Gefragt wird zumeist, wie man den Output bzw. Ertrag sichern oder steigern könne; in etwa durch Tests, Ganztagsschulen, Förderprogramme – nicht aber, ob dieses Paradigma zu kurz greift[23] oder eine dominante Norm darstellt, die auf den Prüfstand gestellt werden müsste. Die Prüfung der zugrunde liegenden Sinnkonstrukte wird im vorliegenden Ansatz als Merkmal professionellen Tuns gesehen: Lehrerinnen und Lehrer als Professionelle tragen die Verantwortung für ihren Unterricht. *Um dies leisten zu können, braucht es eine Auseinandersetzung mit der Frage nach dem Sinn von Schule und Unterricht, den Konsequenzen, die aus der jeweiligen Antwort erwachsen. Um dies leisten zu können, braucht es eine Kultursensible Didaktik. Diese interessiert sich für alle Zugänge, die Grundlagen bieten, um Unterricht zu verstehen und zu verantworten.*

Möglicherweise ist so manche Leserin und so mancher Leser zunächst enttäuscht, weil das Stichwort »Kultursensibilität« assoziieren lässt, dass es sich um eine spezielle Didaktik zum Umgang mit Differenz und Ungleichheit handele; generiert durch ver-

---

21 Kultusministerkonferenz (KMK) (2019). *Standards für die Lehrerbildung: Bildungswissenschaften.* Beschluss der Kultusministerkonferenz vom 16.12.2004 i. d. F. vom 16.05.2019. https://www.kmk.org/fileadmin/veroeffentlichungen_beschluesse/2004/2004_12_16-Standards-Lehrerbildung-Bildungswissenschaften.pdf, S. 3

22 Vgl. Meseth, W., Casale, R., Tervooren, A., Zirfas, J. (Hrsg.) (2019). *Normativität in der Erziehungswissenschaft.* Wiesbaden: Springer.

23 Eine strukturierte Erörterung bietet Tenorth, H.-E. (2014). *Evidenzbasierte Bildungsforschung vs. Pädagogik als Kulturwissenschaft – Über einen neuerlichen Paradigmenstreit in der wissenschaftlichen Pädagogik.* http://nevelestudomany.elte.hu/downloads/2014/nevelestudomany_2014_3_5-21.pdf.

schiedenste Kategorisierungen und Differenzierungen (z. B. Geschlecht, Nationalität, Gesundheit, Bildung, Herkunft), problematisiert an der Feststellung von (System-) Grenzen und bezeichnet mit Begriffen wie »Interkulturalität«, »Transkulturalität«, »kulturelle Hybridität«, »Multikulturalität«, »Intersektionalität«.

Die Kultursensible Didaktik hat die Unterrichtskultur im Blick – und zwar nicht unter dem Fokus der Differenzen, Dominanz- oder Ungleichheitsverhältnisse, sondern unter dem Fokus der Konstruktion des Kulturhabitats für alle und mit allen. Die Sinnstiftungen, Logiken, Formate und Prioritäten, die für alle Akteure gestaltet werden, stehen im Zentrum der Überlegungen, denn ein bestimmtes Unterrichtshabitat wird immer entstehen. Worauf es basieren soll, welche Schwerpunkte, Werte, Normen, Verhaltensweisen, Strukturen, Emotionen, Präsenzen hier gewählt werden, ist innerhalb der Kultursensiblen Didaktik erörtert. Differenzorientierte Blickwinkel führen zu der Frage: Wo liegen die Kulturunterschiede und wie gelingt das Pendeln, Austarieren und Minimieren von Differenzen?[24] Innerhalb der Kultursensiblen Didaktik wird die Unterrichtskultur als mit Merkmalen versehen betrachtet, die sie von anderen Unterrichtskulturen unterscheidet. Kulturzugehörigkeit erfordert eine Idee von kulturellen Grenzen. Zählt es in etwa zur Unterrichtskultur, dass Schülerinnen und Schüler wertschätzend miteinander umgehen, werden Abwertungen ausgegrenzt – unabhängig davon, welche kulturellen Zusammenhänge außerhalb von Schule und Unterricht erlebt werden und wie »Wertschätzung« dort verankert sein mag. Unterrichtskulturen gilt es für alle zu etablieren. Der Unterricht bietet einen gemeinsamen kulturellen Rahmen, in den alle Akteure eingeführt werden. In diesem Sinne ist jede Unterrichtskultur integrativ und inklusiv: Sie muss gelernt und verstanden werden, insbesondere dann, wenn Akteure, die die vorhandene Kultur nicht kennen, in eine neue Unterrichtskultur eintreten (z. B. bei Klassenwechsel). Kulturfremdheit bietet einen großen Vorteil: Die Kultur kann in ihren Logiken noch erkannt werden und ermöglicht Kritik. Insbesondere Differenzthematisierungen und Dominanzverhältnisse, nicht eingelöste Sinnversprechen von Unterricht oder solche, die keine Realität im Alltag haben, sind zu verändern. An dieser Stelle ist der hier vorgelegte Ansatz geeignet, Kulturwandel einzuleiten und zu implementieren. Ein Zugang bieten hier *Kulturanalysen*, die in Kapitel 7 vorgestellt sind. Unterrichtshabitate sind für alle Akteure da, unabhängig von jedweden anderen Merkmalen, und sie werden für und mit Schülerinnen und Schülern gestaltet. *Darin liegt eine enorme Chance von Schule und Unterricht, denn anders als bei vorhandenen Kulturen auf allen gesellschaftlichen Systemebenen bieten Unterrichtskulturen die Möglichkeit, gezielt und reflektiert, das heißt professionell verantwortet, Kulturen zu gestalten. Die Unterrichtskultur ist eine von den Akteuren geteilte. Deshalb ist sie wichtig.* Welche Möglichkeiten hier bei der Planung von Unterricht bestehen, ist Gegenstand Kultursensibler Didaktik.

---

24 Zur Konstruktion und Bewertung von Differenz im Überblick vgl. Tervooren, A., Engel, N., Göhlich, M., Miehte, I., Reh, S. (Hrsg.) (2014). *Ethnographie und Differenz in pädagogischen Feldern. Internationale Entwicklungen erziehungswissenschaftlicher Forschung.* Bielefeld: transcript.

1.2 Zielperspektiven

Die Darlegungen und der hier vorgestellte Ansatz zielen darauf ab, dass Sie, lieber Leser bzw. liebe Leserin, Ihren Unterricht neu sehen und bewusst gestalten:

- Sie verstehen, dass sich Schul- und Unterrichtskulturen immer ausbilden, allgegenwärtig sind, Schule und Unterricht konstituieren.
- Sie sind in der Lage, Ihre individuellen Schulpraxiserfahrungen unter kulturtheoretischer Perspektive zu betrachten, sind sensibilisiert für die kulturtheoretische Perspektive und entdecken die beschriebenen Komponenten von Kulturen in Ihrem beruflichen Lebensalltag.
- Sie reflektieren und prüfen Ihre persönlichen, individuellen Sinnkonstruktionen von Unterricht.
- Sie entdecken »Kulturschachtelungen« innerhalb Ihrer Klasse und schätzen ein, ob und wie mitgebrachte Kulturen sich auswirken.
- Sie beginnen, Unterricht ganzheitlich, das heißt als Habitat wahrzunehmen.
- Sie entdecken und differenzieren strukturelle sowie fluide Anteile des Unterrichts.
- Sie gestalten und planen Ihren Unterricht, sodass er sich in Kohärenz zu gewünschten Kulturmerkmalen befindet.
- Sie verstärken gewünschte und Sie ziehen Grenzen zu unerwünschten Schlüsselkonzepten von Unterricht.
- Sie nutzen das hier vorgestellte Modell, um die Reflexion über sowie die Gestaltung von Unterrichtskulturen vorzunehmen (z. B. im Rahmen von Gesprächen über Unterricht oder im Rahmen von Unterrichtsdokumentationen bzw. -entwürfen).

Diese Zielperspektiven sind Anlass, eine Kultursensible Didaktik vorzulegen. In letzter Konsequenz geht es darum, professionellen Akteuren in Schule und Unterricht den theoretischen Rahmen bereitzustellen, der dazu beiträgt, einen schul- und unterrichtskulturellen Rahmen zu gestalten, der ermöglicht, Unterricht angesichts zeitbedingter Entwicklungslinien reflektiert und verantwortet für die nachwachsende Generation zu realisieren.

1.3 Wie sollte ich dieses Buch lesen?

1.3.1 Progression im Buch

Das vorliegende Buch stellt den Ansatz Kultursensibler Didaktik entwickelnd vor, sodass auch die optische Modellierung nach und nach erfolgt. Hier die Vorwegnahme des Modells, das am Ende steht und das sich Ihnen durch die Lektüre des Buches erschließt.

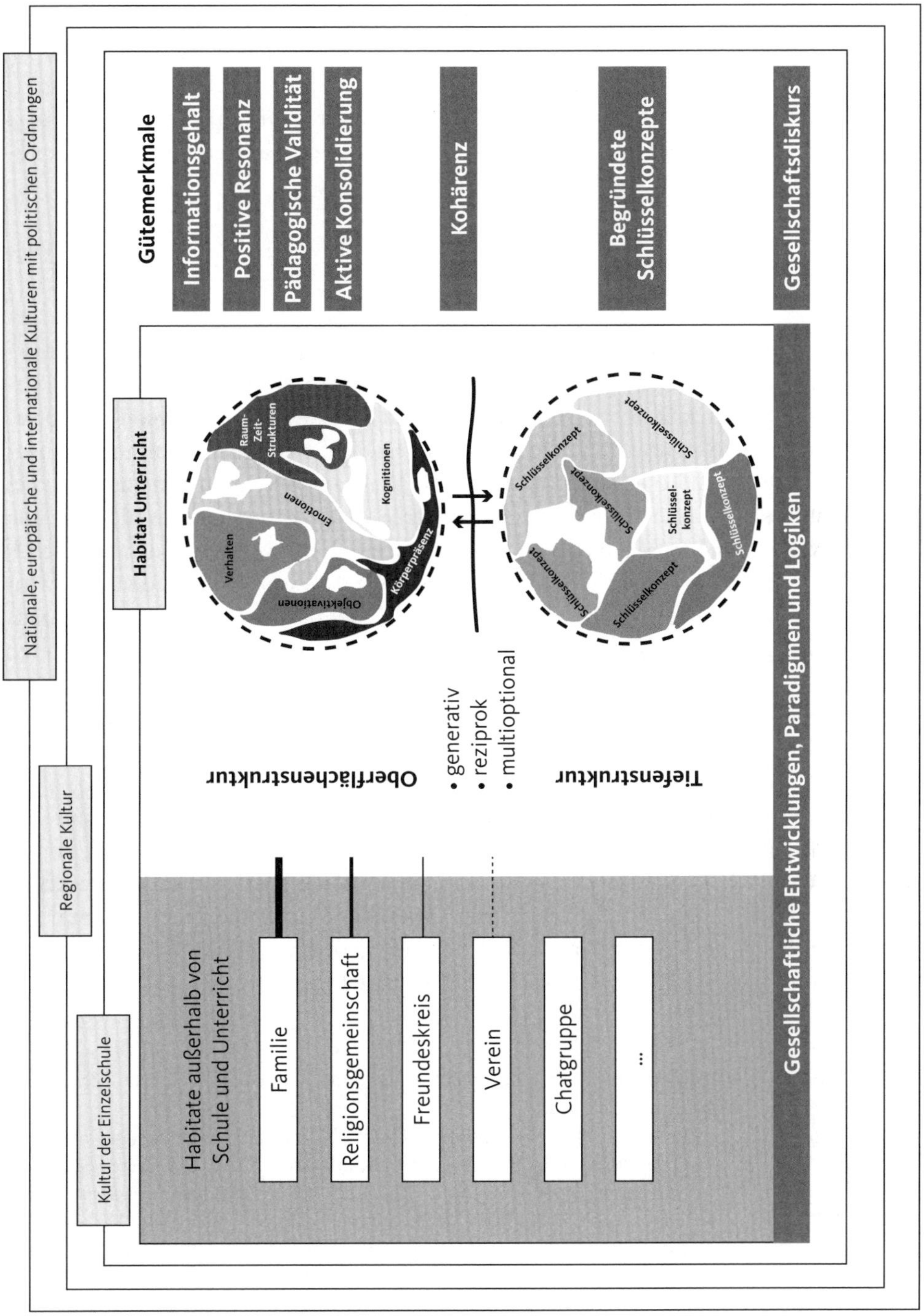

Abb. 1: Unterrichtsplanungs- und -analysemodell

Es wird entlang des Buches entwickelt und im Zuge der Darlegungen erweitert und verfeinert. Es ist deshalb ratsam, der Entfaltung des Konzepts in seiner Progression zu folgen, das heißt das Buch von Anfang bis Ende zu lesen und nicht kapitelweise.

Weiterhin sind auch die Konsequenzen für die Planung, Umsetzung und Reflexion von Unterricht dargestellt und münden im Kapitel 10 in die Konsequenzen zur Dokumentation und Reflexion von Unterricht.

1.3.2 Der rote Faden

Da Leserinnen und Leser mit heterogenen Voraussetzungen, unterschiedlichen Interessen sowie mit unterschiedichen zeitlichen Ressourcen dieses Buch lesen, sind Erläuterungen, Referenzen, Verweise, Abgrenzungen und Nähen zu anderen Konzepten, Theorien, aber auch zu anderen Allgemeindidaktischen Ansätzen in Fußnoten eingebracht, sodass für den Leser bzw. die Leserin die Wahl zur Vertiefung und zum Exkurs beim Lesen besteht, ohne den roten Faden zu verlieren. Die vorliegenden didaktischen Theorien verzichten häufig auf eine Auseinandersetzung mit vorliegenden Modellen.[25] Das ist vermutlich darin begründet, dass das Schreibziel darin besteht, den Blickwinkel des eigenen Ansatzes vorzustellen und nachvollziehbar zu machen. Die Thematisierung anderer Blickwinkel – das Aufsetzen von und der Vergleich mit mehreren Brillen – bildet eine Herausforderung und lässt den roten Faden des eigenen Ansatzes aus dem Blick geraten. Diese Gefahr ist im Folgenden über Fußnoten eingeschränkt, sodass es dem Leser bzw. der Leserin überlassen ist, die Verweise und Hinweise ergänzend zu rezipieren.

Die Idee von Zierer (2010; 2013; 2013a, 2015),[26] quasi die Schnittmengen aus verschiedenen Ansätzen zusammenzutragen und eine Eklektizistische Didaktik vorzuschlagen, ist auf den ersten Blick interessant, jedoch muss gesehen werden, dass Modelle eben immer eines tun: Sie lassen Merkmale der Wirklichkeit hervortreten. Sie geben dem Fokussierten damit auch eine besondere Bedeutung. Modelle sind geeignet, Merkmale der Schul- und Unterrichtswirklichkeit zu repräsentieren bzw. hervor-

---

25 Vgl. Scholl, D. (2018). *Metatheorie der Allgemeinen Didaktik. Ein systemtheoretisch begründeter Vorschlag.* Bad Heilbrunn: Klinkhardt, S. 20–22.

26 Vgl. Arnold, K.-H., Zierer, K. (2015). *Die deutsche Didaktik-Tradition. Grundlagentexte zu den großen Modellen der Unterrichtsplanung.* Bad Heilbrunn: Klinkhardt, S. 243–253. Zierer, K. (2010). *Alles prüfen! Das Beste behalten! Zur Eklektik in Lehrbüchern der Didaktik und des Instructional Design.* Baltmannsweiler: Schneider Hohengehren; Zierer, K. (2013). Eklektische Didaktik. In: T. Bohl, U. Hanke, B. Koch-Priewe, K. Zierer (Hrsg.), *Jahrbuch für Allgemeine Didaktik. Neuere Ansätze in der Allgemeinen Didaktik.* (S. 203–216). Baltmannsweiler: Schneider Hohengehren; Zierer, K. (2013a): Völlig unbrauchbar?! Zur Praktikabilität allgemeindidaktischer Modelle – Ergebnisse einer qualitativen Studie. *Pädagogische Rundschau, 67*(2), 143–160; Zierer, K., Werner, J., Wernke, S. (2015). Besser planen? Mit Modell! Empirisch basierte Überlegungen zur Entwicklung eines Planungskompetenzmodells. *Die Deutsche Schule, 107*(4), 375–395.

treten zu lassen. Andere Merkmale geraten damit in den Hintergrund. Das ist nicht zu bemängeln, sondern das ist ein Merkmal von Modellbildung[27] und bildet die Basis, um dessen Funktion erfüllen zu können: Erkenntnisse über die Weltausschnitte zu generieren. Der hier vorgestellte Ansatz fokussiert geschaffene und zu schaffende Strukturen von Schule und Unterricht: ihre vorhandenen sowie ihre möglichen Kulturen.

1.3.3 Praxisbezüge und Bilder

An einigen Stellen im Text sind Beispiele eingebunden, die die Gelegenheit bieten, das vorgestellte Modell auf das präsentierte Beispiel zu übertragen und dadurch den Transfer zum beruflichen Alltag anzubahnen. Idealerweise regen diese Konkretionen dazu an, auch Situationen aus dem Schulalltag des Lesers bzw. der Leserin zu aktualisieren. Die Beispiele sind in unterschiedlicher Form dokumentiert (Interviewtranskripte, Berichte, Filmaufnahmen). Die Fotos haben illustrierenden Charakter und bilden keine Personen oder Orte ab, die im Text gegebenenfalls genannt sind.

1.3.4 Theorievokabular

Die didaktische Theoriebildung hat eine lange Tradition und je nach wissenschaftstheoretischer Verankerung, zeitbedingten Herausforderungen und fokussierten Schwerpunkten ist auch die Begrifflichkeit entwickelt. Da innerhalb einer Didaktik mit der Semantik theoretische Anschlüsse und Folgerungen sowie Zuordnungen mitgemeint sind, entsteht eine besondere Herausforderung in der Wahl der Terminologie. Im hier vorgestellten Ansatz ist die terminologische bzw. theoretische Vernetzungs- und Abgrenzungsthematik zu anderen Ansätzen bzw. wissenschaftstheoretischen Grundlagen so gelöst, dass zum einen Anschlussstellen und Korrespondenzen zu vorliegenden Ansätzen mit der Übernahme der Begrifflichkeit deutlich gemacht werden; die Bezugspunkte zu verschiedenen Ansätzen sind der Leser- und Leserinnenfreundlichkeit wegen in den Fußnoten referiert. Neue Begriffe oder Begriffsanleihen sind sparsam und nur dann eingebracht, wenn sie von zentraler Bedeutung sind; das gilt beispielsweise für den des »Unterrichtshabitats«. Mit der Einführung neuer Begriffe ist, neben der präziseren Referenz, auch die Perspektive geknüpft, dass es Leserinnen und Lesern bzw. den in Schule und Unterricht Tätigen leichterfällt, Unterricht unter der vorgeschlagenen Perspektive neu zu betrachten bzw. die gewählte Perspektive im Hinblick auf das eigene professionelle Handlungsfeld einzunehmen. Das Theorievokabular ist daher im Text durch Kästen besonders hervorgehoben und erklärt. Zur Erleichterung

---

27 Stachowiak, H. (1973). *Allgemeine Modelltheorie.* Wien: Springer, S. 128 ff.; Braun, N., N. J. Saam (Hrsg.) (2015). *Handbuch Modellbildung und Simulation in den Sozialwissenschaften.* Wiesbaden: Springer.

ist außerdem eine Zusammenfassung in Form eines Glossars am Ende des Buches aufgenommen, in dem die zentralen Begriffe mit Erläuterungen bzw. Definitionen aufgeführt sind.

1.3.5 Implementation in die Schulpraxis

Um den Transfer in die Schulpraxis zu erleichtern, sind im Kaptitel 7 Zugänge zur Habitatanalyse integriert, die für die Planung und Reflexion von Unterricht hilfreich sind. Die dazugehörigen Materialien sind über den Link zum Beltz Verlag online gestellt und können dort heruntergeladen werden. Kapitel 11 widmet sich dem ausführlichen Unterrichtsentwurf. Das schrittweise erläuterte Beispiel ist ebenfalls online gestellt.

Die Onlinematerialien finden Sie unter www.beltz.de auf der Produktseite des Buches.
Passwort: KUda_E55

2. Oberflächenstrukturen

Um eine kultursensible Sichtweise auf Schule und Unterricht einnehmen und in ihrer Bedeutung entfalten zu können, ist zunächst zu klären, was mit dem Begriff »Kultur« gemeint ist. Innerhalb verschiedener kulturtheoretischer Ansätze sind die Beschreibungen und gewählten Begrifflichkeiten vielfältig; auch werden unterschiedliche Gewichtungen und Hierarchisierungen vorgenommen. Diese Feststellung scheint auf den ersten Blick aus wissenschaftlicher Perspektive entmutigend, denn das Grundwort »Kultur« taugt nahezu für alles und jedes: Eine Recherche im Internet zum Stichwort »Kultur« führt zu Suchergebnissen, die von der Backkultur über Wellnesskultur, Badekultur bis hin zu Schuhkultur, Kochkultur, Sportkultur oder Frisurkultur reichen. Und auch im wissenschaftlichen Diskurs ist diese Breite des Begriffsgebrauchs identifizierbar.[28] Einerseits lässt der extensive Gebrauch des Begriffs seine Brauchbarkeit im wissenschaftlichen Diskurs bezweifeln und eine präzise Konstruktentwicklung scheint auf den ersten Blick aussichtslos, andererseits spricht diese umfangreiche Extensionsseite des Begriffs zugleich für die Allgegenwärtigkeit des Bezeichneten: Kulturentwicklung findet statt, sobald Menschen längere Zeit interagieren. Sie prägt und konstituiert somit auch Unterricht. Bleibt die Frage, wie es gelingen kann, ein tragfähiges Konstrukt zu entwickeln, welches die vorliegenden Ansätze auf ein Extrakt reduziert, welches das Phänomen »Kultur« so umreißt, dass es unabhängig von der Vielfalt der Ansätze in unterschiedlichen wissenschaftlichen Disziplinen für eine Perspektive auf Schule und Unterricht tragfähig werden kann. Gesucht ist eine Schnittmenge, die aus unterschiedlichen kulturtheoretischen Perspektiven einen gemeinsamen Nenner – unabhängig von der Begrifflichkeit – beinhaltet. Hier lassen sich *sechs Komponenten* identifizieren, die das inkludieren, woraus aus kulturtheoretischer Sicht Kulturen gemacht sind. Der Zugang zum Kulturbegriff ist hierbei (zunächst) *deskriptiv* sowie *integrativ-strukturell*: deskriptiv, weil es darum geht, die Elemente bzw. die Architektur von Unterrichtskulturen zu beschreiben und nicht darum, sie zu bewerten. Es geht somit nicht um eine »gute« oder »schlechte« Unterrichtskultur, sondern darum, die Strukturmerkmale von Unterrichtskulturen zu identifizieren. Der Zugang ist weiterhin integrativ-strukturell, weil er eine Schnittmenge verschiedenster Ansätze abbildet. Anders formuliert: Der hier vorgestellte, deskriptive Kulturbegriff benennt Bausteine von Kulturen und somit auch von Schul- und Unterrichtskulturen und beschreibt den Kitt, der sie zusammenhält, bzw. ihre Verzahnungen, ohne einem bestimmten kulturtheoretischen Ansatz verpflichtet zu sein.

---

28 A. L. Kroeber und C. Kluckhohn fanden bereits 1952 in ihrer Kulturbegriffsanalyse 164 Kulturbegriffe.

2.1 Beständigkeit als Kernmerkmal von Kulturen: Praxen und Praktiken

Alles Existente in sozialen Kontexten, das den Charakter der Dauer bzw. Beständigkeit entwickelt hat, wird im Folgenden der Kultur zugerechnet. Betrachten wir hierzu ein Beispiel aus Schule und Unterricht:

Beispiel

Herr Maier steht vor der Prüfungslehrprobe. Von einem anderen Referendar erfährt er, dass der Prüfer die Methode »fish bowl« gut findet. Die hat er zwar noch nie vorgesehen; er plant, sie in der Lehrprobe einzuführen und zu zeigen.

Bliebe Herr Maier als Lehrer in der Klasse und wäre er nach den anfänglichen Erfahrungen von der Methode überzeugt und hätte er auch die Schülerinnen und Schüler dafür gewonnen, so wären die Voraussetzungen gegeben, um diese Methode immer wieder zu nutzen. Sie gehörte dann zum Repertoire der Klasse und alle wüssten, ohne lange überlegen zu müssen, was zu tun ist. Alle Akteure hätten dann eine Praktik entwickelt, verstanden als Routine, die mit der Zeit nicht mehr stark reflektiert wird und die sich einpasst in das Leben und Lernen dieser Klasse. Alles, was hierzu gehört, was Praktiken ausmacht und grundlegt, wird hier als Kultur bezeichnet. Sie markiert die Anteile der Lebenswelt, die auf Dauer gestellt sind und Beständigkeit erlangt haben, sich (hartnäckig) tradieren, unabhängig davon, wie das Auf-Dauer-Gestellte aus schulpädagogischer Perspektive zu bewerten ist. Das kann sich freilich ändern; wann und wieso das geschieht, ist in Kapitel 5 entfaltet. Festzuhalten ist an dieser Stelle:

Kontinuität als Kulturmerkmal

Die Anteile von Schule und Unterricht, die Kontinuität besitzen, sind kulturbestimmend. Sie sind in der Wahrnehmung der Akteure auf Dauer gestellt; sind routinisiert, werden im Laufe der Zeit immer weniger reflektiert und als normal und selbstverständlich erlebt. Bestandteile des Unterrichts, die auf Dauer gestellt und etabliert sind, zählen zur Unterrichtskultur.

Unterrichtskulturen zeichnen sich somit durch Merkmale aus, die erwartbar und wahrscheinlich sind. Eine solche Kontinuität kann auch darin bestehen, dass eine Lehrperson ständig Neues ausprobiert. In diesem Sinne wäre der Wandel bzw. das Neue das Kontinuierliche[29] bzw. das Erwartbare. Sobald man das Differenzmerkmal

29 Berkemeyer et al. (2015) haben eine Typologisierung schulischer Kulturen vorgenommen und gefunden, dass Schulen ihre Orientierungen eher beibehalten: »These results indicate a relatively high cultural stability over time, where at least a slightly significant value of over 90 % of the investigated 21 schools is visible« (p. 95).

»Kontinuität« in den Blick nimmt, treten auch die Schul- und Unterrichtsanteile hervor, die keine Kontinuität aufweisen, die spontan, einmalig oder selten auftreten. Diese episodischen Anteile, mit denen man nicht rechnen kann, die unerwartet sind, zählen nicht zum stabilen Anteil der Kultur; sie haben aber grundsätzlich immer das Potenzial zur Stabilisierung und Tradierung.[30] Insofern konstituiert das Instable bzw. Episodische die vorhandene Kultur und ist für sie auch bedeutsam. Bei manchen Aspekten lässt sich nicht so genau einschätzen, wo sie einzuordnen sind. Das ist dann der Fall, wenn etwas öfter, aber noch nicht zuverlässig vorkommt. Diese Anteile befinden sich in einem Transformations- oder Interimsstadium. Sie sind in Tabelle 1 als transitiver Anteil bezeichnet. Und schließlich existiert ein Anteil, der spontan und unerwartet auftauchen kann, einmal vorhanden ist und sich verflüchtigt. Dieser Anteil ist trotz seiner Flüchtigkeit wichtig, sogar kulturbestimmend, denn er definiert die stabilen Anteile bzw. die Konstanz mit. Wenn also zunächst und vornehmlich die stabilen Anteile fokussiert sind, ist damit das Episodische mitgedacht und mitdefiniert, da sich Stabilität ohne ihr Gegenteil nicht denken lässt. Zusammenfassend lässt sich feststellen: Ein Merkmal von Kulturen stellt deren Stabilität bzw. Kontinuität dar.

Unterricht		
Stabile Anteile	**Transitive Anteile**	**Episodische Anteile**
Beispiel: Zur Struktur in der Klasse 8a gehören die »Plauderzeiten« zwischen den Doppelstunden.	Beispiel: In der Klasse 8b gibt es seit drei Tagen »Plauderzeiten«. Es fällt etlichen Schülerinnen und Schülern schwer, sich nach der Plauderzeit wieder dem Unterricht zuzuwenden.	Beispiel: Die Klasse 8c war nach 40 Minuten Unterricht so erschöpft und demotiviert, dass Herr Müller vorschlug, eine »Plauderzeit« einzulegen.

Tab. 1: Stabilität und Unterrichtskultur

Im vorgestellten Ansatz wird den stabilen Anteilen zwar besondere Aufmerksamkeit geschenkt; mit dieser Fokussierung sind die transitiven und episodischen Anteile als solche sowie in ihrem Verstetigungspotenzial einbezogen. Betrachtet man die stabilen Anteile von Unterricht näher, also die Bereiche von Unterricht, die verlässlich auf Dauer gestellt sind, dann sind diese in der Regel schwer zu verändern. Die Lehrperson im Beispiel (S. 11) hat trotz etlicher Argumente das Eingangs- und Abschlusslied beibehalten. Die Existenz des spontanen und flüchtigen Anteils ist für Lebenspraxen und auch für Unterrichtspraxen von zentraler Bedeutung, denn ihre Existenz ist Garant dafür, dass so etwas wie ein *kultureller Möglichkeitsraum* entsteht. Das Episodische kann zum Beispiel ein Anlass sein, dass eine Verstetigung angestrebt wird. Es kann auch dazu führen, dass die stabilen Kulturanteile reflektiert und kritisiert werden. Die

---

30 Vgl. Auerochs, B. (2011). Tradition als Grundlage und kulturelle Präfiguration von Erfahrung. In: F. Jaeger & B. Liebsch (Hrsg.), *Handbuch der Kulturwissenschaften*. Bd. 1, Grundlagen und Schlüsselbegriffe. Sonderausgabe. (S. 24–37). Stuttgart: J. B.Metzler.

Unterrichtspraxis braucht daher sowohl stabile als auch transitive als auch episodische Anteile. Um Missverständnisse zu vermeiden: Mit destabilen Elementen sind in der Schulpraxis keine offenen Arbeitsformen gemeint, deren Freiheitsgrade zu Unvorhergesehenem führen können. Offene Arbeitsformen (z. B. Projekte, Präsentationen), die zum Unterrichtsalltag gehören, zählen zum stabilen Anteil, zu den Praktiken. Auch eine Lehrperson, die sich kontinuierlich wenig vorbereitet und »spontan« unterrichtet, oder eine Lehrperson, die immer spontan und produktiv auf Schülerimpulse eingeht, stabilisiert eine bestimmte Unterrichtskultur. Das Spontane hat dann Stabilität und zählt zum stabilen Anteil der Kultur. Tritt ein Verhalten kontinuierlich auf, wird diese Kontinuität mit dem Terminus »Praktiken« markiert.[31]

Praktiken

Verhaltensweisen, die stetig bzw. über einen längeren Zeitraum gezeigt werden und die nicht mehr zur Disposition stehen, sondern selbstverständlich in bestimmten Situationen aktualisiert werden, sind im Folgenden als »Praktiken« bezeichnet.

Neuere Beiträge der vergleichenden Bildungsforschung,[32] die die Praktiken in verschiedenen, insbesondere in nicht »westlich« geprägten Ländern in den Blick nehmen, stellen Angleichungen fest. Bestimmte Praktiken von Unterricht scheinen damit naheliegend und häufig gewählt – weltweit. Zugleich gibt es Beispiele anderer, besonderer, sich unterscheidender Praktiken innerhalb bestimmter Schulsysteme.[33]

Nun wurden bislang die Stabilität bestimmenden Kulturanteile angesprochen. Es ist weiter zu fragen, was mit »Anteilen« konkret gemeint ist: Was konkret ist in Kulturen auf Dauer gestellt? Woraus bestehen sie?

2.2 Die Manifestationsformen von Kulturen

Um diese Frage beantworten zu können – es ist die nach der »Rezeptur« von Kulturen bzw. nach ihren Bausteinen –, melden sich zunächst Schwierigkeiten an: Wie lassen sich Unterrichtskulturen näher beschreiben und verstehen? Beim Versuch einer Präzisierung taucht – wie bereits erwähnt – auf den ersten Blick ein Problem auf: Betrachtet man die Vielzahl der Beiträge zum Thema »Kultur« bzw. »Schul- und Unterrichtskul-

---

31 Vgl. Hörning, K. H., Reuter, J. (2006), S. 113; Reckwitz, A. (2006), S. 38.

32 Zum Beispiel Meyer, H. (2018). Allgemeine Didaktik im Globalisierungsprozess. In M. Rohtland & M. Lüders (Hrsg.), *Lehrer-Bildungs-Forschung.* (S. 161–177). Münster: Waxmann; Adick, C. (2017). Internationale Schulprofile. In G. Lang-Wojtasik & U. Klemm (Hrsg.), *Handlexikon Globales Lernen* (2. überarb. u. erw. Aufl., S. 238–242). Münster, Ulm: Klemm + Oelschläger.

33 Eine Durchsicht der Schulen, die den Deutschen Schulpreis erhalten haben, macht dies bereits deutlich.

tur«, so tut sich eine enorme Definitionsvielfalt auf[34] und der Verweis auf die amerikanischen Anthropologen Kroeber & Kluckhohn (1952), die – bezogen auf die Jahre 1870 bis 1950 – seinerzeit bereits eine Definitionssammlung mit 164 Definitionen des Begriffs »Kultur« vorlegten, scheint ein überzeugendes Argument dafür zu sein, es hier mit einem für Theorie und Empirie unbrauchbaren Begriff zu tun zu haben. Allerdings zeigt die Analyse der Begriffsgeschichte auch, dass der Terminus mit der Ausbildung der Kulturwissenschaften als Disziplin[35] sowie der Cultural Studies[36] auch in der Schulpädagogik[37] an Fahrt aufnahm. Insgesamt ist für die hier vorgestellte Perspektive der Anteil an Kulturbegrifflichkeit von Interesse, der *wertfrei* versucht, Kulturen zu beschreiben und zu verstehen[38]. Für die Schulpädagogik und insbesondere die Allgemeine Didaktik bietet ein solcher wertfreier Kulturbegriff einen enormen Vorteil: *Er fokussiert das Ganze und nicht Teile, er fokussiert den Prozess der Stabilisierung sowie den des Wandels, er nimmt die Genese einer Kultur in den Blick und verharrt nicht bei der Diagnose, er ist an Praxen und Praktiken orientiert und verbleibt nicht in theoretischer Architektonik. Kurz: Der Kulturbegriff ist geeignet, die nachhaltige Gestaltung von Unterricht grundzulegen.*

Fragt man nun danach, was die vielfältigen Definitionen eint und zunächst nicht danach, was sie trennt bzw. unterscheidet, so lassen sich Komponenten, aus denen Kulturen bestehen, die sie ausmachen und prägen, benennen. Innerhalb der Ansätze mögen die Begrifflichkeiten differieren, die Schwerpunkte unterschiedlich gesetzt sein, dennoch bestehen Schnittmengen. Das ist auch konsequent, denn das Phänomen »Kultur« bildet den gemeinsamen Ausgangs- und Bezugspunkt.

Im Folgenden sind sechs Komponenten systematisch ausdifferenziert[39], die eine Kultur auf der Sichtebene ausmachen, und an Beispielen erläutert. Hier ist der Begriff »Manifestationsformen« gewählt, um zu akzentuieren, dass diese Komponenten jede

---

34 Zum Beispiel Berkemeyer et al. (2015), S. 87 f.

35 Jäger, F., Liebsch, B. (Hrsg.) (2011). *Handbuch der Kulturwissenschaften.* Bd. 1: Grundlagen und Schlüsselbergriffe. Stuttgart: Metzler; Assmann, A. (2006). *Einführung in die Kulturwissenschaft. Grundbegriffe, Themen, Fragestellungen.* Berlin: Erich Schmidt.

36 Marchart, O. (2018). *Cultural Studies.* (2. aktual. Aufl.). München: UVK.

37 Zum Beispiel Kolbe, F.-U., Reh, S., Fritzsche, B., Idel, T.-S., Rabenstein, K. (2008). Lernkultur. Überlegungen zu einer kulturwissenschaftlichen Grundlegung qualitativer Unterrichtsforschung. *Zeitschrift für Erziehungswissenschaft, 11*(1), 125–143. Helsper, W. (2008). Schulkulturen – die Schule als symbolische Sinnordnung. *Zeitschrift für Pädagogik, 54*(1), 63–80; vgl. auch Schreyögg, A. (1995): Organisationkulturen von Human Service Organizations. Begriff, Charakteristika, Einflussvariablen, Implikationen für die Organisationsberatung. *Organisationsberatung – Supervision – Clinical Management, 2*(1), 15–34.

38 H. Fend greift in der Neufassung seiner Schultheorie den Verstehensbegriff auf; vgl. Fend, H. (1980). *Theorie der Schule.* München: Urban & Schwarzenberg und Fend 2008.

39 In Weiterentwicklung von Esslinger-Hinz 2010; 2019; vgl. auch Schein, E. H. (1995). *Unternehmenskultur. Ein Handbuch für Führungskräfte.* Frankfurt a. M.: Campus; Schein, E. H. (2003). *Organisationskultur. The Ed Schein Corporate Culture Survival Guide.* Bergisch Gladbach: Edition Humanistische Psychologie; Sourisseaux, A. L. (1994). *Organisationskultur. Zur facettentheoretischen Konzeptualisierung eines organisationspsychologischen Konstruktes.* Frankfurt a. M.: Peter Lang.

Kultur – so auch die Schul- und Unterrichtskultur – konstituieren und manifestieren. Salopp gesprochen bilden die Manifestationsformen die Rezeptur von Kulturen auf ihren Oberflächen. Sie gehören immer dazu, um die kulturelle Existenz bzw. Stabilität zu sichern, in dem Sinne, dass Ähnliches mit ähnlichen oder denselben Mitteln immer wieder generiert wird. Das Gesamtgeschehen, das heißt die Rezeptur des Ganzen, wird immer wieder neu in möglichst ähnlicher Weise hergestellt. Diese Kontinuität wird auf der Oberfläche durch folgende Elemente bzw. Manifestationsformen erreicht:

2.2.1 Verhalten

Eine Manifestationsform jeder Kultur bildet das Verhalten ihrer Akteure[40]. Sehr grundsätzlich und grundlegend ist mit dem Verhalten das »Tun« bzw. das »Handeln« von Akteuren bezeichnet und inkludiert alle Aktivitäten – insbesondere und auch die sprachlichen.[41] Jede Kultur ist dadurch geprägt, dass bestimmte Verhaltensweisen gezeigt werden und andere nicht. Ist eine Kultur vorhanden, kennen alle Akteure das erwartete Verhalten[42] und handeln kulturkonform.[43] Erwartungswidriges Verhalten irritiert und wird ggf. sanktioniert. Hier ist der weite Terminus »Verhalten« gewählt, weil sich das Handeln innerhalb einer Kultur nicht nur auf das Soziale beziehen,[44] sondern beispielsweise auch auf Gegenstände gerichtet sein kann. Alles, was auf der Verhaltensebene wiederholt gezeigt wird, zählt zu dieser Manifestationsform. Hier Verhaltensweisen zur »Pünktlichkeit«[45]:

---

40 Der Terminus »Akteur« ist auch geeignet, weil er akzentuiert, dass die an Schule und Unterricht beteiligten Personen – zumeist Lehrerinnen und Lehrer sowie Schülerinnen und Schüler – als Gestaltende und Handelnde gesehen werden, die aktiv Kulturen reproduzieren oder modifizieren.

41 Zur Sprache als Sprechakt bzw. Handlung: Austin, J. L. (1975). *How to Do Things with Words.* (2. Ed.). Oxford: University Press; Searle, J. R. (1971): *Sprechakte: Ein sprachphilosophischer Essay.* Übersetzt von R. und R. Wiggershaus. Frankfurt a. M.: Suhrkamp. Searle, J. R. (1982). *Ausdruck und Bedeutung: Untersuchungen zur Sprechakttheorie.* Frankfurt: Suhrkamp.

42 Hier wurde der Terminus »Verhalten« gewählt, weil er im schulpädagogischen Kontext geläufig ist und die Bewusstheit, Geplantheit bzw. Zweckorientierung weniger stark markiert ist als beim Handlungsbegriff. Vgl. Habermas, J. (1995). *Theorie des kommunikativen Handelns.* Bd. 1. Handlungsrationalität und gesellschaftliche Rationalisierung. Frankfurt: Suhrkamp, S. 126 ff.; Hörning, K. H. (2011). Kultur als Praxis. In F. Jaeger & B. Liebsch (Hrsg.), *Handbuch der Kulturwissenschaften.* Bd. 1, Grundlagen und Schlüsselbegriffe. Sonderausgabe. (S. 139–151). Stuttgart: J. B. Metzler; Weber, M. (1968). Über einige Kategorien der verstehenden Soziologie. In M. Weber: *Gesammelte Aufsätze zur Wissenschaftslehre.* (3. Aufl., S. 427–474). Tübingen: Mohr. Bei Ritualen ist die Verhaltenserwartung im Vordergrund, die Reflexion des Verhaltens tritt in den Hintergrund.

43 Welche Merkmale der Kultur kulturkonformes Handeln povozieren oder sogar erzwingen, ist in Kapitel 5 erörtert.

44 So z. B. Hörning (2011), S. 141.

45 Vgl. Pieler, D. (2003). *Neue Wege zur lernenden Organisation. Bildungsmanagement – Wissensmanagement – Change Management – Culture Management* (2., überarb. Aufl.). Wiesbaden: Gabler, S. 155.

Beispiel

- In einer Schule *kommen* die Schülerinnen und Schüler zu *unterschiedlichen Anfangszeiten.* Diese Möglichkeit wurde vor drei Schuljahren eingeführt.
- In einem Lehrerkollegium *gehen* die Lehrpersonen grundsätzlich *erst einige Minuten nach dem zweiten Pausengong in ihre Klassen.*
- Zur Gesamtlehrerkonferenz *kommen alle etwas früher.*

2.2.2 Kognitionen

Jede Kultur verfügt über kulturbezogene Kognitionen, die die Akteure teilen. Sie beziehen sich auf Gegenwärtiges und Vergangenes. Das Wissen über die kulturelle Biografie ist häufig unter dem Stichwort »kulturelles Gedächtnis« diskutiert.[46] Auch die Art und Weise der »Konservierung« von Wissen und die Frage, wer Einfluss hat auf die Tradierung kulturellen Wissens, ist von Bedeutung.

Daneben sind Kognitionen wichtig, die das Verhalten strukturieren: Normen, Regeln, Erwartungen, Einschätzungen, Vorlieben und Geschmack, die in einer Kultur gelten. Der einzelne Akteur kennt sie, kann sie rekonstruieren, benennen und danach handeln. Diese »normbezogenen Kognitionen« haben innerhalb einer bestimmten Kultur Geltung und stehen nicht zur Disposition. Sie werden allerdings dann versprachlicht und kommuniziert, sobald Optionen bestehen, dass das korrespondierende Verhalten nicht gezeigt werden könnte oder es tatsächlich ausbleibt.

Beispiel

- Tina erklärt Lara, die neu in die Klasse gekommen ist: »Bei Frau Marquart darfst du *nie mit deinem Nachbarn flüstern;* da wird sie richtig fies, auch wenn es um das Unterrichtsthema geht.«
- Herr Sielcher erläutert einem Lehramtsstudenten im Praktikum: »Bei uns hat jeder seinen festen Platz im Lehrerzimmer. *Legen Sie niemals etwas auf den Tisch eines Kollegen oder einer Kollegin* und *setzen Sie sich bitte nicht einfach auf einen freien Stuhl.«*
- Tom ist einem Tanzsportverein beigetreten. In seiner ersten Trainingsstunde erklärt ihm der Trainer: *»Beim Tanzen duzen sich alle.«*
- Frau Maier trifft sich mit der japanischen Arbeitsgruppe. In der Vorbereitung auf die Zusammenarbeit wurde ihr erklärt, dass es in Japan selbstverständlich und höflich ist, pünktlich zu sein. Ihr wird geraten: *»Rufen Sie auf jeden Fall an, falls Sie sich verspäten sollten.«*

---

46 Vgl. Assmann, J. (1988). Kollektives Gedächtnis und kulturelle Identität. In J. Assmann & T. Hölscher (Hrsg.), *Kultur und Gedächtnis.* (S. 9–19). Frankfurt: Suhrkamp; Assmann, J. (1997). *Das kulturelle Gedächtnis, Schrift, Erinnerung und politische Identität in frühen Hochkulturen.* Beck: München.

2.2.3 Objektivationen

Zu den Manifestationsformen einer Kultur zählen weiterhin konkrete Gegenstände, Dingliches;[47] in Anlehnung an Arthur Schopenhauer, Wilhelm Dilthey und Pierre Bourdieu ist hierfür der Begriff der »Objektivationen« aufgenommen.

Beispiel

- Im Kunstunterricht der 4a stellen alle Schülerinnen und Schüler *einen Kasten mit Wasserfarben, ein Wasserglas* sowie mehrere *Pinsel* auf ihren *Tisch.*
- Im Klassenzimmer der 9c hängt ein großes *Plastikgeodreieck* unter einem *digitalen Whiteboard.*
- Im Klassenraum der 3a stehen mehrere *Regale,* die mit *Kinder- und Jugendbüchern* bestückt sind.

Die Kulturabhängigkeit ein und derselben Objektivation tritt hervor, wenn man sie sich in einem vergleichbaren Kontext einer anderen Kultur vorstellt: In manchen Ländern ist es üblich, dass Portraits der Regierenden in den Klassenzimmern hängen oder Nationalflaggen angebracht sind. Man stelle sich vor, eine Schule käme auf die Idee, in allen Klassenzimmern ein Bild der Bundeskanzlerin oder des Bundeskanzlers aufzuhängen.

2.2.4 Emotionen

Weiterhin ist jede Kultur durch eine bestimmte Stimmung, Atmosphäre, durch Emotionen[48] und das Befinden der Akteure gekennzeichnet. Schreyögg bemerkt hierzu: »Kul-

---

47 Ein synonymer Terminus ist der des Artefakts. Der integrierte Charakter von Artefakten bzw. Objektivationen ist insbesondere bei Durkheim 1965 herausgearbeitet, vgl. Durkheim, E. (1965). *Regeln der soziologischen Methode.* Neuwied: Suhrkamp; vgl. auch Schmidt, R. (2008). Das Zusammenspiel von Habitat und Habitus und die Sozialität der Artefakte: zur empirischen Rekonstruktion der praktischen Logik von Programmierung und Softwareentwicklung. In K.-S. Rehberg (Hrsg.), *Die Natur der Gesellschaft: Verhandlungen des 33. Kongresses der Deutschen Gesellschaft für Soziologie in Kassel 2006* (S. 1961–1967). Frankfurt a. M.: Campus; Miklautz, E. (1996). *Kristallisierter Sinn: Ein Beitrag zur soziologischen Theorie des Artefakts.* München: Profil; Samida, S., Eggert, M. K. F.; Hahn, H. P. (Hrsg.). *Handbuch Materielle Kultur. Bedeutungen, Konzepte, Disziplinen.* Stuttgart und Weimar: Metzler; Graf, U., Iwers, T. (Hrsg.) (2019). *Beziehungen bilden: Wertschätzende Interaktionsgestaltung in pädagogischen Handlungsfeldern.* Bad Heilbrunn: Klinkhardt; Wieser, M. (2004). Inmitten der Dinge. Zum Verhältnis von sozialen Praktiken und Artefakten. In K. H. Hörning & J. Reuter (Hrsg.), *Doing Culture. Neue Positionen zum Verhältnis von Kultur und sozialer Praxis.* (S. 92–107). Bielefeld: transcript.

48 Zur Atmosphäre in Organisationen vgl. Julmi, C. (2015). *Atmosphären in Organisationen. Wie Gefühle das Zusammenleben in Organisationen beherrschen.* Bochum und Freiburg: projektverlag; vgl. auch Schützeleichel, R. (2017). Emotion. In R. Gugutzer, G. Klein & M. Meuser (Hrsg.),

turen normieren, was gehasst und was geliebt wird, was mit Geduld ertragen und was aggressiv zurückgewiesen wird, was angenehm und was unangenehm ist«[49]. Löw kommt zu dem Schluss, »dass Atmosphären aus der Wirkung der wahrgenommenen Objekte in ihrem Arrangement (und damit durch Räume), durch die Konstruktion der Orte und dem leiblichen Spüren des Wahrgenommenen entstehen«[50]. Im hier vorgestellten Ansatz wird diese Facette der Kultur mit »Emotionen« bezeichnet. Gemeint ist eine psychophysische Bewegtheit, die innerhalb einer bestimmten Unterrichtskultur ausgelöst wird.

Beispiel

- In Klasse 5c findet ein »Selbststudium« statt. Es herrscht eine *konzentrierte Arbeitsatmosphäre.*
- In der 8k ist die Atmosphäre *angespannt;* jederzeit droht ein unangesagter Test und wenn die Hausaufgaben zweimal nicht gemacht sind, muss der Schüler, die Schülerin nachsitzen.
- Beim Arbeitsmeeting herrscht eine *ruhige, sachliche und freundliche Atmosphäre.*

2.2.5 Raum-Zeit-Strukturen

Kulturen sind durch Raum-Zeit-Strukturen situiert. Die Akteure finden zu bestimmten Zeiten an bestimmten Orten bzw. Räumen zusammen; das kann auch über soziale Medien geschehen und bezieht digitale Räume ein.

Beispiel

- Der Sportunterricht in der 7c findet *im örtlichen Schwimmbad* statt.
- Die Klasse 5a richtet mit Unterrichtsbeginn auf *WhatsApp* eine Klassengruppe ein.
- Die Arbeitsgruppe trifft sich monatlich in der *Lounge eines Hotels;* eine Konferenz findet regelmäßig über eine Videokonferenz statt.

Handbuch Körpersoziologie. Bd. 1. Grundbegriffe und theoretische Perspektiven. (S. 21–26). Wiesbaden: Springer; Göppel, R., Hirblinger, A., Hirblinger, H., Würker, A. (2010). *Schule als Bildungsort und »Emotionaler Raum«: Der Beitrag der Psychoanalytischen Pädagogik zu Unterrichtsgestaltung und Schulkultur.* Opladen: Barbara Budrich-Esser.

49 Schreyögg, A. (2008). *Organisation. Grundlagen moderner Organisationsgestaltung.* (5. vollst. überab. Aufl.). Wiesbaden: Gabler, S. 365; Herrmann, I., Flasche, V. (2015). Schulkultur und Raum. Raumentwürfe, Topografien und Raumpraktiken als materiale Manifestationen von Schulkulturen. In J. Böhme, T. Kramer, M. Hummrich: *Schulkultur. Theoriebildung im Diskurs.* (S. 351–378). Wiesbaden: Springer.

50 Löw, M. (2011). Raum – die topologische Dimension der Kultur. In F. Jäger & B. Liebsch (Hrsg.), *Handbuch der Kulturwissenschaften.* Bd. 1, Grundlagen und Schlüsselbegriffe. Sonderausgabe. Stuttgart: J. B. Metzler, S. 54.

Schon beim Wechsel der Schule innerhalb einer Schulart treten Differenzen hervor.

Beispiel

- Simon hat die Schule gewechselt und kann jetzt etwas länger ausschlafen. Der Unterricht beginnt erst um 7.45 *Uhr;* in seiner alten Schule war um 7.30 Uhr Unterrichtsbeginn.

Hierbei ist besonders interessant, wer die Raum-Zeit-Strukturen bestimmt.[51] Räume entstehen durch Grenzziehungen von innen und außen bzw. durch Teilhabe und Nicht-Teilhabe. Räume im territorialen Sinn sind über Architektur, Einrichtungen sowie Akteure und deren Zugangsrechte definiert. Unter den Bedingungen von Globalisierung und Vernetzung entstehen *virtuelle Räume*, die ebenfalls durch Teilhabe bzw. Zugangsrechte gekennzeichnet sind. Auch Raum- und Zeitstrukturen zählen zur Unterrichtskultur, sofern sie etabliert sind und ihr Fortbestand aktiv betrieben wird.[52]

2.2.6 Körperpräsenz[53]

Akteure sind innerhalb einer Kultur präsent. Das kann auch vermittelt über moderne Medien geschehen, jedoch sind die Präsenz sowie die Präsentation der Körperlichkeit zentral.[54] Ihre Bedeutung wird oftmals unterschätzt und als gewohnt und selbstverständlich angenommen. Durch die physische Distanz, die beispielsweise durch die Coronapandemie erzwungen wurde, wird sie bewusst.[55]

---

51 Deutlich ist dies im Unterricht durch Räume wahrzunehmen, zu denen nur bestimmte Personen einen Schlüssel besitzen (z. B. Computerräume, Kopierräume, Lehrertoiletten) oder die vornehmlich von bestimmten Akteuren genutzt werden (z. B. SMV-Raum, Areal um das Lehrerpult, Areal vor der Tafel); zu den machttheoretischen Implikationen vgl. Bourdieu, P. (2015). *Die verborgenen Mechanismen der Macht.* (Durchg. Neuaufl. von 1992). Hamburg: VSA.

52 Zur Einbettung in gesamtgesellschaftliche Veränderungen vgl. Kapitel 9; Rosa, H. (2005). *Beschleunigung. Die Veränderung der Zeitstrukturen in der Moderne.* Frankfurt: Suhrkamp; Bendix, R. F., Kraul, M. (2015). Die Konstituierung von Schulkulturen in Räumen und räumlichen Inszenierungen: Zwei Fallstudien. *Zeitschrift für Pädagogik*, 61(1), 82–110.

53 Im Bereich Sport ist die kulturtheoretische Perspektive eher aufgenommen. Vgl. Gugutzer, R., Staack, M. (Hrsg.) (2015). *Körper und Ritual. Sozial- und kulturwissenschaftliche Zugänge und Analysen.* Wiesbaden: Springer.

54 Zum Zusammenhang »Körper« und »Leiblichkeit« vgl. Lindemann, G. (2017). Leiblichkeit und Körper. In R. Gugutzer, G. Klein, M. Meuser (Hrsg.), *Handbuch Körpersoziologie. Bd. 1. Grundbegriffe und theoretische Perspektiven* (S. 57–66). Wiesbaden: Springer. Im Rahmen des vorliegenden Ansatzes ist der leichteren Referenz wegen der Terminus »Körperpräsenz« gewählt; Leiblichkeit ist mitgemeint.

55 Zum Zeitpunkt der Publikation dieses Buches sind Untersuchungen zu den psychischen Auswirkungen sozialer bzw. physischer Distanzierung in Arbeit.

Im und mit dem Körper finden Gefühle, Geschmack, Aussehen ihre Repräsentation und ihren Ausdruck: mittels Bewegung, Gestik, Mimik, Sprache. Der Körper inkorporiert und demonstriert die Kultur,[56] zugleich wird der Leib erlebt.[57]

Die beschriebenen sechs Komponenten von Kulturen sind immer vorhanden; Kulturen manifestieren sich über sie. Die genannten Manifestationsformen von Kulturen sind somit für jede Kultur konstitutiv. Das gilt auch für die Schule und den Unterricht. Tabelle 2 gibt einen Überblick über die sechs Manifestationsformen.

Manifestationsformen von Kulturen					
Verhalten	**Kognitionen**	**Raum-Zeit-Strukturen**	**Objektivationen**	**Emotionen**	**Körperpräsenz**
• Verhaltensmuster • Interaktionsstrukturen • Redeweisen • Bräuche • Rituale • ...	• Werte und Normen • Regeln • Erwartungen • Überzeugungen • Einschätzungen • Erzählungen • ...	• Anordnungen im Raum • Architektur • Beginn und Ende • Phasenstruktur • Pausen • ...	• Ausstattung • Medien (z. B. Schulbücher) • Kleidung • Möblierung • Gegenstände • Symbole • ...	• Stimmung • Atmosphäre • Gefühle • ...	• Gestik • Mimik • Art, sich zu bewegen • Aussehen • Stimme • ...

Tab. 2: Manifestationsformen von Kulturen (in Anlehnung an Esslinger-Hinz 2010; 2019; 2020)

Im vorliegenden Ansatz wird von einem *deskriptiven* Schulkulturbegriff ausgegangen. Die Manifestationsformen lassen sich bezogen auf den konkreten Unterricht beschreiben; der Zugang ist deskriptiv und evidenzbasiert. Sie ließen sich auch bewerten, indem man von »guten« und »schlechten« Unterrichtskulturen spräche. Diese bewertende Perspektive drückt sich beispielsweise im Begriff der »Hochkultur« aus. Im Hinblick auf Schule und Unterricht wird die Wertung ausgedrückt, indem zwischen Schulen unterschieden wird, die Kultur »haben« oder auch nicht. Zuweilen wird der Kulturbegriff gesetzt, wenn es um musisch-ästhetisches bzw. künstlerisch-gestaltendes Tun geht.[58] Im Folgenden ist ein beschreibender, nicht wertender Zugang gewählt. Er bildet den *Ausgangspunkt*, um konkrete Unterrichtskulturen beschreiben und verstehen sowie Entwicklungsperspektiven ableiten zu können.

---

56 Vgl. Bourdieu 2015.

57 Die Bedeutung des Körpers im Kontext von Bildung und Erziehung ist vielfältig thematisiert. Im schulpädagogischen Diskurs zum Beispiel unter dem Fokus der Bewegung, im Inklusionsdiskurs, im Kontext der Disability Studies. Vgl. Dederich, M. (2007). *Körper, Kultur und Behinderung. Eine Einführung in die Disability Studies.* Bielefeld: transcript; Butler, J. (1997): *Körper von Gewicht.* New York: Routledge.

58 Zum Beispiel Timm, S., Costa, J., Kühn, C., Scheunpflug, A. (2020) (Hrsg.). *Kulturelle Bildung. Theoretische Perspektiven, methodische Herausforderungen, empirische Befunde.* Münster: Waxmann.

Die Beschreibung der Kultur bzw. ihrer Oberflächenstrukturen bildet einen Zugang, um eine Kultur zu verstehen. Weiterhin ließe sich in den Blick nehmen, wie eine bestimmte Kultur entstanden ist; der Blick ist dann auf ihre Geschichte im Sinne der Kulturbiografie gerichtet. Hier schließt sich die Frage an, wie Kulturen sich erhalten bzw. sich reproduzieren. Und schließlich könnte auch die Frage nach den Funktionen, die Kulturen erfüllen, beantwortet werden oder darauf, welche Innovationspotenziale vorhanden sind. Diese deskriptiven Blickrichtungen auf »Kultur von Schule und Unterricht« (Tab. 3) werden im Folgenden aufgenommen, beschrieben und in ihren Konsequenzen für die Gestaltung und Analyse von Unterricht vorgestellt.

deskriptiv	Wie ist die Unterrichtskultur zu beschreiben?
historisch	Wie hat sich die Unterrichtskultur herausgebildet?
reproduktiv	Wie und wodurch wird die Unterrichtskultur reproduziert?
innovativ	Lässt sich die Unterrichtskultur zielgerichtet verändern?
funktional	Was leistet die Unterrichtskultur?

Tab. 3: Blickrichtungen auf Unterrichtskultur[59]

Die genannten sechs Manifestationsformen sind mittels empirischer Zugänge beschreib-, analysier- und diskutierbar. Das gilt für alle Aspekte der in Tabelle 3 genannten Punkte. Weil dieser Anteil der Kultur beobachtbar und sichtbar ist, wird im Folgenden in Bezug auf die Manifestationsformen von der *Oberflächenstruktur des Unterrichts* gesprochen.

Manifestationsformen und Oberflächenstruktur

Unterrichtskulturen manifestieren sich auf der Oberflächenebene über sechs Manifestationsformen:

1. Verhalten
2. Kognitionen
3. Raum-Zeit-Strukturen
4. Objektivationen
5. Emotionen
6. Körperpräsenz

Die Bedeutung aller sechs Manifestationsformen für den Unterricht wird deutlich, wenn nicht alle Formen von den Akteuren genutzt werden können. Das ist beispielsweise im »Fernunterricht« der Fall, denn Anteile der Oberflächenstruktur sind hier reduziert (z. B. Körperpräsenz, Objektivationen im Klassenraum).

---

59 In Anlehnung an Esslinger-Hinz, I. (2019). Schulkultur. In M. Harring, C. Rohlfs, M. Gläser-Zikuda (Hrsg.), *Handbuch Schulpädagogik*. Münster: Waxmann, S. 608.

2.3 Oberflächenstrukturen von Unterricht

2.3.1 Die Verzahnung der Manifestationsformen

Betrachtet man konkreten Unterricht unter der Perspektive der genannten Manifestationsformen, zum Beispiel den Sportunterricht der 10c im Schillergymnasium in Mönchsheim,[60] dann zählt zu den erwarteten Verhaltensweisen, dass man mitmacht (Verhalten). »Sport ist life!« bildet das Motto im Sportunterricht (Kognition) und hängt auch in Plakatform an der Tür zur Sporthalle sowie in den Schülerumkleiden (Objektivationen). In der Klasse herrscht eine erwartungsvolle und motivierte Atmosphäre (Emotionen) und der Unterricht findet in der neuen Sporthalle am Freitag in der fünften und sechsten Stunde statt (Raum-Zeitstruktur), Einsatz zeigen, dabei sein ist wichtig (Körperpräsenz). Der Sportunterricht wird besonders gesponsert, weil die Schule auch an Wettbewerben teilnimmt und eine Sportbekleidungsfirma hier ihren Sitz hat.

Ein Blick auf die Oberflächenstrukturen der Unterrichtskultur in der 10f des Mörikegymnasiums in Marienberg ergibt ein anderes Bild von den Oberflächenstrukturen des Unterrichts: »Warten müssen« ist die zentrale »Tätigkeit« und das erwartete Standardverhalten im Sportunterricht (Verhalten), »Hoffentlich ist es bald vorbei« ist ein Satz, der immer wieder gesagt wird (Kognitionen), vergessene Sportbekleidung, fehlende Haargummis spielen keine Rolle (Objektivationen) und die Stimmung ist gelangweilt (Emotionen), viele Schülerinnen und Schüler fehlen bzw. bringen eine Entschuldigung bei (Körperpräsenz). Weil die Sporthalle umgebaut wird, findet der Unterricht im Sommer wann immer möglich nachmittags im Freien statt (Raum-Zeit-Struktur).

Verhalten	**Kognitionen**	**Strukturen**	**Objektivationen**	**Emotionen**	**Körperpräsenz**
mitmachen	Dabeisein ist alles!	Teilnahme an einem Wettbewerb	Plakat »Sport is life«	Mut machende Atmosphäre	in Bewegung sein, hohe Körperspannung
warten, Blick auf die Uhr	den Unterricht überstehen	Sporthalle wird saniert	Wartebank	gelangweilt	statisch, hoher Anteil abwesender Schülerinnen

Abb. 2: Oberflächenstrukturen von Unterricht

60 Sämtliche Namen sind anonymisiert.

Die beschriebenen sechs Manifestationsformen von Unterrichtskulturen sind sichtbar, erfahrbar, beschreibbar und damit zugänglich: Sie bilden die Oberflächenstruktur des Unterrichts. *Sie ist mittels empirischer Forschung zugänglich.*

Weiterhin flottieren die sechs beschriebenen Kulturelemente nicht nebeneinander her, sondern sind kongruent in dem Sinne, dass sie sich in Kulturen mehr oder weniger in Passungen befinden und sich beeinflussen: die Kognitionen (z.B. »Wir gehen respektvoll miteinander um«), das Verhalten (z.B. andere unterstützen), die Emotionen (z.B. Man fühlt sich zugehörig), die Objektivationen (Gebäude, Geräte, Sportkleidung), die Strukturen (z.B. Sitzordnung) sowie die Körperpräsenz (Anwesenheit, Körperspannung). Die sechs Manifestationsformen strukturieren das Leben und Erleben der Akteure. In Bezug auf die Objektivationen betonen Samida et al. (2014) sehr grundsätzlich den Zusammenhang von Manifestationsformen: »Dinge sind also ein wesentlicher Teil unserer Existenz und damit zugleich ein Indikator dessen, was wir sind« (S. 1). Im obigen Beispiel entsteht die Atmosphäre und die Stimmung dadurch, dass Mitmachen zählt, durch den Raum und die Gegenstände. Kurz: Die Manifestationsformen stehen im Zusammenhang und beeinflussen sich. Das optisch modellierte Säulenmodell (Tab. 2, S. 1) mit den beschriebenen sechs Manifestationsformen ist daher in Abbildung 3 so weiterentwickelt, dass die Verzahnungen und Passungen deutlich werden, die – wie später noch dargestellt wird – für die Stabilität der Kultur maßgeblich sind.

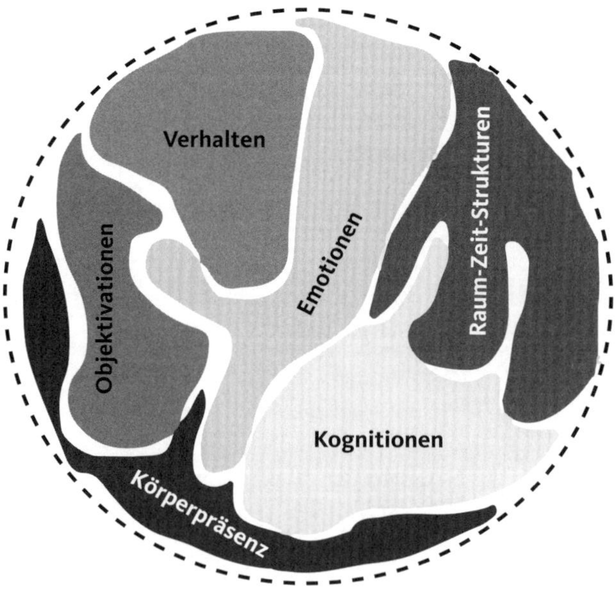

Abb. 3: Oberflächenstrukturen: Verzahnte Manifestationsformen der Unterrichtskultur

Die Manifestationsformen sind in Kulturen miteinander verzahnt, wobei der Grad der Verzahnung und Passung unterschiedlich stark ausgeprägt sein kann. Sind keine Passungen bzw. Verzahnungen vorhanden, hat dies Auswirkungen auf die Stabilität der Kultur (vgl. Kap. 5). Entscheidet sich beispielsweise ein Kollegium im Rahmen pädagogischer Tage, die Teilhabe und Mitbestimmung an ihrer Schule zu stärken, so besteht die Aufgabe darin, dieses Ziel unterrichtskulturell zu etablieren. Es ist nicht hinreichend, ein neues Motto »Demokratie stärken« auf die Homepage der Schule zu setzen oder einen Klassenrat einzuführen; vielmehr gilt es, über die sechs Manifestationsformen den gewählten Schwerpunkt »Teilhabe und Demokratie« zu stärken. Die Oberflächenstruktur des Unterrichts ist in der Folge so zu gestalten, dass alle Manifestationsformen »Teilhabe und Demokratie« stärken und repräsentieren. Dann wäre das Konzept oberflächenstrukturell implementiert. Die Manifestationsformen sind über die Intention »Demokratie stärken« miteinander verwoben bzw. verzahnt.[61]

Beispiel

Eine Studentin berichtet aus der Hospitation im Semesterpraktikum (ca. 30 Hospitationsstunden).

Frau Voss hatte jedes Schuljahr durchstrukturiert und die Aufgabenblätter und Klassenarbeiten waren vorab festgelegt. Da erhielt auch jede Klasse, die sie parallel unterrichtete, genau dasselbe. Sie erschien eigentlich immer schon vor den Schülerinnen und Schülern im Klassenzimmer. Einen Teil des Unterrichts widmete sie sich den Kontrollen von Hausaufgaben, Unterschriften usw. Regeln, die sie eingeführt hat, wurden immer durchgesetzt. Zum Beispiel durften die Schülerinnen und Schüler den Tintenkiller nur zweimal pro Heftseite benutzen. War das öfter der Fall, musste die Seite völlig neu geschrieben werden. Sie war da sehr konsequent und zeigte eigentlich wenig Empathie für die Schülerinnen und Schüler. Die Atmosphäre im Klassenzimmer war oft angespannt.

Zur Reflexion: Wenden Sie das vorgestellte Modell von den Oberflächenstrukturen auf das Beispiel an. Welche Manifestationsformen sind thematisiert? Lassen sich Verzahnungen zwischen den Manifestationsformen feststellen?

61 Der Aspekt der Verzahnung bzw. Interdependenz ist auch in anderen Modellen akzentuiert, in etwa im Berliner bzw. Hamburger Modell; optisch verdeutlicht an der Vielzahl der Pfeile; vgl. Schulz, W. (1965). Unterricht – Analyse und Planung. In P. Heimann, G. Otto, W. Schulz (Hrsg.), *Unterricht – Analyse und Planung.* (S. 13–47). Hannover: Schrödel; Schulz, W. (1980). *Unterrichtsplanung.* München: Urban und Schwarzenberg; Schulz, W. (1980a). Die lehrtheoretische Didaktik. Oder: Didaktisches Handeln im Schulfeld. Modellskizze einer professionellen Tätigkeit. In H. Gudjons & R. Winkel (Hrsg.), *Didaktische Theorien.* (13. Aufl.). Hamburg: Bergmann und Helbig; Schulz, W. (1996). *Anstiftung zum didaktischen Denken. Unterricht – Didaktik – Bildung.* Weinheim: Beltz.

2.3.2 Die Sichtbarkeit von Oberflächenstrukturen

Die Wahrnehmung von Oberflächenstrukturen im Unterricht differiert zwischen Novizen und Experten.

Hier zunächst zur Verdeutlichung eine Aufgabe: Betrachten Sie das folgende Bild für 5 Sekunden und überlegen Sie: Was nehmen Sie wahr?

Abb. 4: Momentaufnahme von Unterricht (© FatCamera/gettyimages)

Unabhängig davon, wie Ihre Antwort lautet: Sie haben etwas von der Oberfläche eines Unterrichts für sehr kurze Zeit betrachtet: den sichtbaren Anteil. Obwohl diese Oberfläche eine Momentaufnahme ist, wird hier von verschiedenen Betrachtern bzw. Betrachterinnen Unterschiedliches gesehen und bei der Beschreibung der Oberfläche lässt sich das Gesehene systematisieren.

Hier beispielhaft zwei Antworten von Studierenden in unterschiedlichen Studienphasen:

Beispiel

Sem. 1/Bachelor: »Schüler, die etwas besprechen.«
Sem. 1/Master: »Schülerinnen und Schüler, die gemeinsam eine Mindmap entwickeln. Die Lerngruppe ist altersheterogen zusammengesetzt. Eine Schülerin hat die Aufgabe übernommen, die Ergebnisse zu notieren.«

Die Anteile der Oberflächenstruktur, die wahrgenommen werden, sind moderiert durch das Maß der Expertise, wie auch neuere empirische Forschungen zeigen.[62] Je nach Professionalisierungsgrad des bzw. der Beschreibenden und deren Fähigkeiten der sprachlichen Referenznahme werden bei der Beschreibung des Bildes in Abbildung 4 immer die Oberflächenstrukturen mit ihren Manifestationsformen angesprochen: das Verhalten der Akteure (z.B. besprechen, entwickeln, gestalten), Objektivationen (z.B. Mindmap, Weltkarte), die Emotionen (z.B. Arbeitsatmosphäe) oder Körperpräsenz (z.B. heterogene Lebensalter); Raum-Zeit-Struktur (z.B. hell, groß).

Wenn Unterrichtskulturen aus den genannten Elementen bestehen, die die Bausteine bzw. Manifestationsformen der Kultur darstellen, was zählt dann eigentlich nicht zur Kulturt? Anders gefragt: Worin besteht der Unterschied zwischen »Unterricht« und »Unterrichtskultur«?

An dieser Stelle ist es wichtig, im Blick zu haben, dass das zentrale Merkmal von Kulturen ihre Gültigkeit, Beständigkeit und Stetigkeit ist. Kulturen sind in diesem Sinne keine spontan auftretenden, einmaligen Ereignisse. Kulturen zeichnen sich – wie eingangs beschrieben – durch Stetigkeit und Stabilität aus. *Sie sind quasi »eingerastet« im Schulalltag.* Deshalb lässt sich bei Momentaufnahmen – wie in der obigen Aufgabe – nicht sagen, ob es sich um Kulturelemente handelt; man muss den Unterricht länger beobachten oder die Akteure über den Alltag und seine Normalitäten befragen, um einschätzen zu können, ob das Beobachtete Stetigkeit besitzt. So ist es im obigen Beispiel unwahrscheinlich, dass die Raumstruktur spontan gestaltet wurde oder dass die abgebildeten Schülerinnen und Schüler diese Arbeitsform erstmals praktizieren. *Zusammenfassend kann an dieser Stelle festgehalten werden, dass Kulturen sich über Manifestationsformen realisieren und konkretisieren.* Der Begriff (manifestare /lat./ offenbaren, sich zeigen, sichtbar sein, an den Tag legen) markiert die Zugänglichkeit und damit die Möglichkeit, Oberflächenstrukturen mit Mitteln der empirischen Sozialforschung systematisch zu untersuchen. Zugleich akzentuiert er, dass die Begründungen und Hintergründe für das Sicht- und Beobachtbare an anderer Stelle zu suchen sind (vgl. Kap. 3), denn die Manifestationen »stehen für etwas« und führen zu der Frage, weshalb sie gewählt, implementiert, vorgesehen wurden. Von Manifestationsformen wird hier gesprochen, wenn das, was im Unterricht sichtbar ist, fest situiert sind: Träte die Lehrperson (vgl. Abb. 4) regelmäßig in den Hintergrund, stünden die Arbeitsplätze kontinuierlich zur Verfügung, herrschte immer eine ruhige Arbeitsatmosphäre, dann handelt es sich um Oberflächen*strukturen*. Die Oberfläche wäre nicht strukturell verankert, wenn die Lehrperson diese Arbeitsweise einmalig ausprobierte.

Die Anteile, die zur Unterrichtskultur zählen, sind für die Professionalisierung von Lehrpersonen besonders interessant und wichtig, weil sie sich etabliert haben bzw. zu etablieren sind. Sie sind nachhaltig und deshalb für die Qualität von Schule und Unterricht bedeutsam. Das bedeutet nicht, dass sie »qualitätssteigernd«, sondern dass sie

---

62 Wahl, E. (in Vorb.): *Wie Lehrkräfte Schülerinnen und Schüler im Unterricht wahrnehmen.* Dissertationsschrift.

qualitätsbestimmend sind. Elemente, die quasi wie »Eintagsfliegen« auftauchen und sich verflüchtigen, sind zwar real vorhanden und werden erlebt, sie sind aber wenig bedeutsam oder in dem Sinne bedeutsam, dass sie den Unterschied zwischen flexibel und stabil generieren; es sei denn, das einmalige Ereignis beinhaltet das Potenzial zum Kulturwandel. Dies ist nur dann der Fall, wenn Ereignisse die vorhandene Kultur erschüttern; hierzu zählen beispielsweise Krisenereignisse, Bedrohungs- oder Gefährdungslagen (vgl. Kap. 5).

Oberflächenstrukturen von Unterricht

Mit dem Begriff »Oberflächenstrukturen« sind die Anteile des Unterrichts bezeichnet, die sichtbar, wahrnehmbar und beschreibbar sind und die sich durch Kontinuität und Stabilität auszeichnen. Systematisch lassen sich Oberflächenstrukturen mit Hilfe der Möglichkeiten, Mittel und Instrumente der empirischen Sozialforschung untersuchen und beschreiben.

Oberflächenstrukturen sind zugänglich, in dem Sinne, dass sie sichtbar sind oder sichtbar gemacht werden können. Weil die Oberflächenstrukturen von Unterricht verzahnt sind und weil es zuweilen schwierig ist, angesichts der überlappenden Prozesse bzw. Simultanität, der Dynamiken und der Vielzahl der Interaktionen systematisch zu beobachten, sind zuweilen Hilfsmittel notwendig, wobei Anlässe, Aufwand und Instrumentarien von der Unterrichtsbeobachtung über die Aktionsforschung bis hin zur empirischen Sozialforschung und vergleichenden Unterrichtsforschung reichen.

Eine weitere Präzisierung betrifft die Differenz zwischen strukturellen und episodischen Oberflächenanteilen, denn die Oberfläche des Unterrichts beinhaltet Elemente, die nicht zu ihrer Struktur gehören, zum Beispiel spontan Auftretendes. Somit ist es sinnvoll, zwischen Oberfläche als Gesamtheit alles Sichtbaren und der Oberflächen*struktur* als dem etablierten, auf Dauer gestellten Anteil des Unterrichts zu unterscheiden. Die Oberflächen*struktur* beinhaltet die stabilen Anteile mit ihren Manifestationsformen. Die episodischen Anteile des Unterrichts zählen zur Oberfläche, nicht aber zur Oberflächenstruktur.

Bereits Berufsanfängerinnen und -anfänger realisieren stabile Anteile, die sie in der Schulpraxis oberflächenstrukturell aktualisieren. Gefragt nach selbst beobachteten *Verhaltens*weisen im Semesterpraktikum, antworteten Studierende beispielsweise:

Beispiel

»Ich tendiere dazu, meinen Schülerinnen und Schülern zu wenig zuzumuten und ihnen zu wenig Verantwortung zu übertragen.«

»Ich habe eine Vorliebe für Gruppenarbeiten und vergesse dabei oft die anderen Methoden.«

»Ich kann nicht still sitzen, wenn die Schülerinnen und Schüler Stillarbeit machen. Ich habe immer den Drang, durch das Klassenzimmer zu laufen und zu schauen, was die Schüler machen.«

»Ich setze manche Regeln nicht durch, die in der Hausordnung stehen und für die Allgemeinheit gelten. Zum Beispiel sehe ich keinen Sinn darin, den Schülern das Trinken oder Kaugummikauen zu verbieten.«

»Im Laufe meiner Unterrichtserfahrung habe ich zunehmend festgestellt, dass ich ein hohes Flexibilitäts- und Kreativitätsbedürfnis habe. Manche Schüler freuen sich über Freiräume, andere sind dadurch eher überfordert und ihnen fehlt die Orientierung.«

»Ich neige sehr zum Lehrervortrag und erkläre, wenn ich einmal in die Sache vertieft bin, sehr gerne und sehr ausgiebig.«

»Ich denke, ich arbeite gerne mit einem relativ starken Rahmen. Dies gilt sowohl zeitlich als auch inhaltlich bis hin zur Festlegung von Formulierungen. Den Grund dafür sehe ich in meinen relativ hohen Erwartungen an mich selbst.«

Da Sie, lieber Leser, liebe Leserin, viele Stunden Unterricht erlebt haben, ist es vermutlich für Sie einfach, die Oberflächenstrukturen von erlebtem Unterricht zu beschreiben. Versuchen Sie eine Beschreibung mit Hilfe des hier vorgestellten Modells. Sie werden bemerken, dass es dazu beiträgt, Oberflächenstrukturen von Unterricht zu identifizieren und differenzierter zu beschreiben. Hierzu ein weiteres Beispiel. Ein Student berichtet aus seiner Schulzeit:

Beispiel

Herr Kirsch war Geschichtslehrer und Deutschlehrer an meinem Gymnasium. Er war ein Unikat; jeder an der Schule kannte ihn und viele jüngeren Schülerinnen und Schüler fürchteten ihn.

Objektivationen:	Er kleidete sich immer mit Anzughose und einem altmodischen Hemd. Er trug eine runde Brille.
Verhalten:	Er vierhielt sich, wie aus der Zeit gefallen. Seine Sprache war wie gedruckt; er hatte eine besondere Sprachmelodie. »Neumodischen Unterrichtsstilen« stand er sehr kritisch gegenüber; bei ihm wurde frontal unterrichtet und mit dem Zeigestab an der Tafel herumgewedelt. Er hasste Anglizismen in der deutschen Sprache und hatte für jedes englische Wort eine deutsche Entsprechung.
Körperpräsenz:	Wenn er den Raum betrat, mussten alle aufstehen, dann stellte er sich ans Pult und sagte immer denselben Satz: »Beschwerde, Wünsche, Anregungen? – Nein, dann bitte setzen.«
Emotionen:	Die Atmosphäre war unangenehm.
Raum-Zeit-Struktur:	Die Arbeitseinheiten waren von der Lehrperson zeitlich klar vorgegeben.
Kognitionen:	Der Unterricht ist anspruchsvoll und bietet keine Freiräume für anderes, als zu lernen.

2.3.3 Oberflächenstrukturen und Fachlichkeit

Da das Fach, seine Inhalte, die an sie geknüpften Intentionen im Zentrum des Unterrichts stehen, findet es jeweils seinen Ausdruck über die Oberflächenstrukturen: Die gewählten Fragestellungen, die fachspezifische Terminologie, die Art der Wissensgenerierung und Dokumentation zeigen sich in den Kognitionen; die Raum-Zeitstruktur wird besonders in Fachräumen deutlich, in denen auch Objektivationen zu finden sind, die das Fach repräsentieren (z. B. Periodensystem im Chemiesaal); es wird ein bestimmtes Verhalten erwartet oder sogar vorgeschrieben (z. B. um Sicherheit zu gewährleisten).

Zur Reflexion

Durchdenken Sie am Beispiel Ihrer Fächer oberflächenstrukturelle Merkmale: Was wird in Ihren Fächern unterrichtskulturell über verschiedene Manifestationsformen verankert? Welche Manifestationsformen werden in besonderer Weise genutzt? Gibt es Unterschiede zwischen Ihren Fächern?

Oberflächenstrukturen

- Sobald Menschen längere Zeit interagieren, bilden sich Kulturen aus.
- Kulturen manifestieren sich über das Verhalten, Kognitionen, Raum-Zeit-Strukturen, Objektivationen, Emotionen und Körperpräsenz.
- Unterricht besteht auf der Oberflächenebene aus stabilen, transitiven sowie episodischen Anteilen.
- Kulturen sind etabliert und situiert; das heißt insbesondere die stabilen Anteile sind mittels Manifestationsformen definiert und auf Dauer angelegt. Deshalb wird der Terminus Oberflächen*struktur* verwendet.
- Die Oberflächenstruktur ist systematisch (mit Hilfe empirischer Zugänge) darstell- und beschreibbar.

3. Tiefenstrukturen

3.1 Tiefenstrukturen von Unterricht als Sinn-, Begründungs- und Wertzusammenhänge

Oberflächenstrukturen entstehen nicht zufällig. Sie werden immer wieder bestätigt, aufrechterhalten, fortgesetzt. Doch was ist der treibende Motor? Was ist die Ursache für die Existenz und Fortexistenz ganz bestimmter Oberflächenstrukturen – auch die des Unterrichts? Um dies verstehen zu können, ist es hilfreich, einen kulturfremden Blick einzunehmen und eine fremde Kultur zu betrachten. Exemplarisch sei hier das Beispiel einer indonesischen Insel, Sumba, herausgegriffen.[63]

Auf Sumba wird alljährlich ein Fest gefeiert, das Reiterfest. Alle jungen Männer sind anwesend und kampfbereit (Körperpräsenz). Am Abend vor dem großen Reiterfest schlagen sie aufeinander ein und versuchen, sich gegenseitig zu verletzen (Verhalten). Die jungen Männer erklären, dass möglichst viel Blut fließen muss (Kognition). Hierzu werden Steine und Speere eingesetzt (Objektivationen). Das Fest findet an bestimmten Tagen und zu bestimmten Zeiten statt (Raum-Zeit-Strukturen). Es herrscht eine aufgeheizte Stimmung (Emotionen). Die beschriebene Oberflächenstruktur ist beobacht- und beschreibbar. Der kulturfremde Blick trägt dazu bei. Dies ist die klassische Herangehensweise ethnografischer Forschung.[64]

In der Konsequenz sei an dieser Stelle angemerkt, dass es sinnvoll ist, Personen Unterricht beobachten und beschreiben zu lassen, die mit einem distanzierten und »fremden«[65] Blick vorhandene Oberflächenstrukturen freilegen und beschreiben können, weil das vermeintlich Selbstverständliche für sie »fremd« ist. Beobachtet man die alljährlichen Ereignisse auf Sumba, so fragt sich ein europäische Betrachter bzw. Betrachterin möglicherweise: Was soll das? Was ist der Sinn des Ganzen? Was bewegt

---

63 Vgl. hierzu die Dokumentation: Indonesien: Die wilden Reiter von Sumba. Sendung vom 21.05.2017 | 7 Min. | UT | Quelle: Das Erste; https://www.daserste.de/information/politik-weltgeschehen/weltspiegel/videos/indonesien-sumba-reiter-video-100.html

64 Insbesondere Clifford Geertz hat hier dazu beigetragen, dass die Bedeutungen des gezeigten Verhaltens zu verstehen gesucht wurde. Geertz arbeitet hier mit dem Begriff des »Symbolischen« und meint damit, dass Verhalten mit Sinn unterlegt ist. Will man sie verstehen, ist eine Rekonstruktion und Diskussion des Sinns wichtig. Vgl. Geertz, C. (1987). *Dichte Beschreibung. Beiträge zum Verstehen kultureller Systeme.* (Übersetzt von B. Luchesi und R. Bindemann). Frankfurt a. M.: Suhrkamp.

65 Das Attribut »fremd« bezieht sich darauf, eine Kultur wahrzunehmen, der man nicht als Akteur zugehört. Hierbei wird freilich immer auch die Distanz und Nähe zu vertrauten Oberflächenstrukturen vermessen. Hier liegt eine Komponente von Professionalität darin, Anderes verstehend rekonstruieren zu wollen und zu können. Diese Fähigkeit ist insbesondere im Kontext von Unterrichtsberatungen und Prüfungslehrproben wichtig; vgl. Esslinger-Hinz, I. (2016). *Gut vorbereitet in die Lehrprobe.* Weinheim und Basel: Beltz.

junge Männer dazu, mit Fäusten und Speeren aufeinander loszugehen und sich gezielt zu verletzen? *Setzen normativ-vergleichende Prozesse ein, spiegelt ein Betrachter bzw. eine Betrachterin das Wahrgenommene an der vertrauten Kultur.* Gespiegelt an europäischen Norm- und Wertvorstellungen könnte das Maß der Gewaltbereitschaft irritieren. Für einen Europäer oder eine Europäerin wirken die Kampfhandlungen möglicherweise befremdlich; Kampfhandlungen, Angriffe und Provokationen im öffentlichen Raum sind in Europa kaum vorgesehen oder erlaubt und sind eher in klar umrissenen sportlichen Kontexten (z. B. Boxkämpfe) zu finden. Legt man an die unvertraute und nicht selbst erlebte Kultur die vertraute als Vergleichspunkt an, werden Differenzen identifiziert, die aus dem eigenen, kulturell gebundenen Blickwinkel heraus bewertet werden.[66] *Aufgrund des Gefangenseins und der damit einhergehenden Befangenheit in der eigenen Kultur verbleibt aufgrund der individuellen kulturellen Bindungen des Einzelnen nur die Möglichkeit des Kulturverstehens und Kulturlernens, um die Differenzwahrnehmung modifizieren und sich reflektiert verhalten zu können.* Bezogen auf das Beispiel schließt sich somit die Frage an: Was bewegt die jungen Männer, sich gegenseitig zu verletzen? Ein Schamane antwortet auf die Frage nach dem Sinn folgendermaßen: »Je mehr Blut fließt, desto größer die Ernte.« Dem oberflächlich beobachtbaren Verhalten, der Stimmung, den eingesetzten Gegenständen, den Strukturen unterliegt eine Logik, ein Grundverständnis, welches die Oberflächenstruktur begründet. Diese Begründungs- und Sinndimension ist im Rahmen des hier vorgestellten Ansatzes mit dem Begriff »Tiefenstruktur« bezeichnet. Tiefenstrukturen bezeichnen die Sinnideen,[67] die hinter einer bestimmten Oberflächenstruktur stehen.[68] Es geht zunächst nicht darum, diese Sinnidee zu bewerten, sondern darum, sie zu rekonstru-

---

66 Die Folgen, die aus diesen Differenzwahrnehmungen entstehen, können an dieser Stelle weder dargestellt noch erörtert werden; sie stellen und stellten aus Sicht der Verfasserin eine, wenn nicht die zentrale Menschheitsherausforderung dar.

67 Da der Terminus »Tiefenstruktur« zuweilen für die nicht unmittelbar beobachtbaren Lernoperationen von Schülerinnen und Schülern verwendet wird und hier mit unterschiedlichen Schwerpunktsetzungen, zum Beispiel als eine Art »black box« des Lernens oder aber strukturiert gedacht als »Basismodelle« bzw. als grundlegende Operationen des Lernens (z. B. Oser, F., Sarasin, S. (2005). *Basismodelle des Unterrichts: Von der Sequenzierung zur Lernerleichterung.* https://publishup.uni-potsdam.de/opus4-ubp/frontdoor/index/index/year/2005/docId/410), sei darauf hingewiesen, dass der Terminus sich im hier vorgestellten Ansatz auf das Habitat Unterricht bezieht und insofern auf die Schülerinnen und Schüler, als dass sie zu den Akteuren im Habitat zählen, die diese Strukturen reproduzieren, generieren oder modifizieren. Die Ausdifferenzierung der Lernoperationen, ihre Sequenzierung – ob vorgegeben oder selbst gewählt – werden hier nicht mit dem Terminus »Tiefenstruktur« belegt. Der Terminus ist immer dann geeignet, wenn Strukturen nicht unmittelbar zugänglich sind; das gilt für die hier gewählte kultursensible Perspektive ebenso wie für psychoanalytische Sichtweisen oder linguistische Betrachtungsweisen (z. B. »deep structure« bei N. Chomsky (1965). *Aspects of the theory of syntax.* Cambridge: The M.I.T. Press).

68 Luhmann, N. (1971) »Sinn als Grundbegriff der Soziologie«. In J. Habermas & N. Luhmann: *Theorie der Gesellschaft oder Sozialtechnologie.* Was leistet die Systemforschung? (S. 25–100). Frankfurt a. M.: Suhrkamp.

ieren bzw. zu erkennen und zu benennen, sie möglichst wertungsfrei zu verstehen. Für Personen, die außerhalb einer Kultur stehen, mögen diese Sinnkonstruktionen nicht nachvollziehbar, sinnlos oder sogar unsinnig erscheinen. Diese Sichtweise und Einschätzung beruht wiederum auf den Eigenlogiken des Sinnsystems eines außenstehenden Akteurs.[69] Auch innerhalb einer Kultur lebende Personen, die die kulturell vorherrschende Sinnkonstruktion nicht teilen, agieren nicht sinnlos, sondern dem Sinn entsprechend, den sie grundlegen.[70] Greifen wir an dieser Stelle das Beispiel der japanischen Arbeitsgruppe wieder auf, verlegen das Arbeitsmeeting nach Akra, der Hauptstadt von Ghana. Nun gilt: Man ist in der Arbeitsgruppe pünktlich, wenn man zwanzig Minuten später kommt als verabredet. Hier auf eine Verspätung hinzuweisen, wäre merkwürdig. Stellen wir uns nun noch vor, dass ein Japaner oder eine Japanerin an dem Meeting in Akra teilnimmt. Für ihn oder sie wäre die andere Kultur besonders spürbar, denn nicht nur die sechs beschriebenen Manifestationsformen um die Situation eines »Meetings« wären völlig andere. Die dahinterliegende Sinnkonstruktion wäre in Frage gestellt: der respektovolle und höfliche Umgang.

Um das Arbeitstreffen in positiver Erinnerung behalten zu können, braucht der bzw. die japanische Mitarbeitende Informationen über die Sinnkonstruktionen im Umgang mit der Zeit in Ghana. Zumindest muss er oder sie wissen: Das verspätete Erscheinen bedeutet keine mangelnde Wertschätzung. Die Kultur muss dann auch tiefenstrukturell verstanden werden. Das gilt auch für das Reiterfest auf Sumba: Die Hoffnung und Erwartung einer guten Ernte bildet die Sinnkonstruktion.

Im Folgenden werden diese »Sinnideen«, die konkreten Praxen unterlegt sind, als *Schlüsselkonzepte* bezeichnet.[71] Sie sind in Kulturen implementiert und haben Gültig-

---

69 Fulda merkt hierzu an: »Da Unsinn ebenfalls von Bezügen lebt, seine Bedeutung aus Kontexten und Situationen herleitet und kommunikative Anschlussmöglichkeiten bietet, kommt man kaum umhin, ihn als Variante von Sinn anzusehen, nämlich als eine, die gegen vorausgesetzte Normen verstößt.« Vgl. Fulda, D. (2011). Sinn und Erzählung – Narrative Kohärenzansprüche an Kulturen. In F. Jaeger & B. Liebsch (Hrsg.), *Handbuch der Kulturwissenschaften.* Bd. 1, Grundlagen und Schlüsselbegriffe. Sonderausgabe. Stuttgart: J. B. Metzler, S. 255.

70 Vgl. Luhmann, N. (1998). *Die Gesellschaft der Gesellschaft.* Frankfurt am Main: Suhrkamp. S. 44–59.

71 Dieser Bedeutungsgehalt, der durch die Oberfläche transformiert ist, wird in unterschiedlichen Ansätzen beschrieben und terminologisch erfasst. Gemeinsam ist ihnen die Feststellung, dass allen Manifestationsformen Bedeutungen zukommen. Begrifflich ist dies mit Termini wie »Bedeutungsgewebe« (Geertz), »kulturelle Codes«, »kulturelle Codierungen«, »Wissensordnungen«, »symbolische Regeln«, »kollektive Wertmuster«, »Deutungsmuster«, »kollektive Sinnmuster«, »Technologien« zu erfassen gesucht. Hier wurde der Terminus »Schlüsselkonzept« gewählt und eingeführt. Hörning (2011) merkt hierzu an: »Das eigentlich ›Kulturelle‹ derartigen Wissens liegt nicht so sehr in seinen Symbolisierungs- und Aufzeichnungsformen, sondern vor allem in seinem Wirken als Hintergrundwissen, das sich dem praktischen Leben so ›raffiniert‹ unterlegt, dass es nur selten thematisch in den Vordergrund rückt« (S. 150). Vgl. auch: Birkmeyer, J., Combe, A., Gebhard, U., Knauth, T., Vollstedt, M. (2015). Lernen und Sinn. Zehn Grundsätze zur Bedeutung der Sinnkategorie in schulischen Bildungsprozessen. In U. Gebhard (Hrsg.), *Sinn im Dialog.* (S. 9–31). Wiesbaden: Springer.

keit. Der Begriff markiert, dass es sich um Annahmen handelt, die aus der Sicht der Akteure sinnvoll sind und ein Potenzial beinhalten, dass die Praxen (Oberflächenstrukturen) danach ausgerichtet werden bzw. ihren Sinn durch sie beziehen. Schlüsselkonzepte bilden somit geteilte Weltsichten, man könnte auch sagen gemeinsame Sinnkonstruktionen der Welt. Schlüsselkonzepte sind Annahmen, die für richtig, geltend und wahr gehalten werden.

Schlüsselkonzepte und Tiefenstrukturen von Unterricht

Schlüsselkonzepte sind Annahmen, die Praxen unterlegt sind. Ein Schlüsselkonzept stellt die Begründung für etablierte Oberflächenstrukturen bereit. Schlüsselkonzepte werden von Akteuren als geltend, wahr und richtig angenommen. Sie werden als relevant eingestuft. Es handelt sich um grundlegende Annahmen, Vorstellungen und Sichtweisen zum Sinn von Schule und Unterricht. Bündel von Schlüsselkonzepten bilden die Tiefenstruktur einer Schul- bzw. Unterrichtskultur.

Oberflächenstrukturen basieren somit auf Schlüsselkonzepten[72] als sie begründende und legitimierende Basis. Welche Begründungen werden für eine bestimmte Oberfläche gegeben? Unabhängig davon, wie die Tiefenstrukturen sich im Einzelnen darstellen, wie begründet[73] oder wie abwegig und seltsam sie aus kultureller Fremdperspektive erscheinen mögen, sie bilden die Grundlage für die Oberflächenstrukturen.

Entwickelt man das Modell weiter, ist es um die Tiefenstruktur zu ergänzen:

---

72 Der Begriff des »Leitbildes« ist zum einen innerhalb der Diskussion diffus und emotionalisiert. Im Überblick vgl. Giesel, K. D. (2007). *Leitbilder in den Sozialwissenschaften. Begriffe, Theorien, Forschungskonzepte.* Wiesbaden: Springer. In neutralisierter Form wird er jedoch zum Beispiel bei Bischoff, S., de Moll, F., Pardo-Puhlmann, M., Betz, T. (2016). *Die EDUCARE-Studie: Theoretischer Hintergrund und Forschungsdesign der quantitativen Teilstudie. https://www.uni-frankfurt.de/65235386/EDUCARE_Working_Paper_4_Theoretischer_Hintergrund_Forschungsdesign_quantitative_Teilstudie.pdf verwendet.*
Der Terminus »Schlüsselkonzept« markiert, dass es mehrere Konzepte im Habitat – auch widersprüchliche – geben kann, dass vorhandene Schlüsselkonzepte keine Realität auf der Oberfläche haben können oder müssen, diese Konzepte den Akteuren in Anteilen nicht bewusst sind. Der Terminus bietet somit mehr Flexibilität, strukturelle Differenzierungen sowie einen deskriptiven Zugang.

73 In seiner begriffsanalytischen Arbeit kommt Koeber (1952) zu folgendem Schluss: »Every social system presupposes such basic moral axioms. They are implicit in the categories of values and of behaviour which we sum up in concepts such as rigths, duties, justice, amity, respect, wrong, sin. Such concepts occur in every known human society [...] (S. 165).

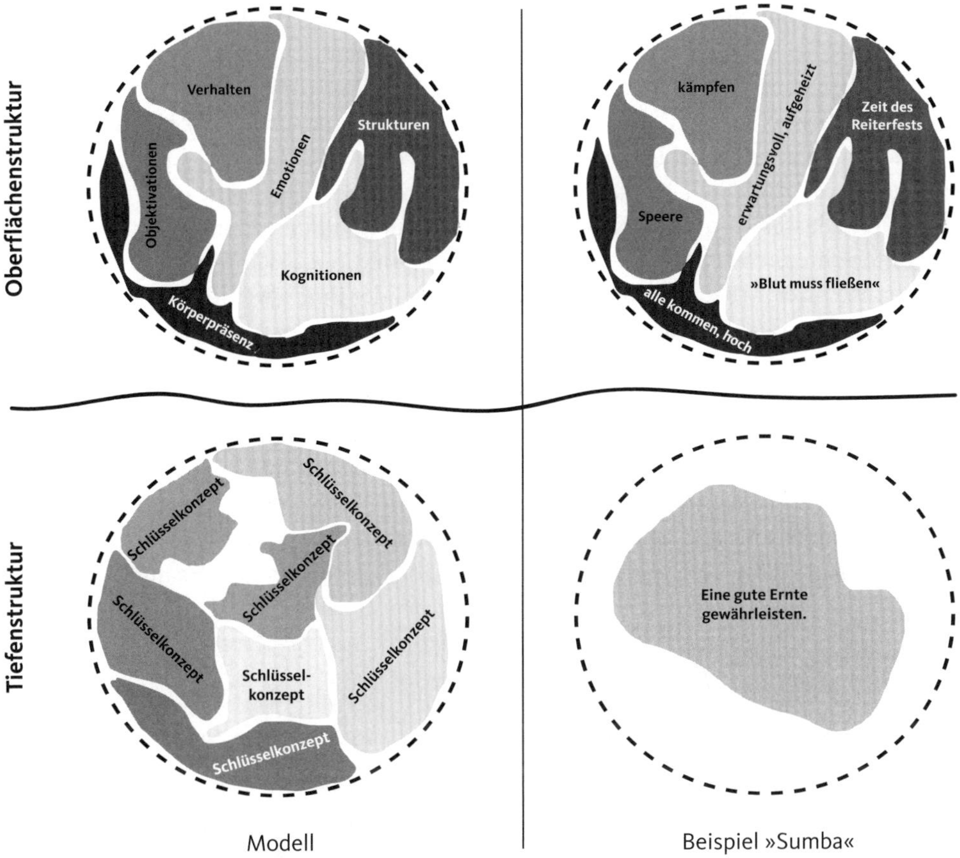

Abb. 5: Oberflächen- und Tiefenstruktur

Auch der Unterricht als kultureller Raum besitzt neben den aufgezeigten Oberflächenstrukturen Tiefenstrukturen: Schlüsselkonzepte zum Sinn von Schule und Unterricht und zur Legitimation gewählter Oberflächenstrukturen.

Betrachten wir zunächst zwei unterrichtsbezogene Beispiele. Hier die Antworten von zwei Lehrpersonen auf die Frage, worin ihrer Meinung nach der Sinn bzw. die Kernaufgabe von Schule und Unterricht besteht.

Frau Kraus antwortet:

Herr Müller meint:

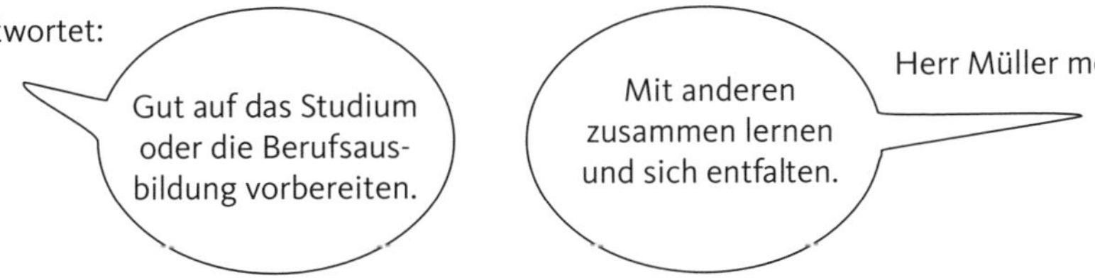

Vermutlich haben Sie spontan überlegt, welche Antwort Sie gegeben hätten bzw. welche der beiden Lehrpersonen Ihnen hier – bezogen auf das genannte Schlüsselkonzept – näher steht. Es geht zunächst nicht darum, die Antworten zu bewerten, sondern darum, wahrzunehmen, dass die Antworten von Lehrpersonen unterschiedlich ausfallen – unabhängig vom Lebensalter, dem Fach oder anderen Variablen. Zwei Lehrpersonen, die dieselben Fächer unterrichten, dasselbe Geschlecht oder Lebensalter haben und dasselbe Studium bzw. Referendariat durchlaufen haben, geben hier durchaus unterschiedliche Antworten. Ihre Sinn- und Funktionszuschreibungen differieren. Wollen Sie Ihrer Arbeit Sinn geben, und zwar den, der ihnen wichtig erscheint, gibt es nur einen Weg der Realisation: *Die Oberflächenstruktur so zu gestalten, dass der unterlegte Sinn Gestalt annimmt und Realität wird.*

Bezogen auf die beiden Beispiele bedeutet dies, dass Frau Kraus versucht, die Lernzeit zu sichern und Störungen wenig Raum gibt, für die Einführung eines Trainingsraums in der Schule gestimmt hat, um ihre Sinnidee von Schule zu realisieren und der Meinung ist, dass Lernstandskontrollen wichtig sind. In ihrem Unterricht legt sie Wert auf eine ruhige und konzentrierte Arbeitsatmosphäre. Sie gestaltet die Oberflächenstruktur so, dass die Tiefenstruktur durch die Oberflächenstruktur Realität wird.

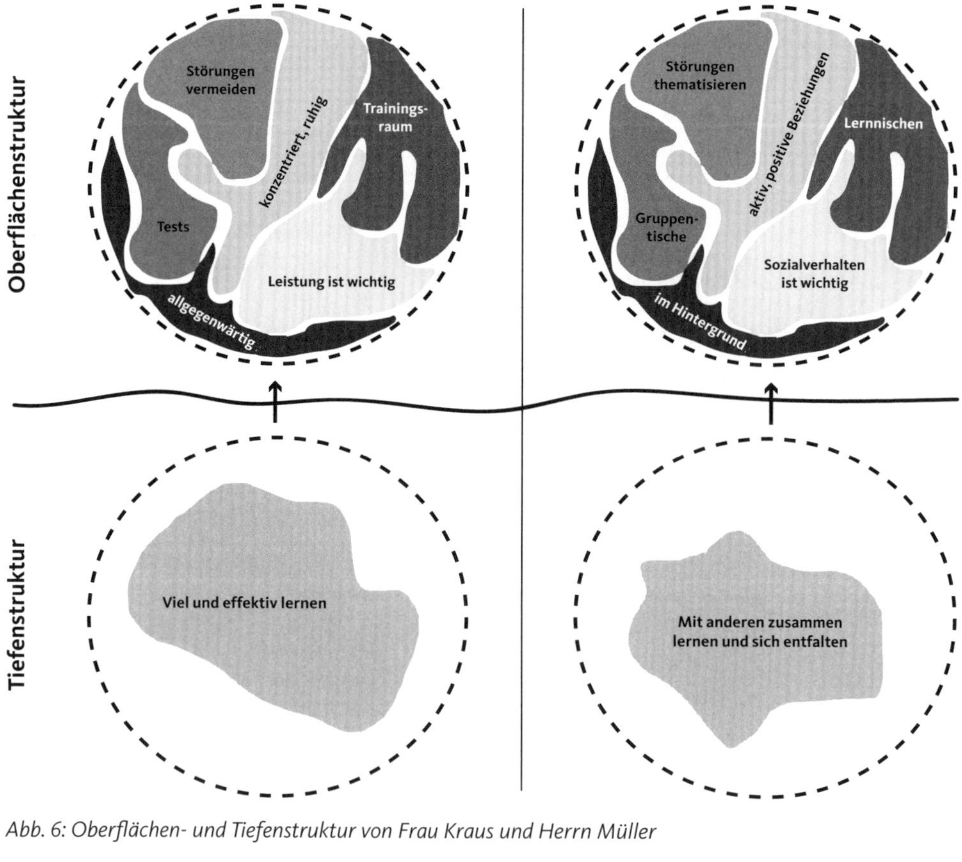

Abb. 6: Oberflächen- und Tiefenstruktur von Frau Kraus und Herrn Müller

Herr Müller konstruiert Unterricht mit einer anderen Oberfläche: Störungen gibt er Raum; sie werden im Klassenrat besprochen. Er legt Wert auf kooperatives Lernen; auch wenn inhaltlich dann manches nicht vertieft oder erweitert werden kann. Da es ihm wichtig ist, dass die Schülerinnen und Schüler sich wohlfühlen, sorgt er für eine entsprechende Lernumgebung.

Die Tiefenstrukturen *begründen* die Oberflächenstrukturen im doppelten Sinne des Wortes: Sie bieten zum einen den argumentativen Grund für eine bestimmte Oberfläche. Damit bildet die Tiefenstruktur eine sinngebende Komponente. Zugleich bilden sie einen Motor für die Oberflächenstruktur. Die Tiefenstruktur generiert die Oberflächenstruktur, in dem Sinne, dass sie sie hervorbringt. Damit ist noch nichts über die Qualität der Tiefenstruktur gesagt. In Abbildung 6 sind deshalb Pfeile eingebracht, die diesen reproduzierenden Aspekt markieren.

Zugleich gibt es nicht nur eine einzige Möglichkeit, die Oberflächenstruktur des Unterrichts zu gestalten, um der unterlegten Sinnkonstruktion Raum zu geben. Hier sind mehrere Optionen denkbar. Allerdings sind auch Gestaltungsvarianten der Oberflächenstruktur denkbar, welche die intendierte Tiefenstruktur nicht repräsentieren und somit auch nicht dazu beitragen, dass sie etabliert wird. In etwa, wenn Herr Müller unvorbereitet in den Unterricht kommen, während des Unterrichts viel Privates erzählen, die Schülerinnen und Schüler unterfordern würde. Es ist daher immer möglich, zu fragen und abzuschätzen, ob die Oberflächenstruktur das Potenzial besitzt, die Tiefenstruktur zu repräsentieren bzw. ob andere Oberflächenstrukturen ein größeres Potenzial besäßen. Eine Analyse von Oberflächen- und Tiefenstrukturen deckt somit auch Brüche auf – ein wichtiger Aspekt für die Unterrichtsforschung sowie für die Analyse von Unterricht in Ausbildungs- und Weiterbildungssituationen (vgl. Kap. 8).

Kulturen besitzen somit immer eine Oberflächen- sowie eine Tiefenstruktur. Die mit dem Begriff »Tiefenstruktur« bezeichneten sinngebenden Annahmen werden in verschiedenen kulturtheoretischen Ansätzen mit unterschiedlichen Begriffen belegt: »Deutungsmuster«[74], »kollektive Auffassung«, »mentale Programme«[75], »kollektive Programmierung«[76]. Im vorliegenden Konzept wird der Terminus »Tiefenstruktur« gewählt. Betrachtet man die Oberflächenstruktur als gestalteter Ausdruck der Tiefenstruktur, dann lässt sich in der Konsequenz anhand der Oberflächenstruktur die Tiefenstruktur rekonstruieren. Der Terminus »Tiefe« bezeichnet somit Sinnzusammen-

---

74 Den Begriff hat A. Schütz eingeführt; zusammenfassend vgl. Keller, R. (2014). Wissenssoziologische Diskursforschung und Deutungsmusteranalyse. In C. Behnke, D. Lengersdorf, S. Scholz (Hrsg.), *Wissen – Methode – Geschlecht: Erfassen des fraglos Gegebenen.* (S. 143–160). Wiesbaden: Springer.

75 Vgl. Hofstede, G., Hofstede, G. J., Minkov, M. (2017): *Lokales Denken, globales Handeln: Interkulturelle Zusammenarbeit und globales Management.* (5. vollst. überarb. und durchg. Aufl.). München: dtv, S. 3; Johnson-Laird, P. (1983). *Mental Models. Towards a cognitive science of language.* Cambridge, M. A.: Harvard University Press. Vgl. auch Weick, K. E. (1995). *Sensemaking in Organisations.* Thousand Oaks, California: SAGE Publications.

76 Ebd.

hänge und Logiken, die der Oberfläche unterlegt sind. Diese die Oberflächenstruktur begründenden und damit auch generierenden Tiefenstrukturen sind Propositionen normativer Art (vgl. Kap. 3.4). *Tiefenstrukturen bestehen aus Schlüsselkonzepten, die Annahmen, Überzeugungen und Sichtweisen zum Sinn der Oberflächenstruktur enthalten.* Die Tiefenstrukturen sind innerhalb einer Unterrichtskultur normativ in dem Sinne, dass diese Annahmen als zutreffend und richtig grundgelegt und angenommen werden. Tiefenstrukturen sind nicht unmittelbar zugänglich und nicht immer bewusst.

Professionalisierung bedeutet deshalb, Oberflächen- und Tiefenstrukturen zu etablieren und zu reflektieren.

Die aus Schlüsselkonzepten bestehenden Tiefenstrukturen in sozialen Zusammenhängen lassen sich im Einzelnen unter bestimmten Aspekten näher beschreiben.

Aspekte von Schlüsselkonzepten

Inhalt des Schlüsselkonzepts:	Welches sind die relevanten Aussagen und Annahmen der Schlüsselkonzepte?
Architektur des Schlüsselkonzepts:	Wie stehen die Schlüsselkonzepte zueinander im Verhältnis?
Geschichte des Schlüsselkonzepts:	Lässt sich die Geschichte eines Schlüsselkonzepts rekonstruieren?
Güte des Schlüsselkonzepts:	Wie lässt sich das Schlüsselkonzept aus professioneller Perspektive bewerten?

3.2 Die Funktionen von Tiefenstrukturen

Kulturen zeichnen sich durch kollektiv geteilte Sinnkonstruktionen aus.[77] Diese Aussage ist zunächst deskriptiv und feststellend gemeint: Sie sind in Kulturen immer vorhanden. Das gilt auch für Schule und Unterricht. Zugleich bilden die Sinnannahmen die Grundlage und auch die Begründung für die Oberflächenstrukturen von Schule und Unterricht mit ihren Praxen. Die vorliegende Theorie weist, wie Schüßler[78] generell für didaktische Theorien feststellt, eine legitimatorische Struktur auf. Mit dieser Feststellung ist nichts darüber gesagt, wie diese Sinnkonstruktionen zu bewerten sind.

---

77 Der Begriff des Sinns ist daher als einer der soziologischen Grundbegriffe zu betrachten (vgl. Schäfers, B. (2003). *Grundbegriffe der Soziologie.* (3. Aufl.). Wiesbaden: Springer; Kopp, J., Steinbach, A. (Hrsg.) (2018). *Grundbegriffe der Soziologie.* (12. Aufl.). Wiesbaden: Springer; Bongaerts, G. (2012). *Sinn.* Bielefeld: transcript.

78 Schüßler, I. (2003). Ermöglichungsdidaktik – eine didaktische Theorie? In Arnold, R. & Schüßler, I. (Hrsg.), *Ermöglichungsdidaktik.* Baltmannsweiler: Schneider Hohengehren. S. 79.

Bezogen auf Schule und Unterricht beziehen sich die relevanten Sinnkonstruktionen auf grundlegende Begründungen zum Sinn und zur Funktion von Schule und Unterricht. Dass dies so ist, lässt sich anthropologisch begründen; denn Menschen suchen nach Konstruktionen, die ihnen subjektiv Antworten auf Sinnfragen geben.[79] In künstlich geschaffenen, verpflichtend zu besuchenden Schul- und Unterrichtskulturen stellt sich die Sinnfrage ganz besonders. Hier müssen auch gesellschaftlich Antworten gegeben werden. Zusammenfassend sei nochmals festgehalten: *Weil Schlüsselkonzepte immer latent vorhanden sind, werden sie hier als Tiefenstrukturen bezeichnet.* Diese bestehen aus etlichen Konzepten und Annahmen bezüglich des Sinns des jeweiligen »kulturellen Raums«[80] (vgl. Kap. 4). Ein Element bzw. ein Baustein der Tiefenstruktur wird hier als »Schlüsselkonzept« bezeichnet. Welche Funktionen erfüllen die Tiefenstrukturen – bestehend aus ihren Schlüsselkonzepten – in Schule und Unterricht?

3.2.1 Sicherheit, Stabilität und Nachhaltigkeit

Zum einen schaffen Sinnkonstruktionen und ihre Konkretisierungen über die Oberflächenstrukturen geordnete soziale Räume und damit Sicherheiten für die Akteure. Diese Sicherheit bezieht sich auf die Oberflächenstruktur, denn die potenzielle Vielfalt an oberflächenstrukturellen Möglichkeiten ist eingeschränkt, dadurch weniger komplex, berechen- und einschätzbarer. Diese Sicherheit bezieht sich auf alle Manifestationsformen: die Raum-Zeitstruktur, das Verhalten, die Emotionen, Objektivationen, die Körperpräsenz sowie die Kognitionen. Insgesamt bieten die Schlüsselkonzepte und die dadurch erwartbareren Oberflächenstrukturen Sicherheit – unabhängig davon, wie diese Sinnkonstruktionen vom einzelnen Akteur bewertet werden. Die Unterrichtskultur, verstanden als Gefüge von Oberflächen- und Tiefenstruktur, schränkt Optionen dessen ein, was realisiert wird. Schülerinnen und Schüler sowie Lehrpersonen können sich auf Merkmale des Unterrichts einstellen: auf die entspannte Atmosphäre bei Frau Kapfenstein, auf den unpünktlichen Unterrichtsbeginn bei Herrn

79 Ähnlich begreift Schulze die Sinndefinition bezogen auf soziale Milieus: »Gehen wir nun von der kulturübergreifenden Ebene zur subkulturellen Ebene sozialer Milieus hinab, so werden gruppenspezifische Konkretisierungen der Erlebnisorientierung sichtbar, die zu unterschiedlichen Kursbestimmungen des Alltagshandelns führen« (S. 233). Schulze fasst die Sinnkonstruktionen als »existentielle Problemdefinitionen« und nennt »Rang, Konformität, Geborgenheit, Selbstverwirklichung und Stimulation« (ebd.) als Sinnangaben. Vgl. Schulze, G. (2005). *Die Erlebnisgesellschaft. Kultursoziologie der Gegenwart.* (2. Aufl.). Frankfurt a. M.: Campus.

80 Bourdieu (2015) formuliert den Vorschlag des Collège de France für das Bildungswesen mit: »Eine Bildung mit stark historischem Akzent, aber auch mit der Öffnung zu fremden Kulturen und Religionen, soll Toleranz, Solidarität zwischen den Kulturen, Zusammenleben und Kommunikation von Angehörigen verschiedener Kulturen ermöglichen, eine ethnozentrische Auffassung von Weltgeschichte abbauen und von der Primarschule an einen – zugleich auch sozialgeschichtlich-soziologisch ›realistischen‹ – Sinn für kulturelle Mannigfaltikeit entwickeln […] Dies ist ausdrücklich als ›ethische‹ Forderung an das Bildungswesen gestellt« (S. 112).

Schreyer, auf den Wutanfall von Frau Siebert, wenn Hausaufgaben nicht gemacht wurden, auf einen bestimmten Geruch in der Sporthalle, auf ein Tagebuch, das immer zu Beginn des Unterrichts auf dem Tisch liegt usw. Die Oberflächenstruktur des Unterrichts wird gekannt und ist vorhersehbar. Nicht zu wissen, was zu erwarten ist, kann zwar interessant, aber in der Summe und Vielfalt im Alltag, das heißt auf Dauer gestellt, anstrengend sein, denn Änderungen erfordern Anpassungen und neue Einordnungen. Man stelle sich vor, in der Sporthalle würde es riechen, wie in einer Parfümerie, eine Woche später nach faulen Eiern und wieder eine Woche später nach Chlor: Jedes Mal wären Anpassungsleistungen notwendig, denn man muss mit der jeweiligen Veränderung klarkommen. Eine große Anpassung liegt darin, dass die Sinnstrukturen immer wieder neu interpetiert werden müssten. Wären die Oberflächen- sowie die Tiefenstrukturen des Unterrichts unerwartet – entfiele also der strukturelle Anteil –, reduzierte sich die Sicherheit und Zuverlässigkeit immer mehr; die Ressourcen, die in die Anpassung und das Zurechtkommen mit dem Unerwarteten gesteckt werden müssten, wären groß.

3.2.2 Ressourcenersparnis

Die Tiefenstrukturen bilden einen Motor für die Ausbildung und Auswahl bestimmter Oberflächenstrukturen. Sind die Verbindungen hier sehr festgezurrt, das ist in etwa bei Ritualen der Fall, dann werden die Tiefenstrukturen nicht mehr wahrgenommen und die Oberflächenstrukturen automatisiert reproduziert.[81]

Beispiel

Die Klasse 6a trifft sich jeden Montagmorgen zum Morgenkreis in der ersten Stunde. Die Schülerinnen und Schüler betreten das Klassenzimmer, nehmen einen Stuhl und setzen sich in einen Kreis im hinteren Teil des Raumes (Oberflächenstrukturen). Niemand fragt mehr, ob ein Kreis gebildet werden soll, und die Lehrperson hat schon lange nicht mehr darüber nachgedacht, ob der Morgenkreis eine gute Sache ist bzw. ob etwas geändert werden sollte, obwohl bei der Einführung hitzig im Lehrerkollegium debattiert wurde, ob ein solcher Morgenkreis »Sinn machen würde« (Tiefenstrukturen).

Klare und eindeutige Verbindungen zwischen Oberflächen- und Tiefenstrukturen entlasten den Alltag von Begründungen und neuen Entscheidungen, sodass ihnen keine Aufmerksamkeit mehr geschenkt zu werden braucht.

---

81 Vgl. Wulf, C. (2015). Rituale als performative Handlungen und die mimetische Erzeugung des Sozialen. In R. Gugutzer & M. Staack (Hrsg.), *Körper und Ritual. Sozial- und kulturwissenschaftliche Zugänge und Analysen.* (S. 23–40). Wiesbaden: Springer.

3.2.3 Zugehörigkeit, Identifikation und Identitätskonstruktion

Mit den Sinnkonstruktionen bzw. situierten Schlüsselkonzepten entstehen Grenzen bzw. Zugehörigkeiten. Die Zugehörigkeiten lassen sich als Bindungen beschreiben. Diese können benannt und auf sie kann sprachlich referiert werden. Akteure in solcherlei geordneten, sinnunterlegten Strukturen können sich somit als zugehörig bzw. außenstehend bezeichnen.[82]

Der Satz »Ich gehe auf's Schiller« bezeichnet nicht nur den Schulbesuch in einem bestimmten Gymnasium, sondern viel mehr: Das gesamte Konnotat, die spezifischen Sinnkonstruktionen sowie die Oberflächenstrukturen sind mitbezeichnet. Das gilt auch für die Klassen- bzw. Unterrichtsebene. Diese Bindungen werden spürbar, wenn Klassen gemischt werden (z. B. im Sport-, Religions- oder Sprachunterricht). Bindungen gibt es somit nicht nur im beruflichen (z. B. Firma) oder privaten (z. B. Sportverein) Bereich, sondern auch in Schule und Unterricht. Sie entstehen, wenn Bedürfnisse befriedigt und Zugehörigkeiten gestiftet werden. In der Konsequenz müssten Lehrpersonen ihre Schülerinnen und Schüler für den geteilten Sinn zu gewinnen suchen, denn er bildet tiefenstrukturell eine Gemeinsamkeit und spiegelt sich oberflächenstrukturell. Die Konstruktion geteilter bzw. gemeinsam reproduzierter Oberflächenstrukturen, die zugleich Ausdruck der unterlegten Sinnkonstruktionen sind, schafft Gemeinsamkeit und Zugehörigkeit. Zugleich werben die Oberflächenstrukturen für den unterlegten Sinn.

Beispiel

Die Klassen 9a und 9c der Gemeinschaftschule im Auenbruch führen gemeinsam mit der Musik-AG, dem Schulchor und dem Kunstzug ein Musical auf. Die Klassen arbeiten einmal wöchentlich intensiv zusammen. Die Schülerinnen und Schüler haben ein gemeinsames Ziel und die gemeinsame Arbeit »läuft«. Sie erleben, dass jeder und jede seinen bzw. ihren Platz, Rolle und Aufgabe hat und auch wichtig ist.

Weiterhin führt das Bemühen um gemeinsam geteilten Sinn dazu, dass Teilhabe entsteht und die Akteure sich als aktiv bei der Gestaltung der Oberflächen- bzw. Tiefenstrukturen erleben.[83]

Für den Unterricht ist es wichtig, Tiefenstrukturen grundzulegen, die pädagogisch begründbar und damit bedeutsam sind. Hierbei handelt es sich um eine wichtige professionelle Aufgabe (vgl. Kap. 3.3).

---

82 Neubert, S., Sanders, O., Yildiz, E. (2008). Kultur und Identität: vom Ereignis zum Diskurs (und zurück). In L. Rosen & S. Farrokhzad (Hrsg.), *Macht – Kultur – Bildung. Festschrift für Georg Auernheimer* (S. 71–81). Münster: Waxmann.

83 Sehr deutlich wird dieser Zusammenhang bei Formaten des kooperativen Lernens.

3.2.4 Stabilisierung und Innovation

In der schulpädagogischen Fachliteratur werden Ereignisse, die plötzlich und unerwartet auftreten, die nicht geplant werden können, zuweilen als »Problem« beschrieben[84]; gepaart mit Defizitmetaphern, die akzentuieren, dass die fehlende Kontrolle über Ereignisse ein Problem im Lehrerberuf darstelle. Hier wird eine andere Position vertreten und Kontingenz[85] als Chance und Notwendigkeit für die Erschließung von Möglichkeitsräumen und Weiterentwicklungen von Unterrichtskulturen gesehen. Betrachtet man die Oberflächen- sowie die Tiefenstrukturen als Rahmen oder Gerüst des Schulalltags, so bietet dieser Rahmen das Potenzial, um Unerwartetes einordnen zu können. Lehrpersonen selektieren Handlungsoptionen, die die vorhandenen Oberflächen- wie Tiefenstrukturen spiegeln bzw. die kohärent sind. Insofern bietet die Kultur einen Orientierungsrahmen. Der wiederum grenzt das Spektrum an Handlungsmöglichkeiten zugleich ein: Diejenigen, die im Widerspruch zur vorhandenen Kultur stehen, werden gemeinhin sanktioniert oder ausgegrenzt. Sind Kontingenzen vorhanden und haben sie »Zutritt« zu Schule und Unterricht, bestehen Möglichkeiten zur Innovation. Die professionelle Aufgabe für Lehrerinnen und Lehrer besteht darin, das innovative Potenzial von Kontingenzen zu erkennen, Widersprüche zu den Tiefenstrukturen zu identifizieren und bewusst zu reagieren.

Beispiel

Herr Grimm erzählt im Unterricht von einer Shishapfeife, die er daheim hat, und fragt die Schülerinnen und Schüler, welche Geschmacksrichtung sie präferieren würden.

Lisa erzählt ihrem Bruder: »Der ist doch Lehrer. Warum erzählt der etwas von seiner Shishapfeife?«

Herr Grimm berichtet im Unterricht von seiner Shishapfeife und damit von einem Gegenstand, der der Gesundheit nicht zuträglich ist. Die Schülerin nimmt wahr, dass dieser Gegenstand zu einem tiefenstrukturellen Konzept nicht passt, wonach die Schule und der Unterricht dazu beitragen sollten, dass Schülerinnen und Schüler auf ihre Gesundheit achtgeben. Käme Herr Grimm auf die Idee, seine Shishapfeife dauerhaft im Klassenzimmer zu platzieren, würde die Irritation steigen. Vermutlich würden

---

84 Zum Beispiel Combe, A. (2015). Schulkultur und Professionstheorie. Kontingenz als Handlungsproblem des Unterrichts. In J. Böhme, M. Hummrich, R.-T. Kramer (Hrsg.), *Schulkultur. Theoriebildung im Diskurs* (S. 117–136). Wiesbaden: Springer.

85 Zum grundsätzlichen Kontingenzdiskurs vgl. Rorty, R. (1992/1982). *Kontingenz, Ironie und Solidarität.* (Originalausgabe 1989: Contingency, irony and solidarity). Frankfurt a. M.: Suhrkamp; Schäfer, H. (2013). *Die Instabilität der Praxis. Reproduktion und Transformation des Sozialen in der Praxistheorie.* Welerswist: Velbrück Wissenschaft.

andere Akteure (z. B. die Schulleitung oder Eltern) Herrn Grimm dazu bewegen, den Gegenstand zu entfernen.

Professionalität bedeutet, Passungen zu erzeugen bzw. kulturangemessene bzw. kulturmodifizierende Entscheidungen hinsichtlich der Oberflächenebene von Unterricht zu wählen. Die Herstellung der Oberflächen kann nicht lange vorbereitet werden, sondern erfolgt zumeist ohne Zeitverzug (es sei denn die Lehrperson erbittet sich Aufschub mit Aussagen wie: »Darüber muss ich nachdenken«, »Das besprechen wir später«). Lehrpersonen haben somit immer einen tiefenstrukturellen Abgleich vorzunehmen und zwischen verschiedenen Optionen von Oberflächen zu wählen. Der Begriff »Flexibilität« markiert das hier Gemeinte zwar, erfasst es jedoch nicht vollständig, denn es geht nicht nur um spontane Reaktionen, sondern um ein Verhalten, welches tiefenstrukturelle Passungen aufweist.

Man stelle sich vor, dieser Spielraum verbliebe nicht; es gäbe keine Kontingenz, alles wäre planbar und Handlungsalternativen seien nicht vorgesehen. Das ist beispielsweise bei Ritualen oder einem Protokoll der Fall. Die Möglichkeiten, ein Protokoll (z. B. bei Staatsempfängen) weiterzuentwickeln bzw. zu modifizieren, sind sehr eingeschränkt. Kreative Räume, Optionen für Experimente und Spontanes existieren nicht. Es überdauert daher Jahrhunderte. Das sichert tiefenstrukturell angelegte Sinnkonzepte. Insbesondere im Rahmen internationaler Beziehungen sichet das Protokoll Abläufe und mindert Irritationen. Einen bekannten protokollarischen Verstoß »beging« die ehemalige First Lady Michelle Obama im Jahr 2009, als sie Königin Elisabeth II umarmte. Die Königin zu berühren, ist laut Protokoll strengstens untersagt und bei Einladungen und Treffen werden Akteure im Vorfeld mit mehrseitigen Anweisungen und Informationen zum Protokoll versorgt. Sie war wohl nicht genug informiert oder folgte einem Impuls, der in der amerikanischen Tradition bzw. Kultur möglich war.

3.2.5 Sinnerleben, Zufriedenheit, Lebensqualität und Gesundheit

Aktuelle Studien[86] belegen einen Zusammenhang zwischen dem erlebten Sinn von Arbeit und der Gesundheit von Arbeitnehmerinnen und Arbeiternehmern. Man kann diesen Aspekt am Beispiel Schule und Unterricht zumindest durchdenken: Angenommen, die Schule und der Unterricht wären freiwillig und niemand müsste zur Schule gehen. Würden sich dennoch Kinder und Jugendliche auf den Weg zur Schule machen?[87] Die Frage ist brisant, denn sie ist unterlegt durch die Grundsatzfrage nach dem Sinn von Schule und Schulpflicht. Jeder und jede Einzelne müsste sich fragen: »Was

---

86 Zum Beispiel Badura, B., Ducki, A., Schröder, H., Klose, J., Meyer, M. (Hrsg.) (2018). *Fehlzeiten-Report 2018. Schwerpunkt: Sinn erleben – Arbeit und Gesundheit.* Heidelberg: Springer.

87 Badura et al. (2018) stellten diese auf das Berufsleben bezogene Frage 2 030 Beschäftigten. Gefragt wurde, ob man zur Arbeit gehen würde, auch wenn man plötzlich viel Geld zur Verfügung hätte. Interessanterweise würde das Dreiviertel der Befragten tun.

bringt es mir, wenn ich heute zur Schule gehe?« Und: Kann es hinreichend sein, wenn nur »die Gesellschaft« und nicht die bzw. der Einzelne für sich die Sinnfrage beantworten kann? Aus Forschungen zur Gesundheit am Arbeitsplatz bzw. aus der Unternehmensforschung sowie aus Arbeiten zur Salutogenese bzw. Pathogenese geht hervor: Als sinnvoll erlebte Tätigkeiten werden als zufriedenstellend und erfüllend erlebt und tragen zur Gesundheit bei. Schülergesundheit beinhaltet demnach nicht nur Fragen der Ernährung und der Drogenprävention, sondern auch Antworten auf die Sinnfrage, wozu Zeit in der Schule verbracht wird.

3.3 Tiefenstrukturen zum Sinn des Unterrichts aus professioneller Perspektive

Da Tiefenstrukturen sich immer ausbilden und von zentraler Bedeutung sind, schließt sich die Frage an, welche Tiefenstrukturen für den Unterricht bedeutsam sind und deshalb auch im Rahmen der Lehrerbildung und der Unterrichtsgestaltung eine Rolle spielen sollten. Diese inhaltliche Füllung der Tiefenstrukturen ist von zentraler Bedeutung für den Professionalisierungprozess, zumal Schlüsselkonzepte sich immer ausbilden und Platz greifen – auch jenseits und abseits pädagogisch verantworteter Konzepte. Die Frage: *Wozu ist die Schule da?* ist somit von grundlegender Bedeutung. Die folgenden beiden Aussagen stammen von Lehrpersonen:

Beispiel

Lehrperson A legt den Fokus darauf, dass die schulische Entwicklungszeit genutzt wird, um zu lernen, Verantwortung für sich selbst zu übernehmen. Sie sieht das als zentrale Entwicklungsaufgabe. In der Konsequenz konstruiert sie ihren Unterricht oberflächenstrukturell so, dass Aufgaben gestellt sind, die Verantwortungsübernahmen erfordern.

Lehrperson B legt den Fokus darauf, die Schülerinnen und Schüler für die Berufswelt und das Studium zu qualifizieren, damit ihre Zukunft gesichert ist. Ein besonderes Augenmerk legt sie auf den sprachlichen Ausdruck in der schriftlichen und mündlichen Kommunikation. In der Konsequenz konstruiert sie ihren Unterricht so, dass er Diskussionsanteile enthält, und geht auf sprachliche Alternativen und Optionen sowie auf die Verwendung fachsprachlicher Ausdrücke intensiv ein.

Die Antworten, welche die Akteure – ob Lehrpersonen oder Schülerinnen und Schüler – auf diese Fragen geben, markieren deren Vorstellungen vom Sinn des Unterrichts und somit zugleich deren Ideen von gutem Unterricht und in der Konsequenz auch deren Vorstellungen von zu wählenden Oberflächenstrukturen des Unterrichts.

Zwei Wege bieten sich an, um *einen Überblick* über die Funktionen von Schule und Unterricht zu erhalten: ein empirischer, indem man Selbstauskünfte von relevanten Akteuren einholt oder Praxen von Schule und Unterricht untersucht, sowie ein systematischer, indem man Arbeiten zur Schultheorie systematisch vergleicht und gewichtet. Durchforstet man Schultheorien nach den Antworten auf die Sinngebung von Schule, so benennen sie, je nach historischer gesellschaftspolitischer Situation und mittels unterschiedlicher Terminologien, eine Palette an Aufgabenfeldern. *Fragt man nach dem Sinn, weshalb Kinder und Jugendliche tagtäglich mit nicht gewählten anderen in nicht gewählten Räumlichkeiten von nicht gewählten Lehrpersonen nicht gewählte Kompetenzen erlangen sollen, dann müssen diese Gründe gravierend und tragfähig sein;* zumal in Schule und Unterricht eine Anwesenheitspflicht besteht. Was ist wichtig und warum? Wenn Schule und Unterricht es leisten, dass das Wahre gewusst, das Gute gewollt und das Notwendige intendiert und getan wird,[88] gilt es zu klären, welcher Verbund an Einstellungen und Haltungen, welches Wissen, welche Fähigkeiten und Fertigkeiten entwickelt und gefördert werden sollen.

Der Maßstab ist das Wahre, das Gute sowie das Notwendige. Wege zur Konkretisierung bahnen die Wissenschaften, die Ethik sowie die politischen, ökonomischen, medizinischen und rechtlichen Praxen und Erfahrungen der Gegenwart und Vergangenheit.

Was »ein gutes Leben« ist, hängt davon ab, welche Vorstellungen von Lebensqualität in einer Gesellschaft entwickelt werden. Im Allgemeinen ist davon auszugehen, dass jeder Mensch darauf aus ist, »ein gutes Leben« führen zu können. Hierzu zählt die Sicherung der eigenen Existenz (z. B. lange leben, gesund bleiben, in Sicherheit leben), der Wunsch, die eigene Existenz positiv zu erleben (z. B. in Beziehungen, im Freizeiterleben, im Erfolg). Unter systemtheoretischer Perspektive sichern Menschen ihr Leben bzw. halten es im Gleichgewicht. Deshalb müssen Gesellschaften den Umgang und das Zustandekommen von Differenzen (z. B. Besitz, Gesundheit, Ansehen) im Auge haben, die Existenz von Differenzen begründen bzw. legitimieren, das Maß der Differenzen sehen, bewerten und gegebenenfalls durch staatliche Steuerungsinstrumente verändern. Dieses grundlegende Ziel, das weltweit gilt, markiert der Terminus »Global Health«.

Kommen die Gesellschaft steuernde Akteure zu dem Schluss, dass die Differenz ein gutes Leben schmälert, kann sie mittels rechtlicher Verankerungen reduziert bzw. eliminiert werden (z. B. Einführung der Schulpflicht für alle, Gleichstellung von Mann und Frau, Kinderrechte, Recht auf Teilhabe). Differenz und Ungleichheit kann auch gestützt oder erzwungen werden, um einigen wenigen ein gutes Leben zu ermöglichen – auf Kosten anderer und es stellt sich die schwierige Frage nach Reichtum, dessen Steigerung für die Akteure zu keinem besseren Leben mehr führt. In New York City existiert beispielsweise ein Hochhaus, in das nur Personen einziehen dürfen, die Milliardäre sind; Millionäre sind dort nicht erwünscht.

Für demokratisch geprägte Länder lässt sich festhalten, dass Schule und Unterricht die Aufgabe haben, jeden einzelnen Schüler und jede einzelne Schülerin so zu fördern

88 Vgl. Bräuer, G. (1992). Das Wahre wissen, das Gute wollen, das Notwendige tun. Bemerkungen zur Problematik einer zeitgemäßen Bildung, ausgehend von Johann Amos Comenius. In *Birkacher Beiträge* (8), 39–56.

und zu unterstützen, dass für ihn bzw. sie ein »gutes Leben«, ein Leben in Sicherheit und *in persönlichen, lebensweltlichen und ökonomischen Gleichgewichten* möglich ist. Das gilt für alle Schülerinnen und Schüler.

Insbesondere Ereignisse und Entwicklungen, die Ungleichgewichte oder den Verlust an Sicherheit ankündigen, führen zur Neujustierung von Sinnkonstruktionen, häufig auch als Paradigmenwechsel bezeichnet. Gefahren für Leib und Leben sollen durch Schule und Unterricht möglichst eingeschränkt und niedrig gehalten werden. Dies ist jedoch erst dann möglich, wenn die Gefahren erkannt sind. In etwa wird eine Aufgabe der Schule darin gesehen, dass sie Schülerinnen und Schüler zu einem Leben in Verantwortung zur Umwelt führt, markiert mit den drei Buchstaben BNE (Bildung für nachhaltige Entwicklung). Diese Sinnkonstruktion war vor etlichen Jahrzehnten weniger ausgeprägt. Globalisierungsprozesse und wirtschaftliche Konkurrenzsituationen führen zu Innovationsdruck, sodass das Thema Digitalisierung an Fahrt aufgenommen hat. Schule und Unterricht haben die Voraussetzungen zu schaffen, dass die Anschlussfähigkeit an internationale Entwicklungen gewährleistet ist. Sinnkonstruktionen sind somit auch von gesellschaftlichen Entwicklungen, aber auch Herausforderungen (z. B. durch neue Krankheiten) abhängig (vgl. Kap. 9.2).

Vor dem Hintergrund aktueller Entwicklungen und Herausforderungen, angesichts empirischer Daten (z. B. zur Welternährung, zur Gesundheit, zum Wohlstand) lassen sich zur Frage nach dem Sinn von Schule und Unterricht folgende Dimensionen, geformt als Schlüsselkonzepte – verstanden als orientierende Heuristik –, benennen. Die folgenden Ausführungen haben die Funktion einer Strukturierung und Orientierung; sie ist nie abgeschlossen, weil Schlüsselkonzepte – so statisch sie oftmals sind – beständig reproduziert und modifiziert werden. Unterricht aus der Perspektive Kultursensibler Didaktik zu betrachten, bedeutet somit, Strukturen zu identifizieren, zu etablieren und zu modifizieren, die immer auch Momentaufnahmen darstellen, weil sie sich im Prozess bzw. in Bewegung befinden.

Die in Abbildung 7[89] genannten Aufgabenbereiche von Schule und Unterricht bilden somit ein orientierendes Gerüst, müssen von jeder professionellen Person durchdacht, strukturiert, erweitert und durch Schwerpunkte versehen werden. Vor dem Hintergrund der jeweiligen momentanen gesellschaftlichen Herausforderungen, angesichts der zur Verfügung stehenden Erkenntnisse und vor dem Hintergrund gesellschaftlicher Norm- und Wertvorstellungen ist zu klären, welche Tiefenstrukturen in Schule und Unterricht zugrunde gelegt werden bzw. zugrunde gelegt werden sollen. Dieser Prozess des Diskurses um Tiefenstrukturen ist nie abgeschlossen und stellt eine kontinuierliche Aufgabe von allen an Schule und Unterricht beteiligten Akteuren dar.

---

89 In Anteilen sind die hier vorgestellen Sinn- und Funktionszuschreibungen in Deckung mit der an philosopische Traditionen anknüpfenden Liste an Grundfähigkeiten Nußbaums; vgl. Nussbaum, M.C. (2006). *Frontiers of Justice: Disability, Nationality, Species Membership.* Cambrridge: Harvard University Press. Diese Parallele steht in Zusammenhang mit der Sicht auf Unterricht als Habitat (vgl. Kap. 4).

Lehr- und Bildungspläne haben in dieser Sicht ein unvorhersehbares Verfallsdatum, ganz abgesehen von dem Umstand, dass sie Interpretationsspielräume anbieten, die eine Vielfalt an Schlüsselkonzepten ermöglichen. Abbildung 7 hat somit die Funktion einer orientierenden, unabgeschlossenen Heuristik. Die genannten Schlüsselkonzepte seien zunächst im Einzelnen etwas näher ausgeführt.

Abb. 7: Schlüsselkonzepte als Sinnstrukturen von Schule und Unterricht (Fotos: getty images/YakobchukOlena, Vladimir Vladimirov, Santje09, SDI Productions, gradyreese, FatCamera)

Ergänzend sei an dieser Stelle angemerkt, dass Schlüsselkonzepte nicht die Sache der Lehrperson sind, die die Schülerinnen und Schüler dann mit einer Oberflächenstruktur (Unterricht) versorgt. Vielmehr geht es darum, Unterrichtskulturen zu etablieren, denen die intendierten Tiefenstrukturen zugrunde liegen; die also im schulischen Kontext »unterschwellig«, als Tiefenstruktur erlebt und erfahren werden.

3.3.1 Materielle Sicherung grundlegen

Ein Sinn von Schule und Unterricht liegt darin, die Grundlagen für die materiale Sicherung des Einzelnen und der Gesellschaft als ganzer zu legen. Hierfür sind Fähigkeiten und Fertigkeiten sowie Wissensbestände notwendig, die in einer aktuellen gesellschaftlichen Situation die wirtschaftliche bzw. materielle Situation aller begünstigen. Welche Fähigkeiten und Fertigkeiten jeweils gefragt sind, variiert je nach gesellschaftlicher Ausgangslage. Sind diese Fähigkeiten und Fertigkeiten komplex und erfordern eine breite Wissens- und Könnensbasis, ist ein Studium notwendig, dem bereits vorausgeht, dass der einzelne Schüler bzw. die einzelne Schülerin gezeigt hat, dass er oder sie absehbar in der Lage ist, ein Studium erfolgreich zu Ende führen zu können. Als Gatekeeper dienen Zugangsberechtigungen wie Zeugnisse oder Abschlüsse. In Gesellschaften, in denen die Lebensgrundlagen gesichert sind, schreitet dieser Prozess der Differenzierung und Wissensverfeinerung kontinuierlich fort.

Anders in Gesellschaften, in denen der Schutz und die Unversehrtheit des Einzelnen gefährdet ist: bedroht von Kriegen, Naturkatastrophen oder Pandemien werden die Fähigkeiten und Fertigkeiten besonders wertgeschätzt, die das Überleben bzw. das Alltagsleben sichern und ermöglichen: Pflegeberufe, Müllabfuhr, Paketdienste, Lebensmittelerzeuger. Mit dem Stichwort »systemrelevant« ist somit bezeichnet, welche unmitttelbar spürbaren Auswirkungen der Wegfall dieser Fähigkeiten und Fertigkeiten innerhalb einer Gesellschaft für das Gesamtsystem hätte. Die Relevanz von Fähigkeiten und Fertigkeiten, von Einstellungen und Haltungen zeigten sich beispielsweise in der Corona-Pandemie: Beatmungsgeräte, Mund-Nasenschutzmasken, Toilettenpapier, Desinfektionsmittel – Dinge, für die sich ansonsten Menschen kaum oder randständig interessieren, werden plötzlich wichtig, und Personen, die beispielsweise gelernt haben zu nähen, können eine Kompetenz aktualisieren und Mund-Nasenschutzmasken selbst herstellen, die im Rahmen gymnasialer Bildung gar nicht mehr vorkommt.

Es sind daher in Schule und Unterricht zeit- und situationsbedingt Oberflächenstrukturen zu etablieren, die die materielle Sicherung jedes Einzelnen ermöglichen bzw. Fähigkeiten, Fertigkeiten, Einstellungen und Haltungen grundlegen, die den Zugang zu einem Studium bzw. in ein berufliches Leben eröffnen, das anschlussfähig ist an globale Standards und Entwicklungen. Wissen, Fähigkeiten und Fertigkeiten bilden die ökonomische Vitalität bzw. in einer globalisierten Welt die Wettbewerbsfähigkeit ab. Ob und inwieweit dies gelungen ist, wird zumeist mittels Abschlüssen bzw. Zeugnissen und Zertifkaten dokumentiert bzw. evaluiert und als Maß für die Leistungsfähigkeit des Bildungssystems herangezogen.[90]

---

90 In Arbeiten zur Schultheorie werden hier Begriffe wie »Qualifikationsfunktion« oder »Selektionsfunktion« oder »Allokationsfunktion« gesetzt. Die Begriffe sind allerdings deskriptiv, weil sie die Mechanismen benennen und angeben, was Schulen tun, nicht aber, was der dahinterliegende Sinn ist bzw. die Fragen beantworten, weshalb und wie qualifiziert und selektiert wird. Deshalb wird hier die dahinterliegende Sinnkomponente benannt: Es geht um die materielle Sicherung des Lebens des Einzelnen sowie den Wohlstand der jeweiligen Gesellschaft.

Da sich Berufe immer weiter ausdifferenzieren, lassen sich nur in Anteilen grundlegende Inhalte, Fähigkeiten und Fertigkeiten benennen, die einigermaßen erwartbar zu dieser globalen Anschlussfähigkeit beitragen. Für den einzelnen Schüler und die einzelne Schülerin gilt es, möglichst breite Anschlussmöglichkeiten zu entwickeln. *Die Förderorientierung sowie das Erkennen von Potenzialen des einzelnen Schülers und der einzelnen Schülerin in Schule und Unterricht sind daher grundlegend. In der Konsequenz sind individualisierte Anteile*[91]*, Konzepte und Ansätze, welche die Oberflächenstruktur des Unterrichts leiten, sowie ein lebenslanges Lernen*[92] erforderlich.

3.3.2 Körperverantwortung stärken

Die Achtsamkeit und Sorge für den eigenen Körper zu vermitteln, zählt zu einer weiteren Aufgabe von Schule und Unterricht. Damit die Verantwortungsübernahme für den eigenen Körper und die eigene Gesundheit gelingt, können Schule und Unterricht etwas beitragen: Themen wie Körperbewusstheit und Zufriedenheit mit dem eigenen Körper[93], Risikoverhalten[94], gesunde Ernährung, Bewegung, Genussmittel und Drogen, Gesundheit und Krankheit, Schlaf und Schlafsicherung, Stressvermeidung und Stressminderung, Aufklärung und Sexualität, Älter werden sind grundlegend.

3.3.3 Emotionale Stabilität stützen

Die Verantwortung für die eigene emotionale und psychische Stabilität bildet eine weitere Grundlage, die Schule und Unterricht zu stärken haben. Hierzu zählt zum einen das Wissen um Instabilitäten (z. B. in der Pubertät oder durch Krisenerlebnisse), aber

---

91 Was Hüther als Fiktion formuliert, stellt die Forderung und den Anspruch des hier vorgestellten Ansatzes dar: »Stellen Sie sich vor, wir würden die Entstehung eines ›Klassengeistes‹ in neu zusammengestellten Schulklassen nicht dem Zufall überlassen, sondern bewusst und gezielt Rahmenbedingungen dafür schaffen, dass sich ein ›Potenzialgeist‹ in diesen Klassen entwickeln kann. Die Schüler solcher Klassen wären dann nicht länger wie bisher gezwungen, den überwiegenden Teil der Unterrichtszeit damit zu verbringen, ihre jeweiligen Rollen innerhalb des sozialen Beziehungsgefüges der Klasse zu finden und zu stabilisieren«. Vgl. Hüther, G. (2010). Auf dem Weg zu einer anderen Schulkultur: Die Bedeutung von Geist und Haltung aus neurobiologischer Sicht. In E. Jürgens & J. Standop: *Was ist »guter« Unterricht?* Bad Heilbrunn: Klinkhardt, S. 230.

92 Vgl. Europäische Kommission (2007). *Schlüsselkompetenzen für lebensbegleitendes Lernen. Ein Europäischer Referenzrahmen.* Luxemburg: Amt für amtliche Veröffentlichungen der Europäischen Gemeinschaften.

93 Vgl. Hinz, A. (2017). Improving Body Satisfaction in Preadolescent Girls and Boys: Short-Term Effects of a School-Based Program. In *Electronic Journal of Research in Educational Psychology, 15*(2), 241–258.

94 Vgl. Hinz, A. (2008). Jungen und Gesundheit/Risikoverhalten. In M. Matzner & W. Tischner (Hrsg.), *Handbuch Jungen-Pädagogik.* (S. 232–244). Weinheim: Beltz.

auch das Bewusstsein, dass Emotionen einen wichtigen Teil der Person und des Lebens darstellen, deren Gleichgewicht nicht selbstverständlich ist. Die Reflexion über die eigene Entwicklung, die eigenen Erfahrungen, Wünsche, Hoffnungen, Lebensplanung tragen hierzu bei. Die Wahrnehmung und der Umgang mit den eigenen Emotionen sind lebenslang bedeutsam und wichtig. Im Alter zwischen 9 und 17 Jahren – der Zeit, die Schule und Unterricht zumeist zentral besetzen – haben die Schülerinnen und Schüler wichtige Entwicklungsaufgaben zu lösen.[95] Aktuell ist der Zwang zur Einmaligkeit, Unverwechselbarkeit, Besonderheit zu bearbeiten, zum Beispiel indem »Selbstdarstellungen« (Sefies, Filmaufnahmen, Profilbilder, Posts auf Instagram u. a. m.[96]) zum Thema werden. Oberflächenstrukturen, welche die Sicherung von Könnenserfahrungen ermöglichen, stabile und verlässliche Erwachsene bieten, vertrauensvolle professionelle Lehrer-Schüler-Beziehungen aufweisen und selbstanerkennende Erschließungsprozesse ermöglichen, können beispielsweise dazu beitragen, Schule und Unterricht so zu gestalten, dass emotionale Stabilität ermöglicht und gestärkt wird.[97]

Ergänzend können schulnahe Angebote (z. B. psychologische Beratung an Schulen) oberflächenstrukturell dieses Schlüsselkonzept abbilden. Oberflächenstrukturen sind dann so zu wählen, dass ein unterrichtskultureller Raum, der emotionale Stabilität intendiert und ermöglicht, realisiert ist.

3.3.4 Nachhaltig leben

Die Verantwortung für die natürlichen Grundlagen alles Lebens im Hinblick auf die eigene Lebensführung wahrzunehmen und aktiv umzusetzen, ist eine zentrale Vermittlungsaufgabe von Schule und Unterricht. Der Klimawandel und seine spürbaren Folgen sowie die immer wieder neu aufgezeigten Bedrohungsszenarien wie Gletscherschmelze, steigende Meeresspiegel, Extremwetterlagen, Klimamigration sind Indikatoren für die Bedeutung dieser Aufgabe von Schule und Unterricht. Der Unterricht hat

---

95 Die Fokussierung auf die Entwicklungsaufgaben, aber auch der Begriff, die Wortzusammensetzung, war zunächst prominent bei Havighurst zu finden und hat auch Eingang in die didaktische Theoriebildung gefunden (z. B. Hericks, U. (2008). Bildungsgangforschung und die Professionalisierung des Lehrerberufs – Perspektiven für die Allgemeine Didaktik. In *Zeitschrift für Erziehungswissenschaft, 10*(Sonderheft 9), 61–75.

96 Andreas Reckwitz (2017) beschreibt diese Entwicklungen und wählt den Begriff der »Singularitäten«, vgl. Reckwitz, A. (2017). *Die Gesellschaft der Singularitäten: Zum Strukturwandel der Moderne.* Frankfurt: Suhrkamp.

97 Im hier vorgestellten Ansatz liegt der Fokus auf der Etablierung eines Habitats, das die Schülerinnen und Schüler stärkt; hierzu zählt auch, dass Verhalten, das nicht in diesen unterrichtskulturellen Rahmen passt, exkuldiert wird (z. B. Mobbing, Abwertungen); vgl. Schweer, M. K. W. (2017). Vertrauen im Klassenzimmer. In M. K. W. Schweer (Hrsg.), *Lehrer-Schüler-Interaktion. Inhaltsfelder, Forschungsperspektiven und methodische Zugänge.* (3. Aufl., S. 523–544). Wiesbaden: Springer VS.

die Aufgabe, dazu beitzutragen, eine verantwortungsvolle bzw. eine verantwortungsvollere Haltung[98] und Praxis gegenüber der natürlichen Mit- und Umwelt einzuüben.

Beispiel

Ein Student im Praktikum berichtet von der Klasse seiner Betreuungslehrperson: Es gab auch mal ein Klassenzimmeraquarium. Das Projekt ist dann aber leider gescheitert, weil die Schüler die Fische getötet haben. Das hat also nicht gut funktioniert. (...) Die haben Tinte reingeleert ... und irgendwie Cola-Sachen und dann sind die Fische leider verstorben. ... Mein Betreuungslehrer hat aber wirklich versucht, den Schülern den Umgang mit Lebewesen zu erklären. Das war ja auch zum Glück meine Themeneinheit. Ich hatte meine Haustiere dabei, meine Insekten und habe eine Einheit zum richtigen Umgang mit Lebewesen gemacht. Und er hat gemeint, das ist in dieser Klasse unheimlich wichtig, dass ich das Projekt jetzt mache. (2019/1)

3.3.5 Soziale Eingebundenheit erfahren

Soziale Eingebundenheit ist eine elementare Grundlage des Lebens. Die Bedeutung des Sozialen steht – unabhängig vom wissenschaftlichen Blickwinkel – außer Frage; entfällt der soziale Zusammenhang, ist das Leben gefährdet[99]: Menschen sind soziale Wesen.[100] Soziale Eingebundenheit motiviert[101] und trägt zur Gesundheit bei. Aus gutem Grund kommt dem Du in philosophischen, theologischen, soziologischen Sichtweisen eine elementare, wenn nicht die elementarste Bedeutung zu. Das »Miteinander leben« in Schule und Unterricht sollte daher nicht zufällig geschehen, sondern in einem sozialen Raum, der soziale Eingebundenheit positiv erfahrbar macht und Individalität schützt. Für Deutschland gelten demokratische Grundlagen, die das Zusammenleben unter Einhaltung von Rechten und Pflichten sichern.[102] Oberflächenstrukturell kann

98 Ein deutliches Plädoyer für den Begriff der »Haltung« formuliert Hüther 2010. Aktuell wird dieser Aspekt mit der Wendung »Bildung für nachhaltige Entwicklung« (BNE) bezeichnet.

99 Holt-Lunstad, J., Smith, T. B., Baker, M., Stephenson, D. (2015). Loneliness and social isolation as risk factors for mortality: a meta-analytic Review. In *Perspectives on Psychological Science, 10* (2), 227–237; Papke, P. (2016). *Das bildungstheoretische Potenzial inklusiver Pädagogik. Meilensteine der Konstruktion von Bildung und Behinderung am Beispiel von Kindern mit Lernschwierigkeiten.* Bad Heilbrunn: Klinkhardt; Pfeufer, M. (2013). Abkehr vom Gewohnten: Worauf zielt inklusive Schulkultur? In: *Katechetische Blätter* 138(5), 319–323.

100 Das Wissen um die Interaktionsbedürftigkeit und die Bedeutung der sozialen Eingebundenheit, das in den Sozialwissenschaften vielfach beschrieben und untersucht ist, zeigt sich ganz besonders, wenn diese Eingebundenheit wegfällt, wie beispielsweise im Rahmen der Coronakontaktsperren im Jahr 2020.

101 Deci, E., Ryan, R. (1993). Die Selbstbestimmungstheorie der Motivation und ihre Bedeutung für die Pädagogik. In *Zeitschrift für Pädagogik, 39*(2), 223–238.

102 Vgl. Diedrich, M. (2008). *Demokratische Schulkultur. Messung und Effekte.* Münster u. a.: Waxmann.

dies geschehen, indem der Unterricht die Rechte und Pflichten aller einbezieht und einfordert.[103] Hierzu zählt die Wertschätzung jeder Person,[104] die Teilhabe bzw. das Dazugehören, die Erfahrung von Selbstwirksamkeit in kooperativen Prozessen sowie das Engagement, der Respekt und die Wertschätzung für sich und andere.[105] Hierzu gehört auch eine globale Perspektive und Wahrnehmung, dass soziale Eingebundenheit und Verbundenheit zu entwickeln sind.

3.3.6 Neuerungen und Entwicklungen integrieren

Digitalisierung und Globalisierung sind zwei Veränderungssignaturen unserer Zeit, die dazu führen, eine enorme Menge an Informationen mit immer kürzerem »Haltbarkeitsdatum« in immer kürzeren Zeitfenstern verarbeiten zu müssen. Wichtiges von Unwichtigem zu trennen, Richtiges und Wahres von Falschem und Unwahrem zu unterscheiden, Neues zu prüfen und aufzunehmen oder abzulehnen bilden hierbei zentrale Fähigkeiten, die Schülerinnen und Schüler benötigen, um mit dem Tempo, der Komplexität und der Menge an Veränderungen zurechtkommen zu können. Insbesondere die Globalisierung vervielfacht die Lebens- und Handlungsoptionen jedes Einzelnen. In der Konsequenz müssen mehr Energien auf *Entscheidungsprozesse* verwendet werden, um die eigene Wahl angesichts schier vielfältiger bis entgrenzter Optionen jeweils treffen zu können. Sich im eigenen Leben mit der Rasanz der Entwicklungen und Neuerungen zurechtzufinden, hierzu sollten Schule und Unterricht beitragen.

Bei den hier vorgeschlagenen Sinnstrukturen bzw. Funktionsbestimmungen von Schule und Unterricht, die, wie oben bereits erwähnt, hier als mögliche Heuristik dienen sollen, steht in demokratischen Gesellschaften die Idee Pate, dass der bzw. die Einzelne ein Leben »gut« leben kann.

---

103 Berliner Komitee für UNESCO-Arbeit e. V. (2017). *Kultur des Friedens. Ein Beitrag zum Bildungsauftrag der UNESCO: Building Peace in the Minds of Men and Women.* https://www.unesco.de/sites/default/files/2018-09/kultur_des_friedens.pdf.

104 Vgl. Graf, U., Iwers, T. (Hrsg.) (2019); Nipkow, K. E. (2007). *Der schwere Weg zum Frieden. Geschichte und Theorie der Friedenspädagogik von Erasmus bis zur Gegenwart*. Gütersloh: Gütersloher Verlagshaus.

105 Der aktuelle Diskurs bewegt sich hier noch auf der Ebene der Inklusion, die ja immer von einer Zugehörigkeitsidee bzw. vom Ausgeschlossensein ausgeht. Im hier dargelegten Ansatz wird die Aufgabe von Schule und Unterricht darin gesehen, ein Habitat zu schaffen, das – unabhängig von Vielfalt bzw. Hybriditäten in außerschulischen Habitaten – Zugehörigkeit und Wertstiftung grundlegt und einfordert. Angesichts von Individualitäten und Anderssein als strukturierendes Merkmal in Kulturen gilt es, ein schuleigenes Habitat zu schaffen, welches eine Gemeinsamkeit konsequent einfordert: die grundlegende Wertschätzung anderer.

3.4 Tiefenstrukturen von Unterricht

3.4.1 Die Verzahnung der Schlüsselkonzepte

Betrachtet man die Praxen in Schule und Unterricht, so lässt sich rekonstruieren, dass die genannten Schlüsselkonzepte teilweise in enger Beziehung zueinander stehen (im Modell Abb. 8 durch die Verzahnungen modelliert) und unterschiedlich stark oder auch gar nicht vorhanden sind (im Modell Abb. 8 durch die Flächengröße modelliert).

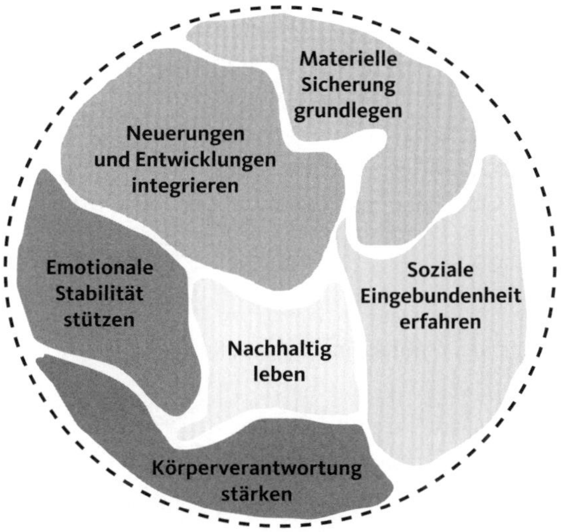

Abb. 8: Tiefenstrukturen: Schlüsselkonzepte mit Ausdehnungen und Verzahnungen

Im Hinblick auf die Verzahnungen ist der Zusammenhang zwischen Gesundheit und Sozialstatus vielfach belegt.[106] Diese Zusammenhänge sind zuweilen auch ungünstig, weil beispielsweise die Mehrung des Wohlstands auf Kosten der Gesundheit oder zulasten der Umwelt oder sozialer Beziehungen erwirtschaftet wird. Die Friktionen zeigen sich dann auch auf den Oberflächenebenen von Unterricht.

3.4.2 Die Gewichtung von Schlüsselkonzepten

Die professionelle Aufgabe jeder Lehrperson und jedes Lehrerteams besteht somit darin, sich der zentralen Funktions- und Sinnbestimmungen von Unterricht zu versi-

---

106 Zum Beispiel Lambert, T., Richter, M., Schneider, S., Spallek, J., Dragano, N. (2016). Soziale Ungleichheit und Gesundheit. Stand und Perspektiven der sozialepidemiologischen Forschung in Deutschland. In *Bundesgesundheitsblatt – Gesundheitsforschung – Gesundheitsschutz, 59* (2), 153–165.

chern. Diesen professionell begründeten Tiefenstrukturen ist Gewicht zu geben, indem sie etabliert bzw. reproduziert werden. Das geschieht, wie im folgenden Abschnitt näher ausgeführt wird, über die Oberflächenstrukturen. In der verantworteten Gewichtung von Schlüsselkonzepten liegt die professionelle Verantwortung der älteren Generation(en) für die nachfolgende. *Welche* Sinnangaben gewählt werden, *was* zu einem »guten Leben« gehört, ist diskursiv und in Auseinandersetzung mit den jeweiligen gesellschaftlichen Gegebenheiten zu klären; letztlich finden Sinnstiftungen immer *zu einer bestimmten Zeit, vor Ort, an der einzelnen Schule,* im konkreten Unterricht statt. Deshalb ist es die Aufgabe in der Lehrerbildung sowie der im Beruf stehenden Lehrpersonen, sich der zu wählenden bzw. gewählten Tiefenstrukturen zu vergewissern.[107] Welche Schlüsselkonzepte welche Bedeutung haben sollen, gewichten die professionellen Akteure vor dem Hintergrund gesetzlicher Rahmenbedingungen (z. B. Bildungspläne, Verwaltungsvorschriften, Schulgesetze).

Manche Schulen, insbesondere Privatschulen, werben mit Tiefenstrukturen und den an sie gekoppelten Oberflächenstrukturen. Zur Verdeutlichung drei Beispiele.

Beispiel

Beispiel 1[108]: Realschule und Gymnasium St. Klara, Rottenburg a.N.

Franziskanische Werte
Annahme und Wertschätzung
Qualitätsmerkmale der Lernkultur
Konzeption zur Mädchen- und Frauenbildung an St. Klara
Elemente Morgenkreis, Gottesdienst und Klara-Klostertage

Beispiel 2[109]: Grundschule Pattonville, Remseck
Leitlinien sind

- »Eine Schule, in der wenig gelehrt und viel gelernt wird«
- »Gemeinsam Schule gestalten – Demokratie leben«

Beispiel 3[110]: Mathilde Anneke Gesamtschule, Münster
»Das Nachhaltigkeitskonzept unserer Schule orientiert sich an der gleichzeitigen und gleichwertigen Betrachtung der ökonomischen, ökologischen und sozialen Aspekte.«

---

107 Der Klimabegriff thematisiert in dieser Sicht Schlüsselkonzepte; allerdings in ihrem Bezug zu einem weiteren Schlüsselkonzept, den Lerneffekten (z. B. Bülter, H., Meyer, H. (2004). Was ist ein lernförderliches Klima? Voraussetzungen und Wirkungen. In *Pädagogik,* 31(11), 31–36). Immer wieder wird hier die Schwierigkeit bei der empirischen Zugänglichkeit benannt, ohne die tiefenstrukturelle Verankerung zu reflektieren. Zum Klimabegriff vgl. auch Reindl, M., Gniewosz, B. (2017). *Prima Klima: Schule ist mehr als Unterricht.* Wiesbaden: Springer.

108 https://www.st.klara-rottenburg.de/allgemeines/profil/franziskanische-werte.html

109 http://www.grundschule-pattonville.de/index.php/konzeption

110 https://www.anneke-gesamtschule.de/shop-eroeffnung-fairtauscht/

Die Oberflächenstrukturen korrespondieren an den genannten Schulen mit Sinnannahmen. In Beispiel 1 zählt dazu, dass die soziale Eingebundenheit als Schlüsselkonzept theologisch gesehen wird: in der Verbindung zu Gott. Abbildung 8 enthielte das Schlüsselkonzept »Sich in der Verbindung zu Gott erfahren«. Diese christliche Perspektive auf den Menschen führt dazu, dass oberflächenstrukturell im Sinne dieser Tiefenstruktur die Manisfestationsformen ausgebildet werden. Hierzu zählen beispielsweise an dieser Schule der Morgenkreis, Gottesdienste oder Klostertage.

An Schule 2 wird »Demokratie lernen« und »Viel lernen« als Schlüsselkonzept benannt. Oberflächenstrukturell wird über die Manifestationsformen diese Sinngebung durch den Klassenrat, Kinderrat, die Schulversammlung und das Schulfernsehen, Schulunternehmer und politisches Handeln im Stadtteil umzusetzen gesucht.

»Nachhaltigkeit« wird im Beispiel 3 durch die Gründung eines schuleigenen Second-Hand-Ladens, die bauökologische Architektur sowie über nachhaltige Schulkleidung oberflächenstrukturell realisiert.

Sinnstrukturen lassen sich diskursiv entwickeln und begründen (z. B. mit grundgelegten Wertvorstellungen, gesetzlichen Verankerungen, Relevanz für Gegenwart und Zukunft der Schülerinnen und Schüler, der Bedeutung für die Wirtschaft, die Gesundheit oder der Relevanz für den gesellschaftlichen Zusammenhalt). *Um die Sinnstrukturen muss gerungen werden. Da es um die nachwachsende Generation geht, in deren Interesse.*

Ob die genannten Tiefenstrukturen tatsächlich vorhanden sind, ob die entsprechenden Unterrichtskulturen etabliert sind, ist mit der Darstellung in verschiedenen Medien wie Homepage, Zeitung oder Instagram, die ja auch zu den Oberflächenstrukturen zählen, noch nicht gesagt. Ein Schlüsselkonzept bzw. bestimmte Oberflächenstrukturen als Aushängeschild und Versprechen sind werbewirksam, entscheidend ist jedoch, welche Tiefenstrukturen und welche Oberflächenstrukturen *etabliert* sind.

Welche Schlüsselkonzepte wichtig sind, ist somit zu klären. Abbildung 8 stellt einen Vorschlag der Verfasserin dar. Es zählt zu den professionellen Aufgaben von Lehrpersonen, Schlüsselkonzepte zu wählen und zu gewichten.

Der Schule und dem Unterricht sind demnach Schlüsselkonzepte zu unterlegen, die von den professionellen Akteuren verantwortete Aufgaben, Sinnstiftungen und Funktionen von Schule und Unterricht im Blick haben. Dass dies nicht selbstverständlich ist und eine herausfordernde und oftmals schwierige Aufgabe darstellt, die professionell tagtäglich zu gestalten ist, zeigen Phänomene an den Oberflächen von Schule und Unterricht: Mobbing, Unterrichtsstörungen, Motivationslosigkeit und Depression, Drogenkonsum, Lernstress bis hin zu Suizid, Schulvermeidung sowie das Abschließen der Schullaufbahn ohne Anschlussoptionen (ohne Abschlüsse), burn-out gefährdete, gestresste, aggressive oder resignierte Lehrpersonen. Sie sind Indikatoren dafür, dass in Schule und Unterricht bestimmte Schlüsselkonzepte tiefen- und oberflächenstrukturell nicht implementiert werden konnten bzw. dafür, dass es Gründe gibt, weshalb andere Tiefen- und Oberflächenstrukturen ausgebildet wurden. Führt man den hier vorgestellten Blickwinkel von Oberflächen- und Tiefenstrukturen weiter, rückt der

Zusammenhang von Tiefen- und Oberflächenstrukturen in den Blick. Wie ist deren Verhältnis zueinander zu bestimmen und welche konkreten Optionen haben Lehrpersonen im Schulalltag, hier gestaltend zu wirken?

Tiefenstrukturen

- Die Tiefenstruktur bezeichnet die kollektiv geteilten Sinngebungen, die Akteure ihren Praxen unterlegen.
- Tiefenstrukturen bestehen aus Bündeln an Schlüsselkonzepten.
- Ein Schlüsselkonzept ist ein Bestandteil der Tiefenstruktur und stellt eine sinngebende Aussage dar, die für die Gestaltung der Oberflächenstrukturen maßgeblich ist.
- Tiefenstrukturen haben normativen Charakter; sie werden als richtig und wahr angenommen und stehen in der Regel, sind sie etabliert, nicht zur Disposition.
- Professionelle Lehrpersonen haben die Aufgabe, sich der Tiefenstrukturen zu versichern und ihnen das notwendige Gewicht zu geben.
- Die Oberflächenstruktur steht in einem Zusammenhang mit der Tiefenstruktur. Ist dieser Zusammenhang eng, bildet die Oberflächenstruktur die Tiefenstruktur ab. Sie konkretisiert, inkarniert, manifestiert die Tiefenstruktur. Die Oberflächenstruktur gibt der Tiefenstruktur eine konkrete Gestalt und implementiert sie ins Schulleben bzw. den Schulalltag.
- Schul- und Unterrichtskulturen sind in ihren Oberflächen- und Tiefenstrukturen beschreibbar.[111]

111 Esslinger-Hinz, I. (2010).

4. Das Verhältnis von Oberflächen- und Tiefenstruktur

4.1 Generatives Bedingungsverhältnis

Weiß eine Lehrperson bzw. ein Team an Lehrpersonen, worauf es ankommt, weshalb es sich lohnt, dass Schülerinnen und Schüler Lebenszeit in der Schule verbringen, dann rückt die Frage in den Blickpunkt, wie ein intendierter Sinn von Schule und Unterricht über die Oberflächenstrukturen repräsentiert und realisiert werden kann.

Legt man die oben beschriebenen Schlüsselkonzepte zugrunde, dann haben Schule und Unterricht die Fähigkeiten und Fertigkeiten sowie die sie basierenden Wissensbestände, Erkenntnisse und Erfahrungen, Fähigkeiten und Fertigkeiten zu vermitteln, die eine Annäherung an ein Leben, das auf den Grundlagen von materieller Sicherung, Gesundheit, Zufriedenheit, nachhaltigem Leben und sozialer Eingebundenheit beruht, ermöglichen. In der Konsequenz sind Oberflächenstrukturen gefragt, die diesen Sinn vertreten. Sie müssen ihn repräsentieren und Anlass bieten, dass er von den Schülerinnen und Schülern generiert und reproduziert wird.

Das folgende Beispiel der Waldparkschule Heidelberg[112] verdeutlicht, wie Tiefen- und Oberflächenstrukturen im Zusammenhang stehen.

Beispiel

»Die Leute stellten sich vor, dass hier jeder rappt und nachts die Mülltonnen brennen«, sagt Engelhardt. Die Schule war verschrien und stand vor der Schließung. Aufwärts geht es, seitdem sie 2013 zu einer Gemeinschaftsschule wurde. Inzwischen hat sich die Schülerzahl mehr als verdoppelt, und am Tag der offenen Tür fragen selbst Eltern aus dem Tal, ob sie noch einen Platz für den Nachwuchs bekommen. Gelungen ist der Imagewandel, weil das Kollegium den Unterricht komplett umgekrempelt hat. [...] *Chaos wird mit strukturierten Abläufen begegnet.* Einer der ersten Schritte, um *Ruhe in die Klassen* zu bringen: *Sie zerrten die Tische auseinander.*

Heute haben alle Schülerinnen und Schüler eine Art *kleines Büro: ein einzeln stehender Tisch, abgeschirmt vom Nachbarn* durch ein kopfhohes Regal für Bücher und Unterlagen. Amira* hat sich nach dem Coaching inzwischen an ihrem Tisch über einen Text gebeugt, bei dem sie deutsche Personalpronomen bestimmen soll. Hanna* gegenüber knobelt an der Berechnung eines Kreisdurchmessers, Max* brütet über Englischvokabeln. Ein Schild an der Tür verkündet, dass Lernzeit ist: *»Bitte nicht stören!* Falls doch: *Bitte flüstern!«* Zwei Schulstunden am Tag bearbeiten die Schülerinnen und Schüler Aufgaben aus den Hauptfächern, *im eigenen Tempo* und *auf verschiedenen Niveaustufen.*

»Wir vermitteln vielleicht etwas weniger Stoff als andere Schulen«, sagt Schulleiter Engelhardt. »Dafür vertiefen wir mehr und erziehen zum *selbständigen Denken und Arbeiten.*«

---

112 http://projects.bosch-stiftung.de/content/language1/film/mp4/DSP_2017_Waldparkschule_Heidelberg.mp4

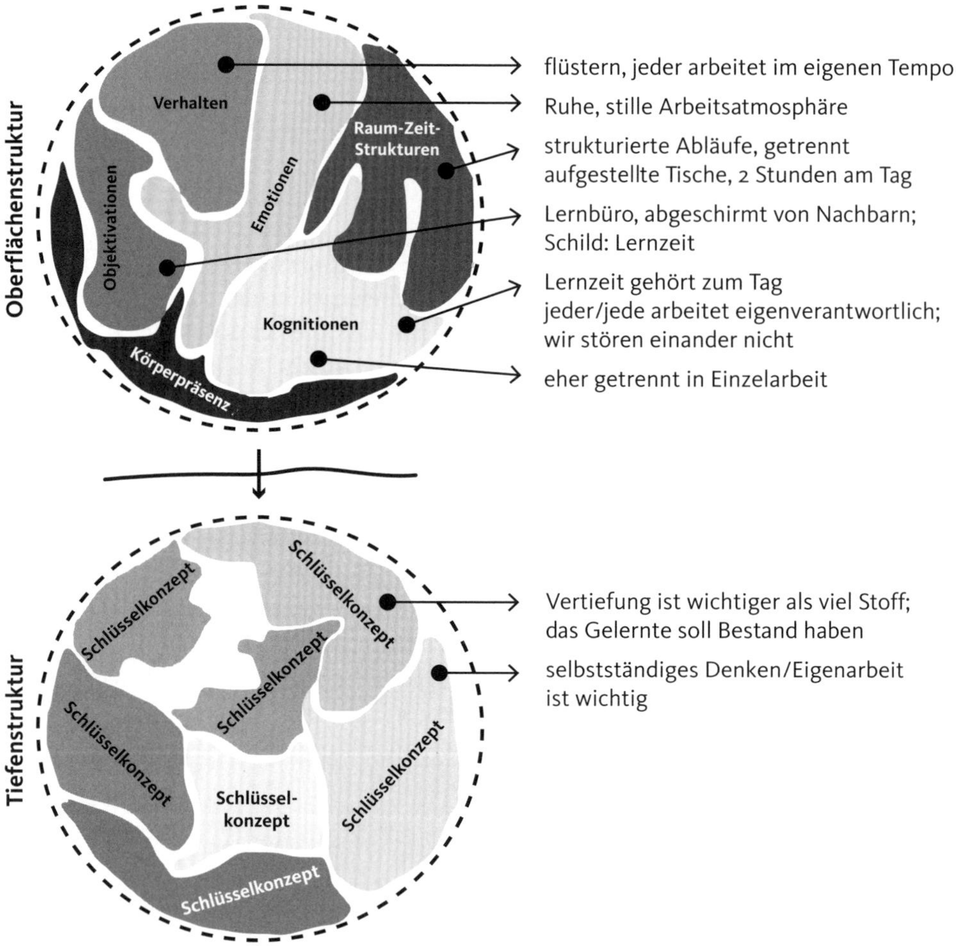

Abb. 9: Oberflächen- und Tiefenstruktur als generatives Bedingungsverhältnis

Betrachtet man den Zusammenhang zwischen Oberflächen- und Tiefenstruktur näher, so stehen sie in einem Bedingungsverhältnis; genauer: einem *generativen Bedingungsverhältnis*: keine Manifestationsformen auf der Oberfläche ohne Tiefenstrukturen mit ihren Schlüsselkonzepten und keine Schlüsselkonzepte ohne entsprechende Oberflächenstrukturen. Dieses Bedingungsverhältnis ist bilateral zu denken: *Die Oberflächenstruktur repräsentiert und stabilisiert die Tiefenstruktur. Die Tiefenstruktur wiederum bildet den Antrieb durch Sinnstiftung, der eine Oberflächenstruktur begründet. Über dieses generative Bedingungsverhältnis von Oberfläche und Tiefe wird die Unterrichtskultur etabliert und gegebenenfalls modifiziert.*[113] In Abbildung 9 ist dieser Zu-

113 Das Bedingungsverhältnis ist »generativ« genannt, weil es sich tradiert und in Anteilen reproduziert. Vgl. McAdams, D. P., Logan, R. L. (2004): What is generativity? In E. de St. Aubin, D. P.

sammenhang durch die beiden Pfeile zwischen Oberflächen- und Tiefenstruktur gekennzeichnet.

4.2 Multioptionalität

Nun lässt sich eine bestimmte Tiefenstruktur bzw. ein Schlüsselkonzept vielfältig und vielgestaltig über die Oberflächenstruktur umsetzen: Die Waldparkschule hätte, um eigenständiges Denken und Arbeiten zu stärken, auch oberflächenstrukturell Teamarbeit und kleine Lerngruppen etablieren können. Die Oberflächenstruktur wiederum könnte für mehrere Konzepte auf der Tiefenebene stehen. So könnte die Waldparkschule mit derselben Oberflächenstruktur auch das Schlüsselkonzept verfolgen, dass die Individualität jedes Einzelnen besonders wichtig ist und einen Entwicklungsraum bekommen soll. Das Bedingungsverhältnis zwischen Oberflächen- und Tiefenstruktur ist somit *multioptional*: Eine Tiefenstruktur lässt sich mit unterschiedlichen Oberflächen (mehr oder weniger günstig) implementieren. Eine Oberflächenstruktur kann umgekehrt für unterschiedliche Tiefenstrukturen stehen.

Nun könnte man fragen: Ist dann dieses Bedingungsverhältnis beliebig? Lässt sich dann konkret mit diesem Modell überhaupt arbeiten? Die Antwort lautet klar: Es ist nicht beliebig, weil Lehrpersonen Intentionen zu verwirklichen suchen, also Sinn stiften wollen, was den Unterricht anbelangt. Professionalität liegt somit in der Kompetenz, Passungsverhältnisse zwischen den Tiefen- und den Oberflächenstrukturen zu schaffen. Das ist eine herausfordernde Aufgabe, zu der ein hohes Maß an Professionalität zu entwickeln ist. Hierzu ein Beispiel:

Beispiel

Lara berichtet als Schülerin von ihrer ersten Informatikstunde: »Informatik war grauenhaft. Ich glaube, die Lehrerin mag ihr eigenes Fach nicht.« »Warum?« »Sie sagte, wir machen nichts Praktisches am Computer und wir müssen viel auswendig lernen und viel abschreiben. Wir sind nur ein- oder zweimal im Halbjahr im Computerraum.« »Was müsst ihr denn auswendig lernen?« »Codes. Also, ich war davor motivierter als danach.«

Ein Gespräch mit der Informatiklehrerin könnte zu der Auskunft führen, dass sie den Schülerinnen und Schülern offen und sachlich dargelegt hat, was auf sie zukommt, und dass sie sie nicht im Unklaren lassen möchte. Sie könnte mit Transparenz argumentieren und dass sie den Anspruch gleich deutlich mache und falsche Erwartungen ausräume. Die Oberfläche, ihre konkreten Aussagen im Unterricht, lassen die Schüle-

---

McAdams & T.-C. Kim (Eds.), *The generative society: Caring for future generations* (p. 15–31). Washington, D. C: American Psychological Association Press; vgl. Esslinger-Hinz, I. (2018). Wissen, was man tut: Erziehen durch Unterricht. In *PÄDAGOGIK*, (70)12, 44–48.

rinnen und Schüler jedoch eine andere Tiefenstruktur vermuten: Lara interpretiert, dass die Lehrerin ihr Fach nicht mag und gar keine wirkliche Vermittlungsabsicht hat. In der Konsequenz sinkt ihre Motivation. Die gewählte Oberfläche steht nicht in Passung, geht man davon aus, dass die Lehrperson weder demotivierend wirken wollte noch eine distanzierte Beziehung zu ihrem Fach hat. Es könnte weiterhin sein, dass verschiedene Schülerinnen und Schüler eine andere Tiefenstruktur ablesen, als es Lara tut. In etwa die, dass sie »die Karten auf den Tisch legt« und die Schülerinnen und Schüler über die anstehende Arbeit informiert bzw. dass ihr Transparenz wichtig ist. Betrachtet man diese erste Einführungsstunde unter kulturtheoretischer Perspektive, dann sollte die Lehrperson wissen, was sie tut, denn sie ist dabei, Tiefenstrukturen zu etablieren. Die professionelle Kompetenz bezieht sich hierbei einerseits auf die bewusste Etablierung bestimmter Tiefenstrukturen (z.B. Schlüsselkonzept: Transparenz ist wichtig für eine gelungene Lehrer-Schüler-Beziehung) sowie auf die Wahl passender Manifestationsformen für dieses Schlüsselkonzept (z.B. Arbeitsblatt (Objektivation), Auskünfte (Verhalten), Zuverlässigkeit (Emotionen)). Die Etablierung eines Schlüsselkonzepts gelingt ihr nur, wenn sie es durch eine Vielzahl von Manifestationsformen auf der Oberfläche des Unterrichts kontinuierlich stützt. In diesem Sinne sind im Rahmen des hier vorgestellten Ansatzes Einzelereignisse nur bedeutsam, sofern sie die Kultur stabilisieren bzw. modifizieren und einen Beitrag für das entstehende Habitat (vgl. Kap. 5) leisten oder aber als so gravierend wahrgenommen werden, dass sie einen Kulturwandel auslösen (vgl. Kap. 6). Im obigen Beispiel würde die Lehrperson sich kontinuierlich um Transparenz bemühen, in etwa, indem sie Unterrichtsinhalte, Unterrichtsabläufe, Verschiebungen, Gegenstände der Klassenarbeit benennt und auch unterstützend Objektivationen in Form von Papieren, hochgeladenen Dateien usw. nutzt und Sätze sagt wie: »Ich möchte euch offenlegen, worum es geht …«. Dann wird eine Tiefenstruktur generiert, die zum Gegenstand ein Schlüsselkonzept hat, wie: »Ich nehme meine Schülerinnen und Schüler ernst.« Ist diese Tiefenstruktur implementiert, dann würde auch bei Lara die Alternativinterpretation entfallen, denn sie kann das Verhalten ihrer Lehrerin nun einordnen.

Dass kein Ableitungszusammenhang zwischen der Oberflächen- und Tiefenstruktur besteht, ist ein enormer Vorzug, denn die vielen Gesichter einer Tiefenstruktur auf der Oberfläche des Unterrichts ermöglichen Vielfalt und eine Anpassung an bestimmte Akteure oder Akteursgruppen.

4.3 Reziprozität

Bislang wurde beschrieben, dass Tiefenstrukturen die Oberfläche generieren: An einer Schule ist der respektvolle Umgang von zentraler Bedeutung, dann zeigt sich das oberflächenstrukturell im Verhalten, in den Objektivationen, Emotionen, Strukturen, Kognitionen sowie der Körperpräsenz.

Bilateral gedacht, kann auch die Oberflächenstruktur die Tiefenstruktur beeinflussen.[114] Analog zu einem Konzept von doing oder undoing X[115], bei dem davon ausgegangen wird, dass Praktiken bzw. ihre Veränderungen (im hier vorgestellten Modell die Oberflächenstrukturen) tiefenstrukturelle Auswirkungen haben. Verändert man die Oberflächenstruktur, dann passiert auch etwas mit der Tiefenstruktur. Solche Veränderungen sind gemeinhin bei vorhandenen Kulturen mit ihren vorhandenen, tradierten und stabilisierten Oberflächen- und Tiefenstrukturen schwer möglich (vgl. Kap. 6), weil dieser Zusammenhang zugleich einen Stabilisierungsmechanismus darstellt. Findet jedoch eine neue Oberflächenstruktur Eingang in eine vorhandene Unterrichtskultur und kann sich situieren, können auch Tiefenstrukturen modifiziert werden. In etwa, wenn eine neue Schulleitung veränderte Oberlfächenstrukturen anordnet. In der folgenden Interviewsequenz[116] schildert eine Lehrperson, dass sie ihr Verhalten (Einführung von Teamteaching) verändert hat. Dies ging mit veränderten Strukturen (zwei Lehrpersonen pro Klassenzimmer; Arbeitsteilung) einher. Sie kommt zu dem Ergebnis: »Das ist keine schlechte Sache.« Kommen viele oder alle Lehrpersonen zu dem Schluss, könnte sich tiefenstrukturell etwas ändern; in etwa, dass die Teamfähigkeit als bedeutsame Aufgabe von Schule und Unterricht eingestuft wird.

Beispiel

Lehrperson: »Was wir machen, zum Beispiel, ist jetzt ziemlich viel Teamteaching. (Ah ja.) Und, da muss man als ältere Kollegin wie ich (lacht), sich dran gewöhnen, muss ich sagen. (Aha.) Wenn jemand mit im Unterricht ist, nicht. (Ja. Ja.) Aber es ist an und für sich keine schlechte Geschichte, (Mhm.) überhaupt, wenn die Klassen groß sind (Ja.) dass man da zusammen (Mhm.) also einer ist der Akteur und der andere kontrolliert nebenher und dann (Ja.) kann man es auch umdrehen. Dann ist der andere der Akteur. Der ander guckt, was läuft, was gemacht wird und so weiter. Das ist keine schlechte Sache. (Mhm.)«

---

114 C. Wulf beschreibt Phänome der Reproduktion von Tiefenstrukturen über die Oberflächenstrukturen, verstanden als »körperbasiertes, rituelles Wissen«; vgl. Wulf, C. (2015). Rituale als performative Handlungen und die mimetische Erzeugung des Sozialen. In R. Gugutzer & M. Staack (Hrsg.), *Körper und Ritual. Sozial- und kulturwissenschaftliche Zugänge und Analysen.* (S. 23–40). Wiesbaden: Springer.

115 In etwa im Diskurs »Doing Gender – Undoing Gender«.

116 Interviewausschnitt aus Esslinger-Hinz 2010, S. 222; die bestätigenden Äußerungen der Interviewerin sind in Klammer gesetzt.

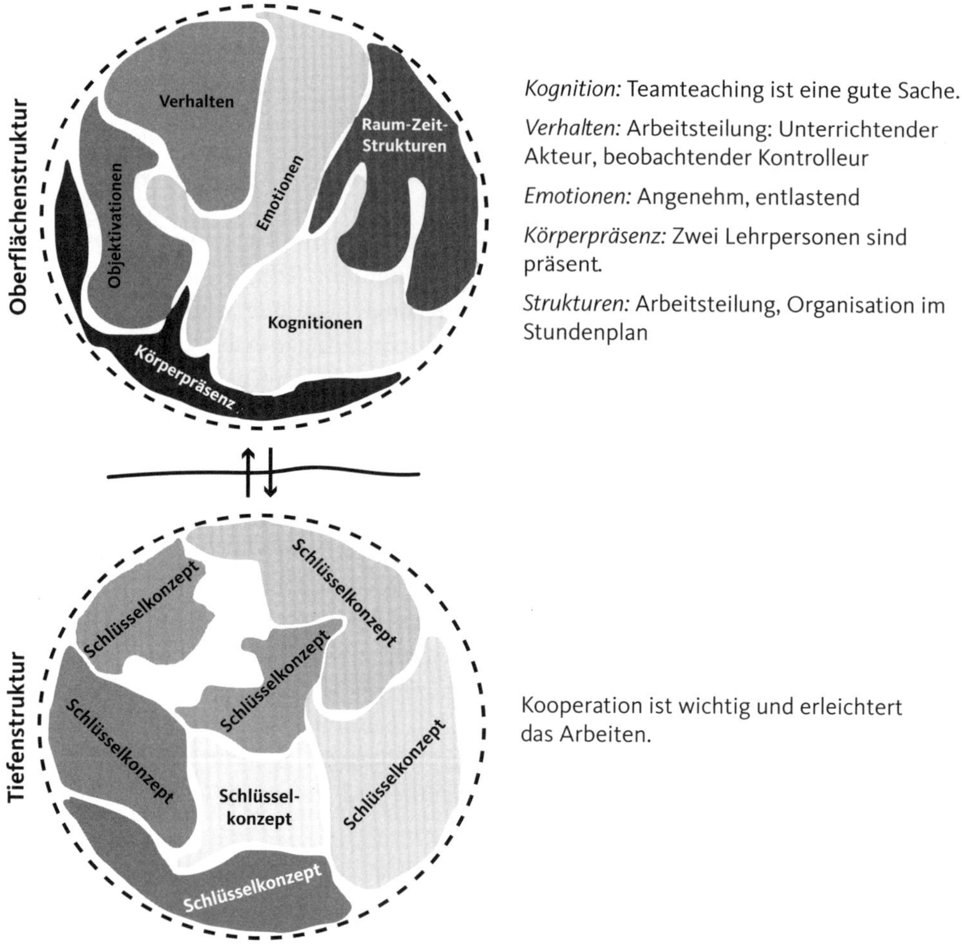

Abb. 10: Oberflächen- und Tiefenstruktur als generatives und reziprokes Bedingungsverhältnis

Das Modell ist somit durch zwei Pfeile, die die Reziprozität zwischen Oberflächen- und Tiefenstruktur markieren, erweitert (vgl. Abb. 10). Reziprozität bezeichnet die wechselseitige Bezogenheit, in dem Sinne, dass die Tiefenstruktur die Oberflächenstruktur generiert und umgekehrt, dass die Oberflächenstruktur die Tiefenstruktur stabilisiert.

Das Verhältnis von Oberflächen- und Tiefenstrukturen

Die Oberflächen- und Tiefenstruktur moderieren einander. Ihr Verhältnis ist durch drei Merkmale gekennzeichnet. Es ist

1. generativ
2. multioptional
3. reziprok

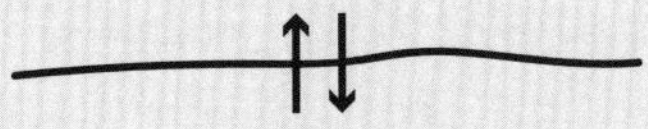

Generativität bezeichnet ein »Erzeugungsverhältnis«: keine Oberflächenstruktur ohne Tiefenstruktur und umgekehrt. Das Verhältnis zwischen Oberflächen- und Tiefenstruktur ist weiterhin *multioptional*, das heißt es existiert eine Vielfalt an Möglichkeiten der Repräsentation und Aktualisierung von Schlüsselkonzepten auf der Oberflächenebene des Unterrichts. Es handelt sich um kein 1:1-Verhältnis in dem Sinne, dass die Tiefenstrukturen eine bestimmte Oberflächenstruktur fordert, sondern um ein Spektrum an Optionen. Welches eine passende, das heißt die Tiefenstruktur reproduzierende ist, ist mittels empirischer Zugänge darstellbar.

Weiterhin ist das Verhältnis zwischen Oberflächen- und Tiefenstruktur *reziprok*; denn Veränderungen der Oberflächenstrukturen können zu Modifikationen der Tiefenstrukturen führen.

5. Unterricht als Habitat

5.1 Das Unterrichtshabitat als professionell gestalteter Binnenraum des Lebens und Lernens

Unterricht wird im hier vorgestellten Ansatz als Kulturhabitat betrachtet.[117] Der Begriff unterstreicht, dass Lehren und Lernen einen Raum haben; nicht nur lokal gedacht, sondern kulturell: Im hier vorgestellten Sinne ist dieses Habitat durch Gegenstände, Wert- und Normvorstellungen, Verhaltensweisen, Emotionen, Körperpräsenz sowie Raum-Zeit-Strukturen gekennzeichnet und durch eine Tiefenstruktur generativ grundgelegt.[118] Das Unterrichtshabitat wird von seinen Akteuren be- und genutzt und zugleich immer wieder geschaffen bzw. erhalten. *Das Unterrichtshabitat bildet somit den Binnenraum des Lebens und Lernens in Schule und Unterricht, dem der einzelne Akteur zugehörig, in den er eingebunden ist und zu dessen Aufrechterhaltung er bzw. sie beiträgt.*[119] Dieser Binnenraum ist in Anteilen durch stabile Oberflächen- und Tiefenstrukturen geprägt (vgl. Abb. 11). Daneben existieren aber auch je nach Stabilität der Kultur frei flottierende, einmalige, zufällige, spontane Ereignisse, die aus dem Alltag herausfallen, selten sind bzw. rasch wieder verschwinden. Sie lassen sich auch keiner bestimmten etablierten Tiefenstruktur zu- oder einordnen: Sie sind kontingent[120] und in Abbildung 11 durch die weißen Flecken markiert.

---

117 Der Begriff (lat. habitatio; franz. habiter; wohnen) wird insbesondere in der Biologie verwendet, um auf den Lebensraum einer Art Bezug zu nehmen, sowie in der Anthropologie, um auf den Wohraum des Ur- und Frühmenschen zu verweisen. Im hier vorgestellten Konzept werden mit dem Terminus »Habitat« alle Manifestationsformen eingeschlossen, die es charakterisieren, sowie die Tiefenstrukturen, die es begründen: das Gesamt an Tiefen- und Oberflächenstrukturen und seine Verbindung. Der Begriff meint damit etwas anderes und Umfassenderes als die sogenannte »Lernumgebung« (z. B. Standop, J., Jürgens, E. (2015). *Unterricht planen, gestalten und evaluieren*. Bad Heilbrunn: Klinkhardt, S. 190 ff.).

118 Bourdieu gebraucht den Terminus korrespondierend mit dem bei ihm zentralen Begriff des Habitus.

119 Dass der »Raum« mehr ist als ein Ort, in dem man sich aufhält oder bewegt, wurde in der Schulpädagogik, aber auch ganz besonders im Elementar- und Primarbereich immer wieder reflektiert, beschrieben, konzeptionalisiert und gestaltend praktiziert. Die Wendung vom Raum als »drittem Erzieher« markiert seine Bedeutung. Im hier vorgestellten Ansatz wird der kulturelle Raum als Habitat beschrieben, zu dem die Raumstruktur, die Akteure, die Manifestationsformen sowie die Tiefenstrukturen mit ihren Schlüsselkonzepten zählen. Auch die Ergebnisse der Hattie-Studie markieren die zentrale Bedeutung des Unterrichts: Was im Klassenzimmer geschieht, ist entscheidend. Vgl. Lotz, M., Lipowsky, F. (2015). Die Hattie-Studie und ihre Bedeutung für den Unterricht. Ein Blick auf ausgewählte Aspekte der Lehrer-Schüler-Interaktion. In. G. Mehlhorn, F. Schulz, K. Schöppe (Hrsg.), *Begabung entwickeln und Kreativität fördern*. München: kopaed, S. 100 f.

120 Vgl. Kapitel 3.2.4.

Die stabilen sowie die kontingenten Anteile bilden das Habitat, wobei beide Anteile kulturbestimmend sind, denn die vorhandene Kultur, ihre Stabiltät sowie ihre Änderungspotenziale werden über das Verhältnis von stabilen und kontingenten Anteilen geprägt.

Es handelt sich um ein professionalisiertes Habitat, wenn Akteure, die über die Mittel (z. B. Lebensalter, Beauftragung, Macht) verfügen, es unter Einsatz ihrer professionellen Kompetenzen gestalten.

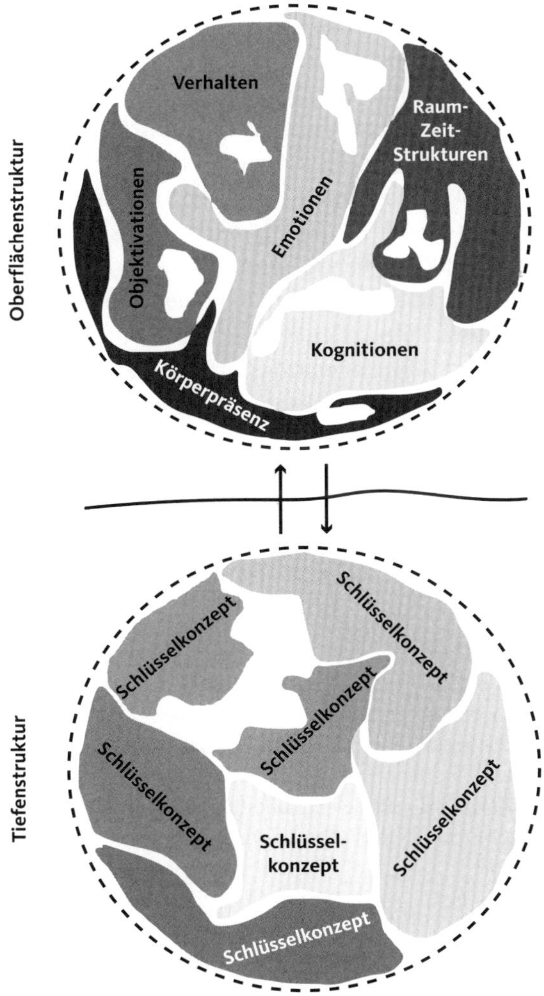

Abb. 11: Stabile und kontingente Anteile der Oberflächenstruktur

Schule und Unterricht bilden in dieser Sicht einen Rahmen mit bestimmten Lebens- und Lernbedingungen für alle Akteure. Worin liegt nun der Unterschied zwischen den Begriffen »Kultur« und »Habitat«? Warum braucht man sie beide?

Der Begriff »Habitat« akzentuiert, dass Kontexte für Akteure bestehen, die sich durch spezifische gewohnte und erwartete Rahmenbedingungen auszeichnen; wobei das Erwartete auch das (erwartbare) Unerwartete sein kann, in etwa, wenn es üblich ist, dass eine Lehrperson beständig neue Methoden einbindet oder Überraschendes vorsieht. Akteure im Habitat Unterricht befinden sich in einer Art kulturellem Wohnzimmer in dem Sinne, dass die Rahmenbedingungen bekannt sind, und sie steigern mit ihrer Anwesenheit und ihrem Verhalten die Verlässlichkeit dieses Rahmens, zu dem sie selbst auch gehören. Habitate bieten Struktur und Erwartbarkeit. Das bedeutet nicht, dass sie von den einzelnen Akteuren als komfortabel erlebt werden müssen: Ein auf Prüfungen (Tests) und Kontrolle ausgerichtetes Unterrichtshabitat, ein Habitat, in dem Mobbing häufig vorkommt, sind aus pädagogischer Perspektive ungünstig bzw. zu verändern. Der Begriff markiert somit die Bekanntheit des Rahmens und die Eingebundenheit der Akteure in diesen Rahmen. Das Habitat besitzt eine sicht- und beobachtbare Oberflächenstruktur und eine sinngebend-funktionale Tiefenstruktur. Habitate bilden Kontexte, die für Akteure bereitgestellt sind, die aber auch ohne den Einzelnen existierten: Schulklassen, Arbeitsgruppen, Vereine, Parteien bieten Habitate, dem der einzelne Akteur quasi zugehört, ihm aber auch »einwohnt«, in dem Sinne, dass er oder sie sich in diese kulturellen Kontexte begibt und Teil von ihnen wird und an ihrer Reproduktion bzw. Transformation beteiligt ist. Innerhalb eines Habitats tauchen auch spontane Ereignisse auf, Neues und Unerwartetes. Lässt sich das Neue nicht in die vorhandenen Strukturen einordnen – dazu zählt auch die Ablehnung unerwünschter Oberflächen (in ihren Manifestationsformen) –, dann existieren sie ohne starke Verankerung im Habitat oder werden ausgeschlossen, sobald sie im Widerspruch zu vorhandenen Tiefenstrukturen stehen.

Beispiel

Eine Referendarin berichtet im Interview, dass sie Matratzen in ihr Klassenzimmer legen wollte, und stieß auf großen Widerstand durch die Schulleitung. Die aktuelle Schulleiterin sowie der Vorgängerschulleiter berichten unabhängig im Interview, dass Matratzen sowie andere Möbel für die 1970er Jahre stehen, für eine Idee von antiautoritärer Erziehung. In das vorgestellte Modell übertragen, wird von der Schulleitung und dem Großteil des Kollegiums das Schlüsselkonzept vertreten, dass schulische Leistung und der Übergang ins Gymnasium wichtig und anzustreben sind.[121]

Betrachtet man diese Aussagen angesichts des hier vorgestellten Modells, dann wird deutlich: Die von der Referendarin gewählte Oberfläche steht in der Einschätzung der professionellen Akteure in deutlichem Widerspruch zu den vorhandenen Tiefenstrukturen bzw. den vorhandenen Oberflächenstrukturen. Es ist daher nicht verwunderlich, dass die Schulleiterin emotional und massiv reagiert und damit das vorhande-

121 Die Untersuchung ist ausführlich dargelegt und berichtet in Esslinger-Hinz 2010.

ne Schlüsselkonzept (Leistungsorientierung) sichert und schützt. Wäre sie mit den Matratzen einverstanden, hätte sie eine Oberfläche implementiert, die womöglich die Tiefenstruktur verändern könnte. Das lässt sie nicht zu und sorgt dafür, dass keine Matratzen in Unterrichtshabitaten der Referendarin zu finden sind.

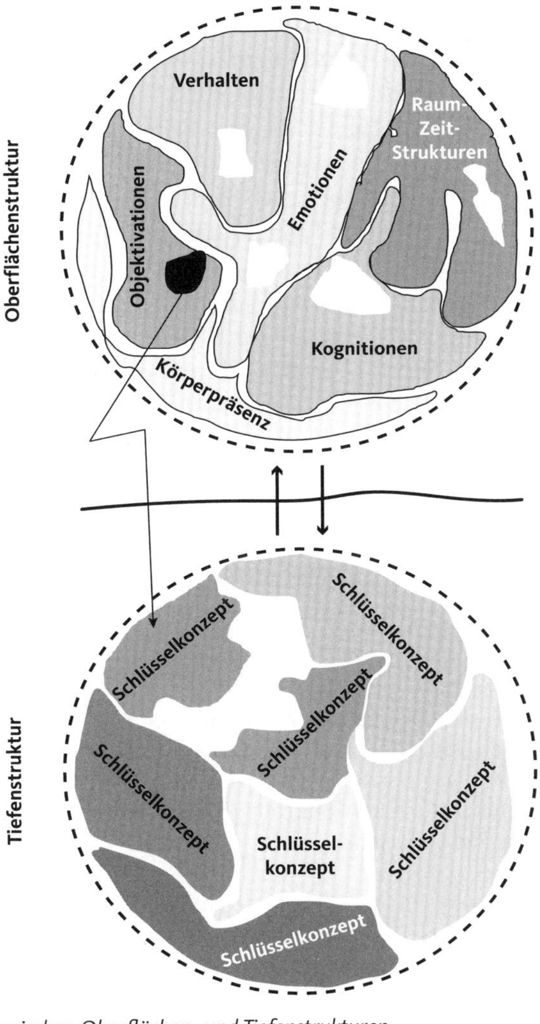

Abb. 12: Widersprüche zwischen Oberflächen- und Tiefenstrukturen

Hätte die Referendarin die Tiefenstrukturen ihrer Schule gekannt, dann hätte sie sicherstellen müssen, dass Matratzen in dieses Konzept passen; in etwa, wenn sie mit »Power Napping« argumentiert hätte und die leistungssteigernde Wirkung mit Verweis auf empirische Untersuchungen unterlegt hätte. Dann wäre eine Passung zwischen Oberflächen- und Tiefenstruktur hergestellt und die strikte Ablehnung wäre womöglich einem interessierten Zuhören gewichen.

Die Habitate, die Menschen im Leben aufsuchen und denen sie zugehörig sind, sind teilweise freiwillig gewählt (wie z. B. die freiwillige Feuerwehr, Sportvereine). Manchmal sind diese »Einwohnungen« unfreiwillig: Das ist dann der Fall, wenn ein Zwang besteht, teilzuhaben. Das gilt beispielsweise für Schulen; für Religionsgemeinschaften, die nicht freiwillig gewählt werden, Staatsbürgerschaft, die durch Geburt vorhanden ist, Familien, Gefängnisse und für berufliche Kontexte, sofern keine Alternativen bestehen. Dieser Zwang wird spür- und sichtbar; in schulischen Habitaten in etwa, wenn durch Tagebucheinträge fehlende Schülerinnen und Schüler vermerkt werden bzw. die Anwesenheit kontrolliert wird. Auf der anderen Seite werden Habitate auch gewählt: Die lebenslange Mitgliedschaft in einem Verein, die Wahl einer bestimmten Religion, die Gründung einer Familie. Akteure suchen in ihrem Lebensalltag gezielt unterschiedliche Habitate auf. Habitate sind somit kulturgeprägte Kontexte, denen sich der einzelne Akteur zuordnet, die in sein Leben gehören und an denen er oder sie teilhat. Es handelt sich um – aus der Perspektive des Einzelnen betrachtet – bedeutsame Kulturen. Jede Kultur besitzt Oberflächen- und Tiefenstrukturen. Sind die kulturellen »Räume« aus Sicht des Einzelnen überschaubar und nach »innen« und »außen« definiert, haben sie also Grenzen, dann wird hier von »Habitat« gesprochen. Das Habitat umfasst somit den kulturellen Raum, in dem bestimmte Tiefen- und Oberflächenstrukturen eingerichtet sind. Jedes Habitat definiert seine Grenzen, bestimmt das Maß der Durchlässigkeit und erhält sie aufrecht. Habitate enthalten, weil die Verhältnisbestimmung Akteur und Habitat im Zentrum steht, ein identifikationsstiftendes Potenzial. Dieser Aspekt ist im Hinblick auf Schule und Unterricht bedeutsam.

Habitate

Habitate sind Kontexte, in denen bestimmte Kulturen in ihren Oberflächenstrukturen beschreibbar und die durch Tiefenstrukturen grundgelegt sind. Der Begriff ist akteursbezogen, weil die Verhältnisbestimmung des Akteurs zum Habitat im Zentrum steht. Habitate sind von Akteuren und werden für bestimmte Akteure eingerichtet. Im Hinblick auf Schule ist dies das Verhältnis des Schülers und der Schülerin zum Unterrichtshabitat als kulturellem Raum, dem er oder sie zugehörig ist.

Habitate haben Grenzen, ein Innen und Außen mit unterschiedlichen Graden an Durchlässigkeit. Akteure kennen diese Grenzen. Sie bewegen sich in ihrem Alltag in der Regel zwischen unterschiedlichen Habitaten. Sie suchen das jeweilige Habitat freiwillig oder auch unfreiwillig auf und können ihr individuelles Verhältnis bzw. ihre Zugehörigkeit zum Habitat beschreiben.

Beispiel

Tim tanzt leidenschaftlich gerne und ist Mitglied im Tanzclub seiner Stadt geworden. Im Club gelten bestimmte Oberflächenstrukturen sowie Tiefenstrukturen, die Tim vertraut sind. Das Habitat ist für Clubmitglieder und Gäste offen. Die Zugehörigkeit zum Habitat ist Tim wichtig.

Die Akteure in Schule und Unterricht, die Schüler, Lehrer und Eltern werden als aktiv bzw. tätig verstanden, indem sie sich im Habitat aufhalten und damit in dessen Strukturen, die sie zugleich in Anteilen reproduzieren (vgl. Kap. 4.3.1).[122] Unterricht bildet ein solches Habitat, einen Lebens- und Sinnzusammenhang mit einer jeweiligen Kultur. Auch die Schule steht vor der Aufgabe – wie jeder andere Lebenszusammenhang (Familie, Kirche, Vereine, Freizeit) –, Sinn zu produzieren.

Unterrichtshabitat

Der Binnenraum des Lebens und Lernens in der Schule wird als Unterrichtshabitat bezeichnet. Dieser Raum ist durch Oberflächen- und Tiefenstrukturen gekennzeichnet, in denen die Akteure leben und auf die sie reproduzierend und modifizierend einwirken. Unterrichtshabitate sind professionell gestaltete »kulturelle Räume« mit Grenzen, deren Offenheit bzw. Geschlossenheit sie definieren. Schülerinnen und Schüler lernen nicht nur im Unterrichtshabitat und durch das Unterrichtshabitat, sondern sie lernen auch das Habitat selbst.[123]

Kultur bedeutet, dass Oberflächen- und Tiefenstrukturen im Habitat ausgebildet sind. Kulturerhalt geht mit der kontinuierlichen Reproduktion dieser Strukturen einher. Kulturmodifikation geht mit Umstrukturierungen einher, die durch die Kultur zum Beispiel irritierende Ereignisse ausgelöst werden können.

Lehrpersonen fällt die professionelle Aufgabe zu, kulturerhaltend, kulturstiftend oder kulturmodifizierend zu agieren. Dieses professionelle Handeln betrifft alle Manifestationsformen der Kultur und basiert auf der Elaboration einer professionellen, das heißt reflektierten und begründeten Tiefenstruktur sowie in der Implementation einer Oberflächenstruktur, die sich in Passung zur Tiefenstruktur befindet.

Mit der Sichtweise auf Schule und Unterricht als durch Habitate strukturierte (Kultur-)Räume wird eine ganzheitliche Perspektive aufgenommen, die auf der Grundlage

122 Handlungstheorie und Strukturtheorie werden hier als zwei Seiten des Habitats Unterricht gesehen und nicht als Konkurrenzverhältnis. Vgl. Markowitz, J. (1998): Zum Verhältnis von Schulkultur und Unternehmenskultur. In J. Keuffer, H.-H. Krüger, S. Reinhardt, E. Weise, H. Wenzel (Hrsg.), Schulkultur als Gestaltungsaufgabe. Partizipation, Management, Lebensweltgestaltung. Weinheim: Beltz, S. 3.

123 Anknüpfend an das Habituskonzept Pierre Bourdieus, das Bildungsungleichheiten spiegelt (vgl. Bourdieu, P., Passeron, J.-C. (1971). *Die Illusion der Chancengleichheit. Untersuchungen zur Soziologie des Bildungswesens am Beispiel Frankreichs.* Stuttgart: Klett), grundlegt und erklärt und das in Schülertypologien übersetzt werden kann (z.B. Kramer, R.-T. (2015). Bildungshabitus und Schulkultur. Zu einer kulturtheoretischen Perspektive auf Bildungsungleichheiten und die Gestaltung schulischer Übergänge. In G. Bellenberg & M. Forell (Hrsg.), *Bildungsübergänge gestalten. Ein Dialog zwischen Wissenschaft und Praxis* (S. 151–173). Münster: Waxmann), wird hier dafür plädiert, ein Habitat zu entwickeln, das als solches gelernt und als vertraut erlebt werden kann – angesichts des mitgebrachten Habitus – und das die Erschließung neuer Habitate außerhalb von Schule und Unterricht ermöglicht. Unterricht ist in diesem Sinne »Kulturlernen«, das ermöglicht und gefordert wird. In diesem Sinne erweitert Unterricht das Habitatspektrum des Einzelnen. Unterricht ist immer auch Kulturlernen.

empirisch beschreibbarer Oberflächen- sowie empirisch rekonstruierbarer Tiefenstrukturen basiert. Dieser Zusammenhang zwischen Handeln und Sinn kann aus der Perspektive eines Habitatfremdlings (z. B. bei Unterrichtshospitation) merkwürdig erscheinen. In der Konsequenz geht es bei Unterrichtsbesprechungen immer auch darum, das Habitat sowie die Gestaltungsabsichten von Lehrpersonen zu verstehen.[124]

5.2 Unterrichtshabitate für Schülerinnen und Schüler

Das gesamte Unternehmen »Unterricht« zielt darauf ab, dass die pädagogisch begründeten Tiefenstrukturen über die Gestaltung von Unterricht mit seinen Oberflächenstrukturen bei den Schülerinnen und Schülern zu gewünschten Entwicklungen, Veränderungen oder Stabilisierungen führen. Sie sind die Adressaten des Unterfangens »Schule und Unterricht«: Sie sind die nachwachsende Generation.

Das von Professionellen gestaltete Unterrichtshabitat mit seinen Oberflächen- und Tiefenstrukturen sollte im Idealfall möglichst optimale Bedingungen bieten, sodass das Habitat erwünschte Entwicklungen begünstigt. Greifen wir beispielhaft ein mögliches Schlüsselkonzept zur Funktionsbestimmung von Schule und Unterricht heraus: »Körperverantwortung stärken«. Demnach zielen Schule und Unterricht darauf ab, dass Schülerinnen und Schüler ihren Körper wertschätzen und gesund leben wollen und es im Habitat auch tun. Das Habitat selbst sollte so gestaltet sein, dass es diese Funktionsbestimmung einlöst. In der Konsequenz sind Schlüsselkonzepte zu etablieren (z. B. »Dein Körper ist wichtig«, »Gesundheit geht vor«) sowie korrespondierende Oberflächenstrukturen (z. B. fachliches Wissen, gesunde Ernährungsangebote, gesundheitsbezogene Themen und Projekte, körperbezogene Selbstbewusstseinstrainings, Bewegung im Schulalltag), die in Passung zu dieser Funktionsbestimmung stehen und ihr nicht widersprechen. Authentische Habitate erhöhen die Chancen, dass das im Habitat Vermittelte angenommen wird. Brechungen in den Oberflächenstrukturen mindern die Chance, gewünschte Tiefenstrukturen und korrespondierende Praxen etablieren zu können.

5.2.1 Individualisierung

Habitate sind Lern- und Arbeitsräume mit Oberflächen- und Tiefenstrukturen. Für Schule und Unterricht gilt, dass die Schülerinnen und Schüler für ihr persönliches

---

124 Didaktische Modelle schärfen in ihrer Modellfunktion das Hervortreten besonderer Merkmale und Strukturen von Unterrichtshabitaten. Im hier vorgestellten Ansatz treten die Zusammenhänge zwischen Oberflächen- und Tiefenstrukturen hervor. Es wird davon ausgegangen, dass es sich hier um ein universales Strukturmerkmal handelt, das mit diversen empirischen Zugängen beschrieben werden kann (vgl. Esslinger-Hinz 2010).

Leben die tiefenstrukturell angelegten Sinndimensionen aufgreifen, umsetzen, erleben können. Weil jeder einzelne Schüler und jede einzelne Schülerin gemeint ist, ist Unterricht in westlich-demokratischen Gesellschaften individualisiert angelegt in dem Sinne, dass es um jeden Einzelnen und jede Einzelne geht.

Damit ergibt sich die Frage, ob der Zuschnitt eines Habitats für jeden und jede so passt, dass die tiefenstrukturell angelegten Funktionen eingelöst werden können. Hier zeichnen sich vier Optionen für die Architektur der Oberflächenstrukturierung ab, damit der Einzelne bzw. die Einzelne ermutigt und motiviert ist, die angelegten Sinnkonstrukte für sich persönlich, das heißt individuell aufzugreifen:

1. Im selben Habitat werden Strukturierungsdifferenzen für die Akteure geschaffen (z. B. Leistungs-, Interessendifferenzierung), sodass über differente Aufgabenformate oder Inhalte oder Schwierigkeitsgrade differente Lerngruppen gebildet werden. Im selben Habitat werden differente Manifestationsformen angeboten (z. B. Aufgaben, Medien), die Gruppe wird jedoch nicht aufgelöst, sondern verfolgt ein gemeinsames Ziel (z. B. kooperatives Lernen, Projektarbeit).
2. Im selben Habitat wird allen dieselbe Struktur angeboten auf einem etwas erhöhten mittleren Anspruchsniveau, sodass alle davon grundsätzlich profitieren können (z. B. Inputvorträge).
3. Es werden unterschiedliche Habitate angeboten und die Schülerinnen und Schüler können zwischen den Habitaten wechseln bzw. sich passende Habitate auswählen (z. B. Atelierarbeit, offener Klassenwechsel, offener Unterrichtsbeginn).

Individualisierung wird im hier vorgestellten Ansatz als konstituierendes Merkmal jedes Unterrichts betrachtet[125]*: Jedes Kind, jeder Jugendliche und jeder junge Erwachsene kann nicht anders, als selbst die gewünschten und angelegten Entwicklungen zu vollziehen oder auch nicht.* Es wäre daher zu kurz gegriffen, oberflächenstrukturell nach Differenzierungen zu suchen und diese als Gütemerkmal für Unterricht zu etikettieren. Differenzierungen können auch schaden, wenn die soziale Eingebundenheit verloren geht, wenn die Lernaufgabe unter- oder überfordert, wenn ein Schüler oder eine Schülerin sich im Habitat nicht wohlfühlt und gemobbt wird. Grundsätzlich ist es auch möglich, dass ein und dieselbe Oberflächenstruktur des Unterrichts stärker zur Individualisierung beiträgt als fest etablierte Niveaudifferenzierungen. *Deshalb geht es darum, die Oberflächenstrukturen zu suchen und zu etablieren, die der Entwicklung jedes einzelnen Schülers und jeder einzelnen Schülerin zuträglich sind und die zugleich die gewählten Tiefenstrukturen repräsentieren. Hierbei wird die Multioptionalität genutzt (vgl. 4.2): Der Lehrperson steht das Spektrum an didaktisch-methodischen Entscheidungen offen.*[126]

---

125 Und nicht als besonderes oder außergewöhnliches Qualitätsmerkmal von Unterricht. Auch Inputvorträge können in dieser Sichtweise individualisierend sein, wenn die Lehrperson davon ausgehen kann, dass alle Schülerinnen und Schüler etwas lernen und verstehen können.

126 Wird diese Suche zugunsten eines All-inclusive-Methodenpaketes aufgegeben oder zugunsten eines einzigen Paradigmas, ist das aus Sicht des hier vorgestellten Ansatzes gegebenenfalls

5.2.2 Lernen im und durch das Unterrichtshabitat

Schule und der Unterricht richten ihre Aufmerksamkeit und Ressourcen darauf, dass beim Schüler bzw. der Schülerin über das Leben und Lernen im Unterrichtshabitat Entwicklungen stattfinden, die mit den Tiefenstrukturen im Habitat angelegt sind und die sich oberflächenstrukturell abbilden. Zu fragen ist nun,

- welche Prozesse durch das Habitat bei Schülerinnen und Schülern ausgelöst werden. Welche Wirkungen hat das Habitat?
- wie das Habitat von der Schülerin bzw. dem Schüler »verarbeitet« wird, betrachtet man den einzelnen Akteur.

Was geschieht auf Seiten der Akteure, bei den Schülerinnen und Schülern, wenn sie in einem Habitat tagtäglich leben und lernen? Diese Frage, was bei Schülerinnen und Schülern geschieht, ist vielfach diskutiert, theoretisch beschrieben und empirisch untersucht. Die Begriffe »Lernen«, »Bildung«, »Kompetenz« markieren die Vorgänge und zugleich die Herausforderungen in der Beschreibung dessen, was beim einzelnen Akteur im und durch das Unterrichtshabitat geschieht. Die Prozesse und Entwicklungen lassen sich nur mittels Evaluationen (z. B. Tests, Beobachtungen) nachweisen und bewerten. Die Grenzen sind hier über die Möglichkeiten der eingesetzten Instrumente gegeben, denn sie sind auf das konzentriert, was sie messen sollen. Lernprozesse jenseits von Instrumenten werden nicht abgebildet. Alt ist auch die Erkenntnis, dass sich nicht alle Entwicklungen, Erkenntnisse, Einstellungen operationalisieren lassen.[127]

Fokussiert man die Entwicklungen der Akteure im Habitat, dann finden – wie im Leben außerhalb von Schule und Unterricht auch – Erschließungs- und Aneignungsprozesse statt. *Ob im erwünschten Sinne oder nicht, ob stetig oder unstetig – Menschen suchen Zugänge zu Dingen, Menschen, sich selbst und entwicklen hierfür Strategien. Veränderungen, die beim Einzelnen entstehen, beziehen sich auf Wissensbestände, Haltungen, Einstellungen, Geschmack, Interessen, Fähigkeiten und Fertigkeiten. Sie geschehen nur dann nachhaltig, wenn der oder die Lernende sie sich zueigen macht – ob gezielt, bewusst und gewollt (etwa wenn etwas auswendig gelernt, geübt, zu verstehen gesucht wird) oder en passant und ohne darüber nachzudenken (wenn z. B. Regeln akzeptiert und eingehalten werden). Beides geschieht im Habitat Unterricht.*

Erschließung und Aneignung sind nur mit und durch einen Lernenden möglich. *Richtet eine Gesellschaft Schulen ein, muss sie festlegen, welches Wissen und Können,*

---

de-individualisierend und auf jeden Fall deprofessionalisierend. Vgl. Esslinger-Hinz, I. (2014). Inklusion und Leistung. Paradigmata im Widerspruch? In *Inklusion: Eine Herausforderung für die Grundschulpädagogik*. Reihe: Entwicklungslinien der Grundschulpädagogik. Bd. 11. (S. 142–154). Baltmannsweiler: Schneider Hohengehren. Die Sicht, dass methodische Zugänge und Lernkulturen zusammenzudenken sind, ist wichtig. Vgl. Mandl, H. (2010). Lernumgebungen problemorientiert gestalten – Zur Entwicklung einer neuen Lernkultur. In E. Jürgens & J. Standop: *Was ist »guter« Unterricht?* (S. 19–38). Bad Heilbrunn: Klinkhardt.

127 Besonders prominent im Kontext der Lernzielorientierten Didaktik diskutiert und erkannt.

welche Erfahrungen und welches Verständnis von der Welt entwickelt werden sollen, um den unterlegten Sinn einzulösen. Welche Ausschnitte der Welt sollen kognitiv, mental, emotional, praktisch und körperlich erschlossen und angeeignet werden? Welche Erfahrungsmöglichkeiten soll das Habitat bieten? Antworten bieten zwar Lehr- bzw. Bildungspläne, eine zu entwickelnde Unterrichtskultur mit ihren Oberflächen- und Tiefenstrukturen ist jedoch notwendig, um Erschließungs- und Aneignungsproezsse überhaupt möglich zu machen. Das erfolgt über das Habitat »Unterricht«. Angesichts der Breite und Vielfalt des zu Wissenden stellt sich die (alte) Frage nach der Auswahl dessen, was bedeutsam ist[128]. Nach welchen Kriterien wählt die Lehrperson Oberflächenstrukturen, die die Sinnannahmen von Schule und Unterricht einzulösen vermögen, und welche Sinnannahmen werden grundgelegt? Nach welchen Kriterien wird das zu Erschließende und Anzueignende ausgewählt? Und wann kann man sagen, dass die Erschließung und Aneignung gelungen ist?

Der Begriff der »Erschließung«[129] ist brauchbar, denn er fokussiert den Prozesscharakter, er unterstellt weder Gelingen noch Misslingen. Er ist ergebnisoffen. Da beim Lernen »der Ball eigentlich immer im Feld des Lernenden liegt und nur er oder sie ihn spielen kann«,[130] akzentuiert der Terminus »Erschließung« diese »Rollenverteilung«. Weiterhin markiert er eine grundlegend anthropologische Kategorie, denn Menschsein bringt es mit sich, dass man – wenngleich in unterschiedlichem Maß – fortwährend mit Erschließungsprozessen befasst ist. *Zugleich impliziert der Begriff, dass sich mit dem Vorgang der Erschließung etwas ändert und Zugänge geschaffen sind.* »Erschließen« und »Aneignung« im Sinne von »sich zueigen machen« gehen Hand in Hand. »Aneignung« wird hier im bourdieuschen Sinne verstanden als eine Art der Inkorporation sowie im Klafkischen Sinne als Prozess. Die Sache, die Weltausschnitte haben dann mit dem Lernenden nicht nur zu tun, sondern machen ihn oder sie aus. Lernende haben sich von Inhalten betreffen lassen[131]; sie sind ihnen damit zugehörig – bezogen auf Einschätzungen, Emotionen, Können, Geschmack.[132] Lernen als Erschließungs- und Aneignungsprozess schafft immer wieder neue Grundlagen und Voraussetzungen für neue Erschließungs- und Aneignungsprozesse. Gegenstand des Lernens sind hier-

---

128 Eine Frage, die Wolfgang Klafki sehr prominent und zentral in allen Entwicklungsstufen seiner Didaktik im Blick hatte und die auch im Rahmen der »didaktischen Analyse« noch heute in vielen Unterrichtsentwürfen reflektiert wird.

129 W. Klafki hat den Begriff der »Erschließung« sehr prominent aufgenommen.

130 Sehr klar hat diesen Aspekt Kersten Reich (z. B. 2012; 2016) in seiner konstruktivistischen Didaktik herausgearbeitet.

131 Hier wird an späterer Stelle der Begriff »Resonanz«, vgl. Kapitel 7.2.2, eingeführt.

132 Wolfgang Klafki spricht hier von »kategorialer Bildung«, Hartmut Rosa von »Weltverhältnissen« bzw. »Weltbeziehungen«. Vgl. Rosa, H. (2018). *Resonanz: Eine Soziologie der Weltbeziehung.* Berlin: Suhrkamp. Unabhängig vom Diskurs um Spiegelneuronen besteht die anthropologische Diagnose, dass der Mensch ein soziales Wesen sei. Vgl. Rizzolatti, G., Fabbri-Destro, M. (2010): Mirror neurons: from discovery to autism. In *Experimental brain research, 200*(3–4), 223–237; Hickok, G. (2015). *Warum wir verstehen, was andere fühlen. Der Mythos der Spiegelneuronen.* München: Hanser.

bei nicht nur die Um- und Mitwelt des Lernenden, hier als »Welterschließung« bezeichnet, sondern auch Wissen und Erkenntnisse, die man über sich selbst gewinnt, im Folgenden als »Selbsterschließung« bezeichnet. Weiterhin zählt zu diesen Könnens- und Wissensbeständen auch die Erschließung von Lernwegen, im Folgenden als »Zugangserschließung« bezeichnet.

Zusammenfassend lassen sich somit drei Bereiche identifizieren, auf die sich das Lernen bezieht:

1. *Welterschließung:* Die Auseinandersetzung mit und die Einlassung auf Wissen, Können, Erfahrungen, Ereignisse, Sichtweisen und Argumentationsweisen.
2. *Selbsterschließung:* Die Auseinandersetzung mit der eigenen Person im Verhältnis zu anderen, dem eigenen Werden und Gewordensein.
3. *Zugangserschließung:* Das Finden von Zugangswegen zu den Dingen der Welt, zu anderen und zu sich selbst.

Zur Verdeutlichung ein konkretes Beispiel:

Beispiel

Eine Schule richtet eine Stepptanz-AG ein. Es werden Steppschuhe angeschafft, Spiegel an den Wänden eines umgebauten Aufenthaltsraumes montiert und eine Musikanlage mit Lautsprechern integriert.

Auf individueller Ebene kann die Tanz-AG bewirken, dass das Rhythmusgefühl intensiviert wird, Freude an der Bewegung erlebt wird oder durch das Tanzen in der Formation aufeinander geachtet und die Gruppe als Team erlebt wird. Bezogen auf den Zugang geht es darum, wie die Schritte und Schrittfolgen ausgeführt und gelernt werden können. Die Teilnehmenden entwickeln Strategien, wie sie die Schritte technisch günstig ausführen und sich Schrittfolgen gut merken können.

Strukturiert man die Tätigkeiten der Schülerinnen und Schüler im vorgesehenen Habitat, ergibt sich folgende strukturierende Beschreibung:

Welterschließung: Den Shim-Sham-Shimmy mit seinen Schritten und Schrittfolgen tanzen können und damit einen Tanz, den jeder Stepptänzer weltweit beherrscht.

Selbsterschließung: Ein Gefühl für das Tanzen entwickeln; das Tanzen als Ausdrucksform für sich entdecken; das Tanzen mögen; den eigenen Körper besser kennenlernen; das Verhältnis zu Mittänzerinnen und -tänzern definieren und finden.

Zugangserschließung: Übungs- und Memoriertechniken entwickeln

Die Schülerinnen und Schüler der Stepp-AG trainieren über mehrere Schuljahre miteinander. Es entwickelt sich ein Habitat mit einer bestimmten Kultur, bei der die Welterschließung voranschreitet (neue Schrittfolgen sind gelernt). Die Gruppe hat dann Wege gefunden, wie neue Choreografien gelernt werden (Erschließungswege), und die Gruppe bringt eine bestimmte Haltung und Motivation zum Training mit und erlebt Freude beim Tanzen (Selbsterschließung).

Das im Beispiel beschriebene Habitat bietet einen kulturellen Raum, der die dort genannten Erschließungsprozesse ermöglicht. Hierzu sind Merkmale der Oberflächen- und Tiefenstrukturen notwendig. Es braucht ein Habitat, das über seine Oberflächen- und Tiefenstrukturen Anregungen bietet, diese Tätigkeiten bzw. Lernprozesse zu vollziehen, und es braucht ein Habitat, das tiefenstrukturell das Tanzen als sinnvoll markiert (z. B. Teamerfahrung).

Schulisches Lernen wird im hier vorgestellten Ansatz als die Verzahnung von Selbst- und Welterschließung sowie dem Finden von Erschließungswegen verstanden. Diese drei Aspekte des Lernens stehen im Zusammenhang: Hat man sich die Sache erschlossen und angeeignet, indem man zum Beispiel ein Gefühl für das Tanzen und die Ästhetik entwickelt hat, verändert sich die Erschließung neuer Schrittfolgen und es verändern sich auch die Erschließungswege. Der Terminus »Erschließung« markiert, dass es um Zugänge geht, die aktiv angestrebt und erreicht werden können und die sich nicht automatisch oder zufällig einstellen, der Terminus »Aneignung« markiert, dass das Erschlossene für den Einzelnen Bedeutung und Bestand hat.

Lernen als Erschließungs- und Aneignungsprozess

Lernen in systematisierter und organisierter Form des Unterrichts ist ein Erschließungs- und Aneignungsprozess des bzw. der einzelnen Lernenden. Die Erschließung bezieht sich auf Weltausschnitte, auf die eigene Person sowie auf die Erschließungswege. Erschließung und Aneignung sind aktive, individuelle und konstruktive Prozesse.

Schulen als gesellschaftliche Einrichtungen entwickeln Habitate, in denen über die Oberflächen- sowie Tiefenstrukturen bestimmte Erschließungsprozesse ermöglicht und angestrebt werden.

Dass die Erschließung in Aneignung übergeht, zeigt sich in Fähigkeiten, Fertigkeiten, Einstellungen, Wissen, die dauerhaft und nachhaltig zum Lernenden gehören.

Lernprozesse können in Anteilen sichtbar gemacht werden (z. B. Wissen und Können), sind aber in anderen Anteilen schwerer messbar (z. B. Betroffenheit und Einstellung) und in wiederum anderen unzugänglich (z. B. die Bedeutung des Gelernenten für die eigene Person, die erst in anderen Lebensphasen erkannt wird).

Zu lernen ist in diesem Sinne ein konventionalisierter Vorgang (ich lerne, was andere auch lernen) sowie ein individualisierter Prozess (die Bedeutung, das Tempo, die Lernwege, die erlebte Schwierigkeit, die Motivation sind individuell).

Welt-, Selbst- und Zugangserschließung in Verzahnung sind die Grundlage für die Aneignung.

Damit ist Lernen als Prozess definiert, Beziehungen zur Welt herzustellen – und zwar möglichst in nachhaltiger Form,[133] um den tiefenstrukturell verankerten Sinn (vgl. Kap. 3) einzulösen und zu realisieren. Im vorliegenden Ansatz wird der Begriff »Er-

133 Hier trifft sich der Ansatz mit Konzepten, die ebenfalls auf die Herstellung von Weltbezügen setzen; in etwa konstruktivistische Perspektiven.

schließung« auch präferiert, weil er deutlich macht, dass es sich um aktives Tun handelt, die Aktivität und die Souveränität über das Lernen beim Lernenden liegt, ebenso wie die Einschätzung über die Bedeutung des Gelernten in der eigenen Biografie und für die eigene Person. Dieser Anteil bleibt unverfügbar für Außenstehende. Anders gesagt: *Der Lernende ist der (letztliche) Souverän über sein Lernen. Er entscheidet über die Aneignung.*

Der Lernbegriff als Erschließungs- und Aneignungsprozess macht keine Aussagen über das zu Lernende. Das »Was« und »Wozu« ist jedoch von zentraler Bedeutung. Die Beschreibung des Menschen, der zu einem guten Leben in der Lage ist, sowie die Vorstellungen, was mit »gut« gemeint ist, machen die Einführung eines Sinnkonzepts notwendig. Bildung ohne Lernen ist unmöglich und Lernen ohne Bildung ist unverantwortlich. *Insofern braucht ein Lernbegriff einen Bildungsbegriff, der im Rahmen der hier vorgestellten Didaktik an Verantwortung für sich, für die Interaktion mit anderen und für die Um-und Mitwelt geknüpft wird, in den Tiefenstrukturen über Schlüsselkonzepte etabliert und über die Oberflächenstrukturen realisiert wird.*[134]

Das schulische Lernen mündet dann in Bildung, wenn die Akteure es selbst verantworten (können). *Das bedeutet, dass sie selbst in der Lage sind, eine Sache zu ihrer Sache zu machen (Fachlichkeit), dass Erziehung zur Selbstbildung wird und Didaktik zur Autodidaktik befähigt.* Schulischer Support geht in Selbstsupport über.

Bildungsprozesse durch das Unterrichtshabitat

Sobald das Unterrichtshabitat dazu führt,
- dass Akteure eigenständig und auf eigenen Wunsch eine Sache mehr und mehr zu ihrer Sache werden lassen,
- dass Verhaltensnormen eigenständig gesetzt und umgesetzt werden,
- dass Didaktik zur Autodidaktik (von Einzelnen oder kooperativ) geworden ist,

ist im hier vorgestellten Ansatz von Bildung die Rede. Das professionell gestaltete Unterrichtshabitat mit seinen Oberflächen- und Tiefenstrukturen leistet, dass Bildungsprozesse angebahnt werden.

Im Unterricht drücken sich Bildungsziele durch die Wahl der unterlegten Schlüsselkonzepte aus. Welche Schlüsselkonzepte situieren Lehrpersonen tiefenstrukturell in Bezug auf das Lernen ihrer Schülerinnen und Schüler? Welche Annahmen leiten die didaktischen Entscheidungen bzw. die Auswahl korrepondierender Oberflächenstrukturen?

Zunächst liegt nahe, dass diejenigen Merkmale der Oberflächenstruktur präferiert werden, die die gewählten und unterlegten Sinnannahmen aus der Sicht der Akteure einzulösen vermögen. »Guter Unterricht« ist demnach ein Unterricht, der dies leistet.

134 Vgl. Kapitel 3

Betrachten wir hierzu nochmal das Beispiel von S. 45. Herr Müller antwortet auf die Frage, wozu die Schule da sei: »Mit anderen zusammen lernen und sich entfalten.« Herr Müller fokussiert hier die soziale Eingebundenheit und die Identitäsfindung als tiefenstrukturelle Grundlagen seines Unterrichts. Er strebt an, eine Oberflächenstruktur in seinem Unterrichtshabitat zu etablieren, die genau dies einlöst. In der Konsequenz ist zu erwarten, dass Herr Müller zum Beispiel kooperative Lernformen bzw. offene Lernformen wählt. Frau Kraus antwortet: »Gut auf die Berufsausbildung vorbereiten.« Diese Sinnannahme könnte beispielsweise dazu führen, dass Frau Kraus darauf achtet, dass möglichst viel und umfänglich gelernt wird. Sie wird die Fähigkeiten, Fertigkeiten und Wissensbestände verstärkt zu vermitteln suchen, die grundsätzlich für die Berufsausbildung wichtig sind. Sie achtet darauf, dass die Lehr- und Lernzeit dafür genutzt wird. Kooperative Lernformen erachtet sie als zu zeitintensiv. Sie setzt auf Lehrervorträge und Übungen und achtet darauf, dass jede Form der Störung niedrig gehalten wird, sodass wenig Lernzeit verloren geht.

Stellt man sich nun vor, Frau Kraus und Herr Müller wären in einer Kommission, um Unterricht zu beurteilen. Nun prallen unterschiedliche Schlüsselkonzepte aufeinander: Frau Kraus fragt bei der Besprechung des Unterrichts: »Wurde genug gelernt? Trug der Unterricht dazu bei, dass im Beruf gefragte Fähigkeiten und Fertigkeiten gesteigert werden?« Herr Müller hat einen völlig anderen Beurteilungsmaßstab. Er fragt sich, ob kooperative Fähigkeiten und die Selbstständigkeit der Schülerinnen und Schüler gefördert wurden.

Sofern Herr Müller und Frau Kraus die angesetzten Tiefenstrukturen nicht rekonstruieren – und offenlegen, dass sie den Unterricht völlig unterschiedlich wahrnehmen, je nach ihren Sinnannahmen und korrespondierenden Schlüsselkonzepten, solange werden sie die Oberflächenstrukturen thematisieren, die nicht mit ihren Tiefenstrukturen übereinstimmen: Frau Kraus bemängelt die fehlende Effektivität bzw. die ungenutzte Lernzeit, während Herr Müller lobt, dass die Schülerinnen und Schüler kooperativ gelernt haben und ihre Lernwege reflektieren konnten. Oder umgekehrt: Frau Kraus lobt das straffe und organisierte Lernen, den klaren Input und die sinnvollen Arbeitsaufgaben, während Herr Müller anmahnt, dass die Schülerinnen und Schüler gar nicht gesehen wurden, dass über sie hinweg unterrichtet wurde, dass keine Möglichkeiten zur Kooperation gegeben waren. Was als »guter Unterricht« angesehen wird, bemisst sich an den Schlüsselkonzepten, die die Akteure grundlegen.

5.2.3 Oberflächenstrukturen und Unterrichtsmethoden

Unterrichtsmethoden stellen im hier vorgestellten Ansatz Lehr-Lernsettings dar, die definierte Strukturen aufweisen. In etwa werden bestimmte Raum-Zeitstrukturen, Interaktionsstrukturen, ein spezifisches Verhalten oder bestimmte Emotionen vorgesehen. Um auf diese Settings referieren zu können, sind sie begrifflich bezeichnet: »Projekt«, »Fish-bowl«, »Think-Pair-Share«, »Gruppenpuzzle«, »Lerntheke« und viele andere mehr. Unterrichtsmethoden bieten Grundgerüste, Standardmuster zur Etablierung von Unterrichtskulturen.

Bestimmte Unterrichtsmethoden zeichnen sich durch Merkmale aus, die mit bestimmten Tiefenstrukturen korrespondieren (vgl. Kap. 3). Insbesondere Unterrichtsnovizen sind zunächst damit befasst, die Oberflächenstrukturen des Unterrichts zu gestalten, und greifen auf diese Muster als »All-inclusive-Pakete« für den Anfang zurück, sodass in Unterrichtsplanungen die Bezeichnungen für methodische Zugänge zu lesen sind; allerdings bewegen sich die Begründungen für die Wahl des methodischen Zugangs oftmals auf der Oberflächenebene und dessen Ablaufstruktur. Im Laufe des Professionalisierungsprozesses werden die Tiefenstrukturen einbezogen und die methodischen Zugänge individuell angepasst. Es lassen sich somit zwei Lehrpersonen denken, die dasselbe tun, jedoch aus völlig unterschiedlichen didaktischen Überlegungen heraus: Die eine »zieht eine Methode durch«, ohne die didaktischen Begründungen für ihr Tun benennen zu können, die andere wählt eine Unterrichtsmethode aufgrund tiefenstruktureller Begründungslinien: dem Motivationsgehalt, der Vertiefung von Kritikfähigkeit, der Selbstständigkeit, den Individualisierungsmöglichkeiten oder der Entwicklung sozialer Fähigkeiten. Sie hat nach der Passung gesucht und sich für einen bestimmten methodischen Zugang entschieden (vgl. Kap. 4.2).

Eine Methode steht nicht nur in Passungsverhältnissen zu den Tiefenstrukturen, sie generiert immer auch Tiefenstrukturen. Eine Lehrperson, die sehr offen agiert und den Schülerinnen und Schülern Entfaltungsräume einräumt, trägt zur Etablierung von Tiefenstrukturen wie beispielsweise »Finde deinen eigenen Weg« bei. Dieser Zusammenhang wurde als »Reziprozität« (vgl. Kap. 4.3) vorgestellt. Weiterhin sind die Wissensbestände[135] in die Gestaltung von Unterrichtshabitaten einzubeziehen, die das Lernen stützen.

Unterrichtsmethoden

Unterrichtsmethoden bilden ein Setting an Oberflächenstrukturen, das häufig als Merkmalsbündel begrifflich benannt (z. B. Gruppenpuzzle, Fishbowl, Think-Pair-Share) oder mit kennzeichnenden Attributen (kooperatives Lernen, problemorientiertes Lernen) markiert wird. Unterrichtsmethoden, verstanden als Bündel an Oberflächenstrukturen bzw. als Oberflächenmuster, zielen darauf ab, bestimmte Tiefenstrukturen abzubilden (z. B. Nachhaltigkeit des Lernens, Erziehung zur Demokratie, Selbstständigkeit) und Lernen zu ermöglichen. Die Wahl von Unterrichtsmethoden sollte daher an die gewünschten Tiefenstrukturen gebunden sein sowie an das Wissen über die Grundlagen gelingender Lernoperationen.

---

135 Hier sind alle Wissensbestände (z. B. der Lernpsychologie, der Fachdidaktiken) gemeint, die dazu beitragen, das Lernen zu erleichtern und zu intensivieren sowie die unterlegten Tiefenstrukturen zu stützen.

Je nachdem, welche Schlüsselkonzepte (als Elemente der Tiefenstruktur) grundgelegt werden und im Blickfeld sind, versuchen professionell arbeitende Lehrpersonen, Oberflächenstrukturen von Unterricht zu etablieren, welche die größtmöglichen Optionen bieten, diese zu repräsentieren und sie zu etablieren. Da kein Eins-zu-eins-Verhältnis besteht bzw. kein Ableitungszusammenhang zwischen Schlüsselkonzept und der Oberflächenstruktur und der Unterricht einen Prozess darstellt und damit hochsituativ, -progressiv und -fluide ist,[136] ist entscheidend, wie klar die Lehrperson sich der zu vertretenden Tiefenstrukturen ist und in welchem Maß es ihr gelingt, sie zu situieren.

Das folgende Beispiel zeigt, wie wichtig die Wahl von Methoden bzw. Oberflächenstrukturen ist, die in tiefenstrukturellem Zusammenhang stehen. Ein Student (2. Mastersemester Lehramt) berichtet folgendes Ereignis aus seiner Grundschulzeit:

Beispiel

In der vierten Klassenstufe behandelten wir im Rahmen des Religionsunterrichts das Thema Tod. In einer der Schulstunden bat mich mein Religionslehrer darum, mich auf den Zimmerboden zu legen. Dabei wurden mit einem Stück Kreide die Linien meines Körpers nachgezeichnet und anschließend sollte ich wieder aufstehen. Nachdem sich nun also der gezeichnete Umriss meines liegenden Körpers auf dem Boden des Klassenzimmers befand, sollten sich meine Klassenkameradinnen und Klassenkameraden vorstellen, dass ich tot wäre und der gezeichnete Umriss mein Grab darstellt. Im Weiteren erhielten meine Klassenkameradinnen und Klassenkameraden den Arbeitsauftrag, Briefe an mich (als tote und bereits beerdigte Person) zu schreiben und mir diese in mein »Grab« zu werfen. Die Briefe sollten freundliche Worte enthalten, die mir meine Mitschüler zu meinem Tod mitteilen wollten. Die Briefe wurden mir im Plenum einzeln vorgetragen.

Diese Unterrichtserfahrung war für mich als Kind fürchterlich und absolut schockierend.

Vergegenwärtigt sich eine Lehrperson die professionell gewählten Schlüsselkonzepte; beispielsweise könnte ein Schlüsselkonzept sein: »Emotionale Stabilität gewinnen« (vgl. Kap. 3.3), dann wird deutlich, dass die Lehrperson eine Oberflächenstruktur (Methode) gewählt hat, die dieses Schlüsselkonzept oberflächenstrukturell nicht abbildet. In diesem Fall generiert die Oberflächenstruktur Angst. Das Beispiel zeigt auch, dass methodisch-motivationale Prinzipien wie Anschauung, Lebensweltbezug, Eigentätigkeit, Strukturierung keinen Beitrag zu gutem Unterricht leisten, sobald die Tiefenstrukturen aus dem Blick geraten.

---

136 Diese fluide Seite hat ganz besonders die Bildungsgangdidaktik herausgearbeitet. Vgl. Meyer, M. A., Reinartz, A. (Hrsg.) (1998). *Bildungsgangdidaktik. Denkanstöße für pädagogische Forschung und schulische Praxis*. Wiesbaden: Springer; Meyer, M. A. (2007). Fachkultur, Lernkultur und Bildungsgang. In J. Lüders (Hrsg.), *Fachkulturforschung in der Schule* (S. 191–208). Opladen & Farmington Hills: Barbara Budrich; Meyer, M. A. (2016). Bildungsgangdidaktik. In R. Porsch (Hrsg.), *Einführung in die Allgemeine Didaktik* (S. 229–268). Münster: Waxmann.

5.3 Konnektivität

Unter kulturtheoretischer Perspektive pendeln Akteure im Lebensalltag zwischen verschiedenen Habitaten mit unterschiedlichen tiefenstrukturellen Logiken. Insbesondere die Ungleichheitsforschung hat die Konsequenzen für Schülerinnen und Schüler herausgearbeitet, denen die Tiefenstrukturen von Schule und Unterricht neu und unvertraut sind. Bourdieu hat diese Vertrautheit und Kenntnis von Tiefen- und Oberflächenstrukturen als »Kapital« benannt und beschrieben.[137]

Prägende Habitate außerhalb von Schule und Unterricht (Familie, Freunde, Vereine, religiöse Gemeinschaften, Hobbygruppen usw.) liegen räumlich und zeitlich gesehen zwar fernab vom jeweiligen Unterrichtshabitat, die Akteure kennen die dortigen Tiefen- und Oberflächenstrukturen. Es liegt auf der Hand, dass Anschlussmöglichkeiten steigen, je mehr sich Habitate ähneln.[138]

Beispiel

Simon ist 16 Jahre alt und im Kajakverein seines Wohnortes engagiert. Er hat inzwischen sogar eine Trainerlizens erworben, für die er eine Lehrprobe halten musste. Sören ist im Leichtathletikverein seines Ortes und trainiert dort ab und zu auf den Anlagen seines Vereins.

Beide besuchen das 10. Schuljahr. In Sport steht eine Prüfung an: Simon springt 3,95 m und bekommt eine 4+. Sören springt 91 cm weiter und schafft es auf die Note 1,5.

Obwohl beide Schüler in ihrer Freitzeit Sport betreiben, weisen die Habitate in den Vereinen Unterschiede auf: Sie erweisen sich als unterschiedlich anschlussfähig.

Diese Anschluss- und Anbindungsmöglichkeiten, die jeder einzelne Schüler und jede Schülerin mitbringt, werden hier als *Konnektivität* bzw. Diskonnektivität bezeichnet. Bourdieu markiert die Konnektivität als »Kapital«. Schülerinnen und Schüler, die hohe Kulturüberschneidungen mit vertrauten Kulturen in Schule und Unterricht erleben und damit eine gute Grundlage haben, um Erweiterungen auf der Basis vorhandener und vertrauter Tiefen- und Oberflächenstrukturen vornehmen zu können, verfügen in der bourdieuschen Perspektive über kulturelles Kapital. Die Schnittmengen und Übereinstimmungen auf der einen Seite, die fehlenden Schnittmengen oder sogar Widersprüche auf der anderen Seite zwischen den Habitaten werden im hier vorgestellten Ansatz mit dem Terminus »Konnektivität bzw. Diskonnektivität« markiert. Hierbei

---

137 Vgl. Bourdieu (2015/1992); zur Konstruktion der Sozialen Schicht vgl. Kupfer, A. (2011). *Bildungssoziologie. Theorien – Institutionen – Debatten.* Wiesbaden: VS Verlag, S. 79 ff.

138 Zur Diskussion der Geschlossenheit und Grenzziehung in verschiedenen theoretischen Ansätzen vgl. Reckwitz, A. (2004): Die Logik der Grenzerhaltung und die Logik der Grenzüberschreitung: Niklas Luhmann und die Kulturtheorien. In: G. Burkart & G. Runkel (Hrsg.), *Luhmann und die Kulturtheorie.* (S. 213–240). Frankfurt: Suhrkamp. Vgl. auch z. B. Kramer, R.-T. (2002). *Schulkultur und Schülerbiografien: Rekonstruktionen zur Schulkultur II.* Opladen: Leske und Budrich.

steht kein Schicht- oder Milieumodell Pate, sondern eine Vorstellung von sozialer Vernetzung des einzelnen Akteurs.[139] Die Konnektivität ist individuell, je nach den erlebten Habitaten mit ihren jeweiligen Kulturen. In dieser Perspektive ist die Diskonnektivität mit Kulturen außerhalb von Schule und Unterricht eine Ursache von Ungleichheit, die sich auf den Schulerfolg auswirkt und damit auch auf das Erlangen von Sozialchancen im Erwachsenenalter.[140]

Professionalität von Lehrpersonen bedeutet somit, dass Lehrpersonen wissen, dass die Konnektivität different ist, und Wege suchen, jedem Schüler und jeder Schülerin zu ermöglichen, Anschlüsse zu finden und Zugehörigkeit zu ermöglichen. *In diesem Sinne sollte Unterricht für alle Schülerinnen und Schüler einen kulturerweiternden Raum anbieten, in dem die Schülerinnen und Schüler nicht nur oberflächenstrukturell gewünschte Handlungsweisen reproduzieren, sondern der auch tiefenstrukturell aufgenommen wird.* Hierzu brauchen Lehrpersonen Wissen über die Distanz und Nähe, die das schulische Habitat zum Vertrauten und Mitgebrachten bietet, sowie über die Differenzen, die der einzelne Schüler bzw. die einzelne Schülerin wahrnimmt, um »Erweiterungen« und Kulturlernen zu ermöglichen.

Beispiel

Jana besuchte einen Kindergarten und blieb meistens bis 16.00 Uhr. Das gemeinsame Mittagessen mit anderen ist ihr vertraut. Dass die Teller zusammengestellt werden, darüber denkt sie gar nicht mehr nach. Seit den Sommerferien besucht sie eine Ganztagesschule und es ist alles ganz ähnlich in der Mittagspause.

Emiliy hat keinen Kindergarten besucht. Für sie sind die vielen Kinder und die Lautstärke beim Essen anstregend. Sie wurde angesprochen, weil sie ihre Sachen einfach hat stehen lassen.

Räume, um über diese Differenzerfahrungen sprechen zu können, um die Erweiterung und die Widersprüche aushaltbar zu machen, existieren in Schule und Unterricht bislang kaum. Hierzu wären Personen notwendig, die einzelne Schülerinnnen und Schüler, die Diskrepanzerfahrungen erleben, über Gesprächsangebote begleiten.

---

139 Ein unbesetzter Begriff erscheint an dieser Stelle wichtig, weil der Diskurs um die Begriffe »Integration«, »Inklusion«, »Interkulturelle Pädagogik« teilweise emotional recht aufgeladen erfolgt; vgl. Kiel, E., Esslinger-Hinz, I., Reusser, K. (2014). Einführung in den Thementeil »Allgemeine Didaktik für eine inklusive Schule«. In. E. Kiel, I. Esslinger-Hinz, K. Reusser (Hrsg.), *Jahrbuch für Allgemeine Didaktik.* (S. 9–15). Schneider: Hohengehren. Zum Überblick: Auernheimer, G. (2012). *Einführung in die Interkulturelle Pädagogik* (7., überarb. Aufl.). Darmstadt: Wiss. Buchgesellschaft; Fuhse, J. A. (2018). *Soziale Netzwerke. Konzepte und Forschungsmethoden.* (2. überarb. Aufl.). Konstanz: UVK.

140 Rabenstein, K., Steinwald, J. (2018): »Un/doing differences« im Unterricht. Zur Berücksichtigung der Kontingenz von Differenzierungen in der Weiterentwicklung ethnographischer Differenzforschung. In: *Zeitschrift für Qualitative Forschung, (19)*1–2, 113–129.

Fehlende Anschlusspunkte wahrzunehmen und gegebenenfalls zu thematisieren, ist wichtig, damit Schülerinnen und Schüler Anschlusspunkte angeboten werden, die sie aufgreifen und für sich nutzen können.

Die Tiefenstrukturen von Schule und Unterricht bilden in Anteilen kein Angebot, keine Wahlmöglichkeit, sondern sind verbindlich und in Schule und Unterricht zu lernen: Das gilt für Demokratieorientierung, Achtung der Menschenwürde und der Rechte des Einzelnen; insbesondere zur Teilhabe. Diese tiefenstrukturellen Grundlagen stehen nicht zur Disposition, sie sind gesellschaftlich verankert. Ihre Realisierung ist eine Aufgabe. Sie stellen sich nicht einfach ein, wenn Akteure ein Klassenzimmer betreten.

Bei möglichen Diskonnektivitäten, das heißt wenn oberflächenstrukturell Verhalten, Kognitionen, Objektivationen, Emotionen, Raum-Zeit-Strukturen und Körperpräsenz aktualisiert und platziert werden, die im Widerspruch zu zentralen Schlüsselkonzepten stehen, ist es die Aufgabe aller Akteure, aktiv unerwünschte Habitatänderungen zu unterbinden. Das gilt für alle Formen, die die Rechte des Einzelnen einschränken, den Einzelnen schädigen oder abwerten. Schlechter Unterricht ist daher ein Unterricht, dessen Habitat Schädigungen des Einzelnen zulässt, zum Beispiel über Abwertungen.

Die Güte des Habitats Unterricht bemisst sich somit daran, ob die erwünschten Oberflächen- und Tiefenstrukturen schwer oder nicht zu irritieren sind.

Das klassische Konzept von den »Lehr- und Lernvoraussetzungen« im schulpädagogischen Diskurs ist somit nicht hinreichend, weil es allein das Lernen fokussiert und weil sich Diagnostik so darstellt, dass der Punkt gesucht wird, an dem Wissen und Können fortgeschrieben werden können. Die Fragen »Was wissen die Schülerinnen und Schüler schon?« und »Was sollen sie wissen?« stehen gemeinhin im Zentrum.

Im hier vorgestellten Ansatz ist die Frage nach der Konnektivität weiter ausgerichtet: Es geht nicht nur um die Konnektivität des Wissens und Könnens, der Fähigkeiten und Fertigkeiten, sondern auch um die der Tiefenstrukturen bzw. der Schlüsselkonzepte, die die Schülerinnen und Schüler aus anderen Habitaten kennen und mitbringen in den drei zentralen Bereichen: Welterschließung, Selbsterschließung und Zugangserschließung. Deshalb wird bei der Planung des Unterrichts Wert darauf gelegt, dass die Akteure bei allen Planungsentscheidungen eine Rolle spielen und Entwicklungsprozesse im Fokus der Aufmerksamkeit stehen.[141]

---

141 Insbesondere die lerntheoretische Didaktik; zusammenfassend dargestellt bei Arnold, K.-H., Lindner-Müller, C. (2016). Die Lern- und die Lehrtheoretische Didaktik. Zur Entwicklung und Nutzung des Berliner (Heimann & Schulz) und Hamburger Modells (Schulz) der Unterrichtsplanung. In R. Porsch (Hrsg.), *Einführung in die Allgemeine Didaktik.* (S. 133–155). Münster: Waxmann. Hier wird zwischen Bedingungs- und Entscheidungsfeldern differenziert. In Unterrichtsdokumentationen finden sich in der Folge die Bedingungsanalyse bzw. »Faktorenanalyse« bzw. »Strukturanalyse«. Vgl. Heimann, P. (1962). Didaktik als Theorie und Lehre. In *Die Deutsche Schule, 54*(9), S. 415 ff.; Schulz 1965; 1980. In den Unterrichtsentwürfen der nachfolgenden Jahrzehnte haben sie in Abschnitten mit zum Teil in Abwandlungen befindlichen Überschriften

Konnektivität

Konnektivität bezeichnet die Leichtigkeit bzw. die Schwierigkeit für den einzelnen Schüler bzw. die einzelne Schülerin, die Schul- und Unterrichtskultur[142] und in der Folge den aktuell stattfindenen Unterricht als vertraut, normal, verständlich zu erleben und zu bewerten und sich die Tiefen- sowie die Oberflächenstrukturen von Schule und Unterricht erschließen und aneignen zu können.

Ist ein hohes Maß an Anschlussmöglichkeiten vorhanden, ist es für Kinder und Jugendliche sowie junge Erwachsene leichter, *zwischen verschiedenen Habitaten zu pendeln.* Schülerinnen und Schüler entwickeln im Laufe ihrer Schülerbiografie eine spezifische Kompetenz im Hinblick auf unterschiedliche Unterrichtshabitate auch innerhalb einer Klassenstufe, in der mehrere Lehrpersonen unterrichten – sie sind beim Switchen zwischen den Kulturhabitaten kompetent: Der Wechsel zwischen dem Unterricht von Lehrperson A zu Lehrperson B geschieht rasch und selbstverständlich: Hat man eben noch in Lernbüros gearbeitet (Habitat A) und mit anderen rege diskutiert, folgt man im Habitat B dem fragend-entwickelnden Unterricht oder in einem Habitat C einem Unterricht, der in geplanter Form nicht stattfindet. Schülerinnen und Schüler kennen die jeweiligen Habitate und ihre Akteursrollen gut und erbringen adaptive Leistungen, wobei die jeweiligen Tiefenstrukturen mehr oder weniger angenommen werden. Hier schließt sich die Frage an, an welchen Stellen Schulen Schlüsselkonzepte anbieten bzw. inwiefern es wichtig wäre, bestimmte Schlüsselkonzepte durchgänig in einem Kollegium abzusprechen und grundzulegen. Schulkonzepte können in dieser Sicht nur auf Unterrichtskulturen zielen, wenn sie nachhaltig etabliert werden sollen. Die Unterrichtshabitate sind somit die Basis und der Ort der Realisierung von »Schulkultur«. In Schulen, zu deren Selbstverständnis bestimmte Schlüsselkonzepte zählen – das ist beispielsweise bei Schulen mit künstlerischer oder musischer oder konfessionsgebundener Ausrichtung der Fall oder bei Schulen, die den Sport fördern –, sind diese bereits definiert.

5.4 Der Einfluss der Akteure auf das Habitat

Aus struktur-funktionalistischer Perspektive stellt sich die Frage, wie frei die Akteure sind bzw. ob sie nicht vielmehr Agenten und Agentinnen oder sogar »Insassen« eines

---

wie »Anthropologische Voraussetzungen«, »Sozio-kulturelle Voraussetzungen«, »Sozial-kulturelle Voraussetzungen«, »Beschreibung der Ausgangsbedingungen«, »Darstellung der Lerngruppe und der Arbeitsbedingungen«, »Bedingungsprüfung«, »Ausgangslage« usw. ihren Niederschlag gefunden; zuweilen abgekoppelt von den theoretischen Grundlagen der lerntheoretischen Didaktik.

142 Vorausgesetzt ist in dieser Definition eine Kultur im Rahmen der freiheitlich-demokratischen Grundordnung sowie auf der Grundlage fachlich und pädagogisch reflektierter Schlüsselkonzepte.

Systems mit bestimmten Strukturen – hier vorgestellt als Unterrichtshabitat – sind.[143] Jeder Schüler und jede Schülerin ist in dieser Sicht einem Habitat ausgesetzt und wird angehalten, es zu reproduzieren. Die Schule und der Unterricht in ihrem Zwangscharakter wurden insbesondere in den 1970er und 1980er Jahren in schulpädagogischer, aber auch aus psychoanalytischer und soziologischer Perspektive beschrieben.[144] Es stellt sich somit die Frage, wie aktiv die Akteure gestaltend auf das vorhandene Habitat einwirken können.[145] Kontrastiv lassen sich zwei Positionen beschreiben:

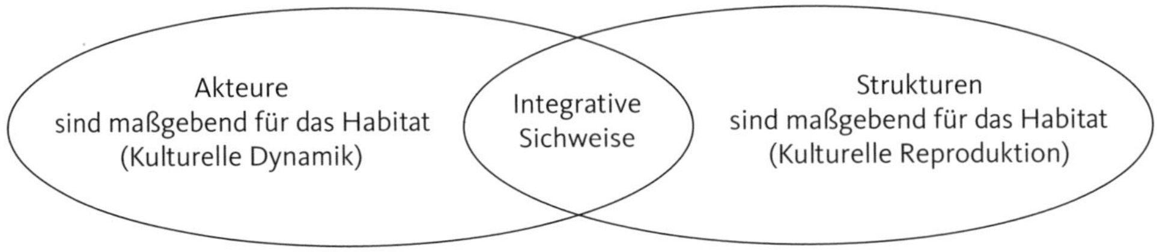

Abb. 13: Reproduktion und Dynamik im Unterrichtshabitat[146]

Die strukturalistischen Positionen gehen davon aus, dass die Strukturen das Verhalten der Akteure steuern und durch diese beständig reproduziert werden. Die Strukturen sind maßgeblich für den Erhalt und die Gestalt eines Unterrichtshabitats, im hier vorgestellten Ansatz die Tiefen- und Oberflächenstrukturen des Unterrichts.

Geht man davon aus, dass die Akteure die Gestaltenden sind, die auch die Strukturen festlegen und umgestalten können, dann nehmen sie nicht nur die reproduktive, sondern auch die innovative Aufgabe wahr.[147]

Im hier vorgestellten Ansatz wird eine integrative Position (Schnittmenge in Abbildung 13) vertreten: Die Strukturen nötigen zur Reproduktion; die Akteure, insbesondere die Lehrpersonen, sind aber auch diejenigen, die Entwicklungen und Neuerungen zulassen und umsetzen.[148] Daher handelt es sich um ein Wechselspiel zwischen

---

143 Parsons, T. (1994). *Aktor, Situation und normative Muster. Ein Essay zur Theorie sozialen Handelns.* Frankfurt: Suhrkamp.

144 Palazzoli, M. A., Anoli, L., Di Blasio, P., Giossi, L., Pisano, I., Ricci, C., Sacchi, M., Ugazio, V. (1995). *Hinter den Kulissen der Organisation.* (6. Aufl.). Stuttgart: Klett-Cotta; Graf-Deserno, S., Deserno, H. (1998). *Entwicklungschancen in der Institution. Psychoanalytische Teamsupervision.* Frankfurt a. M.: Fischer.

145 Bhabha hat hier den Terminus der »Hybridität« vorgeschlagen; vgl. Bhabka, H. K. (2012). *Über kulturelle Hybridität.* Wien und Berlin: Turia + Kant.

146 In Anlehnung an Esslinger-Hinz, I. (2010), S. 65.

147 Dem Zusammenhang von Struktur- und Akteurtheorie widmet sich Reckwitz, A. (2006). Auch H. Fend (2008) greift ihn in seiner Theorie der Schule auf. Vgl. Fend, H. (2008): *Neue Theorie der Schule. Einführung in das Verstehen von Bildungssystemen.* (2. durchg. Aufl.). Wiesbaden: Verlag für Sozialwissenschaften. S. 146–163 sowie Esslinger-Hinz, I. (2010), S. 62–71.

148 Lüddemann merkt in seinem Vorwort an: »Kultur verwirklicht sich vor allem im Vollzug«; vgl. Lüddemann, S. (2019): *Kultur. Eine Einführung.* (2. aktual. und ergänzte Aufl.). Wiesbaden: VS-Verlag, S. VIII.

Akteuren und Strukturen. Welche Seite jeweils stärker handlungsleitend wirkt und mit welchen Folgen, lässt sich nicht generalisierend, sondern nur am einzelnen Beispiel und Fall feststellen und bewerten. Struktur und Akteur werden im vorliegenden Ansatz als Wechselverhältnis gesehen: Das eine nicht ohne das andere.[149]

Welche Akteure Einfluss nehmen, ist in offenen, demokratischen Gesellschaften in Zeiten der Digitalisierung und Globalisierung nicht kontrollierbar. Die Grenzöffnungen und Entgrenzungen von Kulturhabitaten im digitalen Raum sind schwer zu rekonstruieren, und die Effekte einzelner Beiträge bzw. einzelner Personen können gravierend sein, wie etwa Youtuber und ihre Einschätzungen zeigen. Für den Unterricht gilt, dass Lehrpersonen, wollen sie gezielt Tiefenstrukturen etablieren – in etwa »Demokratisch leben« als Schlüsselkonzept –, das Unterrichtshabitat prüfend begleiten und aktiv gestalten müssen.

Die Gestaltungsmöglichkeiten erfahren personale Begrenzungen je nach Professionalisierungsgrad und -potenzial der Lehrperson. Einfluss haben hier Habitate außerhalb von Schule und Unterricht, die Fachlichkeit der Lehrperson, das pädagogische sowie das didaktische Können: Sie bilden den die Professionalität betreffenden Möglichkeits- und Begrenzungsrahmen für die Habitatgestaltung.

5.4.1 Akteure und ihr individuelles Verhältnis zum Fach

Akteure bringen in den Unterricht ihre individuellen, subjektiven Sinnkonstruktionen mit. Das gilt sowohl für die Lehrpersonen als auch für die Schülerinnen und Schüler.

Beispiel

Frau Clauß hat ihr Leben lang viel gelesen und schreibt in ihrer Freizeit Kurzgeschichten. Sie unterrichtet Deutsch und bietet immer wieder eine Schreibwerkstatt an. Mit ihren Schülerinnen und Schülern hat sie schon an mehreren Schreibwettbewerben teilgenommen. Ab und zu merkt Frau Clauß an: »Ein Leben ohne Schreiben, das kann ich mir nicht vorstellen.«

Eine Studentin im Praktikum (Fach Deutsch) wird gefragt, ob sie gelegentlich selbst schreibt und was sie liest. Sie antwortet: »Ich schreibe noch ab und zu in meinen Kalender und Whats App-Nachrichten.«

Lina freut sich auf die Schule. Sie trifft da ihre Freundin Melanie und kann mit ihr über »smarte boys« reden. Schreiben kommt dann vor, wenn sie Nachrichten an Freunde und Freundinnen schreibt oder etwas in ihren digitalen Kalender einträgt.

Lissi findet die Schule anstrengend und ist oft von ihren Mitschülerinnen genervt. Lissi hat begonnen, ein eigenes Buch zu schreiben, und ihr Tagebuch ist für sie enorm wichtig.

149 Vgl. Markowitz 1998, S. 11 f. Markowitz sieht geradezu das Markenzeichen von Unterricht und »die Basis pädagogischer Professionalität« in der »Labilität des Gleichgewichtes im Verhältnis zwischen Akteursbezug und Funktionsbezug« (S. 12).

Dieses individuelle Verhältnis ist biografisch entstanden und wird in Schule und Unterricht fortgeschrieben oder auch modifiziert. Hierzu zählt das fachbezogene Vorwissen und Können sowie das fachbezogene Selbstkonzept.

Lehrpersonen, Schülerinnen und Schüler ringen um konventionalisierte fachbezogene Schlüsselkonzepete im Habitat, wobei der Lehrperson als Expertin oder Experte die Aufgabe zukommt, fachbezogene Schlüsselkonzepte tiefenstrukturell zu implementieren: die Freude am fachbezogenen Tun (z.B. Schreiben, Experimentieren, Bewegung, Probleme lösen), die Kenntnis, Anwendung und Bewertung fachbezogener Inhalte sowie die Übernahme von fachbezogenen Einstellungen und Haltungen (z.B. zur Umwelt, zu anderen Menschen, zu sich selbst, zu den Dingen, zu Phänomenen).

Hierbei bringt die Lehrperson oberflächenstrukturell Schlüsselkonzepte über die Manifestationsformen ins Spiel. Vom eigenen Fach begeisterte Lehrpersonen sowie fachlich interessierte Schülerinnen und Schüler transportieren diese Sinnkonstrukte über die Oberflächenstrukturen (z.B. Verhalten, Emotionen, Kognitionen). Diese mitgebrachten Einstellungen, Bewertungen, Haltungen und fachlichen Kompetenzen beeinflussen die Wahl und Situierung von Schlüsselkonzepten im Habitat.

An den Voraussetzungen der Lernenden sowie an der Professionalität der Lehrperson entscheidet sich mithin die Habitatgestaltung und Entwicklung.[150]

5.4.2 Akteure und ihre biografischen Erfahrungen

»Sinn« wird hier als Tiefenstruktur bzw. als Bündel von Schlüsselkonzepten in sozialen Zusammenhängen, die auf (relative) Dauer gestellt sind, verstanden. »Sinn« konstituiert sich immer und unvermeidbar und kann somit phänomenologisch begriffen werden: *Eine Kultur ohne Sinnebene existiert nicht. Eine tiefenstrukturelle Leerstelle ist nicht denkbar und praktisch nie vorhanden.*

Parallel bzw. eingebunden in Habitate generieren Akteure kontinuierlich individuelle Antworten auf die Sinnfrage. Sinngebung lässt sich anthropologisch als Bedürfnis oder menschliche Notwendigkeit beschreiben.[151] In Schule und Unterricht treffen diese beiden Ebenen an Sinnkonstruktionen aufeinander: der einzelne Akteur bzw. das einzelne Subjekt bzw. der einzelne Schüler mit individuellen lebensgeschichtlich ausgeprägten Sinnannahmen auf der einen Seite und die Gesellschaft mit den kollektiv gesetzen Sinnannahmen (dokumentiert z.B. im Rahmen von Lehr- und Bildungsplä-

---

150 John Hattie (2009; 2012) kommt in seiner »Mega-Meta-Analyse« zu dem vielfach rezipierten Befund, dass die Schülerinnen und Schüler selbst sowie die Lehrpersonen für das Lernen entscheidend seien. Vgl. Hattie, J. (2009). *Visible learning.* London, New York: Routledge; Hattie, J. (2012). *Visible learning for teachers. Maximizing impact on learning.* London, New York: Routledge; deutschprachige Ausgabe: Hattie, J. (2013). Lernen sichtbar machen (übers. überarb. deutschspr. Ausg., von W. Beywl & K. Zierer). Baltmannsweiler: Schneider Hohengehren.

151 Zum Beispiel Gebhard, U. (2015). *Sinn im Dialog. Zur Möglichkeit sinnkonstruierender Lernprozesse im Fachunterricht.* Wiesbaden: Springer VS, S. 7 f.

nen, Schulformen) auf der anderen Seite. *Im und durch Unterricht werden diese beiden Sinnstrukturen ins Verhältnis gesetzt.* Daraus ergeben sich drei grundlegende und wichtige Fragen:

1. Welche gesellschaftlichen Sinnkonstruktionen sollen von den Akteuren aufgenommen und übernommen werden bzw. in ihre individuellen Sinnkonstruktionen überführt werden?
2. Wann kann man sagen, dass diese Verhältnisbestimmung von gesellschaftlichem Sinn und individuellem Sinn durch Unterricht »gelungen« ist? Was ist demnach guter Unterricht?
3. Wie ist Unterricht zu gestalten, um das Gelingen zu ermöglichen?

Beispiel

Frau Maier hat Expertise zum Themenfeld »Differenzierung« entwickelt, bestimmte Nischen in der Schule für kleine Arbeitsgruppen eingerichtet und genutzt und das Klassenzimmer so gestaltet, dass die Tische mobil sind. In den Regalen stehen die Materialien und Ordner mit Arbeitsaufgaben bereit.
Schlüsselkonzept: Selbstständiges Arbeiten ist wichtig für das spätere Berufsleben.

Frau Maier wechselte zum Schuljahresbeginn die Schule. Ihre Nachfolgerin, Frau Müller, findet die rollenden Tische lästig; die Arbeitsnischen werden nicht mehr genutzt und einige Materialien landen im Fundus der Schule, der sich im Keller befindet.
Schlüsselkonzept: Gute fachliche Leistungen sind die Basis für das spätere Berufsleben.

Die Gesellschaft als Initiatorin sowie die Schülerinnen und Schüler als Adressaten bilden die Grundlage, um die Anteile der Tiefenstrukturen zu identifizieren, die aus schulpädagogischer Perspektive relevant sind und angestrebt werden sollten. Die intendierten und realisierten Tiefenstrukturen stehen für die »kollektive Zukunft« bzw. für die Gesellschaft. Im Blick muss jedoch auch behalten werden, dass auch das Lehrersein mit der Einlösung von Erwartungen und Bedürfnissen einhergeht. Die Schule und der Unterricht erfüllen für die einzelne Lehrperson sehr individuelle Funktionen. Sie reichen, nimmt man die Motivationen auf, die Lehrpersonen zu ihren Berufswahlentscheidungen nennen, vom Wunsch der Selbstverwirklichung, der sicheren Bezahlung, dem Wunsch, mit Kindern und Jugendlichen zusammenarbeiten zu wollen, über das individuelle fachliche Interesse, dem Wunsch, es besser und anders machen zu wollen als vormals erlebte Lehrpersonen, die vermuteten Freiräume im Lehrerberuf, die Abschätzung der Arbeitsbedingungen, die Einschätzung der Erfolgsaussichten bis hin zur Notlösung, weil keine besseren Alternativen gefunden wurden.[152] Greift man diese privaten und individuellen Beweggründe auf, dann bestehen neben den in der Lehrerbil-

152 Keller-Schneider, M. (2011). Die Bedeutung von Berufswahlmotiven von Lehrpersonen in der Bewältigung beruflicher Anforderungen in der Berufseingangsphase. In *Lehrerbildung auf dem Prüfstand 4*(2), 157–185.

dung fokussierten und thematisierten zu etablierenden Schlüsselkonzepten solche, die in der Biografie des Einzelnen entstanden und präsent sind und die sich auch in der Berufsbiografie eines Lehrers oder einer Lehrerin verändern können. Auch sie bilden eine Grundlage für die Gestaltung des Unterrichtshabitats.

Neben die motivationale Ebene und den daran geknüpften persönlichen Sinn, den das Unterrichten für die einzelne Lehrperson erbringen soll, treten Erfahrungen und Gelerntes, wie das Unterrichten »geht« und wie am besten gelernt wird. In etwa hat Frau Müller im Beispiel in ihrer Biografie die Erfahrung gemacht, dass Lernen durch feste, vorgegebene Strukturen befördert wird. Gruppenarbeiten hat sie als ineffektiv und unangenehm erlebt. Frau Maier hat sich hingegen intensiv mit dem Kooperativen Lernen im Studium auseinandergesetzt. Unabhängig davon, wie aus professioneller Perspektive methodische Entscheidungen, die sich auf der Oberflächenebene des Unterrichts zeigen, zu bewerten sind, sie sind individuell, d .h. bei der einzelnen Lehrperson, grundgelegt.

5.4.3 Akteure und ihre Persönlichkeit

Betrachtet man Lernen als Aneignungs- und Erschließungsprozess, dann lassen sich Persönlichkeitsdimensionen der Akteure bzw. Lehrpersonen in Anschlag bringen, die die Wahl bestimmter Tiefenstrukturen bzw. Schlüsselkonzepte begünstigen und in der Folge zu korrespondierenden Oberflächenstrukturen führen. Die kulturelle Persönlichkeitsforschung thematisiert diesen Zusammenhang, indem gefragt wird, ob bestimmte Persönlichkeitsdimensionen bzw. -merkmale in Zusammenhang mit einer bestimmten Gestaltung von Kultur stehen. Aber auch umgekehrt kann gefragt werden, inwiefern Merkmale einer Kultur die Persönlichkeit beeinflussen.[153] Der Zusammenhang lässt sich in beide Richtungen annehmen: das Habitat beeinflusst den Akteur und umgekehrt beeinflusst der Akteur das Habitat.

Innerhalb der Persönlichkeitspsychologie konnten in Metaanalysen fünf Dimensionen identifiziert werden, die sich als »universell« beschreiben lassen und die über längere Lebensabschnitte hinweg beim einzelnen Akteur eine *relative* Stabilität aufweisen. Vor dem Hintergrund dieses grundsätzlichen Anspruchs, der recht gut belegt ist und bei dem ein individuelles Profil der Merkmalsausprägungen dieser als relevant erachteten Merkmale vorgenommen wird, ist von den »Big Five« die Rede.[154]

---

153 Zusammenfassend Rauthmann, J. F. (2017). *Persönlichkeitspsychologie: Paradigmen – Strömungen – Theorien.* Berlin: Springer, S. 433–439 sowie Benet-Martínez, V., Oishi, S. (2008). Culture and Personality. In O. P. John, R. W. Robins, & L. A. Pervin (Hrsg.), *Handbook of personality: Theory and research* (S. 542–567). New York: Guilford Press.

154 Zur Genese und Herausarbeitung der fünf Faktoren bietet Rauthmann (2017), S. 254–269 einen Überblick. Auch Wilson, D., Conyers, M. (2013). *Five big ideas for effective teaching. Connecting mind, brain, and education research to classroom practice.* New York: Teachers College Press. Im Überblick: Meyr, J. (2011): Der Persönlichkeitsansatz in der Lehrerforschung. Konzepte, Befun-

Merkmal	Erläuterung	Entscheidungen im Hinblick auf Tiefen- und Oberflächenstrukturen
Offenheit (openness to experience)	offen für Neues, Anderes, Veränderungen vs. konservativ, kein Interesse an Neuem	»Aktuelles und neue Entwicklungen sind wichtig für meinen Unterricht.« »Unterricht muss immer mit einer Fragestellung beginnen.«
Gewissenhaftigkeit (conscientiousness)	organisiert, genau, verbindlich vs. ungenau, unverbindlich, chaotisch	»Gute Planung ist das A und O jeden Unterrichts.« »Der Unterricht entwickelt sich irgendwie.«
Extraversion (extraversion)	Orientierung nach außen vs. nach innen gekehrt	»Wettbewerbe und außerschulische Angebote sind wichtig.« »Das Klassenzimmer ist ein geschlossener Ort und das ist gut so.«
Verträglichkeit (agreeableness)	freundlich-empathisch vs. unfreundlich-unempathisch	»Jeder Schüler und jede Schülerin zu sehen, ist meine Aufgabe.« »Schüler muss man nicht mit Samthandschuhen anpacken.«
Neurotizismus (neuroticism)	selbstsicher, zufrieden vs. unsicher, verletzlich, unzufrieden, labil	»Ich packe Probleme und Herausforderungen des Unterrichts gern an.« »Schule könnte von mir aus auch ohne Schüler stattfinden.«

Tab. 4: »Big Five« und Schlüsselkonzepte

Betrachtet man die genannten Eigenschaften vor dem Hintergrund des hier vorgestellten Ansatzes, lassen sie Zusammenhänge zwischen den Persönlichkeitsmerkmalen und der Wahl bzw. dem Wunsch zur Etablierung und Durchsetzung bestimmter Schlüsselkonzepte sowie der Wahl bestimmter Oberflächenstrukturen vermuten.[155]

Umgekehrt prägen Unterrichtshabitate die Akteure; sie gestalten somit und reproduzieren die Unterrichtskultur. Hier wird angenommen, dass die Persönlichkeit von Lehrpersonen sowie von Schülerinnen und Schülern sich längerfristig durch das Leben im Habitat Unterricht modifizieren kann, dass aber zugleich auf das Habitat Einfluss genommen werden kann; insbesondere durch die Lehrperson.[156]

---

de und Folgerungen. In E. Terhart, H. Bennewitz & M. Rothland (Hrsg.), *Handbuch der Forschung zum Lehrerberuf* (S. 125–148). Münster: Waxmann. Hier wurde eines der bekanntesten und robustesten Modelle herangezogen, um den Zusammenhang zwischen Akteur und Habitat in den Blick zu nehmen. Auch andere Modelle zu Persönlichkeitsmerkmalen könnten geeinet sein, um den Zusammenhang von Akteur und Habitat in den Blick zu nehmen.

155 Die empirische Untersuchung zu dieser Zusammenhangshypothese ist in Vorbereitung.

156 Nach der Typologisierung von Person-Umwelt-Zusammenhängen von Asendorpf & Neyer wird hier von einem dynamischen Interaktionismus ausgegangen. Asendorpf, H. B., Neyer, F. J. (2012). Persönlichkeit: Stabilität und Veränderung. In: H. Weber & T. Rammsayer (Hrsg.), *Handbuch der Persönlichkeitspsychologie und Differentiellen Psychologie* (S. 15–26). Göttingen:

5.4.4 Lehrpersonen und deren Studium, Fort- und Weiterbildung

Um Habitate theorie- und forschungsbasiert reflektieren und gestalten zu können, ist die Rezeption vielfältiger Wissensbestände notwendig und mit Praxisskripts zu verzahnen.[157] Hierzu zählen:

- das Wissen über die *Entwicklungsaufgaben von Kindern und Jugendlichen*, um Vorstellungen zu entwickeln, wie Oberflächenstrukturen für bestimmte Kinder und Jugendliche zu gestalten sind.
- *die Beschäftigung mit dem Zusammenhang von Schule und Gesellschaft*, das Wissen um die Bedeutung von Erziehung und Bildung für die politische, materiale und mentale Zukunft von Gesellschaften.
- das Wissen um die jeweiligen *Herausforderungen der Zeit* und daran anschließend Erziehungs- und Bildungskonzepte, die die nachwachsende Generation befähigen, den Herausforderungen zu begegnen.[158]
- das Wissen um *fachwissenschaftliche Theorien, Ansätze und Erkenntnisse* sowie fachbezogene Fähigkeiten und Fertigkeiten.
- das Wissen um Theorien und Ansätze sowie Forschungsergebnisse, wie *Lernen ermöglicht werden kann.*
- *diagnostische Kompetenzen*, um Passungen zwischen Lehr-Lernsettings bzw. Oberflächenstrukturen und dem einzelnen Schüler bzw. der einzelnen Schülerin generieren zu können.
- das Wissen um *Sichtweisen und Erfahrungen in der Geschichte von Schule und Unterricht.*

5.4.5 Individuelle Schlüsselkonzepte von Akteuren

Die personalen Voraussetzungen der Schülerinnen und Schüler werden zumeist im Hinblick auf das Arbeitsverhalten sowie den Leistungsstand berücksichtigt, beziehen sich also auf deren Einfluss und Beitrag zu den Oberflächenstrukturen des Unterrichts. Zumeist finden sich in Unterrichtsdokumentationen, wie bereits dargelegt, Abschnitte zu den Lehr- und Lernvoraussetzungen. Selten wird jedoch zum Thema, weshalb Schülerinnen und Schüler – sieht man vom Zwang ab – die Schule besuchen und welchen individuellen Sinn sie erleben. Diese Sichtweise und Erfahrung ist wichtig für das Unterrichtshabitat: Sie definiert die Tiefenstrukturen mit. Eine Lehrperson kann Tie-

---

Hogrefe. Dieser Zusammenhang kann hier nur angenommen werden; eine empirische Untersuchung liegt (noch) nicht vor.

157 Vgl. Nölle, K. (2002): Probleme der Form und des Erwerbs unterrichtsrelevanten pädagogischen Wissens. *Zeitschrift für Pädagogik 48*(1), S. 48–67; Esslinger-Hinz, I., Denner, L. (2019).

158 So z. B. Klafki mit dem Vorschlag, Schlüsselprobleme grundzulegen. Vgl. Klafki, W. (1996): *Neue Studien zur Bildungstheorie und Didaktik* (5. unveränd. Aufl.). Weinheim und Basel: Beltz.

fenstrukturen aufgrund ihrer Machtposition zwar eher durchsetzen, jedoch gelingt es ihr dann nicht, dass die Schlüsselkonzepte mit den Schülerinnen und Schülern geteilt werden, und eine gemeinsame Oberflächenstruktur ist nur gegeben, solange sie von der Lehrperson kontrolliert wird.

In etwa könnte aus der Perspektive von Schülerinnen und Schülern der Sinn von Schule und Unterricht darin bestehen, Mitschülerinnen und Mitschüler zu treffen.

Dieser »Eigensinn«, der unabhängig von professionellen Akteuren existiert, findet sich auch bei Lehrpersonen.[159] Nicht alle Sinngebungen sind auf die Schülerinnen und Schüler und den Unterricht fokussiert. Private und individuelle Sinnkonstruktionen jenseits pädagogischer oder didaktischer Begründungen könnten ebenfalls präsentiert werden. Diese Sinngebungen können die professionell gewünschten und begründeten Konstruktionen von Sinn einschränken, verhindern oder sogar konterkarieren.

Beispiel

Eine Lehrerin hat gerade ein Haus gebaut und ein einjähriges Kind. Im Unterricht erzählt Frau K. viel Privates und gibt Themen, die die Schülerinnen und Schüler bewegen (z. B. Konflikte mit der Parallelklasse), zeitlich viel Raum. Sie lässt auch viel Zeit zur Bearbeitung von Aufgaben und drängt die Schülerinnen und Schüler nicht, sich zu beeilen. Die Lehrerin arbeitet ausschließlich mit dem Buch und kopierten Aufgaben aus dem Lehrerhandbuch. Im Gespräch mit dem hospitierenden Studenten meint sie: »Gut, dass wir nicht so weit gekommen sind, da brauche ich die nächste Stunde schon nicht vorzubereiten.« (Bericht eines Studenten, der 40 Stunden in der Klasse hospitiert hat)

5.5 Habitatentwicklung als ko-konstruktiver Prozess

Aus Schülerperspektive sind Unterrichtshabitate nur sehr begrenzt wählbar (z. B. durch Klassenwechsel); in der Regel werden Kinder und Jugendliche Lerngruppen (zumeist Klassen) zugeordnet. Die Grenzen von Unterrichtshabitaten werden zumeist von der Einzelschule definiert (z. B. Klassen, Ateliers, Lernbüros, Stammgruppe) und auch in ihrer Zusammensetzung und ihren Grenzen definiert. Mit der Habitatzuweisung ist auch definiert, wer einem im Laufe der Lebensjahre, die durch den Schul- und Unterrichtsbesuch geprägt sind, vertrauter wird.[160] Die Wahl des Habitats, dem ein

---

159 Die Kompetenz, Wissen abrufen bzw. sich verfügbar machen zu können, ist hier nicht hinreichend, denn es braucht nachhaltiges, bereits erschlossenes Wissen und Können, da dieses das Denken strukturiert, neuronal sowie im Hinblick auf die Integration neuen Wissens. Vgl. Korte, M. (2019). *Wir sind Gedächtnis. Wie unsere Erinnerungen bestimmen, wer wir sind.* München: pantheon-verlag.

160 Sehr anschaulich beschreibt Leggewie (2011) die Bildung sozialer Räume als anthropologische Notwendigkeit (unabhängig davon, von wem sie vorgenommen wird): »Ungeachtet der möglichen Verwerflichkeit solcher Stereotype gilt, dass auf diese Weise sozial notwendige Unterschei-

Schüler bzw. eine Schülerin zugehörig sein möchte, ist in manchen Schul- und Unterrichtskonzepten offen in anderen nicht oder nur sehr randständig.[161] In der Folge wird das Thema der Unterrichtsstörung besonders virulent,[162] denn die Schülerinnen und Schüler fügen sich in die Habitate gezwungenermaßen ein. Vorstellungen von Steuerung und Oberflächenmanagement (»Classroommanagement«) zielen darauf ab, die Möglichkeiten und Räume für »Störungen« niedrig zu halten. Nicht von ungefähr hat das Thema »Unterrichtsstörung« im Kontext von »Classroommanagement« neu an Bedeutung gewonnen und wird mit Vorschlägen gelöst, die darauf abzielen, Störungen aus den Oberflächenstrukturen zu eliminieren. Prominent geworden ist hier die Idee, störende Schüler in einen anderen Raum zu schicken (also zu exkludieren), um die Opposition gegen das Habitat bzw. im Habitat »auszuräumen« und extern (in einem Raum) zu verorten. Aus der Perspektive des hier vorgestellten Ansatzes können Lernen, Erziehung und Bildung nur gelingen, wenn der Sinn der Oberflächenstrukturen kommuniziert und diskursiv mit den Akeuren weiterentwickelt wird. Es ist somit nicht hinreichend, Lehr- und Lernvoraussetzungen zu beschreiben.[163] Insofern eröffnet der Diskurs über das Habitat und seine Qualität die Möglichkeit zur gemeinsamen Gestaltung bzw. zur Ko-konstruktion. Damit stellt sich die Frage nach der Verantwortung für die Habitatgestaltung. Da es für die nachwachsende Generation und die Sicherung

---

dungen getroffen werden; sie sind darin begründet, dass sich letztlich alle Menschen fremd sind und man sich unmöglich mit allen gleichermaßen vertraut machen kann« (S. 319). Vgl. Leggewie, C. (2011). Zugehörigkeit und Mitgliedschaft. Die politische Kultur der Weltgesellschaft. In F. Jäger & B. Liebsch (Hrsg.), *Handbuch der Kulturwissenschaften*. Bd. 1, Grundlagen und Schlüsselbegriffe. Sonderausgabe (S. 316–333). Stuttgart: J. B. Metzler.

161 Das vorliegende Modell differenziert nicht zwischen veränderbaren oder nicht veränderbaren Faktoren im Sinne von »Bedingungen« (wie es beispielsweise im Berliner bzw. Hamburger Modell vorgeschlagen ist; vgl. Heimann 1962; Heimann, P., Otto, G., Schulz, W. (1965). *Unterricht. Analyse und Planung*. Hannover: Schroedel; Schulz 1965, 1980, 1980a, 1996), die als festgeschrieben und als Rahmung zu sehen sind. Vielmehr wird hier vorgeschlagen, das Habitat in seiner aktuellen Gestaltung zu beschreiben bzw. seine Güte zu prüfen sowie seine stabilisierenden Faktoren (Geschichte, Repräsentanz in Manifestationsformen, Vertretung durch die Akteure) zu rekonstruieren, um Passungen vornehmen zu können.

162 In etwa hat das Buch von H.-P. Nolting von 2002 bis 2017 14 Auflagen erfahren. Vgl. Nolting, H.-P. (2017). *Störungen in der Schulklasse* (14. vollst. überarb. Aufl.). Weinheim: Beltz; das von G. Lohmann aktuell 15 Auflagen. Vgl. Lohmann, G. (2012). *Mit Schülern klarkommen: Professioneller Umgang mit Unterrichtsstörungen und Disziplinkonflikten* (9. Aufl.). Berlin: Cornelsen Scriptor.

163 Diese Sichtweise findet sich bei den Klassikern der didaktischen Theoriebildung; sehr prominent beispielsweise im Berliner bzw. Hamburger Modell. Ein Blick auf die Modellierung zeigt, dass die Lehrperson allein die Bedingungen reflektiert und Entscheidungen fällt. Die Schülerinnen und Schüler sind in diesen Prozess nicht eingebunden; die Weiterentwicklung von »Anthropogene Voraussetzungen« im Berliner Modell hin zum Begriff »Ausgangslage« markiert sprachlich ein Stück Entwicklungspotenzial. Im hier vorgestellten Ansatz ist Diagnostik eine gemeinsame Sache zwischen Lehrperson und Schülerschaft und kooperativ zu denken.

der Lebensbedingungen bzw. des Wohlergehens angelegt ist, braucht es immer wieder auch die Rückversicherung aller, ob das Habitat das leistet, was es soll.

Insofern schließt sich die Frage an, welche Partizipationsmöglichkeiten für alle Akteure an der Habitatgestaltung eröffnet werden. Kooperative und ko-konstruierte Unterrichtsentwicklung bedeutet hiermit, die Oberflächen- und Tiefenstrukturen gemeinsam zu etablieren. Die Möglichkeiten der Implementation bestimmter Kulturen – auch wendbar als Machtstrukturen – liegen bei der Lehrperson. Sie hat damit die Möglichkeit, ko-konstruierte Strukturen einzuführen. Sind Schülerinnen und Schüler von der Habitatqualität überzeugt, erleben sie den Sinn für sich, dann werden sie die Tiefenstrukturen teilen und reproduzieren. Diese Form der »Überzeugung« ist kein »Überreden« oder »Erzwingen«, sondern das Erleben von Oberflächen- und Tiefenstrukturen, die »lebens- und zukunftsfreundlich« sind und die für den Augenblick bzw. die jeweilige Gegenwart der Akteure zum Wohlbefinden beitragen und die den unterlegten Sinn transparent machen oder zumindest kontinuierlich transparent zu machen suchen. Sind die Sinnangaben deutlich gesetzt, in etwa durch die Forderung nach Teilhabe, brauchen sie Kontinuität. Die ist nur möglich, wenn dieser Sinn reproduziert wird.

In der *Folge sind im hier vorgestellten Konzept Impulse und Anregungen von Schülerinnen und Schülern, die etwas sagen können über ihr Wohlergehen im Hier und Jetzt und ihre Einschätzungen zur Bedeutsamkeit der Lebenszeit in Schule und Unterricht, wichtig für Habitatgestaltungsprozesse.* Sie sind zu verzahnen mit dem Wissen der älteren Generation (der Lehrpersonen, des vorhandenen Wissens), weil deren Erfahrungen sowie Ereignisse der Vergangenheit (vgl. Kap. 6.1) das Potenzial besitzen, vorsehend und schützend Voraussetzungen zu schaffen, um Lebensqualität zu sichern.[164] Nicht die Lehrperson holt ab und führt irgendwohin, sondern in einem pädagogisch professionell verantworteten Habitat kann sich der einzelne Schüler bzw. die einzelne Schülerin entwickeln, befähigen und stabilisieren.

Um dies den Schülerinnen und Schülern zu ermöglichen, ist es notwendig, die Imagination vom Anleiten, Hinführen, von der Planung in Phasen und von Vermittlung zu weiten und den *pädagogischen Raum, hier als Habitat beschrieben*, zu sehen, in dem Lernen, Aneignung, Entwicklung und Beziehung geschieht. *Eine solche veränderte Sichtweise hat Konsequenzen für die Planung und Etablierung von Unterricht; es geht um die Gestaltung des Habitats als pädagogischem kulturellem Raum als Ganzes und nicht um Ablaufstrukturen, die Schüler- und Lehrerverhalten abbilden.*

---

164 Die »alte« Logik, das Bild von »Symmetrien« zu bemühen, greift hier zu kurz. Es ist nicht die machttheoretische Perspektive entscheidend, sondern die Sicht, dass die Erwachsenengeneration ein Mehr an Erfahrungen und Wissen im Interesse der nachwachsenden Generation einbringen kann. Mit der Zielperspektive des Wohlergehens sind demokratische Grundhaltung, die Achtung der Menschenwürde und der Respekt von eigenen Rechten sowie der Rechte anderer einbezogen.

Unterricht

Unterrichten bedeutet, Tiefenstrukturen grundzulegen und Oberflächenstrukturen zu etablieren, die die Tiefenstrukturen abbilden bzw. sich in Passung zu ihnen befinden. Unterrichtsentwicklung bedeutet,

- den generativen, reziproken und multioptionalen Zusammenhang von Oberflächen- und Tiefenstruktur zu prüfen und zu gestalten.
- die tiefenstrukturellen Annahmen zu benennen und kritisch zu reflektieren.
- die Passung zwischen den Manifestionsformen zu steigern.
- die Schülerinnen und Schüler für den Sinn und die Ziele im Habitat zu gewinnen.
- die Habitat- bzw. Unterrichtsentwicklung mit den Schülerinnen und Schülern vorzunehmen.
- die Konnektivität zu Habitaten außerhalb von Schule und Unterricht zu berücksichtigen.
- Oberflächenstrukturen, die im Widerspruch zu gewünschten Schlüsselkonzepten stehen, nicht zu ermöglichen oder zu situieren.

Unterrichten ist somit das Herstellen von Passungsverhältnissen zwischen der Tiefen- und der Oberflächenstruktur sowie die Schaffung von adäquaten Oberflächenstrukturen und die reflektierte Setzung von Tiefenstrukturen. Veränderungen, Habitatgestaltung und -entwicklung sind nicht ganz einfach, wie in Kapitel 5 und 6 noch gezeigt wird.[165] Unterrichtsplanung und Unterrichtsgestaltung werden hier als Habitatgestaltung und Habitatentwicklung verstanden.

5.6 Von der Steuerung zum Empowerment: Ein Paradigmenwechsel

Betrachtet man die Geschichte didaktischen Denkens innerhalb der Schulpädagogik, so lassen sich zwei Faktoren benennen, die Steuerung und Kontrolle als bevorzugte Wahl von Strategien begünstigen: Insbesondere Krisendiagnosen führten zu einer bildungspolitischen Reaktion, die auf Messbarkeit und Kontrolle zielt. Ausbleibende Erfolge, schlechtes Abschneiden, kurz: das Zurückbleiben hinter den Leistungserwartungen des Bildungssystems musste jeweils schleunigst korrigiert werden. Beispielhaft kann hier die Ausrufung der deutschen Bildungskatastrophe Mitte der 1960er Jahre genannt werden sowie die ersten Publikationen zu PISA zu Beginn dieses Jahrtausends mit Titeln wie »Die PISA-Katastrophe«, »nach PISA«; diese markieren den bildungspolitischen Stress, den gesellschaftliches Hinterherhinken bei internationalen Vergleichsstudien generieren kann. Gesichert werden sollen die angestrebten Qua-

165 Kettner (2011) merkt hierzu an: »Alles Kulturelle verbraucht, im Unterschied zur von selbst laufenden Natur, habituell Arbeit und Aufmerksamkeit. (…) Alle kulturell bestimmten Phänomene haben etwas von einer Errungenschaft, haben etwas Leistungs- oder wenigstens Gestaltungsmäßiges: Etwas wird in Ordnung gebracht oder gehalten« (S. 225).

litätsverbesserungen mit Konzepten von Steuerung und Kontrolle, gepaart mit Autonomieräumen auf der Mikroebene des Unterrichts bzw. auf der operationalen Ebene der Einzelschule; gefasst im Terminus »Schulentwicklung«. Weiterhin führte das Erkennen wachsender Komplexitäten bzw. Entgrenzungen, die mit zunehmender Globalisierung und Digitalisierung neue Vernetzungen schuf,[166] zu »alten« Bewältigungsstrategien: Mit enormem administrativen und budgetärem Aufwand werden Qualitätssicherungssysteme auf allen Ebenen der Lehrerbildung etabliert. Handhabbarkeit und Steuerbarkeit finden ihren Ausdruck in »Managementkonzepten« und -metaphern, Evaluation und Diagnostik. Zugleich ist wenig darüber bekannt, welche Effekte Evaluationen aller Art zeitigen, angefangen bei Schulleistungsvergleichstests bis hin zu Schulevaluationen. Die Vorstellungen von »Management« mit ihren Implikationen sind kaum kritisch reflektiert und der Zusammenhang zwischen dem Umfang und Qualität von Diagnostik und der daraus erwachsenden Wirkungen für Schülerinnen und Schüler führt ein Schattendasein. Angesichts der doch beachtlichen Ressourcenbindung von Evaluation, Diagnostik und Managementkonzepten erstaunt der Umstand, dass ihre Voraussetzungen und Wirkungen so wenig – theoretisch wie empirisch – auf den Prüfstand gestellt werden. Im Hinblick auf das Classroommanagement[167] liegen viele Befunde vor, die den Zusammenhang von Lehrerhandeln auf der Oberflächenebene des Unterrichts und den Lernergebnissen in einzelnen Fächern belegen, weitgehend ohne das Habitat und andere Effekte als die in Tests geprüften bzw. prüfbaren in den Blick zu nehmen.[168]

Marketingvorstellungen jenseits von Allgemeiner Didaktik stehen hierzu in Passung.[169] China wartet aktuell mit der totalen Überwachung der Schülerinnen und Schüler auf, bis hin zur Mimik im Unterricht; auch in Deutschland hat das Tracking von Schülerinnen und Schülern an Popularität gewonnen. Die schul- und unterrichtskulturellen Logiken von Leistung, Leistungssteigerung und Optimierung als Sinn von Schule und Unterricht werden als gesetzt angenommen und in Unterrichtsplanungslogiken überführt.[170] Aus schulpädagogischer Perspektive muss hier die kritische und

---

166 Vgl. Lüddemann 2019.

167 Whitaker, T., Good, M., Whitaker, M., Whitaker, K. (2019). *Classroom management from the ground up.* New York: Routledge.

168 Eine Ausnahme bildet hier die rekonstruktive Forschung von Herzmann et al., vgl. Herzmann, P., Hoffmann, M., Proske, M. (2015). Leistungen und Kosten professioneller Klassenführung. Ein kontingenzgegenwärtiger Blick auf die Steuerung von Unterricht. In L. Haag, E. Kiel & M. Trautmann (Hrsg.), *Jahrbuch für Allgemeine Didaktik.* (S. 56–70). Baltmannsweiler: Schneider Hohengehren.

169 Besonders prominent geworden ist der als »Angebot-Nutzungsmodell« titulierte Vorschlag. Vgl. Helmke, A. (2005): *Unterrichtsqualität erfassen, bewerten, verbessern.* (4. Aufl.). Seelze: Kallmeyer, S. 42.

170 Hierzu eine Definition von Unterricht: »Unterricht bedeutet für die allermeisten Lehrpersonen, vor allem die (Lern)Aktivitäten einer Gruppe von zwanzig oder dreißig Schülerinnen und Schülern in festen Rhythmen vorausplanend, prozessbegleitend und nachsorgend zu organisieren, zu unterstützen und zu regulieren. Die dahinter stehende Fähigkeit, eine Klasse zu managen

reflektierte Auseinandersetzung um die Tiefenstrukturen und damit um die in Schule und Unterricht zu etablierenden Kulturen ansetzen. Sie sind nicht selbstverständlich oder natürwüchsig, sondern gemacht und damit gestaltbar, kritisierbar, revidierbar.

Im hier vorgeschlagenen Ansatz wird dafür plädiert, Unterrichtshabitate als Ganze in den Blick zu nehmen, um den Schülerinnen und Schülern zukunftsfähige Erschließungsprozesse zu ermöglichen. Der Ansatz setzt auf Stärkung der Personen als gestaltende Akteure im Habitat, auf Empowerment, sowie auf die Analyse der Qualitäten von Unterrichtshabitaten. Das »Management« der Oberflächenebene[171] ist zwar wichtig, aber nicht hinreichend, weil die Tiefenstrukturen nicht reflektiert sind. Die Frage, wozu bestimmte Oberflächenstrukturen da sind, was sie leisten sollen, warum sie so sind und nicht anders, ist immer wieder aufs Neue zu klären. *Die Allgemeine Didaktik benötigt eine kontinuierliche Kritik jeweils aktuell geltender Paradigmen sowie die Erwägung der verdrängten oder übergangenen Alternativen.*[172] *Die Kultursensible Didaktik zielt darauf ab, pädagogisch verantwortete Habitate zu gestalten, die im schulischen Rahmen das Miteinander-Leben und -Lernen in einer demokratieorientierten Gesellschaft spiegeln und praktizieren.*[173] *Habitate sind somit im Hier und Jetzt so zu gestalten, dass Kinder und Jugendliche die unterrichtskulturell vertretenen Schlüsselkonzepte teilen lernen.*

---

oder zu führen zählt heutzutage zu den basalen Bestandteilen beruflichen Wissens und Könnens (...)« (Haag, L., Kiel, E., Trautmann, M. (2015). Einführung in den Thementeil »Klassenmanagement/Klassenführung - Perspektiven, Befunde, Kontroversen«. In L. Haag, E. Kiel & M. Trautmann (Hrsg.), *Jahrbuch für Allgemeine Didaktik*. Baltmannsweiler: Schneider, S. 9.

171 Im Rahmen des hier vorgelegten Ansatzes wird der Terminus »Gestaltung« präferiert.

172 Hierzu sei auf die Beiträge verwiesen in: Rosen, L., Schahrzad, F. (Hrsg.) (2008). *Macht – Kultur – Bildung*. Festschrift für Georg Auernheimer. Münster: Waxmann.

173 »In der Schule müssten also Modelle *angstfreien* Lernens, Modelle *solidarischer Hilfe* im Lernprozess, Modelle *konkurrenzfreier Kooperation*, Modelle *rationaler Konfliktlösung*, Modelle gelingender *Mitbestimmung* erprobt werden.« Vgl. Koch-Priewe, B., Stübig, H., Henricks, W. (Hrsg.) (2002). *Wolfgang Klafki: Schultheorie, Schulforschung und Schulentwicklung im politisch-gesellschaftlichen Kontext* (Studien zur Schulpädagogik und Didaktik, 19). Weinheim: Beltz, S. 60.

6. Verstetigungen und Wandel in Unterrichtshabitaten

Wie werden Tiefenstrukturen und Oberflächenstrukturen etabliert und tradiert? Wie ist es möglich, sie auf Dauer zu stellen? Im Folgenden sind drei Aspekte genannt, die zur Tradierung beitragen: die Geschichte der Unterrichtskultur (1), die Repräsentation durch Akteure (2) sowie die Verankerung bzw. Repräsentation von Tiefenstrukturen über die Manifestationsformen (3). Diese drei Dimensionen sind in Abbildung 14 optisch modelliert; die folgenden drei Kapitel widmen sich zunächst jeweils einer dieser Achsen.[174]

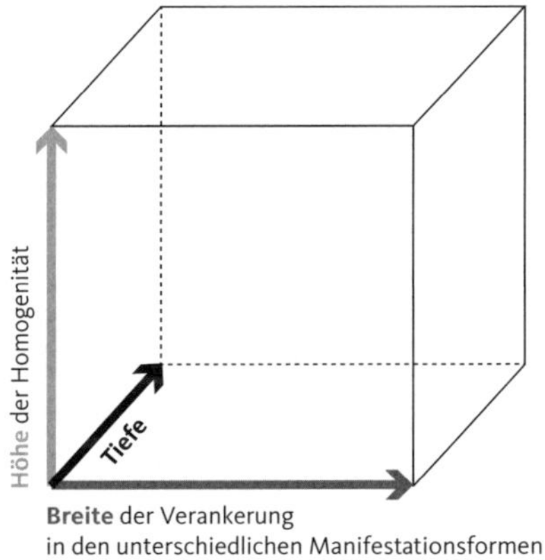

Abb. 14: Das Maß der Verankerung von Unterrichtskulturen (vgl. Esslinger-Hinz 2010; 2019: 2020).

6.1 Die Geschichte der Unterrichtskultur

Die Kontinuität und Stabilität einer Unterrichtskultur ist an den Faktor »Zeit« gebunden. Sind bestimmte Praktiken, Gewohnheiten, Gegenstände, Emotionen, Raum-Zeit-Strukturen, Regeln und Narrative sowie Formen der Körperpräsenz lange etabliert, dann werden sie als »normal« und »selbstverständlich« erlebt. Unterrichtskulturen bilden von den Akteuren geteilte Erfahrungsräume. Zuweilen wird hier das Attribut »kollektiv« gesetzt. Diese Erfahrungen bleiben in Erinnerung, eben weil sie kollektiv geteilt sind. Innerhalb von Gesellschaften werden sie von Kollektiven gezielt und bewusst in Erinnerung gehalten, um den daraus resultierenden Lernprozess für nach-

174 Vgl. auch Haag, G., Müller, K. H. (2015). Kollektivverhalten. In N. Braun & N. S. Saam (Hrsg.), *Handbuch Modellbildung und Simulation in den Sozialwissenschaften* (S. 935–969). Wiesbaden: Springer.

kommende Generationen zu erhalten.[175] Das Kollektiv kann dabei eine Nation sein, eine Gemeinde, ein Verein, eine Familie. Unabhängig davon, ob diese Erfahrungen innerhalb religiöser, politischer, umweltbezogener oder privater Kulturen gemacht wurden, die jeweils durch das Kollektiv gestützte Weitergabe braucht Medien, die absichern, dass die Tradierung gelingt – über das Ausscheiden des Einzelnen aus einer Kultur (durch welche Gründe auch immer) hinaus. Solche Medien sind die Mündlichkeit, also die Weitergabe von Erkenntnissen in Form von Erzählungen (z. B. Mythen); die Schriftlichkeit, das heißt die Weitergabe von Erkenntnissen in dokumentiertem schriftlichen Format (z. B. Schriftrollen, Bücher, Darstellende Kunst, digitale Medien, Musik); Symbole, das heißt die Einführung von Objektivationen, die für Wissens-, Erkenntnis-, und Glaubensaussagen stehen. Hierzu zählen beispielsweise religiöse Symbole; Denkmale; Schmuckstücke (z. B. Ringe); Flaggen; Hymnen; Namen von Straßen, Schulen oder anderen öffentlichen Gebäuden; Lieder; aber auch tradiertes Verhalten in Form von Riten (z. B. Feste und Feiern, Abendmahl, Pessach, Ramadan, Aufnahmerituale, Niederlegung von Kränzen, Fastnacht, Weihnachten usw.). Nicht alles kann tradiert werden. Es sind vielmehr bestimmte Ereignisexponenten sowie basale Errungenschaften, für die die Anstrengung der Tradierung vorgenommen wird: in Familien beispielsweise das Erlebnis von Flucht und Vertreibung, in Nationen große Umbrüche wie die Französische Revolution oder in Schulen gravierende Ereignisse (z. B. Schulbrand, große Siege in Wettbewerben, Amoklauf). Neben diese Zäsuren treten identitätsstiftende Kontinuitäten, die bewahrt bzw. tradiert werden. Hierzu zählen in »kleinen« Kollektiven wie Familien bestimmte bedeutsame Berufe, die Art und Weise, Feste zu feiern, die Einnahme von Mahlzeiten, die über Generationen hinweg tradiert werden; sichtbar zuweilen an der Weitergabe von Objektivationen wie Wiegen, Bibeln, Schmuck. Die Kulturgeschichte bildet für alle Akteure, die einer Kultur zugehörig sind, eine Verbindung und Verbindlichkeit. Teilhabe und Zugehörigkeit sind somit auch über die geteilte Kulturgeschichte vermittelt. Veränderte Tiefenstrukturen führen zur Distanznahme und Ablehnung von Oberflächenstrukturen, die nicht mehr kompatibel oder erwünscht sind. Der Umgang mit unerwünschten Oberflächenstrukturen reicht von der Zerstörung (z. B. Sturz von Statuen, Verbot oder Verbrennung von Büchern) über Formate von Abwertung bis hin zur Aufklärung (z. B. Information zu Gebäuden, Straßennamen; Einordnung als vergangen bzw. historisch).

Auch Schul- und Unterrichtskulturen haben Geschichte[176], zwar in völlig anderen bzw. wesentlich kürzeren Zyklen, die sind aber bezogen auf die Lebensspanne, die ein Kind oder Jugendlicher zum Zeitpunkt des Eintretens in ein Unterrichtshabitat erlebt hat, doch umfänglich: zwei bis vier Jahre dieselbe Klassenlehrperson zu erleben, die

---

175 Vgl. Assmann 1988, 1997; Pethes, N. (2008). *Kulturwissenschaftliche Gedächtnistheorien.* Hamburg: Junius.

176 Zum Thema »Geschichtlichkeit von Kulturen« vgl. Kettner 2011; Angehrn, E. (2011). Kultur und Geschichte – Historizität der Kultur und kulturelles Gedächtnis. In F. Jaeger & B. Liebsch (Hrsg.), *Handbuch der Kulturwissenschaften.* Bd. 1, Grundlagen und Schlüsselbegriffe. Sonderausgabe. (S. 385–400). Stuttgart: J. B.Metzler.

ein bestimmtes Unterrichtshabitat gestaltet, sowie bestimmte Mitschülerinnen und Mitschüler bedeutet, ein Drittel oder ein Viertel der bis dahin gesamten Lebensspanne in diesem Habitat verbracht zu haben.

Das Zeiterleben an sich bringt es mit sich, dass »alte« Erfahrungen bzw. das tradierte Wissen von neuen Erkenntnissen und Erfahrungen überlagert, vergessen, neu belebt oder abgelehnt und zu verändern gesucht wird.

Deshalb sind immer wieder Entscheidungen notwendig, die den Erhalt des Erreichten sichern oder auch flexibilisieren und verändern. Beispielhaft sei hier nochmals das Beispiel der Referendarin aufgenommen, die in ein für sie neues Habitat kommt und Matratzen (Objektivationen) ins Klassenzimmer legen möchte. Sie stehen für ein Schlüsselkonzept, welches dem der Schule (»Wir sind eine leistungsorientierte Schule«) widerspricht. In einem teilstandardisierten Interview äußert sich die aktuelle Schulleiterin sowie der ehemalige Schulleiter zur Frage, welche Rolle »Leistung« an ihrer Schule spielt[177], folgendermaßen:

Ehemaliger Schulleiter (Bezug auf das Jahr 1970): »Die haben dann plötzlich Möbel von daheim mitgebracht und dann lagen die Kinder, haben alle Viere von sich gestreckt, äh, da habe ich eben dann auch erstmal geschluckt.«
Jetzige Schulleiterin (Bezug auf das Jahr 2003): »Als ich herkam, war das so, dass viele Kolleginnen so diese Einstellung, die man von der PH auch vermittelt bekommen hat, ach Gott, die lieben Kinderle und die müssen wir jetzt ganz lieb anfassen und müssen die mit Spielecke und Liegeecke und ähm Leseecke ja also bemuttern. (…) Ich habe immer versucht, das wieder ein Stück zurückzunehmen, was aber nicht ganz leicht war.«

Je länger ein Schlüsselkonzept implementiert ist, desto »normaler« und »selbstverständlicher« wird es für die Akteure. Greifen wir an dieser Stelle ein Beispiel auf, das ein Student aus seinem Semesterpraktikum berichtet:

Beispiel

Es war unübersehbar, dass der Lehrer schon mit schlechter Laune und wenig Erwartungen vor die Klasse trat. Nicht zu Unrecht, die Schülerinnen und Schüler waren überhaupt nicht daran interessiert, den Anweisungen ihres Lehrers zu folgen, und es war in keiner Situation eine produktive Arbeitsatmosphäre wahrzunehmen. Teilweise gab es zwischen den pubertierenden Jugendlichen während des Unterrichts Rangeleien; der Kunstlehrer griff gar nicht mehr ein. Er hatte sich schon damit abgefunden, nichts bewirken zu können. Abgesehen von vereinzelten Zornausbrüchen, mit lauter Stimme und einem Faustschlag auf den Tisch wurden Konsequenzen angedroht, gab es kaum Gegenwehr von seiner Seite. In der Regel befasste er sich mit den wenigen Lernenden, die tatsächlich etwas auf ihr Papier brachten. Die, die zum Beispiel auf ihr Handy schauten – trotz Handy-Verbot an der ganzen Schule –, hatte er schon aufgegeben. Sinnbildlich für die Unterrichtssituation waren sein Auftreten und seine Vorbereitung. Es gab

177 Esslinger-Hinz 2010, S. 103, 162 f.

überhaupt keine erkennbare Struktur, kein transparentes Ziel und keinen definierten Inhalt für die Stunde. Keine Tafelanschriebe, keine Aufgabenstellung, keine Besprechungen im Plenum oder Ähnliches. Das ganze Durcheinander in seinen Stunden spiegelte sich in dem sogenannten Materialraum wider. Überall lagen Berge von Blättern, offene Farben, Pinsel und Kartons, ohne ein erkennbares Ordnungssystem. Die andere Kunstlehrerin der Schule schüttelte traurig und verzweifelt den Kopf, als sie davon erzählte, dass sie früher für den Raum zuständig war und wie »schlimm« die Situation nun sei, seit ihr Kollege das übernommen hat.

Dieser Kunstlehrer hat fest implementiert, dass er Schülerinnen und Schüler, die nichts lernen wollen, machen lässt, was sie wollen. Sein Image ist bei den Kolleginnen und Kollegen festgeschrieben und der Materialraum »erzählt« von seinem Unterricht bzw. manifestiert ihn. Transferiert man das Unterrichtsgeschehen in das hier vorgestellte Modell, dann sind die Oberflächen- und Tiefenstrukturen fest etabliert:

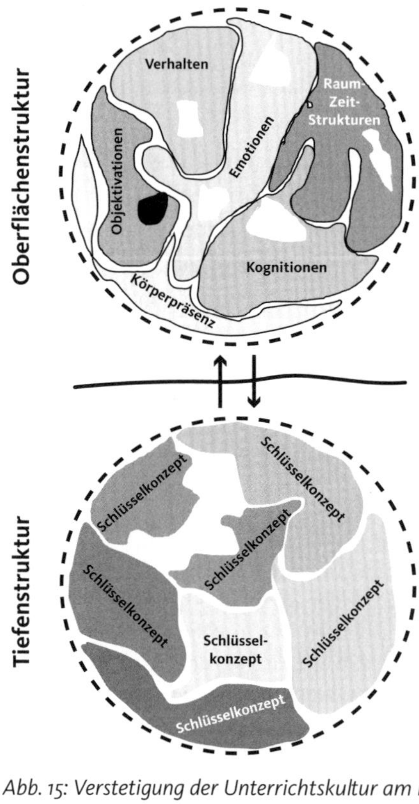

Verhalten: Schülerinnen und Schüler ignorieren Lehrperson, Lehrperson zeigt inkonsequentes Verhalten

Strukturen: unstrukturiert, zufällig, unaufgeräumt, strukturlos

Kognitionen: keine Regeln, geringe oder keine Erwartungen, Regelverstöße

Objektivationen: Handy, ungeordnete Materialien, kein Medieneinsatz

Körperpräsenz: schreiben, auf den Tisch hauen, Rangeleien

Emotionen: Langeweile, Desinteresse, Anspannung, fehlende Lernatmosphäre

Schlüsselkonzept der Lehrperson:
Der beruflichen Pflicht nachkommen

Schlüsselkonzept der Schülerinnen und Schüler:
Kunstunterricht findet nicht statt; Auszeit; Regellosigkeit genießen

Abb. 15: Verstetigung der Unterrichtskultur am Beispiel des Kunstunterrichts

Studierende erhielten in einer Lehrveranstaltung folgende Aufgabe zum oben genannten Beispiel: »Stellen Sie sich vor, Sie wären ein Schulrat, eine Schulrätin und hätten die Aufgabe, die Lehrperson im Beispiel zu beraten. Was würden Sie ihr empfehlen, damit sich etwas ändert?« Hier ein Antwortschreiben eines Studierendenteams:

Sehr geehrter Herr Müller,

ich habe festgestellt, dass sich in Ihrem Unterricht besorgniserregende Verhaltensweisen gefestigt haben. Ich würde Ihnen raten, sich mit der Klasse zusammenzusetzen, das aktuelle Verhalten anzusprechen und die von Ihnen erwünschten Verhaltensweisen gemeinsam mit der Klasse zu besprechen und zu erarbeiten. Diese sollten Sie möglichst schriftlich festhalten. Generell sollten Sie nur das Androhen, was Sie auch wirklich umsetzen wollen und können. Da in unserer Schule für alle ein allgemeines Handy-Verbot gilt, ist es eminent wichtig, dieses auch durchzusetzen und entsprechend zu ahnden. Darüber hinaus würde eine klare Struktur Ihrem Unterricht bestimmt hilfreich sein. Diese fängt durchaus bei dem Ihnen zugeteilten Materialraum an. Bezogen auf den Unterricht sollten Sie für jede Unterrichtsstunde ein Ziel verfolgen. Des Weiteren sind Wutausbrüche weder für Sie und Ihre Gesundheit noch für die Klasse förderlich.

Auch wenn dies für Sie jetzt momentan viel Kritik bedeutet, versuchen Sie bitte möglichst schrittweise einige dieser Punkte umzusetzen. Bei Rückfragen und weiteren Anregungen, stehe ich Ihnen gerne mit Rat und Tat zur Seite.

Mit freundlichen Grüßen

Schulrat

Die Studierenden schlagen entlang der Manifestationsformen Änderungen vor. Sie bemerken auch, dass sich die Verhaltensweisen »verfestigt« haben. Weil es so viel zu ändern gibt, schlagen sie eine »schrittweise« Änderung vor.

Bezieht man jedoch die Kulturgeschichte dieses Lehrers mit seiner Klasse ein und nimmt das Stichwort »verfestigt« ernst, kann bezweifelt werden, dass schrittweise Änderungsversuche zielführend sind: Die Normalität ist eingeschrieben. Sie hat Geschichte. Sie neu zu schreiben, braucht deutliche Zäsuren (z.B. radikale Veränderungen der Oberflächenstrukturen in allen Teilen), eine Reflexion und Modifikation der Tiefenstrukturen. Die Stabilität der vorhandenen Kultur aufzulösen und das Habitat umzugestalten ist eine Mammutaufgabe. Ist absehbar, dass die Akteure an dieser Aufgabe scheitern, wäre ein Neuanfang in einer anderen Klasse angezeigt. Die Oberflächen- und Tiefenstrukturen haben eine Geschichte, die zu lange ist, um sie kurzfristig ändern zu können. Im Modell (Abb. 14) ist diese Dimension mit dem Pfeil »Tiefe« markiert.

6.2 Die Dominanz von Akteuren und Akteursgruppen

Die Befunde zur Bedeutung von Schulleitungen in Schulentwicklungsprozessen sind eindeutig und durchgängig: Die Schulleitung ist auf schulischer Ebene zentral für die Gestaltung von Schulentwicklungsprozessen.[178] Für die Unterrichtsebene werden die

178 Zum Beispiel Wissinger, J., Huber, S. G. (Hrsg.) (2002). *Schulleitung – Forschung und Qualifizierung.* Opladen: Leske & Budrich; Balkar, B. (2015). Defining an empowering school culture (ESC): Teacher perceptions. In *Issues in Educational Research 25*(3) 205–224. http://www.iier.

Befunde zur Bedeutung von Lehrpersonen auf die Kurzfassung gebracht: Auf die Lehrperson kommt es an.[179]

In der Logik Pierre Bourdieus könnte man sagen, dass die Personen, die mit der meisten Macht ausgestattet sind, den Kampf um die kulturelle Logik gewinnen.[180] Das können auch Mehrheiten zum Beispiel innerhalb von Kollegien sein oder Schülerinnen und Schüler, die innerhalb der Klasse viel Einfluss haben. Unabhängig davon, ob man das Phänomen differenztheoretisch (z. B. Luhmann) oder machttheoretisch (z. B. Bourdieu; Foucault) betrachtet, es lässt sich festhalten, dass die Existenzberechtigung von Schule und Unterricht an einen gesellschaftlich formulierten Bildungsauftrag gebunden ist, welcher die Machtstrukturen definiert und legitimiert. Innerhalb der Schule und des Unterrichts sind in der Folge Habitate zu schaffen, die die Umsetzung bzw. Realisierung dieser gesellschaftlichen Vorgaben über die Oberflächen- wie auch die Tiefenstrukturen ermöglichen. Die strukturelle Macht hat hier ihre Begründung und Begrenzung zugleich.

Hierzu braucht es die Möglichkeiten, die Lehrpersonen durch ihre professionellen Fähigkeiten und Fertigkeiten, ihr Wissen und Können sowie durch die rechtliche Rahmung (Schulpflicht, Schulgesetz) gegeben sind. Hierzu braucht es aber auch die Schülerinnen und Schüler und ihre Bereitschaft, ihr Interesse und ihre Motivation, zum Unterrichtshabitat zu gehören und die Oberflächenstrukturen zu reproduzieren. Im Beispiel des Kunstunterrichts (S. 109 f.) ist dies nicht der Fall. Mehrheiten und ihre Ausgestaltung der Tiefen- und Oberflächenstrukturen sind habitatbestimmend.

Da nur ein Kulturhabitat »Unterricht« zur Verfügung steht, besteht eine Aufgabe der Didaktik darin, zu beschreiben, wie Aneignungsprozesse zu ermöglichen sind und wie das Pendeln bzw. die Kompetenz, sich in unterschiedlichen Habitaten mit unterschiedlichen Logiken zurechtzufinden (z. B. in Orten wie Museen, Theatern), gelernt wird. Unterricht sollte somit die Möglichkeit der Kulturaneignung bieten und insbesondere für die Tiefenstrukturen werben, die gesellschaftlich und für die einzelne Person von besonderer Bedeutung sind, in etwa das Leben in einer Demokratie, Einstehen für Frieden, Grundlegung von Fähigkeiten und Fertigkeiten, die in einer gegenwärtigen gesellschafltichen Situation bedeutsam sind. Die Habitatdifferenzen werden wahrgenommen und konkurrieren zuweilen. Dies stellt eine Herausforderung für Schülerinnen und Schüler dar, insbesondere, wenn das Elternhaus oder die Freunde (Peers) Differenzwahrnehmungen erzeugen und konkurrierende oder sogar widersprüchliche Tiefen- und Oberflächenstrukturen gelten.

---

org.au/iier25/balkar.html; Kythreotis, A., Pashiardis, P., Kyriakides, L. (2010). The influence of school leadership styles and culture on students´ achievement in Cyprus primary schools. *Journal of Educational Administration*, 48(2), 218–240.

179 Hattie, J. (2009), (2012); Fischer, C., Platzbecker, P. (Hrsg.) (2018). *Auf den Lehrer kommt es an?! Unterstützung für professionelles Handeln angesichts aktueller Herausforderungen.* Münster: Waxmann.

180 Bourdieu, P. (2015), Bourdieu, P. (1987). *Die feinen Unterschiede. Kritik der gesellschaftlichen Urteilskraft.* Frankfurt a. M: Suhrkamp.

Eine Unterrichtskultur ist nur dann gelungen und auf Dauer gestellt, wenn die Mehrzahl der Akteure die kulturellen Logiken reproduzieren und praktizieren. Schülerinnen und Schüler müssen also für eine bestimmte Kultur des Lebens und Lernens in der Schule und im Unterricht gewonnen werden. *Die Schlüsselkonzepte, die zu etablieren sind, brauchen Kollektivität.* Lehrpersonen verfügen einerseits über Macht zur Oberflächengestaltung, zum Beispiel indem sie ein bestimmtes Schülerverhalten durchsetzen (Verpflichtung der Schülerinnen und Schüler zum Schulbesuch, Belohnung über Qualifikationsrückmeldungen bzw. Zertifizierungen, Sanktionsmöglichkeiten, die die Institution vorsieht, Lebensaltersdifferenz); aber auch über die Möglichkeit, Kollektivität über Ko-Konstruktionen herzustellen, indem die Schülerinnen und Schülern partizipativ die Oberflächenstrukturen mitgestalten und reproduzieren. Lehrpersonen können zwar das Lernen im Sinne von Aneignung und Erschließung nicht »machen«, aber durch pädagogisch verantwortete Oberflächen- sowie Tiefenstrukturen ermöglichen. Im Modell (Abb. 14) ist die Bedeutung von Mehrheiten und einflussreichen Akteuren mit dem vertikalen Pfeil angezeigt, der angibt, wie homogen bestimmte Schlüsselkonzepte vertreten und reproduziert werden.

6.3 Das Maß der Repräsentanz der Tiefenstruktur auf der Oberflächenstruktur des Unterrichts

Ein dritter Aspekt, der die Verankerung unterrichtlicher Kulturen stärkt, ist das Maß, in dem die Oberflächenstrukturen die gewünschten und angestrebten Tiefenstrukturen vertreten und repräsentieren; in Abbildung 16 mit der horizontalen Linie modelliert. Was bedeutet dies? Angenommen im Bereich der »Welterschließung« geht es der Lehrperson darum, die Schülerinnen und Schüler für die Nachhaltigkeit der Lebensführung zu sensibilisieren. Damit dieses Thema innerhalb des Habitats verankert werden kann, braucht es Repräsentanz auf der Oberfläche in möglichst vielen Repräsentationsformen. Es wäre nicht hinreichend, aufzuklären oder ein Plakat aufzuhängen oder eine einmalige Unterrichtsstunde oder -einheit vorzusehen, sondern es kommt darauf an, dass das Schlüsselkonzept kontinuierlich und vielseitig, das heißt in vielen Manifestationsformen im Kulturhabitat präsent ist, angefangen etwa bei den Unterrichtsinhalten, der Mülltrennung über die Gutierung umweltbewussten Verhaltens in allen Fächern, die Gestaltung des Klassenraums, die Wahl der Materialien und Gegenstände im Klassenraum bis hin zur Berücksichtigung der Nachhaltigkeit bei allen Unternehmungen (z. B. Klassenfahrt). Wird »Nachhaltigkeit« vielseitig über die Oberflächenstrukturen repräsentiert und ist sie als Regel und Kognition präsent, dann sind die Chancen größer, dass sich tiefensturkturell das korrespondierende Schlüsselkonzept (z. B. »Nachhaltig leben ist wichtig und richtig«) als selbstverständliche Denk- und Handlungsmaxime im Habitat etabliert.

Die drei vorgestellten Aspekte

1. die *Dauer* des Vorhandenseins bestimmter Tiefen- und Oberflächenstrukturen im Habitat,
2. das Maß der Vertretung der Tiefen- und Oberflächenstrukturen durch die *Akteure,*
3. das *Maß der Verankerung* der Tiefenstrukturen über die Oberflächenstrukturen

sind von zentraler Bedeutung, ob ein bestimmtes Schlüsselkonzept im Unterrichtshabitat etabliert und wie stabil es verankert ist. Das eingeführte Würfelmodell (Abb. 16) modelliert diese drei Merkmale optisch. Es sei hier nochmals aufgegriffen. Die Kanten stehen zum einen für die Tiefe. Damit ist bezeichnet, wie lange ein bestimmtes Schlüsselkonzept zu einem Unterrichtshabitat gehört. Je länger es etabliert ist, desto stärker ist es auch verankert. Das gilt auch für die Breite der Verankerung. Sie bezieht sich auf die Manifestationsformen. Ist eine Schlüsselkonzept über vielfältige Manifestationsformen verankert, dann ist es stabiler. Und schließlich spielt die Höhe der Homogenität eine Rolle für die Stabilität eines Schlüsselkonzepts. Damit ist gemeint, dass es umso stabiler ist, je mehr Akteure, Schülerinnen und Schüler sowie Lehrpersonen ein Schlüsselkonzept akzeptieren und reproduzieren. Damit sind Schlüsselkonzepte, die hohe Ausprägungen in den genannten Aspekten zeigen, stabil und besitzen ein hohes Potenzial zur Selbstreproduktion. Diese Elemente der Tiefenstruktur sind schwer zu verändern. Die schwarze Punktwolke im Modell steht somit für Schlüsselkonzepte, die stabil sind.

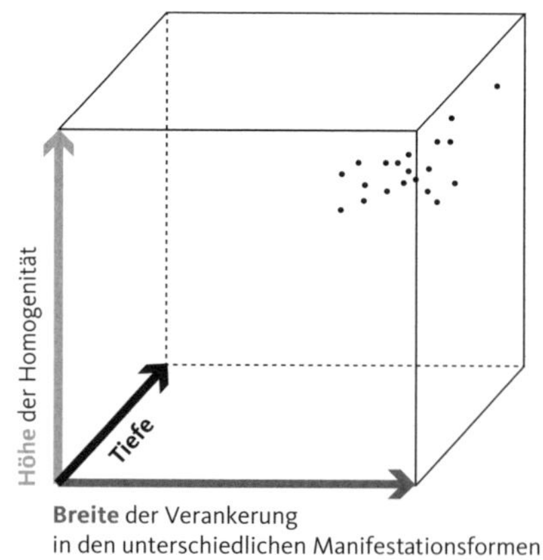

Abb. 16: Das Maß der Verankerung von Unterrichtskulturen über Manifestationsformen (vgl. Esslinger-Hinz 2010; 2019; 2020).

Der geteilte Sinn stiftet Identität[181] – bezogen auf die Lerngruppe bzw. die Klasse und auch die Schule[182]. Dies wird sichtbar, wenn Klassen sich von anderen abgrenzen (z. B.

---

181 Vgl. Assmann 1988, S. 13.

182 Für die Ebene der Schule vgl. Demski, D., Ackeren, I. van, Clausen, M. (2016). Zum Zusammenhang von Schulkultur und evidenzbasiertem Handeln – Befunde einer Erhebung mit dem

sichtbar in bestimmten Fächern wie Sport oder Fremdsprachen, in denen Klassen gemischt werden), im Personalpronomen »wir« (die 7b) und im Possessivpronomen »meine«: meine Schule, meine Klasse. Diese Zugehörigkeit ist oberflächenstrukturell gesichert (z. B. über die Zuordnung zu bestimmten Lehrpersonen und Räumen), sie ist aber auch tiefenstrukturell verankert, wenn bestimmte Schlüsselkonzepte von den Schülerinnen und Schülern einer Klasse geteilt werden.

Stabilität von Unterrichtskulturen

Eine Unterrichtskultur ist dann besonders stabil, wenn die Oberflächenstrukturen etabliert, das heißt auf Dauer gestellt sind, wenn die Manifestationsformen miteinander verzahnt sind und wenn eine große Zahl der Akteure diese Strukturen reproduziert. Die Stabilität der Tiefenstruktur wird somit über die Oberflächenstruktur gewährleistet: durch

1. die Dauer gelebter kultureller Praxen (Geschichte der Unterrichtskultur), durch
2. die Vertretung dieser Unterrichtskultur durch die Akteure sowie durch
3. Passung der Manifestationsformen.

Sind diese drei Faktoren stark ausgeprägt, ist eine Unterrichtskultur fest etabliert und lässt sich nur schwer verändern. Dies sind die strukturellen Verankerungsprinzipien von kulturellen Logiken. Unterrichtskulturen, die erst kurzzeitig existieren, bei denen diese nicht durch die Mehrheit der Akteure umgesetzt werden und die lose Koppelungen bei den Manifestationsformen zeigen, sind instabiler und leichter veränderbar.

6.4 Kollektivität, Konservatismus und Kohärenz

Sind Oberflächen- und Tiefenstrukturen etabliert, werden sie in der Regel nicht verhandelt; sie stehen nicht zur Disposition.[183] Sie sind dem Unterricht eingeschrieben und bilden seine Normalität. Wie dargelegt, ist diese Normalität umso stabiler,

- wenn sie *kollektiv geteilt* wird, das heißt je stärker Akteure die Kultur vertreten und reproduzieren,
- je länger die Kultur etabliert ist, das heißt je »*konservativer*« sie ist,
- je enger die Elemente der Oberflächenebene miteinander und damit mit der Tiefenebene verzahnt sind, das heißt je *kohärenter* die Kultur ist.

»Organizational Culture Assessment Instrument«. *Journal for educational research online, 8*(3), S. 49 ff.

183 In Anteilen ist das Modell kompatibel mit Modellen zur Einstellung, zum Beispiel Zanna & Rempel, die eine kognitive, affektive und Verhaltenskomponente ausdifferenzieren; vgl. Zanna, M. P., Rempel, J. K. (1988). Attitudes: A new look at an old concept. In D. Bar-Tal & A. W. Kruglanski (Eds.), *The social psychology of knowledge* (pp. 315–334). Cambridge: University Press.

Diese enge Verzahnung als eine Art Feintuning ist möglich, da es eine Vielzahl an Oberflächenoptionen des Unterrichts gibt; der Unterricht ist in seiner Oberflächenstruktur *multioptiomal (vgl. Kap. 4.2)*. Die genannten Merkmale *Kollektivität, Konservatismus und Kohärenz*[184]*bilden somit die Grundlage für das Phänomen etablierter Unterrichtspraktiken.*

Unterrichtspraktiken sind im Unterrichtsalltag immer vorhanden, allerdings sind sie in unterschiedlichem Maße flexibilisierbar, entsprechend der Ausprägung der genannten Merkmale »Kollektivität«, »Konservatismus«, »Kohärenz«. Selbst bei sehr stabilen Kulturen – in etwa wenn bestimmte Rituale bereits lange Zeit eingeführt und umgesetzt werden –, können Veränderungen stattfinden. Denn: Reproduktionen verlaufen nicht immer reibungslos: Tiefgreifende Ereignisse (vgl. Kap. 6.6), »Fehlleistungen« der Akteure oder deren Austesten der Ränder des Möglichen können Veränderungen auslösen oder befördern. Neue Situationen und Anwendungen können die Tiefenstrukturen irritieren, aber auch verstetigen, sofern sie trotz Irritation reproduziert werden und sich bewähren. Auf der anderen Seite kann die Vielzahl der Ereignisse im Schulalltag zu Modifikationen auf der Oberfläche führen und damit auch die Tiefenstruktur modifizieren. Diese Bewegungen und Flexibilitäten innerhalb eines stabilen Gefüges können somit durchaus Änderungen und Entwicklungen anbahnen. *Stabile Kulturen sind daher immer nur relativ stabile Kulturen.*[185]

6.5 Die Unterrichtsstörung aus der Perspektive Kultursensibler Didaktik

Lehrpersonen sind und müssen somit damit beschäftigt sein, über die Oberflächenstrukturen des Unterrichts Stabilität zu generieren bzw. Brüchen und Widersprüchen zur angestrebten Kultur wenig Raum zu geben. Geschieht dies nicht, entsteht immer auch eine Kultur: allerdings eine andere als die gewünschte. Störungen sind dann

---

184 Der Begriff der »Passung« wird in vielen didaktischen Konzepten herangezogen und gelegentlich als »didaktisches Prinzip« vorgestellt. Der Begriff der »Kohärenz« beinhaltet diese Argumentationslinien zwar, markiert aber auch, dass es sich nicht um ein Eins-zu-eins-Verhältnis handelt, sondern um Bruchlosigkeiten, die über mehrere Möglichkeiten der Gestaltung von Unterricht erreicht werden können.

185 Sehr deutlich beschreibt Höning (2011) den Aspekt des Neuen in der Reproduktion: »Praktiken sind fraglose Anwendungen von bereits bestehenden Möglichkeiten, sind wiederholte Aneignungen, sind immer wieder Realisierungen von bereits Vorhandenem. Aber zur gleichen Zeit müssen Praktiken auch produktiv gedacht werden, gesehen als eingespieltes In-Gang-Setzen von Verändertem, als neuartige Fortsetzung von Eingelebtem, als andersartige Hervorbringung von Vertrautem. Praktiken sind immer beides: Wiederholung *und* Neuerschließung. Wenn eine Handlungsreihe überraschend erfolgreich ist oder ein unvorhergesehener Fehlschlag eintritt, dann ist Nachdenken erforderlich und kreatives Handeln ist gefragt. Praktisches Leben ist eine kontinuierliche Mischung von Routine und Reflexion; alles Handeln ist dann reproduzierend und transformierend« (S. 145).

Merkmale der Oberflächenstruktur, welche den gewünschten Tiefenstrukturen widersprechen.

Beispiel

Es war (an dieser Schule) eher so: Ich lasse die Schüler machen. Ist mir egal. Ich mache das, was ich machen muss. Es war eine ganz schlimme Resignation an dieser Schule. ... Über die Schule kann ich nur sagen, dass mir aufgefallen ist, dass wirklich alle Lehrer ... aufgegeben haben. Es scheint so, dass sie sich minimal überhaupt die Zeit nehmen zur Vorbereitung und minimal auch außerschulische Aktivitäten fördern ... . Und grundsätzlich ... wenig Motivation bei den Lehrern zu sehen ist. Dieser Bildungsauftrag, den sie wirklich auch haben, der verrutscht irendwie. Und grundsätzlich ist mir auch ... aufgefallen, dass ... die Stimmung an der Schule nicht so gut ist, dass ... sehr viel geschimpft wird, sehr viel kritisiert wird, dass negatives Verhalten hervorgehoben wird und positives Verhalten dafür wegfällt ... (Beschreibung einer Studentin aus dem Semesterpraktikum)

Es ist angesichts der vielfältigen Möglichkeiten, Tiefenstrukturen eine Repräsentanz über die Oberflächenstrukturen zu geben, sinnvoll, den Terminus »Gestaltung« zu wählen. Aus der Perspektive der Etablierung, Situierung und Verstetigung als Gestaltungsaufgabe bestimmter, gewünschter Unterrichtskulturen bzw. eines bestimmten Unterrichtshabitats stellen Unterrichtsstörungen Ereignisse, Verhaltensweisen, Körperpräsenzen, Emotionen und Objektivationen dar, welche die angestrebten und erwünschten Schlüsselkonzepte nicht repräsentieren und die geeignet sind, das Habitat zu destabilisieren.

Unterrichtsstörung

Unterrichtsstörungen sind Ereignisse, Verhaltensweisen, Gegenstände, Strukturen, Stimmungen sowie Körperpräsenzen, die von Akteuren in Form und Intensität als widersprüchlich zu den Schlüsselkonzepten bzw. der Tiefenstruktur im unterrichtlich angestrebten Unterrichtshabitat wahrgenommen werden. Sie stören konkret und punktuell die Umsetzung der im Habitat angestrebten Sinnkonzepte; zum Beispiel das Lernen, das Wohlbefinden, die Stärkung der Persönlichkeit. Die Ursachen dafür, dass das Sinnkonstrukt verschoben wird, können vielfältig sein:

- momentane individuelle Befindlichkeiten (z. B. Konflikte, emotional als gravierend erlebte Ereignisse, Langeweile, erlebte Über- ober Unterforderung)
- eingeschränkte Professionalität der Lehrperson (z. B. geringer Informationsgehalt, eingeschränkte Präsenz, Leerstellen und Wartezeiten im Unterricht)
- ungünstige oder widersprüchliche Habitateigenschaften (z. B. Raumgröße, Lärm)

Störungen können Hinweise und Impulse für Veränderungen bzw. Verbesserungen geben und dazu auffordern, vorhandene Ressourcen bei den Akteuren sowie im Habitat stärker in den Blick zu nehmen und zu nutzen.

Beispiel

Lehrperson A legt Wert darauf, dass die Schülerinnen und Schüler respektvoll miteinander umgehen, das gesamte Habitat ist so gestaltet.

Ereignis 1: Im Rahmen einer Gruppenarbeit schreit Lisa Katharina an: »Du Missgeburt!«

Das Ereignis bildet eine Störung. Die Lehrperson muss dafür sorgen, dass sich dieses Verhalten nicht als Normalität etabliert. Deshalb muss sie das Verhalten als fremd und unerwünscht im wahrsten Sinne des Wortes aus dem Habitat ausräumen.

Ereignis 2: Im Kunstunterricht hören die Schülerinnen und Schüler Musik; während des Unterrichts wippt Timo regelmäßig auf den hinteren beiden Stuhlbeinen und fällt auch ab und zu von seinem Stuhl.

Die Lehrperson widmet dem Verhalten wenig Aufmerksamkeit; es tangiert kein Schlüsselkonzept, *das Ereignis bildet eine kleine Unterbrechung im Unterrichtsfluss,* ein punktuell unerwünschtes Ereignis von geringer Relevanz. Die Lehrperson bitte Timo am Rande, in einer Pause, das Wippen zu vermeiden, und geht nicht weiter auf dieses Ereignis ein.

Zur Störung der Ablaufstrukturen eines stark phasenstrukturierten und gelenkten Unterrichts, die mit Tiefenstrukturen einhergehen, die die messbaren Anteile des Lernens fokussieren, zählen »Lernleerläufe«: Gestört ist der Unterricht, wenn nicht im von der Lehrperson vorgesehenen Sinne gelernt wird. Hier lassen sich Verhaltensweisen von Lehrpersonen identifizieren, die leerlaufhindernd sind bzw. die dafür sorgen, das Lernen »am Laufen« zu halten,[186] oft bezeichnet als »Classroommanagement« oder »Klassenführung«. In der Folge rückte das Thema der »Unterrichtsstörung« neuerlich in den Fokus der Aufmerksamkeit. Diese Erkenntnisse sind wichtig und hilfreich. Das Konzept des Lernzuwachses im Hinblick auf fachliche Wissens- und Könnensbestände, die messbar sind, bildet jedoch nur einen Teil der Tiefen- sowie der Oberflächenstrukturen ab. Schwer zugängliche Sinnkonstrukture wie beispielsweise die soziale Eingebundenheit oder die Körperverantwortung sind empirisch sperriger, ganz abgesehen davon, Antworten auf die Frage zu finden, was überhaupt gelernt, verstanden, begriffen werden soll. Unterrichtskulturen mit ihren Tiefen- und Oberflächenstrukturen haben Geschichte und stellen individuelle Habitate dar; kurz: sie sind komplex. Eine Komplexitätsreduktion auf einen Anteil der Merkmale und Zusammenhänge, die empirisch zugänglich sind, ist sinnvoll, solange die Perspektive auf

---

186 Vgl. Nolting (2017); Lohmann (2012); Zierer, K. (Hrsg.) (2015). Jahrbuch für Allgemeine Didaktik. Klassenmanagement/Klassenführung – Perspektive, Befunde, Kontroversen. Baltmannsweiler: Schneider Hohengehren.

das Ganze nicht verlorengeht oder pauschale Verallgemeinerungen oder Reduktionen stattfinden.[187]

Die Veränderung von Schlüsselkonzepten lässt sich innerhalb der Schulpädagogik historisch nachzeichnen. Man stelle sich nur vor, ein Student oder eine Studentin aus dem Jahre 2021 hätte in einer Lehrveranstaltung im Jahr 1970 die Stichworte »Klassenführung«, »Output« oder »Effizienz« oder gar »Steuerung« im Hinblick auf Schülerinnen und Schüler gesagt. Ob er oder sie den Seminarraum einigermaßen »heil« hätte verlassen können, ist fraglich.

Schlüsselkonzepte im Unterrichtshabitat sind eingebettet in ein Gemeinwesen, in nationale sowie internationale Kulturen. Die Allgemeine Didaktik hat die Aufgabe, die Präferenz bestimmter Schlüsselkonzepte im Schul- und Bildungssystem zu benennen und zu prüfen und Entwicklungsperspektiven aufzuzeigen.

Insofern existiert »die Unterrichtsstörung« an sich nicht, vielmehr markiert dieses Etikett die kulturbedingte Wahrnehmung von Oberflächen des Unterrichts, deren tiefenstrukturelle Passung fehlt.

6.6 Der Wandel von Unterrichtshabitaten

Da Unterrichtskulturen Habitaten über ihre Oberflächen- und Tiefenstrukturen eingeschrieben sind, stellt sich die Frage, wie und was zu Dynamisierungen und Veränderungen in Habitaten führen kann bzw. wie die Stabilität und Veränderbarkeit von Unterrichtshabitaten einzustufen ist. Dass dies schwierig ist, zeigt der gesamte Diskurs zur Implemenation von Neuerungen.[188] Lehrpersonen haben ihre Tiefenstrukturen

---

187 Hierzu zählt in etwa die separierte Wahrnehmung eines Merkmals als Ausweis »guten Unterrichts« oder die Generalisierung auf Fächer und Unterrichtsformate, die in Studien gar nicht einbezogen waren (z. B. das Fach Bildende Kunst). Allein die Reduktion von Didaktik auf zwei Hände voll an Merkmalen müsste zu denken geben.

188 Im Managementbereich wird dieser Diskurs intensiv geführt. »Culture change« ist hier ein wichtiges Thema; z. B. von Hehn, S., Cornelissen, N., Braun, C. (2016). *Kulturwandel in Organisationen. Ein Baukasten für angewandte Psychologie im Change-Management.* Berlin: Springer. Vgl. auch Gräsel, C., Parchmann, I. (2004). Implementationsforschung – oder: der steinige Weg, Unterricht zu verändern. In *Unterrichtswissenschaft,* 32(4), 196–214. Bereits Kurt Lewin hat Anfang der 1950er Jahre die Widerstände und den Veränderungsdruck bzw. das Verhältnis von Akteur und Umwelt als Kräftefeld gedacht; vgl. Lewin, K. (1951). *Field-Theory in Social Science.* New York: Harper and Row. Seither ist das Change Management vielfach modelliert worden; vgl. Jones, G. R., Bouncken, R. B. (2008): *Organisation: Theorie, Design und Wandel* (5., akt. Aufl.). München: Pearson, S. 607–634; Kriegesmann, B., Kerka, F. (Hrsg.) (2007). *Innovationskulturen für den Aufbruch zu Neuem. Missverständnisse – praktische Erfahrungen – Handlungsfelder des Innovationsmanagements.* Wiesbaden: Deutscher Universitätsverlag; Schreyögg, G. (1991). Kann und darf man Unternehmenskulturen ändern? In: Dülfer, E. (Hrsg.), *Organisationskultur. Phänomen – Philosophie – Technologie* (2. erw. Aufl., S. 201–214). Stuttgart: Poeschel; Senett, R. (1998). *Der flexible Mensch. Die Kultur des neuen Kapitalismus.* (2. Aufl.). Berlin: Berlin Verlag.

über Jahrzehnte entwickelt und stabilisiert – oftmals ohne sie sich bewusst zu machen. Wie flexibel bzw. flexibilisierbar ist dann die etablierte Norm?[189] Neben den beständigen und kontinuierlichen Modifikationen, die durch die Anwendungssituationen generiert werden – im Bild gesprochen wird die DNA der Kultur nicht identisch repliziert –, kommt es im Unterricht zuweilen doch zu größeren Veränderungen. Wodurch werden sie veranlasst? Was ist so einflussreich, dass vorhandene und stabilisierte Strukturen im Unterrichtshabitat verändert werden?[190] Wie kann eine Kultur, die in die Punktwolke von Abbildung 16 eingeordnet werden kann, verändert werden? Hier lassen sich folgende Ereignisse und Entwicklungen nennen, die Veränderungen generieren können:

6.6.1 Misserfolge

Steigender Drogenkonsum, delinquentes Verhalten, Klassen- und Schulwechsel, Mobbingfälle oder Misserfolge des Bildungssystems, der einzelnen Schule, der einzelnen Lehrperson, angezeigt durch Rückmeldungen unterschiedlichster Art (z. B. statistische Bundes- und Ländesämter, verschiedene Kinder- und Jugendstudien wie SINUS, Shell Jugendstudie, KiGSS, internationale Vergleichsstudie, Vergleichstests, Unterrichtsbesuche durch Schulaufsichtsbehörde, Feedback durch Schülerinnen und Schüler), decken Widersprüche zwischen der Oberflächen- und Tiefenstruktur (vgl. Kap. 5.4) auf und mahnen an, sie in den Blick zu nehmen. Krisendiagnosen führen in Bildungssystemen – sofern sie medial verbreitet und gesellschaftlich sowie bildungspolitisch intensiv rezipiert werden – zu Änderungen. Wie bereits erwähnt, zeigt dies die Rezeption der PISA-Studie in Deutschland.[191] Diese internationalen Vergleichsuntersuchungen, die um die Jahrtausendwende besonders prominent geworden sind, führten zu Buchtiteln wie »die PISA-Katastrophe« oder »Nach PISA«; ähnlich und vergleichbar die von Georg Picht ausgerufene Bildungskatastrophe (1964). In beiden Fällen wurde im Übrigen mit Vergleichsarbeiten operiert und auf Nachweise und Evaluationen gesetzt, was auch zu veränderten Vorstellungen zur Frage, was guter Unterricht sei, geführt hat.

---

189 Zu Normalität, Normativität, flexibler Normalismus vgl. Link, J. (2018). *Normalismus und Antagonismus in der Postmoderne: Krise, New Normal, Populismus.* Göttingen: Vandenhoeck & Ruprecht.

190 Theoretisch und empirisch sind Innovationsprozesse und ihre Stetigkeiten besonders prominent bei J. A. Schumpeter sowie T. Kuhn beschrieben (vgl. zusammenfassend: Haag, G., Müller, K. H. (2015), S. 942 ff.

191 Vgl. Pongratz, L. A. (2004). Freiwillige Selbstkontrolle. Schule zwischen Disziplin und Kontrollgesellschaft. In N. Ricken & M. Rieger-Ladich (Hrsg.), *Michel Foucault. Pädagogische Lektüren* (S. 143–259). Wiesbaden: VS.

6.6.2 Gesellschaftlich gewandelte Sinnstrukturen

Wandeln sich gesellschaftliche Einschätzungen und Sichtweisen, dann stehen schulische Sinnstrukturen auf dem Prüfstand und werden thematisiert, sofern sie offensichtlich im Widerspruch zu den gesamtgesellschaftlichen Entwicklungen stehen. Sichtbar wird die infrage gestellte Sinnstruktur von Schule und Unterricht zur Zeit der Abfassung dieses Buch beispielsweise an den Demonstrationen »Fridays for Future«, die deutlich machen, dass der Sinn von Unterricht durch eine andere Sinnkonstruktion, die »mehr wert und wichtiger ist«, abgelöst ist: der Einsatz für die Umwelt, sodass das schulische Lernen offen durch Abwesenheit in seiner Bedeutung relativiert wird und vor diesem Hintergrund neu zu justieren ist.

6.6.3 Tiefgreifende Ereignisse: Katastrophen und Krisen

Globale Krisen (Klimawandel, Hungerkatastrophen, Fluchtbewegungen, Pandemien) sowie Irritationen bzw. Unsicherheiten bezüglich der Leistungsfähigkeit eines politischen Systems im Hinblick auf Rechtsstaatlichkeit, Sicherheit, Demokratieeinforderung, Gerechtigkeit führen zu Irritationen im Unterricht.

Sehr konkret werden sie, wenn Krisen und Katastrophen eine einzelne Schule oder Klasse betreffen (Flugzeugabsturz, Amoklauf, Brand, Krankheit). Diese Ereignisse gehen – je nach Tragweite – in das Gedächtnis der einzelnen Schule und der einzelnen Klasse ein[192] und verändern das Habitat.

Die Coronapandemie zwang Lehrerinnen und Lehrer, den Unterricht auf digitalem Wege zu gestalten; eine Veränderung, die man sich im Jahr 2019 nicht hätte vorstellen können. Die Unterrichtshabitate vor Ort wurden oberflächenstrukturell umgestaltet:

Dahinter steht die tiefenstrukturelle Logik, dass die Gesundheit des Einzelnen wichtig ist. Sie hat sich durchgesetzt. Die regelmäßig medial vermittelten Zahlen und Bilder von Kranken und Toten weltweit haben zu der Entscheidung geführt, dass die Gesundheit als Schlüsselkonzept im Vordergrund steht. Die Krise hat dazu geführt, dass die Diskussion um die Gewichtung von Schlüsselkonzepten geführt wird: Ist die Gesundheit wichtiger als Wohlstand? Sollte Sicherheit oder Freiheit im Vordergrund stehen? Ist die eigene Freiheit wichtiger als die Gesundheit anderer? Ist das Leben älterer Menschen dem jüngerer Menschen nachzustellen?

---

192 Vgl. Assmann, J. (1988); Assmann, J. (1997).

6.6.4 Forschungsbefunde, Entwicklungen und Erfindungen

Erkenntnisse und Entwicklungen in unterschiedlichen Bereichen finden auch Eingang in Schule und Unterricht und verändern Unterrichtshabitate. Zuweilen gehen technische Entwicklungen mit Krisensituationen einher. Der durch die Coronapandemie erforderliche Onlineunterricht des Jahres 2020 erzwang beispielsweise eine Nutzung digitaler Technik im Homeschooling. Schulbuchverlage reagierten mit Webinaren, Videokonferenzdienste wurden vielfach kennengelernt und Lernplattformen eingeführt und genutzt. Auch digitale Whiteboards, GPS-Geräte, interaktive Lernräume, Lernsoftware, Dokumentenkameras, flexibele Möbel im Klassenzimer vom Pendelhocker bis zum Tischfahrrad stellen aktuelle Entwicklungslinien dar – basierend auf medizinischen, technischen sowie bildungswissenschaftlichen Erkenntnissen und Befunden.

6.6.5 Gesetzesänderungen

Gesetzesänderungen sind in einem System, welches über Gesetze und Verordnungen strukturiert ist, ein wirksames Mittel, um Veränderungen herbeizuführen. Frauenrechte, Menschenrechte, Kinderrechte, das Recht auf Bildung sind zentrale rechtlich verankerte Vorgaben für die Ausgestaltung des Bildungssystems. Auch das Recht auf Teilhabe von Menschen mit Behinderung wird über die gesetzliche Verankerung verbindlich in seiner Umsetzung. Gesetzliche Grundlagen sind ein wichtiger und elementarer Baustein hinsichtlich der Innovation eines Bildungssystems.

6.6.6 Helden, Heldinnen und Vorbilder

Auch in Schulen können Helden, Heldinnen und besondere Vorbilder das Habitat prägen. Sie sind über Bilder, Narrative, Symbole, Namensgebungen präsent. In Einzelschulen zählen hierzu ehemalige, zumeist erfolgreiche Schülerinnen und Schüler, die es gesellschaftlich bzw. beruflich »weit gebracht« haben. Es entsteht dann das Bewusstein, die Schule besucht zu haben, auf die auch Held/in X ging. Dieser Umstand kann dazu führen, dass diese Personen in Form von Wettbewerben, Preisen oder von ihnen definierten Schlüsselkonzepten die aktuell vorhandene Tiefenstruktur einer Schule prägen.

6.6.7 Leidenserfahrung

Lehrpersonen, die sich nicht wohlfühlen, die unzufrienden oder beruflich unglücklich sind, können durch externe Begleitungen, die einen kulturfremden Blick ermöglichen, ihr Erleben verstehen und ihre Veränderungsoptionen abschätzen. Greift man das

Beispiel des Kunstlehrers auf (S. 109 f.), bei dem Unterricht fast nicht mehr möglich ist, und fragt nach den Optionen, die die Lehrperson hat, so müsste sie das Habitat oberflächen- wie tiefenstrukturell neu gestalten, denn das Habitat existiert mit diesen Merkmalen schon längere Zeit, sodass auch außerhalb des Klassenzimmers seine Existenz und seine Merkmale beschrieben und attestiert werden. Es wird von den Akteuren reproduziert und es ist über die Manifestationsformate manifestiert. Greift man die vorgestellte Modellierung des Würfels (vgl. Abb. 16) auf, mit der die Faktoren ins Bild gebracht sind, die ein Habitat stabilisieren, so können Leidenserfahrungen dazu führen, dass Habitate auf Änderungsmöglichkeiten geprüft werden. Bezogen auf das Beispiel des Kunstlehrers könnte er Teamteaching einführen oder Gespräche im Rahmen von Supervision suchen. Wird die unterrichtskulturelle Stabiltität als extrem hoch eingestuft, wäre ein andere Option für die Lehrperson, das Habitat zu verlassen (Versetzungsantrag).

6.6.8 Reflexion am Beispiel

Angenommen die Lehrperson im Beispiel würde eine Habitatänderung anstreben. Wie könnte ihr das gelingen? Was könnte die Stabilität der vorhandenen Kultur ins Wanken bringen? Angenommen, die Lehrperson bekäme eine Beratungsperson zur Seite gestellt, der sie ihr Leid und ihre Probleme im Unterricht schildert, würde mit ihr über einen Wandel des beschriebenen Habitats nachdenken und neue Motivation schöpfen, aktiv zu werden.

Klar ist: Mit kleinen Veränderungen wäre kaum etwas zu bewirken, denn das Habitat ist situiert und stabil. So stabil, dass es Geschichte hat und seine Merkmale auch außerhalb des Habitats beschrieben werden können. Beobachterinnen und Beobachter benennen, dass ein fehlender Zusammenhang von Vermittlung und Aneignung zu konstatieren ist: Es wird kaum gearbeitet oder gelernt. Eine Idee, dass die Schule und der Unterricht über künstlerisches Gestalten eine Auseinandersetzung mit der Welt ermöglichen, ist nicht eingelöst.

Was könnte die Lehrperson tun, um das selbst geschaffene Habitat zu verändern?

Zunächst müsste Herr Müller sich der Tiefenstruktur vergewissern und klären, was ihm wichtig ist, was er mit seinem Unterricht erreichen will. Welche sind seine basalen Annahmen über die Sache, das Lernen, die Schule? Angenommen, er würde als Schlüsselkonzept angeben: Das Fach Kunst ist wichtig; denn man kann die Welt und sich über künstlerisches Gestalten verstehen und verändern. Dann schließt sich die Gestaltungsaufgabe an. Wie nimmt die Tiefenstruktur »Gestalt an«? Wie ist die Oberfläche mit ihren Manifestationsformen bzw. -möglichkeiten zu gestalten bzw. umzugestalten, dass sie die Tiefenstruktur spiegelt und stabilisiert? Hier gibt es eine Vielzahl an Gestaltungsoptionen; die Güte der Entscheidung hängt davon ab, inwiefern sie die Tiefenstruktur repräsentiert.

Manifestationsformen:	**Verhalten**	**Werte/Normen**	**Raum-Zeit-Strukturen**	**Objektivationen**	**Emotionen**	**Körperpräsenz**
VORHER Zustand	Die Lehrperson bereitet den Unterricht nicht vor, die Schülerrinnen und Schüler arbeiten nicht mit.	Schüler/innen: Wir brauchen nichts zu tun. Lehrperson: Die Schüler/innen sind desinteressiert. Sie wollen nichts tun; dann brauche ich auch nichts zu investieren.	Die Strukturen sind lose; räumlich gesehen im Hinblick auf die Sitzordnung, zeitlich gesehen, weil der Unterricht später beginnt und irgendwann aufhört. Der Lehr-Lernprozess ist nicht strukturiert.	Im Raum befinden sich Gegenstände lose oder nicht geordnet; besonders deutlich am Vorbereitungsraum zu erkennen. Verbotener Gegenstand: Handy	Die Atmosphäre ist von Frustration und Langeweile geprägt.	Faustschlag, laute Stimme, Abwesenheit bei Konflikten
NACHHER Erwünschte Praxis Konkrete Habitatgestaltung	Lehrperson markiert die Vorbereitung sprachlich, über Medien und gestaltet eine vorbereitete Umgebung; Grundtätigkeiten: • aufräumen, • sortieren, • erhalten, • ausstellen und an der Sache arbeiten, • Musik hören	Jede ernsthafte künstlerische Tätigkeit ist sinnvoll und wichtig. Regeln werden eingehalten.	Die Tische sind bewusst angeordnet; Stühle stehen korrekt am Tisch; Wandteiler strukturieren den Raum, ein Gong markiert, wann die Arbeitszeit beendet werden soll, Schüler sind für Aufräumarbeiten eingeteilt; Lehrperson gibt zu Beginn einen Überblick über die anstehenden Arbeiten. Sie macht ihre Überlegungen transparent.	geordnete Gegenstände, Aufbewahrungsmöglichkeiten, Stellwände, Handys mit Kopfhörern, ausgestellte Bilder von Schülern	Interesse und Offenheit für Gestaltung; Ruhe bzw. Musikhören mit Kopfhörern; konstruktive Rückmeldungen zu Schülerarbeiten	geht zu einzelnen Schülerinnen und Schülern und führt sachbezogene Gespräche über die Arbeit
Schlüsselkonzept: Bildende Kunst ist ein Weg, sich auszudrücken.						

Tab. 5: Habitatentwicklung

Das Kernproblem bei der Habitatgestaltung liegt, wie schon mehrfach erwähnt, in dessen Stabilität. Vorhandene Habitate, die fest etabliert sind, reproduzieren sich. Eine kleine Veränderung, in etwa, wenn der Kunstlehrer im obigen Beispiel eines Tages motiviert und vorbereitet im Unterricht erscheinen würde, könnte eine Veränderung des Habitats nicht bewirken; denn alle anderen Kontextbedingungen im Habitat hebeln diesen Widerspruch aus: Er wäre wahrscheinlich enttäuscht. Deshalb braucht es, wollen Lehrpersonen ihren Unterricht weiterentwickeln, einen Blick auf das gesamte Habitat; hierzu zählt ein Blick auf die Tiefenstruktur. Eine Lehrperson, die Kunst nur gewählt hat, weil dieses Fach gerade »gebraucht« wird und höhere Einstellungschancen verspricht, die selbst nicht künstlerisch tätig ist und der bildenden Kunst auch keine wirkliche Bedeutung zuspricht, wird auch nichts anderes vermitteln können.

Im obigen Beispiel ist ein Habitatwandel herausfordernd. Die Lehrperson müsste bewusst auch anderen Lehrpersonen vermitteln, dass Wandel stattfindet, in etwa, indem der Vorbereitungsraum aufgeräumt wird und Kolleginnen oder Kollegen um Mithilfe gebeten werden, indem die Zielperspektiven kommuniziert werden und indem sich die Lehrperson vom Tempo des Wandels und vermeintlichen Rückschlägen nicht irritieren lässt. Es könnte auch sein, dass die Lehrperson abschätzt, dass sie einen Kulturwandel nicht mehr zu leisten vermag angesichts der vorhandenen kulturellen Stabilität im Habitat. In diesem Fall müsste die Lehrperson mit der Schulleitung sprechen und zum Schulhalbjahr um eine andere Klasse bitten; in letzter Konsequenz: Ist auch der Ruf der Lehrperson so beschädigt, dass ihr eine bestimmte Habitatgestaltung zugeschrieben wird und ein Wandel wenig Aussicht auf Erfolg hätte, wäre ein Versetzungsantrag und ein Neuanfang eine Möglichkeit.

Der Wandel von Unterrichtshabitaten

Unterrichtskulturen weisen immer ein Maß an Stabilität auf. Es bestimmt sich durch die Akteure, die Geschichte der Kultur sowie über die Manifestationsformen. Irritationen und Wandel werden durch folgende Ereignisse befördert:
- Misserfolge
- Wandel gesellschaftlicher Sinnstrukturen
- Katastrophen und Krisen
- technische Entwicklungen
- Gesetzesänderungen
- Helden, Heldinnen und Vorbilder
- Leidenserfahrung

Wandel erfordert die Rückversicherung über die zu implementierenden Tiefenstrukturen (Schlüsselkonzepte) und die Wahl geeigneter Oberflächenstrukturen in allen Bereichen sowie Akteure, die den Kulturwandel unterstützen und gutheißen.

7. Unterrichtsplanung als Habitatgestaltung

Im Rahmen des Unterrichts bilden sich im Laufe der Zeit in Klassenstrukturen meist über zwei bis vier Schuljahre hinweg Unterrichtskulturen mit relativ stabilen Tiefen- und Oberflächenstrukturen aus. In Anlagerung an den unterlegten Sinn des Unterrichts suchen Lehrpersonen Wege, die Transformation der Tiefenstrukturen auf die Oberflächenebene zu erreichen. Der Unterricht wäre dann gelungen, wenn die Tiefenstrukturen professionell begründet sind und die Oberflächenstrukturen diese manifestieren bzw. abbilden.

Unterrichtsplanung und Unterrichtsanalyse bedeutet somit, zwei zentrale Aufgaben zu lösen:

1. Die Benennung und Begründung der Schlüsselkonzepte
2. Die begründete Transformation der Schlüsselkonzepte in Oberflächenstrukturen

Um diese Aufgabe lösen zu können, sind die fachbezogenen Erkenntnisse und Wissensbestände wichtig: *die Fachdidaktik*. Sie fokussiert diese beiden grundlegenden Aufgaben bei der Unterrichtsplanung. Unterricht zu planen bedeutet somit, eine begründete Entscheidung für bestimmte Oberflächenstrukturen zu treffen und bestimmte Tiefenstrukturen zu etabilieren. Unterricht zu planen heißt, eine multioptionale Transformationsaufgabe zu lösen.

7.1 Kohärenz

Die beschriebene Mulitoptionalität im Hinblick auf das generative Bedingungsverhältnis von Oberflächen- und Tiefenstruktur (Kap. 4) bietet die Möglichkeit und die Notwendigkeit, dass die Lehrperson passende Oberflächenstrukturen wählt – freilich unter der Voraussetzung reflektierter und begründeter Tiefenstrukturen (vgl. Kap. 4.2).

Um zu akzentuieren, dass es um Zusammenhänge und Anschlussmöglichkeiten geht, ist der Terminus »Kohärenz« besonders geeignet. In etlichen Wissenschaftsgebieten akzentuiert er die argumentative bzw. logische Seite von Zusammenhängen. Auch markiert er eher als der der Passung, dass ein Zusammenhang geprüft bzw. untersucht werden kann und muss.[193]

Graduell lässt sich das Maß der Kohärenz differenzieren; sie reicht von der Spiegelung der Tiefenstrukturen auf der Oberfläche des Unterrichtshabitats bis hin zu deren Negierung. *Widersprüche zwischen der Oberflächen- und Tiefenstruktur gilt es somit in der Planung und Analyse von Unterricht zu vermeiden, soll eine bestimmte Tiefenstruk-*

---

193 Passung wird nicht von ungefähr als »pädagogisches Prinzip« beschrieben.

tur situiert bleiben.[194] Im Rahmen der Kultursensiblen Didaktik spielt dieser Qualitätsaspekt eine bedeutende Rolle, denn die professionell erzeugte Kohärenz im Unterricht ermöglicht, dass Kulturen Stetigkeit im erwünschten Sinne entwickeln. Hierbei bezieht sich Kohärenz des Unterrichts auf drei Zusammenhänge:

1. Die Kohärenz zwischen Oberflächen- und Tiefenstruktur (d. h. Manifestationsformen und Schlüsselkonzepte)
2. Die Kohärenz innerhalb der Oberflächenstruktur (d. h. zwischen den Manifestationsformen)
3. Die Kohärenz innerhalb der Tiefenstruktur (d. h. zwischen den Schlüsselkonzepten)

Zur Verdeutlichung ein Beispiel

Beispiel

Frau Ott ist die Biologielehrerin in Klasse 7d. Ihr ist es wichtig, dass die Schülerinnen und Schüler – wann immer möglich – für die Verantwortung im Hinblick auf ihre Umwelt sensibilisiert werden und Einstellungen entwickeln, die zum Erhalt der Umwelt beitragen.

Frau Ott vertritt ein Schlüsselkonzept »Nachhaltig leben«. Betrachten wir die Oberflächenstruktur des Unterrichts von Frau Ott, wäre rasch identifizierbar, ob die Oberflächenstrukturen des Unterrichts mit dem Schlüsselkonzept (Tiefenstruktur) kohärent sind. Würden wir den Unterricht von Frau Ott über einen längeren Zeitraum beobachten und feststellen, dass Frau Ott jede Stunde zwischen ein und drei Kopien an jeden Schüler und jede Schülerin austeilt, weil sie die Aufbereitung des Stoffs im Buch nicht gut findet, dann schränkt sie die Kohärenz zwischen der Oberflächen- und Tiefenstruktur des Unterrichts ein. Das wird oberflächenstrukturell deutlich, wenn neben dem Papierspender der Hinweis steht: »Bitte nur 1 bis 2 Blatt verwenden!« oder wenn sie zwar die Verantwortung für die Umwelt als wichtiges Schlüsselkonzept betrachtet, zugleich aber auch eine Sprachreise für die Klasse organisiert, die per Flugzeug stattfinden soll.

Kohärenz und Inkohärenz treten im Habitat Unterricht auf; oftmals in der Schulpädagogik als »Spannungsverhältnisse« thematisiert, weil sie sich nicht ohne Weiteres auflösen lassen.[195]

---

194 Das Phänomen der Inkohärenz hat Werner Helsper mit dem Blick auf die Antinomie in Schule und Unterricht bzw. im Lehrerhandeln aufgegriffen; Helsper, W. (2012). Antinomien im Lehrerhandeln. Professionelle Antinomien – vermeidbare Verstrickung oder pädagogische Notwendigkeit. In *Lernende Schule, 15*(60), S. 30–34; Helsper, W. (2000). Wandel der Schulkultur. In *Zeitschrift für Erziehungswissenschaft, 3*(1), 35–60.

195 Esslinger-Hinz, I., Fischer, H.-J. (Hrsg.) (2008). *Spannungsfelder der Erziehung und Bildung. Ein Studienbuch zu grundlegenden Themenfeldern der Pädagogik.* Baltmannsweiler: Schneider Hohengehren.

Kohärenz

Der Begriff »Kohärenz« bezeichnet die Passung zwischen Schlüsselkonzepten der Tiefenstruktur des Unterrichts und deren Realisierung in den Oberflächenstrukturen.

Ist Kohärenz gegeben, dann lassen sich anhand der Oberflächenstrukturen die Tiefenstrukturen rekonstruieren. Kohärenz liegt vor, wenn Gegenständliches, Kognitionen, Verhalten, Raum-Zeit-Strukturen, Emotionen und Körperpräsenzen sich gegenseitig stützen und widerspruchsfrei sind, wenn die Sinnannahmen im Habitat durch die Oberflächenstrukturen abgebildet sind und wenn die Sinnannahmen in sich stimmig sind.[196]

Kohärenz ist kein Zustand, sondern ein Prozess.

Der Anspruch nach Kohärenz bewahrt auf der Oberflächenebene vor Unterrichtsdogmatismus und vor Unterrichtsprogrammatiken, weil die Sinnannahmen zum Thema nicht ausgeblendet werden können. Zugleich sind didaktische Entscheidungen nicht aus sich selbst heraus möglich (»Ich mache ›Think-Pair-Share‹ «) ohne ein »Weil« mit Bezug auf die Tiefenstruktur. Er bewahrt auf der Oberflächenebene davor, Manifestationsformen zu wählen, die das Lernen behindern, und er eröffnet tiefenstrukturell die Wahrnehmung von Spannungsfeldern, die bearbeitet und in Anteilen auch ausgehalten werden müssen.

Es sind somit zwei Bereiche didaktischer Entscheidungen, die zu fällen sind und die sich bedingen: Zum einen die Entscheidung über kohärente Sinnstrukturen sowie zum anderen die Entscheidung über kohärende Oberflächenstrukturen.

Wodurch lässt sich sichern, dass »richtige«, das heißt angemessene und kohärente Entscheidungen getroffen wurden? Die Güte[197] des Unterrichts bemisst sich in dieser Sicht an den Begründungen, die für diese beiden didaktischen Entscheidungen gegeben werden:

Güte didaktischer Entscheidungen

1. Die Begründungen zur unterlegten Sinnstruktur
(Warum sollen die Schülerinnen und Schüler das lernen, verstehen, emotional integrieren?)

2. Die Begründungen zur angenommenen Kohärenz
(Kann die angestrebte Sinnstruktur durch die gewählte Oberflächenstruktur des Unterrichts erreicht und stabilisiert werden?)

---

196 Die Kohärenz wird in der schulpädagogischen Fachliteratur als pädagogisches Prinzip der »Passung« genannt. Heutzutage bezeichnen auch Termini aus dem anglo-amerikanischen Bereich wie »matching« oder »fitting« in Ansätzen das Gemeinte.

197 Da der Qualitätsbegriff im schulpädagogischen Diskurs vornehmlich im Zusammenhang mit Outputfeststellungen steht, wird hier der Begriff der »Güte« gewählt, um zu markieren, dass es um ein Spektrum an Merkmalen im Unterrichtshabitat geht (vgl. Kap. 8).

Nun lässt sich weiter fragen: Welcher Art können diese Begründungen sein? Argumentationsfiguren an sich stehen noch nicht für Qualität. Unterrichtsnachbesprechungen zeigen beispielsweise, dass Begründungen zur gewählten Oberflächenstruktur durchaus gegeben werden.

Hier noch ein Beispiel: Herr Diefenbach versucht sehr gezielt, sein gewähltes Schlüsselkonzept auf der Oberfläche umzusetzen.

Beispiel

Herr Diefenbach vertritt eine Bildungsvorstellung der Anerkennung von Diversität, da moderne Gesellschaften durch Pluralitätszuwächse gekennzeichnet sind, die die Lebensstile und Lebensweisen, Ansichten und Weltanschauungen betreffen. Die Freiheit besteht darin, zwischen verschiedenen Optionen wählen zu können und nicht an einer Normalität – bezogen auf Ethnie, Weltanschauung, sexuelle Orientierung, geschlechtliche Identität – gemessen zu werden. Sobald es zum Kern einer Lebenseinstellung, Religion, Ideologie gehört, andere abzuwerten oder zu bekämpfen, ist eine Grundlage der modernen Gesellschaft gefährdet. In der Folge können Menschen in modernen Gesellschaften nur dann friedlich und zukunftsorientiert miteinander leben, wenn diese grundsätzliche Anerkennung diverser Lebensstile akzeptiert und anerkannt wird. Tiefenstrukturell fomuliert Herr Diefenbach folgendes Schlüsselkonzept:

Jeder hat das Recht und die Freiheit, sein Leben selbst zu gestalten.

In der Konsequenz ist Herr Diefenbach bestrebt, auf der Oberfläche stabile Anerkennungsverhältnisse zu generieren. Sie sind nicht grundlegend und selbstverständlich gegeben. Herr Diefenbach gestaltet bewusst kohärente Oberflächenstrukturen. Außerhalb seines Unterrichts kann es durchaus sein, dass Personengruppen nicht gleichberechtigt behandelt oder Feindbilder generiert werden. Das ist Herrn Diefenbach klar. Innerhalb seines Unterrichts fällt er didaktische Entscheidungen, um sein Schlüsselkonzept umzusetzen, denn er weiß: Soll das formulierte Schlüsselkonzept Geltung haben, braucht es eine implementierte Realität in den Oberflächenstrukturen. Zu ihr gehört, dass Intoleranz nicht toleriert wird und dass Respekt und Anerkennung oberflächenstrukturell etabliert sind: Er reagiert sensibel auf jede abwertende Äußerung, lobt und unterstützt, so gut er kann, sorgt dafür, dass sich möglichst alle verstehen und fordert Kooperation ein. Er arbeitet besonders gern und häufig mit Formaten kooperativen Lernens. Um die Anerkennung von Diversität gewährleisten zu können, wird jedoch auch jede Ablehnung des Schlüsselkonzepts exkludiert. Abwertende Äußerungen, ausgrenzende Handlungen werden nicht toleriert und unmittelbar aufgegriffen und ausgeräumt.

Das Beispiel zeigt, dass eine Unterrichtskultur längst nicht gegeben ist, wenn auf der Oberfläche der Schule oder des Unterrichts Schlüsselkonzepte punktuell und temporär aktualisiert werden, die jedoch ansonsten nicht verankert sind. Zum Tag der offenen Tür ausgehängte Schilder oder im Klassenzimmer aufgehängte Regeln bilden dann eine Oberfläche, der keine Tiefenstruktur entspricht, weil sie nicht zur Kultur gehört. Diese Oberfläche hat dann in dem Moment auch keine Bedeutung für den Unterricht – es sei denn, es wird damit ein Anfang gemacht für die Verankerung in vielen bzw. der Breite der Manifestationsformen.

7.2 Adaptivität

Unterricht stellt zwar einen vorbereiteten und von der Lehrperson gestalteten Rahmen zur Verfügung. Die Akteure, mit ihren unterschiedlichen Habitaten außerhalb von Schule und Unterricht, mit ihren Wünschen und Bedürfnissen, Abneigungen oder Vorlieben reproduzieren den kulturellen Raum, sie modifizieren ihn jedoch zugleich, denn kulturelle Reproduktion ist immer auch eine Interpretationsleistung und mit ihr entsteht Variabilität und somit sind Optionen für Modifikationen gegeben (vgl. Kap. 6.6). Das ist möglich, je mehr Freiheitsgrade der Unterricht bietet. Freiheitsgrade sind bezogen auf inhaltliche (Womit beschäftige ich mich? Wie sollen die Aufgabe und der Schwierigkeitsgrad sein?), zeitliche (Was arbeite ich als Nächstes? Wann möchte ich beginnen? Wann sollen Pausen eingelegt werden?), kooperative (Mit wem arbeite ich zusammen?), methodische (Wie möchte ich die Aufgabe lösen?) Freiräume. Steigen die Freiheitsgrade, weitet sich das mögliche Ereignisspektrum: Es kann viel mehr Unerwartetes und von der Lehrperson nicht Vorgesehenes passieren.

Nun besteht die Aufgabe der Lehrperson darin, die Logik der Tiefenstruktur jeder neuen Situation zu unterlegen und neue Situationen in tiefenstrukturelle Passung zu bringen. Das ist ein äußerst komplexer Prozess und benötigt ein hohes Maß an professioneller Kompetenz. Neben der Kenntnis von Oberflächenmöglichkeiten im Unterricht (Merkmalskripts), müssen Lehrpersonen diese im Hinblick auf die Potenziale zur Anschlussfähigkeit an Schlüsselkonzepte prüfen und einschätzen können (Deutungsskripts) und schließlich in konkretes Handeln und gestaltete Praxen umsetzen.

Lehrerinnen und Lehrer unterscheiden sich in ihren Skriptentwicklungen bzw. in der Art und Weise, wie sie neue Unterrichtssituationen wahrnehmen und deuten und tiefenstrukturelle Passungen, das heißt Kohärenz generieren.

Beispiel

Die Schülerinnen und Schüler der Klasse 6c arbeiten in Gruppen zum Thema »Detektivgeschichten«. Die Gruppe tritt mit dem Vorschlag an die Lehrperson, Herrn Greiner, heran, eine Ausstellung zum Thema in einem Klassenzimmer zu machen; am besten für den nächsten Tag der offenen Tür. »Man könnte eine Leiche (Puppe) zur Dekoration in eine Ecke des Klassenzimmers legen; mit Blut und so. Da würden bestimmt viele kommen.«

<table>
<tr><th>Wissensbereiche
Skriptebenen</th><th>Wissen über die Unterrichtskultur (Oberflächen- und Tiefenstrukturen)</th><th>Wissen über die eigene Person</th><th>Wissen über das Lernen (Zugangserschließung)</th><th>Wissen über die Sache (Welterschließung)</th><th>Wissen über Lernende (Selbsterschließung)</th></tr>
<tr><td></td><td colspan="5">Wissen über Schlüsselkonzepte</td></tr>
<tr><td>Handlungsskript</td><td colspan="5">Handeln und Unterrichten
(Die Deutungen und Bewertungen werden in Handlungsskripts integriert; die Oberflächenstruktur wird bewusst gestaltet)</td></tr>
<tr><td>Deutungsskript: Die Oberflächen- und Tiefenstrukturmerkmale werden im Zusammenhang gesehen</td><td colspan="5">Deuten und Bewerten
(Identifizierte Merkmale werden gedeutet und bewertet; Elaboration von Schlüsselkonzepten)</td></tr>
<tr><td>Merkmale der Oberflächenstruktur (Skripts)</td><td colspan="5">Beobachten und Benennen
(Merkmale des Unterrichts werden beobachtet, konstatiert und benannt)</td></tr>
</table>

Abb. 17: Skriptentwicklung von Lehrpersonen (in Anlehnung an Esslinger-Hinz & Denner 2019[198])

Der Vorschlag kommt für die Lehrperson unerwartet. Herr Greiner ist ein Lehrer mit einem breiten Skriptrepertoire auf allen Ebenen. Er weiß auch, was ihm als Lehrer und Pädagoge wichtig ist: die Schüler zu motivieren und ein demokratisches Grundverständnis zu entwickeln. Er sagt also: »Lasst uns euren Vorschlag zusammen durchdenken. Was spricht dafür? Wo könnten wir Probleme bekommen?« Die Gruppe listet alle Vor- und Nachteile auf und Herr Greiner merkt seine Vorbehalte an. Wie würden jüngere Kinder reagieren? Wären die Eltern einverstanden? Die Gruppe sucht gemeinsam nach Lösungen und entscheidet sich schließlich dafür, mit Andeutungen zu arbeiten wie einem markierten Leichenfund.

Betrachtet man das Verhalten von Herrn Greiner unter der Perspektive des hier vorgestellten Ansatzes, so versucht er, seine Schlüsselkonzepte im Habitat zu stabilisieren. Er wählt ein kohärentes Verhalten, indem er kooperativ mit den Schülerinnen und Schülern nach Lösungen sucht. Man kann sich an diesem Beispiel auch andere Reaktionen der Lehrperson denken, die die Logik, die Herr Greiner etabliert hat und stabilisieren will, unterläuft: In etwa könnte er spontan einfach sagen: »Das erlaubt die Schulleitung nie. Das geht nicht.« Oder: »Das macht mir zu viel Arbeit und euch auch. Ihr unterschätzt das Ganze.«

---

198 Esslinger-Hinz, I., Denner, L. (2019). Die berufsfeldbezogene Lernbereitschaft von Lehramtsstudierenden. In *Zeitschrift für Pädagogik*, 65(5), 748–768.

Um situativ hier tiefenstrukturell passende Lösungen zu finden, muss die Lehrperson mehrere Kompetenzen ausgebildet haben: Erstens muss sie in der Lage sein, die Merkmale der Situation multiperspektivisch zu deuten, sie in einen Zusammenhang mit den eigenen zu vertretenden Schlüsselkonzepten stellen, sie benötigt weiterhin ein Repertoire an möglichen Oberflächenstrukturen sowie drittens gute Gründe (vgl. Kap. 4.3.1), um aus mehreren Optionen kohärente wählen zu können. Verfügt eine Lehrperson über die in Abbildung 17 genannten Wissensbestände und ist sie in der Lage, komplexe Unterrichtssituationen strukturell (Skripts) wahrzunehmen und Oberflächenstrukturen zu wählen, die kohärent sind, wird dies als *Adaptivität* bezeichnet.

Adaptivität

Während »Kohärenz« die Passung zwischen Schlüsselkonzepten der Tiefenstruktur des Unterrichts und deren Realisierung in den Oberflächenstrukturen markiert, akzentuiert der Terminus Adaptivität die Kohärenzherstellung in diversen und vielfältigen Handlungs- und Entscheidungssituationen. Die Adaptivität ist an die Fähigkeit der Lehrperson geknüpft, Unterrichtssituationen und -ereignisse unter dem Vorzeichen gewählter Schlüsselkonzepte wahrzunehmen und kohärente Entscheidungen zu fällen. Hierzu muss die Lehrperson in der Lage sein, die wichtigen Merkmale von Situationen zu erkennen und zu deuten. Adaptivität ist somit die Fähigkeit von Lehrpersonen, Kohärenz herzustellen.

Unterricht, der unter dem Vorzeichen Kultursensibler Didaktik geplant wird, zeichnet sich somit durch Kohärenz und Adaptivität aus. Diese Merkmale der Güte von Unterrichtshabitaten werden im Kapitel 7.4 wieder aufgenommen und erweitert.

8. Habitatanalysen

8.1 Drei Analysewege im Überblick

Will man Habitate mit ihren Oberflächen- und Tiefenstrukturen verstehen und bewerten, bieten sich drei Zugänge an, die in Zusammenhang stehen, die aber unterschiedliche Blickwinkel und Fokussierungen ermöglichen:

Fokus 1: Schlüsselkonzepte im Habitat

Im Zentrum steht die Funktion bzw. der Sinn, den ein bestimmter Unterricht hervorbringen soll, also die Tiefenstrukturen und ihre Präsenz durch die Oberflächenstrukturen. Einige mögliche Schlüsselkonzepte wurden bereits im Kapitel 3 vorgestellt. Sinnkonstruktionen bilden die elementarste Grundlage des Unterrichtsgeschehens. Sie werden von vielen Akteuren realisiert, moderiert und modifiziert (vgl. Kap. 9). Im Unterrichtshabitat zeichnet hier die Lehrperson mit ihrer Professionalität verantwortlich. Antworten auf die Habitatfunktion werden durch gesellschaftliche Entwicklungen, Normalitäten und Herausforderungen, durch die Bedürfnisse und Ansprüche der Generationen und ihrer Verhältnisse zueinander sowie durch die konkrete Professionalität der Lehrperson moderiert. Dieser Sinn ist dem erzieherischen Handeln unterlegt, indem Norm- und Wertvorstellungen vermittelt werden, sowie den damit einhergehenden Fähigkeiten und Fertigkeiten. Er ist in den Gegenständen manifestiert, den gewählten Inhalten und ihren Repräsentanzformaten (z. B. Medien), er bildet sich in den Emotionen ab, in den Körperpräsenzen sowie in den Raum-Zeit-Strukturen. Wie bereits ausgeführt bieten die Manifestationsformen das Medium der Realisierung von Sinn, hier gefasst als Schlüsselkonzepte. Der Fokus 1 richtet den Blick auf die Schlüsselkonzepte.

Fokus 2: Typologisierung des Habitats

Eine völlig andere Fokussierung stellt die Charakterisierung eines Habitats dar. Sie ist im Kapitel 8.3 ausführlicher erörtert und in ein Analyseinstrument überführt. Hierzu bedarf es einer Typologisierung, um ein Habitat gezielt im Hinblick auf bestimmte Merkmale zu beschreiben und einzuordnen. Die Charakterisierung eines Unterrichtshabitats zeigt auf, wie ein Habitat im Hinblick auf bestimmte Dimensionen gestaltet ist. Eine Habitatcharakterisierung dient der Vergewisserung über den eigenen Unterricht. Das geschieht, indem das ermittelte Maß der Ausprägung bestimmter Merkmale im Habitat beschrieben wird. Führt man eine Habitatcharakterisierung bzw. -typologisierung durch, erfolgt eine Beschreibung und Einordnung angesichts bestimmter Dimensionen. Der Zugang ist deskriptiv. Eine Typologisierung trägt dazu bei, die Möglichkeiten und Grenzen der Unterrichtsentwicklung in den Blick nehmen zu können, denn Typen markieren eine vorhandene Statik bzw. kulturelle Stabilität.

Fokus 3: Güte des Habitats

Aufgrund theoretischer wie auch empirischer Erkenntnisse lassen sich Gütekriterien für Habitate benennen, die für Unterricht theorie- und empiriebasiert angenommen werden können. So führt ein Unterricht mit hohem Informationsgehalt (vgl. Kap. 8.4.1) zu entsprechend höheren Lernergebnissen. Die Güte des Habitats bezieht sich auf den Zusammenhang von Oberflächen- und Tiefenstruktur. Hier lassen sich Ausprägungen von Merkmalen der Oberflächenstrukturen beschreiben, welche bestimmte Tiefenstrukturen in besonderem Maße abbilden. In etwa besteht ein Zusammenhang zwischen der Zeit, in der sich ein Schüler bzw. eine Schülerin mit einer Sache beschäftigt, und dem Lernerfolg; zwischen der Differenzierung und der Förderorientierung; zwischen der Lehrer-Schüler-Beziehung oder dem Autonomieerleben und der Motivation.[199] Greift man die Erkenntnisse über den Zusammenhang von Merkmalen der Oberflächenstrukturen von Unterrichtshabitaten, die bestimmte Tiefenstrukturen begünstigen, auf, dann lassen sich Oberflächenmerkmale benennen, die in besonderem Maße bestimmte Tiefenstrukturen abbilden, verstärken und etablieren. Ein gutes Unterrichtshabitat ist eines, das kohärent ist. Hierzu sind adaptive Fähigkeiten aller Beteiligten – insbesondere der Lehrperson – wichtig.

Somit lassen sich drei Analyseblickwinkel unterscheiden (Tab. 6):

Perspektive	Kernfrage	Beispiel	Relevanz dieser Perspektive für die Habitatentwicklung	Empirischer Zugang	Analyseinstrument
Schlüsselkonzepte im Habitat	Welche Tiefenstrukturen (Schlüsselkonzepte) sind aus schulpädagogischer Perspektive anzustreben bzw. werden bereits angestrebt?	Das Unterrichtshabitat sollte »Nachhaltigkeit« als Wert vermitteln.	Die Sinnannahmen (Tiefenstrukturen) werden benannt und erkannt.	rekonstruktiv	Buch S. 138–143 und Onlinematerial
Typologisierung des Habitats	Wie lässt sich das Unterrichtshabitat charakterisieren?	Das Unterrichtshabitat und auch ein konkreter Unterricht sind »innovationsorientiert«.	Möglichkeiten und Grenzen der Habitat- bzw. Unterrichtsentwicklung werden verstanden.	deskriptiv	Buch S. 152–157 und Onlinematerial
Güte des Habitats	Wie ist das Unterrichtshabitat zu bewerten?	Das Habitat bietet einen hohen Informationsgehalt.	Entwicklungsperspektiven und Notwendigkeit werden deutlich.	evaluativ	Buch S. 172–176 und Onlinematerial

Tab. 6: Zusammenfassung: Die drei Analyseblickwinkel im Überblick

199 Diese Zusammenhänge sind vielfach theoretisch und empirisch beschrieben und belegt; zum Beispiel Deci, E. & Ryan, R. (1993).

Nimmt man Unterrichtshabitate analytisch in den Blick, so sind die Sinnstrukturen bei jedem Analyseblickwinkel integraler Bestandteil. Die *Analyse der Tiefenstrukturen beinhaltet ohnehin den Fokus auf die Schlüsselkonzepte.* Eine *Habitattypologisierung* greift Merkmale auf und ist daher zunächst beschreibend. Sobald man jedoch die infrage stehenden Merkmale in den Blick nimmt und begründet, führt der Weg zu den Tiefenstrukturen. Und schließlich führt auch eine *Einschätzung der Güte des Habitats* ebenfalls zu den Tiefenstrukturen. Zwar kann man oberflächenstrukturell Merkmale beschreiben, die bestimmte Tiefenstrukturen begünstigen und in der Kommunikation die Oberflächenstrukturen fokussieren, die Tiefenstrukturen stehen jedoch immer begründend Pate. Sie lassen sich allerdings übersehen oder übergehen oder ausblenden: dennoch sind sie vorhanden.[200]

Jeder der drei beschriebenen Zugänge ist auf seine Weise theoretisch und empirisch zu basieren, denn der Umstand, dass Schule und Unterricht Teil der jeweiligen Gesellschaft sind, erfordert, dass die investierte Lebenszeit aller Akteure sowie die investierten materialen Ressourcen empiriebasiert legitimiert sind. Eine *Analyse der Schlüsselkonzepte* legt die zugrunde liegenden Sinnannahmen rekonstruktiv offen und macht sie transparent und einer kritischen Prüfung zugänglich. Eine *Typologisierung* leistet einen Vergleich und eine Einordnung und somit eine Standortbestimmung mittels Kriterien, die systematisch an das Unterrichtshabitat angelegt werden. Die *qualitative Habitatanalyse* erfolgt schließlich auf der Grundlage von Oberflächenmerkmalen des Unterrichts, die systematisch evaluiert werden.

In den folgenden Kapiteln sind die drei Analyseblickwinkel näher ausgeführt und Analyseinstrumente vorgestellt.

8.2 Fokus 1: Die sinngebend-funktionale Habitat- bzw. Unterrichtsanalyse

8.2.1 Die Bedeutung der sinngebend-funktionalen Unterrichtsanalyse[201]

Betrachtet man ein Unterrichtshabitat unter der Perspektive des unterlegten Sinns, dann fragt man nach der Tiefenstruktur mit ihren Schlüsselkonzepten. Unterrichtsbeobachtungen stellen sequenzielle Habitatausschnitte dar, die es ermöglichen, die Tiefenstrukturen zu rekonstruieren. Diese Sicht spielt eine Rolle bei der Beratung und

200 Beispiele sind Merkmale »guter« Oberflächenstrukturen, die in Zusammenhang mit der Lösung von Aufgaben stehen. Wird dieser Zusammenhang ausgeblendet, kann er sogar in Vergessenheit geraten. Dann gerinnen diese Merkmale zum Dogmatismus. In der Geschichte der Schulpädagogik ist dies immer wieder geschehen; man denke beispielsweise an die Herbartianer.

201 Wenn hier von »Habitat- und Unterrichtsanalyse« gesprochen wird, ist markiert, dass es um die Kultur im Habitat geht und damit um das Etablierte, zum anderen jedoch auch um den konkreten Unterricht mit seiner Situativität und Komplexität.

Besprechung von Unterricht in Aus-, Fort- und Weiterbildungskontexten sowie bei kollegialen Beratungen. Die Person, die das Habitat beobachtet, steht vor der Aufgabe, möglichst offen und ohne festgelegte Kriterien das Habitat zu beschreiben und Zusammenhänge zu rekonstruieren. Eine Analyse des unterlegten Sinns geschieht diskursiv anhand von Indizien bzw. Hinweisen, die die Oberflächenstruktur bietet. Der Zugang ist somit rekonstruktiv.

Der Zugang, Unterricht offen bzw. nicht kriteriengeleitet zu beobachten, ist für Akteure in der Lehrerbildung oftmals ungewohnt, weil lebensweltlich wie auch im akademischen Feld enge kriteriengeleitete Beobachtungen und Beurteilungen bzw. Testung üblich sind. Publikationen zur Unterrichtsbeobachtung arbeiten mehrheitlich mit Beobachtungsbögen.[202] Diese bieten auch Sicherheit, insbesondere bei Novizen, die über das Abzählen von gezeigtem Schüler- bzw. Lehrerverhalten Beobachtungskriterien an die Hand bekommen und so Merkmalskripts von Unterricht entwickeln. Die Strichlisten zur Zahl von Störungen, Wortmeldungen, die gemessenen Zeiten, die festgestellte Zimmertemperatur sowie der gemessene Geräuschpegel bilden Fakten ab: allerdings bezogen auf die Oberflächenstruktur des Unterrichts.

Die Herausforderung eines offenen, ethnografischen Zugangs zum Unterrichtshabitat besteht für den Beobachtenden bzw. die Beobachtende darin, möglichst offen und ohne feste Kriterien zu beobachten bzw. die individuell-eigenen, durchaus professionellen und empirisch basierten Skripts außen vor zu lassen. Eine funktionale Habitatanalyse geht den Weg, die Oberflächenstrukturen zu sehen und zu beschreiben und nicht zu bewerten. Dieser ethnografische Zugang wirkt zunächst anfälliger, insbesondere bezogen auf die Objektivität des Beobachteten, denn das weite Feld des Beobachtbaren steht offen und die Person des Beobachters bzw. der Beobachterin muss erreichen, dass die eigenen Wahrnehmungs- und Interpretationsmuster bzw. eigenen Skripts (vgl. Abb. 17) nicht ins Spiel kommen.

Doch wie kann erreicht werden, dass diese Beobachtungen zur Habitat- bzw. Unterrichtsentwicklung beitragen und es sich hier nicht um subjektive, spontane und punktuelle Beobachtungen handelt?

Hierzu muss man sich nochmals vor Augen halten, was eine funktionale Habitatanalyse leisten soll: *Sie hat zum Ziel, die Schlüsselkonzepte im geplanten Habitat zu konstruieren sowie im beobachteten Habitat zu rekonstruieren.* Doch weshalb sollte man die jeweiligen Schlüsselkonzepte freilegen und thematisieren? Die funktionale Habitatanalyse bildet die Voraussetzung,

a) um Tiefenstrukturen sichtbar und damit kommunizierbar und kritisierbar zu machen.
b) um das Zustandekommen bestimmter Oberflächenstrukturen zu verstehen und sie auf dieser Grundlage modifizieren bzw. verändern zu können.

---

202 Zum Beispiel Zierer, K. (Hrsg.) (2019): *Leitfaden Schulpraktikum* (5. Aufl.). Baltmannsweiler: Schneider Hohengehren.

c) um im Rahmen kooperativer Planungen ko-konstruktiv arbeiten zu können, denn hier können unterschiedliche tiefenstrukturelle Annahmen zu Missverständnissen, Irritationen bis hin zum Rückzug aus dem kooperativen Arbeitszusammenhang führen, weil Zugeständnisse auf der Oberflächenebene gemacht werden müssen, die die differenten Tiefenstrukturen betreffen.

Die sinngebend-funktionale Unterrichtsanalyse ist anspruchsvoll und ungewohnt, aber kein »Surplus«, auf das man auch verzichten könnte, denn die Vernachlässigung der Tiefenstrukturen führt zu Situationen bei Unterrichtsnachbesprechungen, bei denen die Rückmeldungen von Betreuungslehrpersonen als fremd, falsch oder unzuträgliche Kritik wahrgenommen werden sowie zu vermeintlichen Entwicklungen von Novizen, die darin bestehen, sie auf der Oberflächenebene des Unterrichts an die Vorgaben von Betreuungslehrpersonen anzupassen.[203]

Die sinngebend-funktionale Analyse ist hier besonders hilfreich, weil so verhindert wird, dass Widersprüche und divergente Positionen um die Oberflächenstrukturen kreisen und Meinung gegen Meinung steht. Diese Divergenzen lassen sich nur dann produktiv lösen, wenn die Tiefenstrukturen, die den Positionen unterlegt sind, zum Thema werden. Im folgenden Kapitel sind hierzu Zugangswege skizziert. Die sinngebend-funktionale Unterrichtsanalyse identifiziert die Tiefenstrukturen und stellt sie auf den Prüfstand. Die Herausforderung für Beratungspersonen besteht darin, anzuerkennen, dass die Schlüsselkonzepte der zu Beratenden nicht mit den eigenen übereinstimmen müssen und dennoch wichtig sind und ihre Berechtigung haben bzw. den Ausgangspunkt des Unterrichts bilden können. Die Herausforderung für die beratene Person besteht darin, sich darauf einzulassen, dass es – umgangssprachlich formuliert – ans Eingemachte geht: an das Fundament, den Sinn und die Funktion, welche dem Unterricht unterlegt sind, und dessen Tragfähigkeit. Hierzu zählt auch, auf sehr novizenhafte Konzepte zu stoßen. Die sinngebend-funktionale Habitat- bzw. Unterrichtsanalyse führt – nach der Identifkation der vorhandenen Konzepte – zu einer kritischen Auseinandersetzung. Hier setzt die kritische Analyse an, indem Maßstäbe für Tiefenstrukturen ins Spiel kommen, etwa Ansprüche wie »Emanzipation«, »Selbstbestimmung«, »Freiheit«, »Humanismus«, »Ethik« bzw. »Gerechtigkeit«.[204]

---

203 Vgl. Esslinger-Hinz, I., Denner, L. (2019).

204 Greis, C. (2017). *Die Pädagogik der Frankfurter Schule. Kritisch pädagogische Perspektiven im Denken von Horkheimer, Adorno, Marcuse, Fromm, Habermas und Negt.* Birkach: Tectum.

8.2.2 Instrumente zur sinngebenden bzw. funktionalen Habitatanalyse

Bei der funktionalen Habitatanalyse stehen Antworten auf folgende Fragen im Zentrum der Aufmerksamkeit:
1. Welche Schlüsselkonzepte basieren den Unterricht?
2. Ist der unterlegte Sinn tragbar, verantwortbar, wünschenswert?
3. Sollte der unterlegte Sinn präzisiert, konkretisiert, neu gedacht, verändert werden?
4. Ist die Transformation auf die Oberfläche des Unterrichts kohärent (vgl. Kap. 7.1)
5. Welche Modifikationen in Bezug auf die Oberflächengestaltung des Unterrichts sind begründbar anzustreben und umzusetzen?

Um diese Fragen im Hinblick auf ein bestimmtes Unterrichtshabitat beantworten zu können, sind folgende Schritte vorzusehen:

Zunächst nimmt der bzw. die Beobachtende einen »fremden Blick« ein, um das Habitat verstehen zu können.[205] Im Zentrum stehen die Suche, Formulierung und kommunikative Validierung des unterlegten Sinns in Form von Schlüsselkonzepten. Die folgende Reflexion leitet diesen Prozess an:

Identifikation und Interpretation von Schlüsselkonzepten

Ein Schlüsselkonzept identifizieren
Ziel: Identifikation eines Schlüsselkonzepts
Setting: Unterrichtsnachbesprechung mit ein bis vier Personen
Analysegegenstand: Unterrichtssequenz (im Rahmen einer Unterrichtshospitation oder als Aufnahme)
Vorgehensweise:

Schritt 1: Einführung der Aufgabe
- Zielangabe: Das Ziel der Besprechung richtet sich auf die Identifikation eines Schlüsselkonzepts, das dem Unterricht unterlegt ist.
- Definition »Schlüsselkonzept« (Material 1; zum Ausdruck siehe Onlinematerial)

205 Geertz, C. (1987).

Schlüsselkonzepte

Schlüsselkonzepte sind Annahmen, die den Praxen in Schule und Unterricht unterlegt sind. Ein Schlüsselkonzept stellt die Begründung für etablierte Oberflächenstrukturen bereit. Schlüsselkonzepte werden von Akteuren als geltend, wahr und richtig angenommen. Sie werden als relevant eingestuft. Es handelt sich um grundlegende Annahmen, Vorstellungen und Sichtweisen zum Sinn des (Fach-)Unterrichts.

Material 1: Definition »Schlüsselkonzept«

Schritt 2: Darlegung durch die Lehrperson

Die Lehrperson, die unterrichtet hat, erhält die Aufgabe – das kann auch in zeitlichem Abstand zum Unterricht geschehen –, zu erläutern, worauf es ihr in ihrem Unterricht grundsätzlich ankommt. Die Ausführungen sollen grundlegenden Charakter haben und auf den Unterricht generell zutreffen. Die anderen Teilnehmenden hören zu und fragen gegebenenfalls nach, wenn sie Leerstellen in der Darlegung der Unterrichtsnormalität entdecken oder etwas nicht verstanden haben. Wichig ist, dass die Lehrperson Sinnangaben macht und sich auf die Tiefenstrukturen bezieht. Wichtig ist auch, dass die Zuhörenden versuchen, das Sinnkonzept zu verstehen; das heißt zu rezipieren und akzeptieren.

Der Zugang zu den Schlüsselkonzepten kann durch die schriftliche oder mündliche Beantwortung von Leitfragen (Material 2) sowie über eine bildliche Gestaltung (Material 3) unterstützt werden.

Leitfragen zur schriftlichen oder mündlichen Beantwortung:

Mein(e) Schlüsselkonzept(e)

Setzen Sie zwei der folgenden Satzanfänge so fort, dass die Aussage möglichst genau das trifft, was Sie meinen:

1. Mir geht es im (Fach-)Unterricht immer darum, dass ...
2. Mir ist grundsätzlich wichtig, dass meine Schülerinnen und Schüler ...
3. Mein Unterricht (im Fach X) zielt darauf ab, dass ...
4. Es kommt mir vor allem darauf an, dass meine Schülerinnen und Schüler ...

Material 2: Impulsfragen

Mein(e) Schlüsselkonzept(e) Erläuterung Jede Lehrperson hat Vorstellungen, was guter Unterricht ist. Gemeint sind ganz persönliche Annahmen, die Sie im Laufe Ihres Lebens in einem Bildungssystem entwickelt haben. Wenn Sie Unterricht beobachten, was ist Ihnen dann wichtig? Worauf achten Sie? Wie muss das Unterrichtshabitat sein, dass Sie sagen, es ist »gut« oder »schlecht«? Was ist Ihr Kernmerkmal bzw. Schlüsselkonzept? Konkretisierungsaufgabe 1: Zeichnen Sie ein Bild, das dieses Merkmal ins Bild setzt bzw. es thematisiert. Konkretisierungsaufgabe 2: Erläutern Sie Ihre Zeichnung.

Material 3: Im Bild gesprochen

Schritt 3: Rückfragen
Die anderen Gesprächsteilnehmenden fragen nach, warum dieses Schlüsselkonzept für die Lehrperson so wichtig ist, bzw. erfragen Präzisierungen und Beispiele im Hinblick auf das beschriebene Schlüsselkonzept.

Schritt 4: Verdichtung
Die Teilnehmenden entwickeln einen Aussagesatz (Schlüsselkonzept), der für die unterrichtende Lehrperson stimmig ist. Die Gesprächsteilnehmenden achten darauf, dass diese das Konzept der Lehrperson möglichst zutreffend formulieren. Es muss von der Lehrperson als bedeutsam erkannt, bestätigt bzw. kommunikativ validiert sein.

Identifiziertes Schlüsselkonzept:

Material 4: Vorlage »Schlüsselkonzept«

Schritt 5: Verortung des Schlüsselkonzepts
Die Teilnehmenden ordnen mit Hilfe von Material 5 das gefundene Schlüsselkonzept ein. Dieser Schritt verdeutlicht, dass hinter dem Konzept die Funktionsbestimmung von Schule und Unterricht steht. Die Einordnung macht Akzentuierungen und Schwerpunktbildungen der Lehrperson deutlich. Sie zeigt der Lehrperson auch, dass sie einen Fokus hat, indem andere Konzepte durch die Aufforderung der Zuordnung bewusst werden.

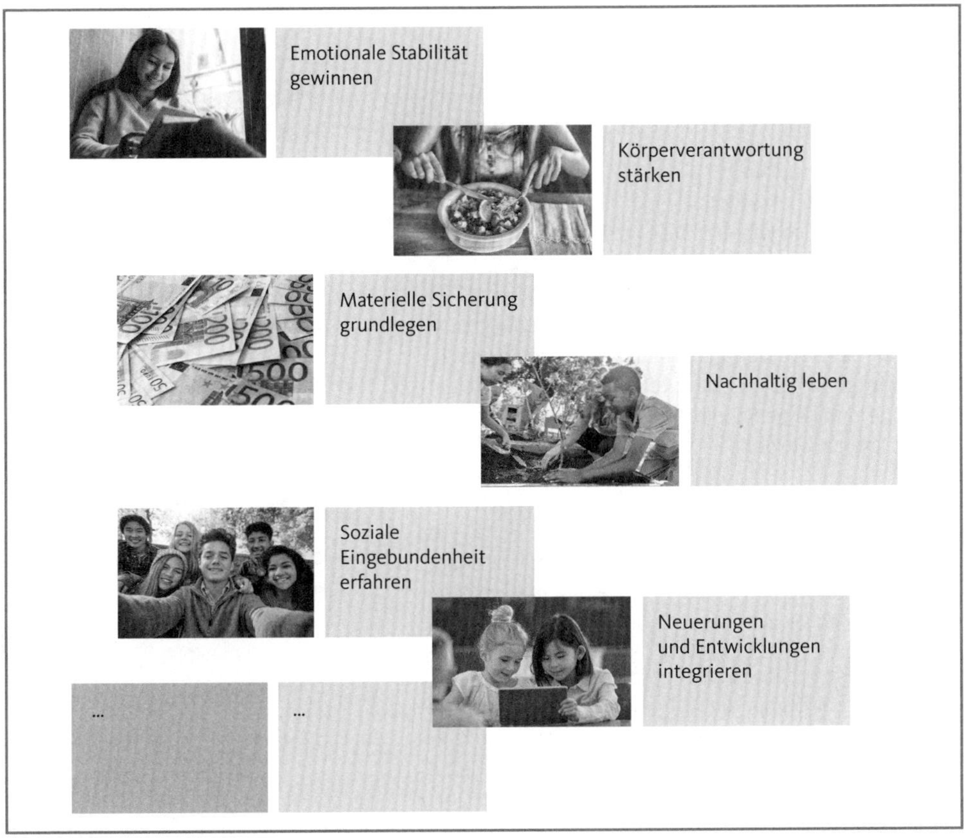

Material 5: Sinn- und Funktionsbestimmungen von Unterricht

Schritt 6: Der Zusammenhang des Schlüsselkonzepts zu den Oberflächenstrukturen
Schließlich kann im Team reflektiert werden, ob und falls ja, wie es der Lehrperson gelingt, dass das gefundene Schlüsselkonzept im Habitat präsent ist. Welche Oberflächenstrukturen hat die Lehrperson gewählt? Sind die Zusammenhänge erkennbar?

Eine sinngebend-funktionale Habitatanalyse macht allen Akteuren bei Unterrichtsnachbesprechungen deutlich – auch den betreuenden Lehrpersonen –, auf welchen Grundlagen Unterricht basiert und basieren kann. Unterrichtsnachbesprechungen können so dazu beitragen, Schlüsselkonzepte zu reflektieren. Es geht dann auch nicht mehr darum, Sicht- und Meinungsunterschiede bezüglich der Oberflächenstrukturen zu diskutieren. Das ist müßig, wenn zwei Personen von unterschiedlichen Schlüsselkonzepten ausgehen; sie gehen zugleich von unterschieldlichen Kulturen aus. Hierzu ein Beispiel:

Beispiel

Im Semesterpraktikum wurden drei Studierende gebeten, mit Material 3 zu arbeiten. Es entstanden folgende Bilder mit den dazugehörigen Erläuterungen:

Frau M. erklärt, dass für sie die *Erziehung zur Demokratie* im Zentrum steht.
»Für mich ist es wichtig, dass im Deutschunterricht eine angenehme Atmosphäre herrscht, da diese die Basis für einen guten Unterricht bildet. Hierbei ist ein demokratisches Miteinander auf Augenhöhe essenziell. Alle Schülerinnen und Schüler sollen gleichberechtigt am Unterricht teilhaben können. Kein Schüler und keine Schülerin sollte Angst haben oder ausgegrenzt werden.«

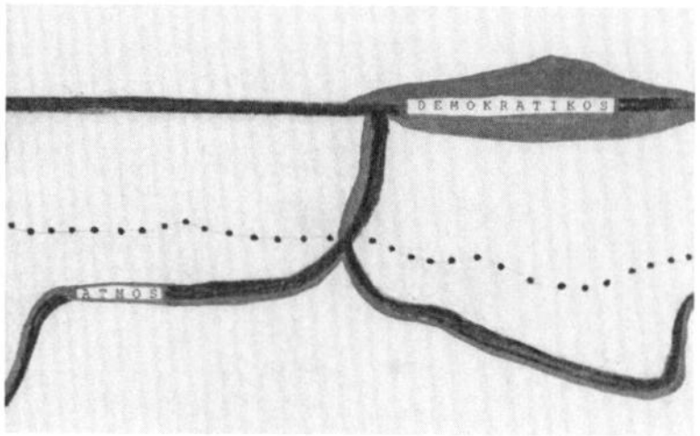

Frau K. meint: »Die Gießkanne bin ich als Lehrperson. Ich versorge jeden Schüler und jede Schülerin mit Fachinhalten (Sonnen). Für jeden Schüler (Pflanze) so viel er oder sie braucht. Jede und jeder soll so viel wachsen können, wie möglich.

Sie fasst ihr Schlüsselkonzept in den Satz:
Mein Unterricht hat die Aufgabe, die Entwicklungen jedes Einzelnen möglichst voranzubringen, damit er oder sie sich in der Gesellschaft gut zurechtfindet.

Herr B. gibt an: »Im Unterricht müssen die Schülerinnen und Schüler möglichst viel erfahren und lernen. Man blickt wie durch ein Fenster und entdeckt Neues, das man genauer betrachtet. Deshalb die Lupe.«

Was geschieht, wenn diese drei Personen über Oberfächenstrukturen von Unterricht sprechen. Hierzu ein Beispiel:

Beispiel

Frau M. bereitet eine Einführungsstunde zum Buch »Mein Sommer mit Mucks« von Stefanie Höfler vor. Auf der Oberflächenebene des Unterrichts ist Folgendes vorgesehen:

- Die Lehrperson zeigt das Buchcover (Folie 1).
- Die Schüler/innen sollen das Buchcover zunächst ansehen.

- Sie beschreiben, was sie auf dem Buchcover sehen, und anschließend äußern sie, um was es in dem Buch gehen könnte (Folie 2, 3).
- Die Lehrperson zeigt den Schülern zunächst den Klappentext und liest diesen anschließend vor (Folie 4).
- Die Schüler/innen stellen weitere Vermutungen an, um was es in dem Buch gehen könnte. Sie konkretisieren ihre Vermutungen weiter. Sie sollen sich dabei mit der Frage auseinandersetzen, was für ein Geheimnis Mucks haben könnte (Folie 5).

Frau M. wählt diese Oberflächenstruktur, weil sie gewährleistet, dass die Schülerinnen und Schüler ins Gespräch kommen und sich eine interessierte Arbeitsatmosphäre aufbaut. Frau K. meint, dass da ja nicht jeder zu Wort kam, und Herr B. ist der Meinung, dass zehn Minuten viel zu lang sind und schließlich eigentlich nichts in diesen zehn Minuten »rüberkommt«. Man erfährt nichts Neues. Das Bild sieht jeder und jede und jeder denkt sich seinen Teil dazu. Weshalb sollte man das austauschen müssen?

Bei einer solchen Nachbesprechung wird Frau M. unruhig. Die beiden anderen finden ihren Unterricht nicht gut. Sie wiederum versteht die Argumente der anderen nicht wirklich.

Um über Unterricht sprechen zu können, ist somit immer die Verständigung und Thematisierung von Schlüsselkonzepten notwendig. Ansonsten können Nachbesprechungen als haltlose Kritik interpretiert werden und Meinung steht gegen Meinung. Eine sinngebend-funktionale Habitatanalyse trägt dazu bei, Unterrichtsplanung in fremden Unterrichtshabitaten zu verstehen. Vor diesem Hintergrund kann dann darüber gesprochen werden, welche Schlüsselkonzepte aus welchen Gründen zu einer bestimmten Zeit bedeutsam sind und ob Kohärenz gegeben ist.

8.3 Fokus 2: Die deskriptive Habitatanalyse durch Typologisierung

8.3.1 Die Bedeutung der deskriptiven Habitatanalyse

Beispiel

Frau Steinhauer, Deutschlehrerin der 7c einer Gemeinschaftsschule, sieht die zentrale Funktion von Schule und Unterricht darin, dass der Anschluss an die Berufs- und Arbeitswelt gesichert ist. (Schlüsselkonzepte: »Meine Schüler sollen fit für die Zukunft werden«, »Rechtschreibung ist die zentral geforderte Kompetenz, um am Arbeitsplatz zu bestehen«)

Sie rückt die Rechtschreibung ins Zentrum und führt viele Tests durch, lässt Übungshefte anschaffen, bestückt die Wände mit Rechtschreibregeln und kontrolliert die Bearbeitung. Sie lässt häufig Diktate schreiben, spricht Rechtschreibfehler an, sobald sie im Unterricht sichtbar werden.

Betrachtet man eine Vielzahl unterschiedlichster Unterrichtssequenzen an verschiedenen Schulen, in verschiedenen Ländern, so lassen sich Beschreibungen in Form von Charakterisierungen bzw. Typologisierungen generieren. Das ist eigentlich nicht verwunderlich, denn das, was die Unterrichtskultur bzw. das Unterrichtshabitat zusammenhält, sind die unterlegten Sinnstrukturen, die passende Oberflächen erfordern. Im hier vorgestellten Ansatz wird dies als Kohärenz zwischen Oberflächen- und Tiefenstruktur beschrieben (vgl. Kap. 7.2). *Sind Kohärenzen kategorisierbar, indem sie durch bestimmte Merkmale beschrieben werden, entstehen Typologien.*

In der Konsequenz lassen sich auf der Oberfläche Typologisierungen und Charakterisierungen von Oberflächenstrukturen ermitteln, die tiefenstrukturell bestimmte Bedeutungen haben. In der Schulpädagogik wurde Unterricht immer wieder zu charakterisieren versucht; klassisch sind hier polare Konzepte von »Lehrerzentrierung versus Schülerorientierung« oder von »Fach- versus pädagogischer Orientierung« oder von »direktiv versus sozial-integrativ« und aktuell »differenzierend versus wenig differenzierend« oder von »offen versus geschlossen«. Typologisierungen fokussieren Merkmale der Oberflächenstruktur, die als relevant eingestuft werden, die Stetigkeit besitzen und die konkret über die Manifestationsformen (Verhalten, Körperpräsenz, Emotionen, Objektivationen, Kognitionen, Raum-Zeit-Strukturen) realisiert sind. Typologien beschreiben Merkmalsbündel der Oberfläche, die sich über alle Manifestationsformen der Oberflächenstruktur erstrecken.[206]

Eine prominente Typologie von Schulen legten Berkemeyer et al. vor. [207] Im Rückgriff auf eine amerikanische Studie von Quinn et al.[208] sind vier Schultypen beschrieben: (1) Marktorientierte Schulen, die die Leistung der Arbeit an der Schule fokussieren und konkurrenzfähig und zeitgemäß sein wollen. (2) Clanorientierte Schulen, in denen der persönliche Kontakt von zentraler Bedeutung ist. (3) Schulen, die innovationsorientiert sind und Neuerungen aufnehmen, und (4) Hierarchieorientierte Schulen, bei denen Anweisung und Ausführung zentrale Logiken darstellen, die strukturiert sind und bei denen Abläufe definiert und Zuständigkeiten geklärt sind.

Eine weitere Typologie stammt von Hofstede & Hofstede (2017).[209] Auf der Grundlage von Mitarbeiterbefragungen bei IBM konnten Unternehmenskulturen in verschiedenen Nationen beschrieben werden. Die gefundenen Dimensionen ähneln denen von Berkemeyer et al., obwohl eine andere Ebene untersucht wurde. Die Dimensionierun-

---

206 Zum Beispiel benennt Meyer (2018) Entwicklungslinien: »1) Vom Lehren zum Lernen 2) Von Frontalunterricht zum individualisierten Unterricht 3) Von der Stoffvermittlung zu Kompetenzen«; vgl. Meyer 2018, S. 172 f.

207 Berkemeyer et al. (2015).

208 Quinn, R. E., Rohrbaugh, J. (1983). *A spatial model of effectiveness criteria: Towards a competing values approach to organizational analysis. Management Science, 29*(3), 363–377; Cameron, K. S. & Quinn, R. E. (2006). *Diagnosing and changing organizational culture: Based on the competing values framework.* San Francisco, CA: Jossey-Bass.

209 Vgl. Hofstede et al. (2017); Weinert, A. B. (1998). *Organisationspsychologie. Ein Lehrbuch* (4. vollst. überarb. und erw. Aufl.). Weinheim: Beltz, S. 29–38.

gen decken sich auch mit den Untersuchungen der Verfasserin.[210] Es handelt sich um die folgenden fünf Dimensionen:

1. Partizipation
2. Individualisierung
3. Fachlichkeit
4. Leistungs- und Könnensorientierung
5. Entwicklungsorientierung

Trotz der Ebenenunterschiede Unterrichtshabitat – Schule – Nationalität sind Parallelen feststellbar (vgl. Tab. 7):

Hofstede et al. 2017 **Bezug: Unternehmen**	**Berkemeyer et al. 2015** **Bezug: Schulen**	**Esslinger-Hinz** **Bezug: Unterricht**
Kollektivismus vs. Individualismus	clanorientiert	1. Partizipation
Machtdistanz	hierarchieorientiert	2. Individualisierung
–	–	3. Fachlichkeit
Maskulinität vs. Femininität	marktorientiert	4. Leistungs- und Könnensorientierung
Unsicherheitsvermeidung	Adhocracy	5. Entwicklungs-orientierung
langfristige bzw. kurzfristige Orientierung	–	–

Tab. 7: Typologisierungen im Vergleich

Eine Analyse von Habitaten auf der Grundlage der hier vorgestellten Dimensionierungen ist zunächst wertfrei. Eine deskriptive Habitatanalyse kann dazu beitragen, das Habitat zu verstehen, insbesondere dann, wenn Habitatveränderungen angestrebt werden (vgl. Kap. 5.6). Die Dimensionierungen erleichtern eine Gesamtsicht.[211]

---

210 Esslinger 2002, Esslinger-Hinz 2010.

211 Nun stellt sich die spannende und schwierige Frage nach der Verhältnisbestimmung dieser Dimensionen. In der Fachliteratur werden oftmals keine Ausprägungen, sondern Gegensätze beschrieben. Gegensätze enthalten zumeist noch einen Bedeutungsraum, der außerhalb der Negation eines bestimmten Begriffs liegt. Beispielsweise wird als Gegenstück zu »Partizipation« häufig »Steuerung« gewählt. Stellt man sich beispielsweise eine Lehrperson vor, die einen Klassenrat installiert, dann wäre dieser Klassenrat an sich gesteuert, wiewohl er Partizipationsmöglichkeiten und Diskurs ermöglicht. Partizipation ist dann Teil der Steuerung. Eine Lehrperson, die gar nicht steuert, würde in etwa gar nicht unterrichten, sondern nur anwesend sein. Der Unterricht wäre dann längst nicht partizipativ. Man könnte somit von Partizipation an der Steuerung sprechen. Teilhabe hieße dann mitentscheiden, mitbestimmen, mitmachen zu können mit den Rechten, die alle anderen Akteure bei der Gestaltung haben; in der Regel wird dann die Rolle

8.3.2 Die fünf Dimensionen der deskriptiven Habitatanalyse[212]

Dimension 1: Partizipation

Beispiel

Partizipation

Frau E. kommt zu spät zum Unterricht der Klasse 6c. Die Schülerinnen und Schüler haben beschlossen, schon mal mit dem Unterricht zu beginnen. Vorn hat sich eine Schülerin platziert und Seiten im Deutschbuch ausgewählt, die bearbeitet werden. Die Schüler schleppen das Deutschbuch regelmäßig mit, aber Frau E. teilt immer Kopien aus. Deshalb beschließt die Klasse, solange Frau E. abwesend ist, da mal reinzuschauen. Frau E. setzt sich hinten in den Klassenraum und beobachtet die Vorgänge. Es folgt ein Gespräch zum Thema Beteiligung im Unterricht. Die Klasse beschließt, dass jeweils ein Tandem in den Doppelstunden Unterricht vorbereitet. Die Vorbereitungen werden von Frau E. beraten. Frau E. erstellt einen Überblick über alle Themenfelder und zwei Wochen später erfolgt der Unterricht einmal wöchentlich durch die Schülerinnen und Schüler.

Partizipation bezeichnet den Grad an Gestaltungs- und Teilhabemöglichkeiten der Akteure im Unterrichtshabitat. Ein hohes Maß an Autonomie führt zu symmetrischeren Beziehungsgefügen und mehr Nähe im Lehrperson-Schüler/innen-Verhältnis. Beiträge zur Motivationsforschung zeigen zudem auf, dass ein Zusammenhang zwischen dem Maß an Autonomieerleben und der Motivation besteht.[213] Die Lehrperson nimmt eine moderierende Rolle ein.

Oberflächenstrukturell zeigt sich diese Dimension in der Menge, der Bedeutung und der Vielfalt an Entscheidungsoptionen der Akteure. Ein geringes Maß an Partizipation führt zu asymmetrischeren Beziehungsgefügen und mehr Distanz im Lehrperson-Schüler/innen-Verhältnis.[214] Für die Habitatanalyse stellt sich damit die Frage

---

der Lehrperson in den Blick zu nehmen sein, denn sie unterscheidet sich von den Schülerinnen und Schülern über ihr Lebensalter bzw. die Generationendifferenz, über ihre Expertise, aber ganz besonders über den Bildungsauftrag und damit über die Steuerung, die ihr von der Gesellschaft aufgegeben ist und die sie sich in Anteilen selbst aufgibt. Es ist die alte kantsche Frage »Wie kultiviere ich die Freiheit bei dem Zwange?« zu beantworten. Partizipation heißt somit, dass Lehrpersonen Mitsteuerung ermöglichen bzw. Mitsteuerung steuern. *Die Aufgabe der Steuerung im Sinne einer verantworteten Lenkung kommt der Lehrperson als Berufsaufgabe somit immer zu.* Sowohl partizipativer wie auch nicht partizipativer Unterricht ist folglich gelenkt. Die Differenz besteht darin, dass die Teilhabe vorgesehen ist. Vor dem Hintergrund dieser Überlegungen ist es präziser, den Begriff monopolar anzulegen.

212 Auf der Schulebene vgl. die Befunde von Demski, D., Ackeren, I. van, Clausen, M. (2016).

213 Deci, E. & Ryan, R. (1993).

214 Hofstede et al. 2017 sprechen von »Machtdistanz«. Gemeint ist die Ungleichheit in Bezug auf Macht.

nach den Anteilen, Elementen, Manifestationsformen von Partizpation in der Oberflächenstruktur des Unterrichts.

Tiefenstrukturell ist Partizipation an Sinnvorstellungen von Selbstbestimmung und Selbstverantwortung geknüpft und wird im Kontext von Inklusion als Menschenrecht eingestuft. Tiefenstrukturell sind Entscheidungsoptionen an Sinnvorstellungen von Schule und Unterricht geknüpft, die von Selbstbestimmung ausgehen. In stark differenzierten Gesellschaften mit ihrer Vielfalt an Handlungsoptionen ist damit eine Fähigkeit gemeint und ein Anspruch verbunden. Für die Habitatanalyse stellt sich die Frage nach dem Vorhandensein von Schlüsselkonzepten zur Partizipation.

Problemanzeigen:
Ein partizipationsfreies Unterrichtshabitat erzieht zu Anpassung und Ausführung, es ist insofern demokratieeinschränkend. Wird hingegen Partizipation zum Selbstzweck, dann werden auch Bereiche, die begründet nicht partizipativ sein sollten (z. B. Privates von Schülerinnen und Schülern; Unterrichtssequenzen, die die besondere Expertise der Lehrperson erfordern) partizipativ bearbeitet. Die Fachlichkeit und Lernzuwächse sind dann im Verhältnis gemindert. Hier deutet sich bereits an, dass das Zusammenspiel der Dimensionen in den Blick genommen werden muss.

Dimension 2: Individualisierung

Kollektivismus bezeichnet den Grad, nach dem das Kollektiv und die Interessen des Kollektivs (Gruppen im Klassenverband, der Klassenverband als Ganzes) von zentraler Bedeutung sind. Die Interessen des Einzelnen treten gegebenenfalls hinter denen des Kollektivs zurück. Der Einzelne nimmt sich stark als Teil des Kollektivs wahr. Im Konfliktfall wird Loyalität zur Gruppe erwartet. Hierzu ein Beispiel aus einem Semesterpraktikum:

Beispiel

Kollektivismus

»Also für diesen Lehrer war wirklich guter Unterricht auch davon abhängig, *wie die Klasse miteinander umgeht. [...] Und für ihn war das Wichtigste, dass die Klasse respektvoll miteinander umgeht. Weil er eben sehr oft auch Unterrichtseinheiten gewählt hat, in der Schüler miteinander arbeiten müssen.* [...] Und jetzt auch zum Ende meines Praktikums war die Klasse ... die sind sehr gut miteinander klargekommen. Und deswegen wurde auch der Unterricht für ihn immer besser... Also wirklich, manchmal war es extrem unangenehm, weil die ersten zehn Minuten des Unterrichts eigentlich nur ein Gespräch waren, wer alles die Regeln nicht beachtet hat, und er war einfach sehr darauf bedacht, zu erklären, was es bedeutet, wenn man die Regeln nicht einhält ... Also emotional hat es ihn irgendwie getroffen, wenn die sich gegenseitig verprügelt haben. Aber er hat trotzdem immer versucht, zu erklären, was jetzt gerade schiefgelaufen ist und warum es so wichtig ist, diese Regeln einzuhalten.«

Im Beispiel wird deutlich, dass die Lehrperson viel Zeit investiert, um Regeln zu implementieren und durchzusetzen und so die auf das Kollektiv bezogenen Werte im Unterrichtshabitat zu verankern. Beispiele für Schlüsselkonzepte sind hier: »Wir gehen respektvoll miteinander um«, »Jeder hilft jedem«, »Alle sollen sich verstehen«, »Gemeinsam sind wir stark«. Diese Schlüsselkonzepte bilden Konkretisierungen zu einer Sinnvorstellung von Schule und Unterricht, die die soziale Eingebundenheit und Friedenserziehung als Zielperpektive im Blick hat (vgl. Kap. 3.3.5).

Individualismus bezeichnet den Grad, nach dem die Bedürfnisse, Interessen, Fähigkeiten und Entwicklungen sowie das Wohlbefinden der einzelnen Person in ihrer Individualität und Besonderheit vor denen des Kollektivs stehen.

Beispiel

Individualismus

»... in einer Klasse sitzen vielleicht fünf Kinder, die erst seit einem Monat in Deutschland sind, dann sitzen da fünf Kinder, die Hauptschulniveau haben, und dann sitzen da aber auch fünf Kinder, die Realschulniveau haben. Und die muss man natürlich auch alle in einer Unterrichtsreihe oder in einer Unterrichtsstunde erreichen. Und deswegen muss man sehr viel individualisieren.«

In der Konsequenz ist Unterricht individualisiert angelegt, wenn die Entwicklungen, Bedürfnisse und Interessen des Einzelnen im Zentrum stehen. Im Konfliktfall wird Verständnis gezeigt, dass die Eigeninteressen und Bedürfnisse des Einzelnen Vorrang haben. Beispiele für Schlüsselkonzepte sind hier: »Jeder Einzelne ist wichtig«, »Den Einzelnen weit bringen«, »Jeder ist seines Glückes Schmied«, »Jeder ist besonders«.

Oberflächenstrukturell zeigt sich diese Dimension im Maß der individuellen bzw. kollektiven Bearbeitung von Aufgaben (z. B. Kooperatives Lernen, Projektarbeit) bzw. Einzelarbeit (z. B. Lernbüro; Aufgabendifferenzierungen), an individualisierten bzw. kollektiven Rückmeldungen (z. B. die Klasse wird als ganze angesprochen) und den Fähigkeiten und Fertigkeiten bzw. an Ritualen, die nur das Kollektiv kennt.

Tiefenstrukturell ist Individualismus an Sinnvorstellungen geknüpft, das eigene Leben angesichts vielfacher Optionen gestalten zu können und Passungen zur eigenen Person herzustellen. Der Sinn liegt in Formaten der Selbstoptimierung und Selbstverwirklichung sowie der Selbstbestimmung.

Kollektivismus ist an die Sinnvorstellung geknüpft, soziale Kontexte als Sicherheit zu erleben, Friedfertigkeit einzuüben und individuelle Interessen hinter die des Kollektivs zu stellen. Kollektivismus geht mit sozialer Eingebundenheit einher; Friedenserziehung sowie emotionale Stabilitätsentwicklung als Funktion von Schule und Unterricht stehen im Vordergrund.

Problemanzeigen:
Problematisch ist die Individualisierung als Konkurrenz und Kampf mit anderen individuellen Lebensentwürfen. Weiterhin kann der Druck zur Individualisierung und Selbstdarstellung Stresspotenziale steigern und Selbstwertgefühle einschränken. Um das Gelingen von Individualisierung wahrnehmen zu können, sind Evaluationen notwendig, die wiederum zu Einstufungen, Einordnungen und Bewertungen führen. Diagnostik kann Unterschiede identifizieren und festschreiben und beinhaltet (neben dem Potenzial zur Förderung) ein Etikettierungspotenzial. Sie bildet einen Motor zur beständigen Selbstoptimierung. Extrapoliert stellt sich Individualisierung als Singularisierung dar.[215]

Ein entmündigender Kollektivismus wiederum, der angepasstes Verhalten einfordert, steht im Widerspruch zu Zielperspektiven von Mündigkeit und Selbstständigkeit und wäre demokratieeinschränkend.

Kulturvergleichende Studien haben die Dimensionierung aufgegriffen.[216] Kollektivismus bzw. Individualismus sind nicht an technologische oder wirtschaftliche Entwicklungen gebunden. Die beiden vorgestellen Dimensionen sind für Staatsformen grundlegend. Da Schule und Unterricht gesellschaftlich beauftragt sind, liegt es im Interesse des jeweiligen Staates, dass sie sich im Unterrichtshabitat spiegeln.[217]

Dimension 3: Fachlichkeit

Fachlichkeit bezeichnet die Orientierung an den Gegenständen, Logiken, Arbeitsweisen, Betrachtungsweisen und Prioritätensetzungen einer Fachwissenschaft.

Oberflächenstrukturell zeigt sich die Fachlichkeit an Fachräumen, ihren Ausstattungen, Medien, am Selbstverständnis und Verhalten zur Sache sowie an der Ausdifferenzierung der fachlichen Inhalte und Kompetenzen und ihrer Aneignungswege im Unterrichtshabitat, an den fachspezifischen Arbeitsweisen (z. B. Versuche), an den fachspezifischen Normen und Werten (z. B. Pinsel werden ausgewaschen), an der Fachsprache (z. B. Blütenpflanze statt Blume) und nicht zuletzt an der Körperpräsentation der Akteure (z. B. im Fach Sport verglichen mit dem Fach Chemie).

Tiefenstrukturell ist Fachlichkeit an Vorstellungen geknüpft, dass die Beschäftigung mit der Sache an sich gewinnbringend, kompetenzerweiternd, bildend und wichtig ist, auch ohne gesellschaftliche bzw. personale »Verwertbarkeit«. Dahinter steht die Idee der Liebe zur Sache, der Nähe zur Sache, dem Interesse an der Sache. Schlüsselkonzepte können sein: »Ohne Literatur fehlt ein Stück vom Leben«, »Biologie ist das Ver-

---

215 Vgl. Reckwitz, A. (2017); Reckwitz, A. (2019). *Das Ende der Illusion: Politik, Ökonomie und Kultur in der Spätmoderne.* Frankfurt: Suhrkamp.

216 Vgl. Trommsdorff, G. (1995). Individualismus aus der Sicht verschiedener Kulturen. In: V. J. Kreyher & C. Böhret (Hrsg.), *Gesellschaft im Übergang: Problemaufrisse und Antizipationen.* Baden-Baden: Momos, S. 94.

217 Insofern ist es auch konsequent, dass Lehrpersonen in der Regel Beamte sind.

ständnis der Welt und meiner selbst«, »Ein Leben ohne Kunst ist ein Unglück«. Daneben wird die Bedeutung der Sache mit der Anschlussfähigkeit an internationale Entwicklungen bzw. den Fortschritt begründet. Der Überprüfung der Aneignungsprozesse im Unterrichtshabitat wird in dieser Sicht viel Aufmerksamkeit geschenkt (Prüfungen, Klassenarbeiten, Vergleichsarbeiten). Schlüsselkonzepte können sein: »Physik ist die Grundlage für alle technischen Entwicklungen«, »Englisch ist eine Weltsprache, die bei zunehmender Globalisierung in der Berufswelt immer wichtiger wird«.

Problemanzeigen:
Eingeschränkte Fachlichkeit schränkt die Aneignungsmöglichkeiten für Schülerinnen und Schüler ein. Fachlichkeit, die nicht alters- und entwicklungsgemäß ist und überfordert, kann zu Ablehnung und Distanznahme zum Fach führen. Problematisch kann ein sehr hoher fachlicher Anspruch sein, wenn er Schülerinnen und Schüler zurücklässt und Versagensängste generiert, ebenso wie fachliche Anspruchslosigkeit, die langweilt und keine Könnenserfahrungen zulässt.

Dimension 4: Leistungs- und Könnensorientierung
Leistungsorientierung bezeichnet die Orientierung an messbaren Leistungen und deren Nachweis. Beispiele für Schlüsselkonzepte: »Leistung ist wichtig, um weiterzukommen«, »Habe ich eine schlechte Klasse, bin ich ein schlechter Lehrer«, »Von nichts kommt nichts«. Diese Schlüsselkonzepte bilden Konkretisierungen zu einer Sinnvorstellung von Schule und Unterricht, die die berufliche Zukunft und soziale Platzierung der Schülerinnen und Schüler im Blick hat. Die Leistungsorientierung ist gegenwartsorientiert, sofern das Kompetenzerleben als motivierend erlebt wird; sie ist auch gegenwartsorientiert, weil zur Leistungssteigerung andere Bedürfnisse zurückgestellt werden. Dies geschieht mit Blick auf die Zukunft, da mit der Leistungserbringung Folgen für die soziale Platzierung in der Zukunft angestrebt werden.[218]

Oberflächenstrukturell zeigt sich diese Dimension an Habitatbedingungen, die Leistungen unterstützen und fördern, sowie an Gegenständen, Strukturen, Regeln, Emotionen, die den Test und die Überprüfung fokussieren, sowie an der Befürwortung des Überspringens von Klassen, der Teilnahme an Wettbewerben oder der Förderung besonders begabter Schülerinnen und Schüler.[219]

Tiefenstrukturell geht die Leistungsorientierung mit Sinnkonstruktionen zum Anschluss an die Berufs- und Arbeitswelt einher. (Schlüsselkonzepte: »Wir lernen für die Zukunft«, »Leistung ist alles«, »Gib dein Bestes!«)

---

218 Sehr prominent hat Helmut Fend diese Funktionsbestimmung von Schule und Unterricht formuliert; vgl. Fend, H. (1980); Fend, H. (1980). *Theorie der Schule.* München: Urban & Schwarzenberg.

219 Esslinger-Hinz, I. (2010).

Problemanzeige:
Die zentrale Problemanzeige ist in der Wendung »Teaching to the test« markiert. Der gesamte Sinn von Schule und Unterricht fokussiert sich auf das Abschneiden im Test. Leistungsschwache Schülerinnen und Schüler erfahren Abwertungen und sind unerwünscht. Alle Facetten des Unterrichts, die nicht testrelevant sind, werden marginalisiert. Leistungsorientierung generiert Versagensängste in Leistungssituationen. Das vermeintlich verlorene Jetzt, die investierte Lebenszeit wird zum Thema. Schülerinnen und Schüler stellen Vergleiche an und messen sich. In der Logik von »besser« und »schlechter« besteht die Gefahr, dass Schülerinnen und Schüler Belastung erleben und an ihrem Selbstwert zweifeln.

Dimension 5: Innovationsorientierung

Beispiel

Frau Ostrowsky war bei einer Lehrerfortbildung und hat die ABC-Methode sowie eine Methode, die »Abfallmontage« heißt, kennengelernt. Frau Ostrowsky besucht regelmäßig Fortbildungen und versucht alles Neue mitzubekommen und gleich umzusetzen. Es dauert keine zwei Tage, und die ABC-Methode sowie die Abfallmontage werden in ihrem Unterricht durchgeführt.

Innovationsorientierung bezeichnet die Bereitschaft, auf Neuerungen und Impulse von außen rasch und unmittelbar zu reagieren und den Unterricht entsprechend neu auszurichten.

Oberflächenstrukturell zeigt sich diese Dimension in Veränderungen und Neuerungen, die in das Habitat integriert werden, einerseits sowie in Stabilisierungen und dem Festhalten an Bewährtem andererseits. Anzumerken ist bei dieser Dimension, dass sie als solche bezogen auf die etablierte Kultur stabil ist, das heißt, es gehört zur Kultur (und damit zur Stabilität) des Unterrichts, dass eine Lehrperson immer wieder Neues integriert und etabliert. Hierzu zählt die Bereitschaft für Schul- und Unterrichtsversuche, die Teilnahme an neuen Programmen, die beständige Fort- und Weiterbildung. Ein hohes Maß an Innovation, Veränderung und Entwicklung führt zu Neuerungen und Anpassungen an veränderte gesellschaftliche Verhältnisse sowie zu einem Unterricht, der als zeitgemäß erlebt wird und indem die Fähigkeiten und Fertigkeiten vermittelt werden, die jeweils aktuell in einer Gesellschaft gebraucht werden.

Entwicklungsorientierung geht mit Unsicherheiten einher, denn das Neue führt zu Veränderungen und Unruhen und erfordert dauernd Anpassungsleistungen von den Akteuren.

Tiefenstrukturell sind Innovationsorientierungen an Vorstellungen geknüpft, dass der Anschluss an die Berufs- und Arbeitswelt gesichert sein muss und dass Fähigkeiten entwickelt werden, Neuerungen in das eigene Leben integrieren zu können und Adaptivität zu entwickeln. »Neue Entwicklungen« werden tendenziell positiv bewertet und befürwortet. »Neues ist immer willkommen!«, »Wir müssen mit dem Zeitgeist gehen«, »Wir brauchen Dynamik und Entwicklung« bilden Schlüsselkonzepte dieser Orientierung. Stabilitätsorientierung trägt hingegen zur Identität und emotionalen Stabilität bei. »Erst mal abwarten«, »Keine Experimente mit Kindern und Jugendlichen«, »Wir halten am Bewährten fest«.

Problemanzeige: Problematisch ist die Überforderung des Unterrichts mit ständigen Neuerungen und Adaptionsanforderungen. Stabilisierungen hingegen führen zu Sicherheiten, jedoch auch dazu, dass gesellschaftliche Entwicklungen jenseits von Schule und Unterricht stattfinden, sodass die Akteure den Unterricht als nicht zeitgemäß und als »Eigenwelt« erleben. Schule bildet dann eine zeitversetzte, retardierende Lebenswelt; wegen des Innovationsdrucks oftmals im Kontext von Internationalisierung und Digitalisierung diskutiert.

8.3.3 Instrument zur deskriptiven Habitatanalyse

Im Folgenden ist ein einfaches Verfahren dargelegt, das dazu beiträgt, die beschriebenen Dimensionen des Unterrichtshabitats in den Blick zu nehmen und für die Unterrichtsplanung und Habitatgestaltung nutzbar zu machen. Es besteht aus einer Kurzdefinition, einer einfachen Ordinalskala zur Einschätzung sowie der Entwicklung konkreter Konsequenzen für die Planung des Unterrichts.

Diese Vorgehensweise ist als flankierende Unterrichtsplanungshilfe sowie als Analyseinstrument bei Hospitationen und Unterrichtsreflexionen geeignet.

Bei der Nutzung als *Unterrichtsplanungshilfe* ist es sinnvoll, sich einen Bereich auszuwählen und sich auf ihn zu konzentrieren. Ist der Unterricht in einer ersten Entwurfsfassung konzipiert, legt man das Instrument an das Geplante an. Sichtbar wird so, inwiefern die jeweilige Dimension durch den geplanten Unterricht repräsentiert ist. Als flankierende Planungshilfe können dann die Oberflächenstrukturen im Unterricht so modifiziert werden, dass die Dimension stärker hervortritt. Stellt man diesen Vorgang auf Dauer, findet eine Habitat- bzw. Kulturentwicklung in den beschriebenen Dimensionen statt.

Nutzt man dieses Instrument als *Analyseinstrument* außerhalb des Gestaltungsprozesses der Unterrichtsvorbereitung im Rahmen von Unterrichtsnachbesprechungen bzw. Unterrichtsreflexionen, dient es der Diagnostik des Unterrichtshabitats im Hinblick auf die gewählte Dimension. In der Folge sind Einschätzungen der Tiefenstrukturen sowie darauf aufbauend die Entwicklung alternativer Oberflächenstrukturen möglich. Die Unterrichtsnachbesprechung ist retrospektiv und zudem an die Interpretation der Besprechungssituation gebunden.[220] Eine deskriptive Habitatanalyse setzt

220 Esslinger-Hinz, I., Denner, L. (2019).

voraus, dass Personen im Praktikum oder im Referendariat die Besprechungssituation als Lernsituation definieren. Die Schwierigkeit besteht darin, das Gelernte bzw. Erkannte als Ausgangspunkt für neue Planungen vorzusehen. *Für Lehramtsstudierende sowie Referandarinnen und Referendare sind an dieser Stelle kooperative Planungen hilfreich, weil die Zusammenhänge und Grundlagen hier versprachlicht und argumentativ abgewogen werden.*

Partizipation

Partizipation bezeichnet den Grad an Gestaltungs- und Teilhabemöglichkeiten der Akteure im Unterricht.

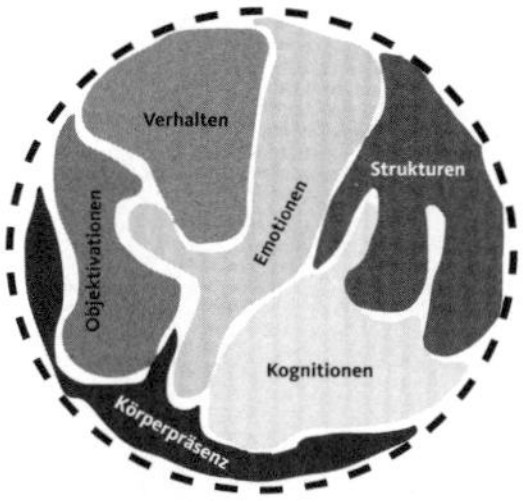

In welchen Manifestationsformen sind Mitbestimmungsoptionen etabliert?

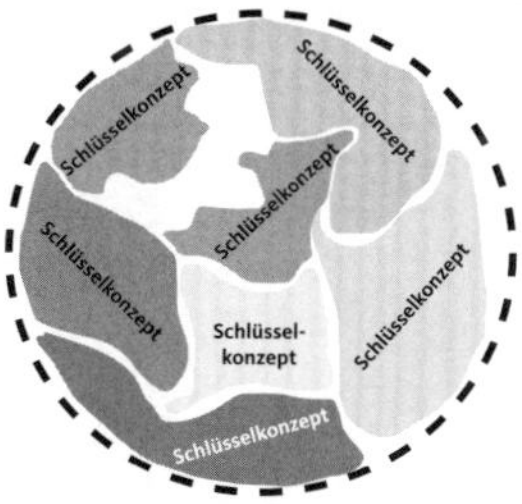

Existieren Schlüsselkonzept/e, die die Oberflächenstruktur begründen?

Einschätzung des Grades an Gestaltungs-, Entscheidungs- und Teilhabemöglichkeiten der Akteure im Unterrichtshabitat

sehr hoch	eher hoch	eher gering	gering

Bewertung
1. Ist die Dimension in wünschenswertem Maße ausgeprägt?
2. Ist das Schlüsselkonzept tragfähig und wünschenswert oder müsste eines etabliert werden?

Konkretion/Unterrichtsplanung

- Wie ist der Unterricht oberflächenstrukturell (neu, anders, weiterhin) zu gestalten, um das gewünschte Schlüsselkonzept zu etablieren?

Material 6: Beschreibung der Partizipation

Kollektivismus/Individualismus

Kollektivismus bezeichnet den Grad, nach dem das Kollektiv und die Interessen des Kollektivs (Gruppen im Klassenverband, der Klassenverband als Ganzes) im Vordergrund stehen. Die Interessen der Gruppe sind wichtiger als die des Einzelnen.

Individualismus bezeichnet den Grad, nach dem die Bedürfnisse, Interessen und Entwicklungen der einzelnen Person in ihrer Individualität und Besonderheit im Vordergrund stehen. Die Interessen des Einzelnen sind wichtiger als die der Gruppe.

Wie ist/wird Individualisierung/Kollektivierung oberflächenstrukturell über die Manifestationsformen etabliert?

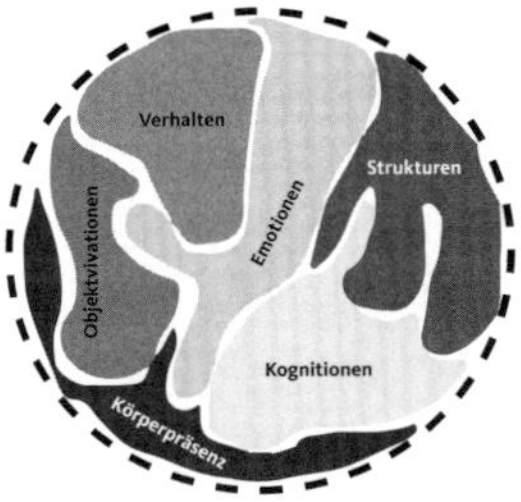

Wie ist das Verhältnis von Individualisierung bzw. Kollektivierung?

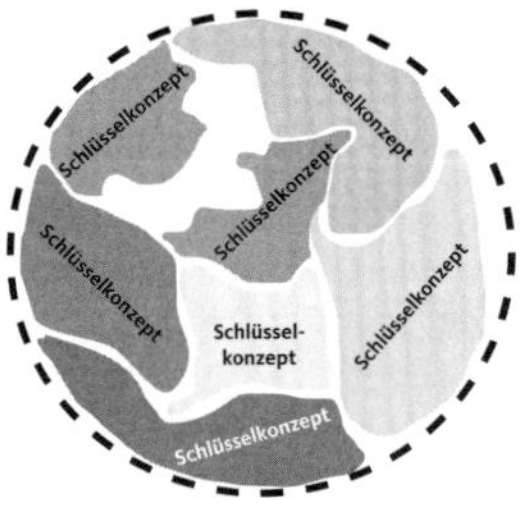

Existieren Schlüsselkonzept/e, die die Oberflächenstruktur begründen?

Einschätzung des Grades an Kollektivismus/Individualismus im Unterrichtshabitat

sehr hoch	eher hoch	eher gering	gering

Bewertung
1. Ist die Dimension in wünschenswertem Maße ausgeprägt?
2. Ist das Schlüsselkonzept tragfähig und wünschenswert oder müsste eines etabliert werden?

Konkretion/Unterrichtsplanung

- Wie ist der Unterricht oberflächenstrukturell (neu, anders, weiterhin) zu gestalten, um das gewünschte Schlüsselkonzept zu etablieren?

Material 7: Beschreibung des Kollektivismus bzw. Individualismus im Unterrichtshabitat

Fachlichkeit

Fachlichkeit bezeichnet die Orientierung an den Gegenständen, Logiken, Arbeitsweisen, Betrachtungsweisen und Prioritätensetzungen der Fachwissenschaft.

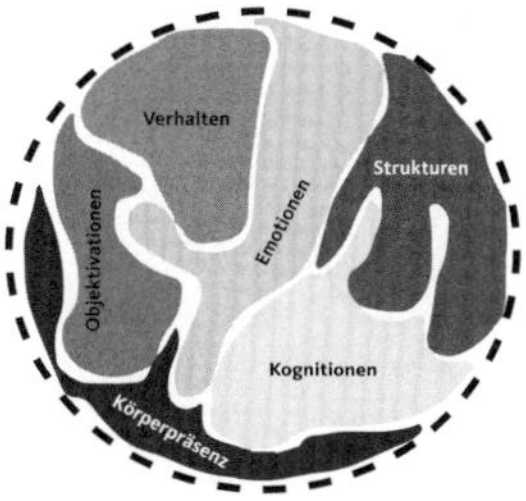

An welchen Manifestationsformen wird Fachlichkeit deutlich und sichtbar?

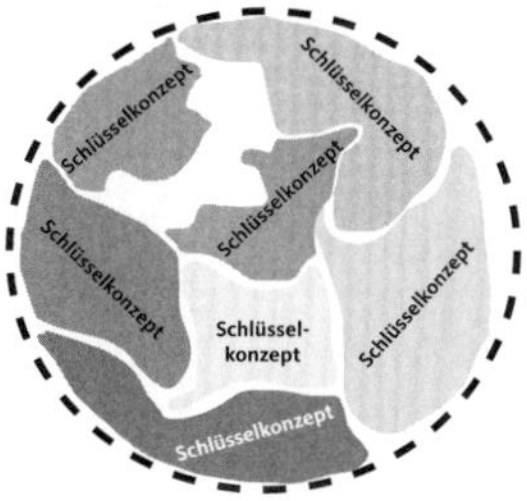

Welche/s Schlüsselkonzept/e begründet/n die Oberflächenstruktur?

Einschätzung des Grades der Fachlichkeit im Unterrichtshabitat

sehr hoch	eher hoch	eher gering	gering

Bewertung
1. Ist die Dimension in wünschenswertem Maße ausgeprägt?
2. Ist das Schlüsselkonzept tragfähig und wünschenswert oder müsste eines etabliert werden?

Konkretion/Unterrichtsplanung

- Wie ist der Unterricht oberflächenstrukturell (neu, anders, weiterhin) zu gestalten, um das gewünschte Schlüsselkonzept zu etablieren?

Material 8: Beschreibung der Fachlichkeit im Unterrichtshabitat

Leistungsorientierung

Leistungsorientierung bezeichnet die Orientierung, Befürwortung von messbaren Leistungen, deren Rückmeldung sowie die Vergabe von Leistungsnachweisen.

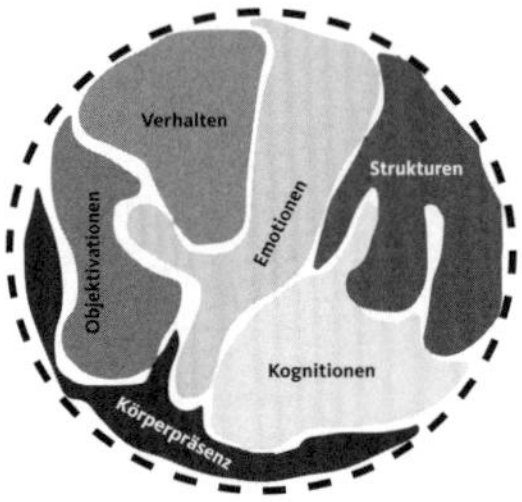

In welchen Manifestationsformen wird Leistungsorientierung deutlich und sichtbar?

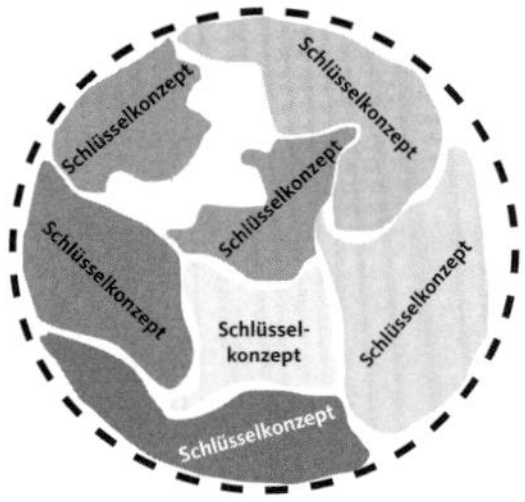

Welche/s Schlüsselkonzept/e begründet/n die Oberflächenstruktur?

Einschätzung des Grades der Leistungsorientierung

sehr hoch	eher hoch	eher gering	gering

Bewertung
1. Ist die Dimension in wünschenswertem Maße ausgeprägt?
2. Ist das Schlüsselkonzept tragfähig und wünschenswert?

Konkretion/Unterrichtsplanung

Wie ist der Unterricht oberflächenstrukturell (neu, anders, weiterhin) zu gestalten, um das gewünschte Schlüsselkonzept zu etablieren, oder müsste eines etabliert werden?

Material 9: Beschreibung der Leistungsorientierung im Unterrichtshabitat

Innovationsorientierung

Innovationsorientierung bezeichnet die Bereitschaft, auf Neuerungen und Impulse von außen rasch und unmittelbar zu reagieren und den Unterricht entsprechend neu auszurichten.

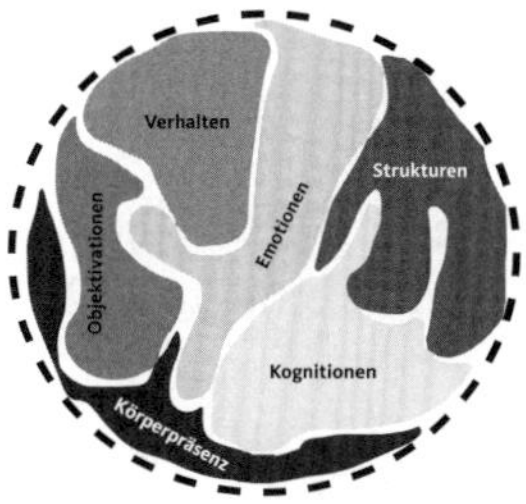

In welchen Manifestationsformen wird Innovationsorientierung deutlich und sichtbar?

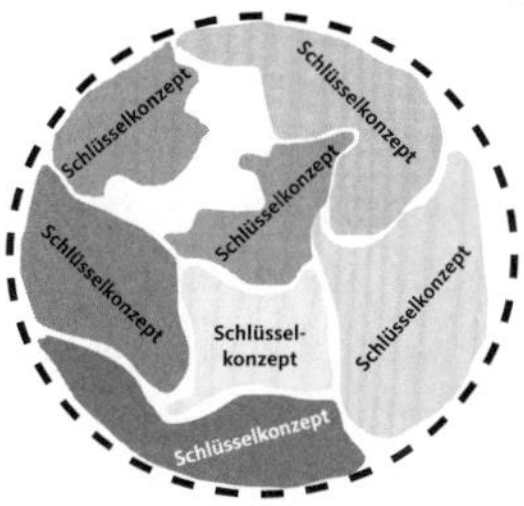

Welche/s Schlüsselkonzept/e begründet/n die Oberflächenstruktur?

Einschätzung des Grades der Innovationsorientierung:
Wie ausgeprägt ist die Innovationsorientierung?

sehr hoch	eher hoch	eher gering	gering

Bewertung
1. Ist die Dimension in wünschenswertem Maße ausgeprägt?
2. Ist das Schlüsselkonzept tragfähig und wünschenswert?

Konkretion/Unterrichtsplanung

Wie ist der Unterricht oberflächenstrukturell (neu, anders, weiterhin) zu gestalten, um das gewünschte Schlüsselkonzept zu etablieren, oder müsste eines etabliert werden?

Material 10: Beschreibung der Innovationsorientierung im Unterrichtshabitat

8.4 Fokus 3: Die qualitative Habitat- bzw. Unterrichtsanalyse

Dieser Fokus bietet einen Maßstab, um das Habitat zu bewerten. Es sind hier vier Habitatmerkmale vorgestellt:

1. der *Informationsgehalt*, der angeboten wird
2. das Maß an *positiver Resonanz*
3. die *pädagogische Validität*
4. sowie die *aktive Konsolidierung*

Diese vier Gütemerkmale von Habitaten seien zunächst näher erläutert und vorgestellt. Sie greifen Ergebnisse empirischer Sozialforschung auf und binden sie in den hier vorgestellten kultursensiblen Ansatz ein.

8.4.1 Der Informationsgehalt

Wissen und Orientierung über die Welt, über die Art und Weise von Erkenntnisgewinnung sowie über die vorgesehene Struktur des Unterrichts sind an ein Merkmal gebunden: die Information. Lernen und Erfahrungen lassen sich nur über Informationsangebote herstellen.[221] Deshalb ist zu fragen: Wie stellt sich der Informationsgehalt des Unterrichts dar, bezogen auf die zugrunde gelegten Sinnannahmen? Sind angemessene Informationen vorgesehen oder handelt es sich um Teil-, Fehl-, Falschinformationen? Welche Menge an Informationen, in welcher Differenziertheit, mit welchem Richtigkeits- bzw. Wahrheitsgehalt bietet der Unterricht? Der Informationsgehalt betrifft somit die Fachlichkeit, die im Unterricht etabliert wird. Hier werden drei Merkmale aufgegriffen: Der *Neuigkeitsgehalt* bezeichnet, inwiefern das Habitat dem einzelnen Schüler bzw. der einzelnen Schülerin neue Erfahrungen, neues Wissen, neue Fähigkeiten und Fertigkeiten anbietet. Die *Differenziertheit* bezieht sich darauf, wie ausdifferenziert und detailliert eine Sache zur Sache wird, und schließlich betrifft der *Wahrheitsgehalt* bzw. die *Richtigkeit und Korrektheit die Zuverlässigkeit*, mit der im Habitat Aussagen getätigt werden.

<table>
<tr><th>Neuigkeitsgehalt</th><th>Differenziertheit</th><th>Wahrheitsgehalt, Richtigkeit, Korrektheit</th></tr>
<tr><td>hoch</td><td>zu differenziert</td><td rowspan="2">wahr, richtig, korrekt</td></tr>
<tr><td>angemessen</td><td>angemessen</td></tr>
<tr><td>niedrig</td><td>zu wenig differenziert</td><td>unwahr, falsch, nicht korrekt</td></tr>
</table>

Tab. 8: Informationsgehalt im Unterricht (in Anlehnung an Esslinger-Hinz 2015)

221 Esslinger-Hinz (2015).

Unterricht sollte daher immer auf eine angemessene Menge, auf eine angemessene Schwierigkeit sowie auf fachlich korrekte Informationen zielen.

Letzteres ist beispielsweise der Fall, wenn Lehrende häufig Fehler machen, besonders offensichtlich an Rechtschreib-, Rechen- oder allerlei anderen Fehlern auf Tafelbildern, Arbeitsblättern oder Powerpointfolien oder an der kontinuierlichen Antwort, dass dieses Thema ein andermal behandelt wird. Ist der Informationsgehalt gering, werden weiterführende bzw. differenzierte Schülerbeiträge in ihrer Qualität nicht aufgenommen und es entsteht kein Lernzuwachs; ist er zu hoch, sind Schülerinnen und Schüler überfordert und können nicht folgen. Der Informationsgehalt bestimmt sich somit an dem Wissens- und Könnensstand der Schülerinnen und Schüler sowie an der Komplexität der Sache.

Beispiel

Lara merkt an: »Jetzt machen wir ›Martin Luther‹ zum vierten Mal in Reli. Das ist so langweilig. Kann ich zu Ethik wechseln? Die anderen haben gesagt, dass es da interessanter ist.«

Der Informationsgehalt des Unterrichts ist neben den Informationen zu den neuen Lerninhalten auf Informationen zum Ablaufprozess des Unterrichts bezogen. Sind sie nicht deutlich genug oder gar nicht gegeben, stockt der Unterricht. Offensichtlich ist dies, wenn die Schülerinnen und Schüler nicht genau wissen, was zu tun ist (Arbeitsanweisungen). Schließlich wird die Einordnung des zu Lernenden vertieft, wenn der Zusammenhang zu den Tiefenstrukturen des Unterrichts transparent gemacht und versprachlicht wird. Diese Ebene trägt dazu bei, dass die Tiefenstrukturen elaboriert werden. Sie trägt aber auch dazu bei, dass hierarchische Strukturen vermindert werden, denn Begründungen sind Formate von Rechenschaftslegung.

Beispiel

Herr Maier erklärt, dass er eigentlich gerne den Wiesensalbei heute mitgebracht hätte, aber leider heute morgen eine gemähte Wiese vorfand und deshalb nur Fotos zeigen und mit dem Buch arbeiten kann.

Gibt eine Lehrperson Auskünfte über fachbezogene didaktische Entscheidungen und werden diese kooperativ modifiziert, ist zum einen das Interesse der Lehrperson am Lernprozess der Lernenden markiert sowie unter machtstruktureller Perspekive, dass Schülerinnen und Schüler an der Unterrichtsgestaltung partizipieren.

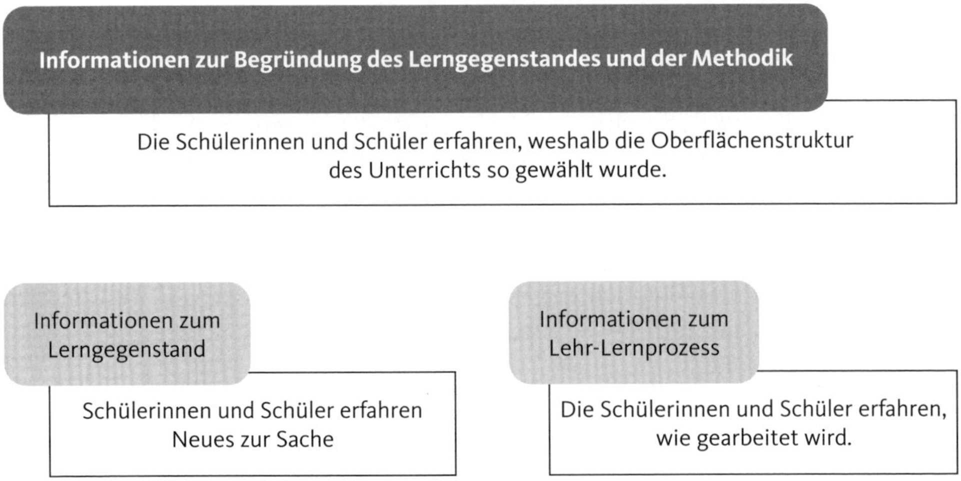

Abb. 18: Informationsebenen im Unterrichtshabitat (In Anlehnung an Esslinger-Hinz 2015)

Doch worin sind die Ursachen zu suchen, dass Lehrpersonen unterschiedliche Informationsgehalte auf den Oberflächenstrukturen des Unterrichts vorsehen? Wie hochwertig ist der Unterricht in Umfang und Tiefe des Angebots bezüglich des zu Wissenden und zu Könnenden? Bietet er die Informationen, die zur Selbst- und Welterschließung notwendig sind bzw. die Schlüsselkonzepte einlösen und bedienen? Führt der vorgesehene Informationsgehalt weiter?

Thematisiert man den Informationsgehalt des Unterrichts, ist die Einschätzung abhängig

- von den Annahmen der Lehrperson über den Sinn und die Funktion des (Fach-) Unterrichts von den Annahmen der Lehrperson über das vorhandene Wissen, Können sowie die vorhandenen Erfahrungen der Lernenden
- von den fachlichen Kompetenzen der Lehrperson
- vom Verhältnis der Lehrperson zu ihrem Fach

8.4.2 Die positive Resonanz

Will man professionelle Sinnstrukturen etablieren, sollten Unterrichtshabitate so gestaltet sein, dass sie Schülerinnen und Schüler einladen und anhalten, sich auf Erschließungs- und Aneignungsprozesse einzulassen. Diese Einlassungen sind mit unterschiedlichen Akzentsetzungen zuweilen mit Begriffen wie »Interdependenz«, »Beziehung«, »Interesse«, »Motivation«. »Feedback« bezeichnet worden und die Beschreibung von Bildungsprozessen folgt immer wieder dem Gedanken, dass durch die Weltbegegnung etwas auf Seiten des Menschen Veränderndes geschieht. Hier wird der Terminus »Resonanz«[222] gewählt, weil der Begriff markiert, dass die Weltausschnitte, die in Schule und Unterricht zum Thema werden, bei Schülerinnen und Schüler ankommen und ankern bzw. sie betreffen sollten. Hierzu zunächst ein Beispiel:

Beispiel

Im Physikunterricht geht es um Materie, Masse und Gewicht. Marcel ist fasziniert. Er kauft sich gleich drei Bücher von Stephen Hawking und versucht allen Mitgliedern seiner Familie zu erläutern, was Schwarze Löcher sind.

Strukturen sind allgemeiner Art. Das bedeutet, dass sie immer für alle Akteure im Unterrichtshabitat gemacht sind. Das gilt für Vortragsformate, für fragend-entwickelnde Formen, aber auch für »offene« Unterrichtsformate, denn hier sind die Akteure aufgefordert, sich eine Lernaufgabe zu wählen; es besteht der strukturelle Zwang zur Wahl, da es in Anteilen mehr Entscheidungsoptionen gibt. Wie sich einzelne Schülerinnen und Schüler im Habitat situieren, wie sie es erleben, ob es für sie zielführend ist, kann sehr unterschiedlich sein. Damit trifft der Terminus »Resonanz« eine individualisierte Perspektive. Er ist deshalb besonders geeignet, weil er die subjektiven und individuellen Gegebenheiten in Bezug auf Habitatmerkmale bezeichnet. Konstrukte wie »Motivation«, »Befindlichkeit«, »Interesse« markieren die Resonanz von Akteuren auf das Unterrichtshabitat, in das sie eingebunden sind, in verallgemeinerter Form. *Der Terminus »Resonanz« ist akteurs- bzw. subjektorientiert.*

Der Terminus erlaubt, Abstufungen und Kontinuitäten von Resonanz in den Blick zu nehmen. Weitergehend können schulische Ereignisse auch Resonanzen auslösen, die als schädigend erlebt werden; in etwa wenn ein Schüler aufgrund von Mobbingerfahrungen, verletzendem Verhalten von Lehrpersonen, krisenhaften Ereignissen das Habitat nicht mehr erträgt und die Schule wechseln muss und noch Jahre später jede Begegnung, zum Beispiel das Treffen der ehemaligen Lehrperson oder ehemaliger Mitschüler, negative Resonanzen generiert.

Die Qualität der Resonanzverhältnisse wird deshalb hier mit dem Attribut »positiv« versehen, um zu markieren, dass sich das Habitat begünstigend auf die Erschließungs- und Aneignungsprozesse auswirkt. Im aktuellen schulpädagogischen Diskurs ist viel von »Qualität« die Rede, nicht aber von einem Gegenteil; es ist viel vom guten Lehrer, vom guten Unterricht die Rede, eher kaum vom schlechten. Die Qualitätsvorstellungen durch Graduierungen im Leistungsbereich (Niveaus) bilden nicht den gesamten Resonanzraum ab; das Habitat kann auch dazu führen, dass es gemieden wird oder unerwünschte Verhaltensweisen generiert. Vorstellungen zur Kompetenzorientierung sparen diese Negativseite aus; die Skala »endet« bei ausbleibenden Lernerfolgen. Auch die Formulierung von Lernzielen und Kompetenzen in Formaten, die auf Konjunktive

222 Rosa, H. (2018).

und Möglichkeitsformen verzichten und bereits erreichte Zustände vorwegnehmen, deuten an, dass Erfolgsverbuchungen im Fokus der Aufmerksamkeit stehen.

Im vorliegenden Ansatz wird die Schattenseite von Unterrichtshabitaten auch einbezogen: negative Resonanzverhältnisse, die Entwicklungen und Lernen behindern. Für die Planung von Unterricht ist diese Sicht wichtig, denn sie eröffnet den Blick für Entwicklungspotenziale – ganz besonders auch für den schlechten Unterricht, der zur Ablehnung von Lehrpersonen und Fächern führt. Hierzu zunächst ein Beispiel[223]:

Beispiel

Schulleiter:
Bei einem ersten Treffen im Rahmen des Semesterpraktikums (Studierende, Mentoren, Schulleiter) äußert der Schulleiter: »Die Schüler an dieser Schule sind nicht normal, aber das werdet ihr sehr schnell herausfinden. Wir sind froh, wenn die Schüler überhaupt einen Abschluss schaffen. Wir sind eigentlich eher eine Sonderschule als ein Haupt- und Werkrealschule. Die Kinder haben alle ihre Probleme und kommen aus schlechtem, bildungfernem Milieu.«

Mentor:
Die Lehrkraft kommentiert den Unterricht der Studentin: »Du hast tollen Unterricht gemacht. Aber eigentlich ist egal, was du mit denen machst; die verstehen sowieso nicht.«

Aus der Abschlussrede des Schulleiters:
»Wir als Schule sind super, weil wir es geschafft haben, viele von euch in Ausbildungsberufen unterzubringen. Das ist das Beste für euch, weil jeder anerkennen soll, wofür er geschaffen ist und wo seine Grenzen liegen. [...] Der Schüler X hat versucht, seinen Fachhochschulabschluss zu machen, und hat es nicht geschafft. Das war einfach zu schwer. Deswegen macht er jetzt eine Ausbildung, zu der wir ihm verholfen haben. Aber trotzdem hat er, weil er nicht auf uns gehört hat, ein Jahr verloren.«

Das Beispiel zeigt ein Habitat auf, in dem die Schülerinnen und Schüler als begrenzt förderwürdig betrachtet werden. Schülerinnen und Schüler, die weiterführende Schulen besuchen wollen, werden nicht unterstützt, sondern mit dem Schlüsselkonzept konfrontiert, dass ihre kognitiven Möglichkeiten begrenzt seien. Stößt dieses Konzept über die Oberflächenstrukturen bei den Schülerinnen und Schülern auf Resonanz, werden sie dieses Schlüsselkonzept reproduzieren und sich für keine weiterführende Schule entscheiden. Fälle von Missachtung dieses Konzepts werden öffentlich in der Schulleiterrede als mahnende Beispiele benannt. Die Diagnose der positiven Resonanz extrapoliert geradezu die Merkmale der Oberflächenstrukturen sowie die zugehörigen Schlüsselkonzepte des Unterrichtshabitats, die Schülerinnen und Schüler in ihren Erschließungs- und Aneignungsprozessen befördern bzw. sie daran hindern.

223 Gedächtnisprotokoll eines Studenten.

Der Terminus »Resonanz« erlaubt somit, dass sich das diagnostische Interesse dem Habitat zuwendet. Traditionell wird der diagnostische Blick in erster Linie auf den Schüler oder die Schülerin gewendet und beschreibt dessen bzw. deren »Voraussetzungen«, »Bedingungen«, um Unterricht zu gestalten. Diese Sicht ist hier deutlich erweitert; denn die Habitatorientierung eröffnet auch den Fokus auf Störungen, Brüche, fehlende Passungen bzw. Resonanzlosigkeit[224] und legt den Blick frei für Entwicklungspotenziale des jeweiligen Habitats. Damit wird nicht an der Oberflächenebene eines Habitats »gemäkelt«, sondern deren Bedeutung und Leistung für die Aufgabe des Empowerments von Schülerinnen und Schülern geprüft.

Positive Resonanz

Der Terminus Resonanz bezeichnet das Erleben des Unterrichtshabitats aus der Perspektive des einzelnen Akteurs, als eine Bezugnahme. Begriffe wie »begeistert sein«, »berührt sein«, »betroffen sein«, »interessiert sein an« und alle Unterstützungsmaßnahmen aller beteiligter Akteure im Habitat, um diese Resonanz zu erzeugen. Die Resonanz betrifft das Erleben des Habitats durch die Schülerinnen und Schüler: kognitiv, emotional sowie körperlich. Positive Resonanz ist gegeben, wenn Schülerinnen und Schüler über tiefenstrukturell angelegte Sinnkonstruktionen, die auf der Oberfläche manifestiert sind, in ihren Erschließungs- und Aneignungsprozessen gestärkt und gefördert werden. Hierzu können beispielsweise Gespräche über Arbeitsfortschritte, produktive Rückmeldungen, Ermutigungen, Lob, Unterstützung, fachliche Diskussionen zählen.

Unterrichtshabitate, die negative Resonanzen generieren (»Ablehnung«, »Ekel«, »Unzufriedenheit«, »Bloßstellung«), sind ungünstig und in Unterrichtshabitaten zu verändern. Sie markieren schlechten Unterricht. Unterrichtshabitate, die positive Resonanzen generieren (»Interesse«, »Aufmerksamkeit«, »Wohlbefinden«, »Anerkennung«), sind begünstigend für das Lernen, das heißt für Erschließungs- und Aneignungsprozesse.

Sinn im Habitat bedeutet dann, dass er geteilt ist, wenn eine Sache als bedeutsam eingestuft wird und auch Betroffenheit auslösen kann.[225] Die Resonanzpotenziale sind hierbei jedoch unterschiedlich: Schülerinnen und Schüler, die in anderen Kontexten (Familie, Verein) Habitate vorfinden, die vergleichbare Resonanzräume bieten, haben es leichter, in Schule und Unterricht anzudocken. Diese Seite des Unterrichts ist unter dem Stichwort »Ungleichheit« vielseitig erforscht und belegt.[226] Die Resonanzmög-

224 Der Entfremdungsbegriff erscheint hier zum einen aufgrund der vielfältigen Konnotate ungeeignet. Der Resonanzbegriff leistet für sich durchaus die Beschreibung der Vorgänge in Unterrichtshabitaten.

225 Markowitz (1982).

226 Beispielhaft sei an dieser Stelle der Band von Diehm, I., Kuhn, M., Machold, C. (Hrsg.) (2017). *Differenz – Ungleichheit – Erziehungswissenschaft. Verhältnisbestimmungen im (Inter-)Disziplinären.* Wiesbaden: Springer, genannt. Eine Einordnung dieser didaktischen Theorie in die Ungleichheitsforschung kann hier nicht umfänglich eingebunden, sondern sehr knapp umrissen werden: Die Diskussion um Differenzkategorien ist hier verstanden als fehlender oder einge-

lichkeiten sind somit an die seitherige Biografie, die Ereignisse und Erfahrungen sowie durch die gewonnenen Haltungen, Interessen, Vorlieben zu einem bestimmten Zeitpunkt vorhanden, jedoch nicht festgeschrieben.

Damit die Schule und der Unterricht einen Resonanzraum *für jeden und jede* bilden können[227], braucht es Anpassungen des Habitats, sodass bezogen auf Aufgaben, Inhalte, Schwierigkeitsgrade, Zugangswege individuelle Resonanzräume erschlossen werden können. Auf der Sichtstruktur des Unterrichts werden Anschlusspunkte gesucht. In diesem Sinne ist »Differenzierung« ein unpassender Begriff, vielmehr geht es um vielfältige *Anschlusspunkte*, die angeboten werden und die für den einzelnen Schüler und die einzelne Schülerin geeignet erscheinen, sie nutzen zu können. Die Sichtebene ist immer tiefenstrukturell grundgelegt; insofern braucht es hier Konzepte, die die Stärkung jedes Schülers und jeder Schülerin vorsehen.

---

schränkter positiver Resonanzraum. Das Unterrichtshabitat bietet für einen Teil der Schülerinnen und Schüler in unterschiedlichen Fächern keine oder zu wenige Anschlüsse. Häufig werden günstige Anschlussoptionen aufgrund von »Mittelschichtsorientierung« der Schule für Kinder und Jugendliche mit dieser Schichtzuordnung angegeben. Im hier vorgestellten Ansatz wird auf die Arbeit mit diesen Kategorien bzw. Differenzmerkmalen bzw. auf die Konstruktion »Ungleichheit« verzichtet, weil sie zwar in eine Gesellschaftskritik münden können, sich an der Option des einzelnen Schülers und der einzelnen Schülerin im Resonanzraum Unterricht zunächst nichts ändert und die bildungspolitischen Diagnostik- und Förderbemühungen die Differenzkategorien rekapitulieren und möglicherweise stabilisieren.
Differenzkategorien sind hier betrachtet als Merkmale bzw. Merkmalsbündel, die positive Resonanz in besonderem Maße begünstigen bzw. einschränken. Das wird immer der Fall sein, da Kinder und Jugendliche sich in außerschulischen Habitaten aufhalten, die stärkere oder schwächere Anschlussoptionen an das schulische Habitat bieten. Problematisch wird es dann, wenn diese Anschlussoptionen für die Erschließungs- und Aneignungsprozesse Bedeutung erlangen. Das ist beispielsweise der Fall bei Hausaufgaben oder in Coronazeiten beim Onlineunterricht.
Ein Teil der immer wieder zitierten Differenzmerkmale ist für Erschließungs- und Aneignungsprozesse irrelevant; in etwa die Hautfarbe einer Person oder der Geburtsort. Gleichstellung und Teilhabe sind grundlegende und basale Elemente einer Berufsethik. Der didaktisch relevante Teil ist der, der Anschlussoptionen – auf der Grundlage von Teilhabe und Anerkennung – *faktisch* erschwert. Das ist dann der Fall, wenn viel oder alles für einen Schüler bzw. eine Schülerin neu und unbekannt ist oder im Widerspruch zu Habitaten außerhalb des Unterrichts steht. Will man positive Resonanz für alle Schülerinnen und Schüler ermöglichen und richtet man den Fokus auf das individuelle Empowerment, dann sind Differenzkategorien nur zu thematisieren, wenn sie dieses hemmen. Diese Erschwernisse zu erkennen und so niedrig wie möglich zu halten, ist eine kontinuierliche Aufgabe aller Professionellen in Schule und Unterricht, zumal Kompensationsbemühungen das Potenzial enthalten, Differenzkategorien zu festigen (z. B. Besuch von Förderangeboten). Die Bildungsabschlüsse bzw. Bildungsergebnisse sind different, weil die Lernergebnisse different sind. Die Differenz ist nicht das Problem, sondern die fehlende Resonanz und damit das Scheitern. Das Resonanzpotenzial im Unterrichtshabitat führt somit weg von der Idee der Differenzierung, die häufig gewählt wird (vgl. Tervooren et al. 2014) und die ja wiederum nach vorangegangenen Differenzmerkmalen (z. B. Niveaustufen) vorgenommen wurde, hin zur Idee der Passung bzw. Kohärenz.

227 Vgl. Rosa (2018), S. 419.

Die hier vorgeschlagene Zugangsweise fokussiert damit die Potenziale der Schülerinnen und Schüler und zielt auf Erweiterung: auf Erweiterung des Resonanzraums für die Dinge der Welt, für das Leben, für Ästhetik, für Kunst, für den sprachlichen Ausdruck, für Interaktionen mit anderen.[228] Das gilt für alle Schülerinnen und Schüler gleichermaßen. *Aufgehoben sind damit Differenzlinien, die Schülerinnen und Schüler einordnen, kategorisieren und etikettieren und ein schulisches Kastenwesen über vielerlei auch gut gemeint eingeführte Differenzlinien stabilisieren.* Es macht einen gravierenden Unterschied, ob ein Schüler oder eine Schülerin auf einem bestimmten Niveau eingeordnet wird oder ob potenzial- und resonanzorientiert gedacht wird. Die Oberflächenstruktur markiert dann »Traust du dir das zu?«, »Versuch es doch mal!«, »Du könntest das hinbekommen« (und nicht: »Du bist X-Niveau«, »Nimm Arbeitsblätter mit einem Stern«, »Das sind die Fehler«). In letzter Konsequenz erübrigt sich die Frage nach der Inklusion und Differenzierung innerhalb des Habitats; denn ein resonanzorientiertes schulisches Habitat ist an den Entwicklungen jedes Einzelnen interessiert.[229] Dazu braucht es passende Herausforderungen und Aufgaben und deshalb kontinuierliche Entwicklungsermöglichung durch die Lehrperson. Die Rolle der Lehrperson ist somit proaktiv. Letztlich erübrigt sich dann Inklusion, denn die unterstellt, dass es Exklusionen gibt bzw. mit dem Begriff »Inklusion« muss »Exklusion« mitgedacht werden. Das gilt auch für eine Diagnostik als Einstufung, die an Grenzen orientiert ist.

Die Güte des Unterrichtshabitats bemisst sich damit an den Resonanzpotenzialen, die das Habitat für jeden einzelnen Schüler bzw. jede einzelne Schülerin ausweist.

In der Folge zielt der vorliegende Ansatz nicht darauf ab, abzuwehren oder zu verhindern, was man nicht möchte, sondern darauf, zu etablieren, zu setzen und einzuführen, was wichtig ist. Es geht daher *nicht* um Prävention und Intervention von Gewalt oder Mobbing oder Störungen, sondern um ein Habitat, welches die Resonanzerweiterung jedes Einzelnen zum Ziel hat.

Das Wohlergehen und Wohlbefinden der Akteure ist von zentraler Bedeutung, um positive Resonanz generieren zu können, und ist auch auf den Körper und auf das Erleben bezogen.

---

228 Ansätze zur Intersektionalität, Vorstellungen zur Differenzierung, Ideen zur Intervention fokussieren Differenzen und Einordnungen. Im hier vorgestellten Ansatz liegt der Fokus auf der Anbindung bzw. Resonanz und ist an Potenzialen orientiert. In dieser Sicht erscheint auch der Differenzierungsbegriff problematisch bis hin zu Niveaustufen und Rankingvorstellungen im Habitat. Möchte man die Potenziale in den Blick nehmen, die Anknüpfungspunkte sehen, dann ist es angemessener, von Resonanzmöglichkeiten und Ermöglichungen zu sprechen und potenzialorientiert zu denken und zu agieren. In dieser Sicht liegt eine Kritik an den gängigen Vorstellungen von Differenzierung darin, dass sie auch das Potenzial zur Stabilisierung aufweisen.

229 Vgl. die Ausführungen zu »Creating inclusive cultures« bei Booth, T., Ainscow, M. (2011). Index for inclusion: developing learning and participation in schools. Third ed., Bristol: Centre for Studies on Inclusive Education (CSIE), p. 8.

Beispiel

Tina freut sich auf den Sportunterricht. Heute werden Noten gemacht. Jede Schülerin muss fünf Übungen zum Bodenturnen vor den Augen der anderen präsentieren. Für jede Übung kann man 1 bis 3 Punkte erreichen; alle Punkte ergeben die Note. Tina freut sich, dass sie zeigen kann, was sie in den letzten beiden Jahren in der Sportgymnastik im Verein gelernt hat.

Laura erklärt ihrer Mutter, dass der heutige Tag schlimm werden wird. Schlimm und peinlich. Sie hat Angst und verzichtet schon auf das Frühstück. Sie wurde schon mal im Sportunterricht ausgelacht und die Vorstellung lässt Laura ganz blass im Gesicht werden. Das ganze Wochenende hat sie sich damit beschäftigt, was sie nicht kann. Sie ist auch ratlos, denn als Kind hat sie nie gelernt oder geübt, wie man ein Rad schlägt. Das war einfach nie ihr Thema und kam in ihrem Leben bislang nicht wirklich vor. Im Sportunterricht wurde das vorausgesetzt.

Das Beispiel zeigt, dass Lehr-Lern- und auch Beurteilungssituationen unterschiedlich erlebt werden. Sie tragen in unterschiedlichem Maß zum Wohlergehen und zum Wohlbefinden und letztlich zum Glück des Einzelnen[230] bei. Dieses ist hoch, wenn Anerkennung im sozialen Raum stattfinden kann und eine Person dadurch ihr Kompetenzerleben stärkt.

Wohlergehen und Wohlbefinden

Die an das Wohlergehen gebundenen Bedürfnisse haben Auswirkungen auf die Ausgestaltung des Kulturhabitats. Wohlergehen und Wohlbefinden sind an die Befriedung grundlegender Bedürfnisse gekoppelt (soziale Eingebundenheit, Ernährung, Schlaf, Herausforderungen) sowie an die Anerkennung durch andere und an die Erfahrung persönlichen Sinns.

Doch was genau macht die Güte von Tiefenstruktur aus? Lassen sich hier Merkmale identifizieren, bündeln, fokussieren und präzisieren, denn Lehramtsstudierende studieren bei aller Standardisierung individuell und punktuell und benötigen hier eine Heuristik für die Entscheidungsfindung, welche Tiefenstrukturen geeignet sind und etabliert werden sollten. Wie lassen sie sich begründen und herleiten? Nach welchen Maßstäben sind vorhandene Tiefenstrukturen zu bewerten? Sollten diese beibehalten oder verändert werden? Mit diesen Fragen wird das Terrain des deskriptiven Zugangs zur Schul- und Unterrichtskultur verlassen. Dieser war und ist wichtig,

- um die bestehende Unterrichtskultur zu *beschreiben,*
- um die *Architektur von Unterrichtskulturen zu verstehen,*
- um *Gestaltungsmöglichkeiten* des Kulturhabitats Unterricht zu *identifizieren,*
- um *Möglichkeitserwägungen* anzustellen, indem auch die Grenzen des Gestaltbaren erkannt werden.

---

230 Bucher, A. (2018). Psychologie des Glücks. Weinheim: Beltz; Mertens, J.-U. (2018). Glück in Psychologie, Philosphie und im Alltag. Stuttgart: Kohlhammer.

Mit der Deskription sind pädagogische Praxen analysier- und verstehbar. Deskriptionen an sich tragen jedoch noch nicht zu besseren Praxen bei. *Die Praxen von Schule und Unterricht erfordern tagtäglich Entscheidungen und Handlungen im Mikrobereich des Unterrichts, die auf gewählten Tiefenstrukturen basieren.* Didaktische Entscheidungen bilden die Ausgangspunkte für gelebte Praxen bzw. die Grundlage professionellen Handelns. Antworten darauf, welche Tiefenstrukturen in einer Gesellschaft und angesichts individueller Entwicklungsaufgaben *sinnvollerweise und bewusst* zu etablieren sind, lassen sich nur argumentativ herleiten: *Es braucht Maßstäbe und Begründungen von sinnvollen Antworten auf die genannten Fragen.* Welche Konstruktion von Schule und Unterricht sich für die Gegenwart und die Zukunft der 5- bis 18-Jährigen als sinnvoll erweisen könnte, lässt sich nur argumentativ herleiten; freilich unter Heranziehung aller Erkenntnisse, die zur Findung und Begründung adäquater Tiefenstrukturen beitragen.

Junge Menschen verbringen ca. 30 Prozent ihrer Kindheit und Jugend über das Jahr gerechnet (inklusive Ferien bei zwei Stunden Hausaufgaben und einem 14-Stunden-Tag Wachzeit) in der Schule. *Diese Zeit ist auch soziale Zeit. Diese Zeit ist auch Entwicklungszeit. Deshalb benötigt die Schulpädagogik Konzepte und Ansätze zur Frage, wie Kinder und Jugendliche in ihrer persönlichen Entwicklung gestützt werden und wie sie positive soziale Erfahrungen machen können.* Hierzu zählen:

- das *Wissen über Entwicklungen sowie Entwicklungsaufgaben von Kindern und Jugendlichen*
- der *kritische Diskurs über den Zusammenhang von Schule und Gesellschaft*
- das Wissens um die jeweiligen *Herausforderungen der Zeit*
- das Wissen über *Lehr-Lernprozesse*
- das *Wissen über Lernsettings*
- das Wissen um die *Erfahrungen der Vergangenheit*

Diese Maßstäbe und Begründungen zu finden und in Praxen zu überführen ist die Aufgabe der Schulpädagogik – unter Zuhilfenahme aller Erkenntnisse, die zur Verfügung stehen. Die Suche nach Maßstäben für didaktisches Handeln geschieht einerseits angesichts aktueller Herausforderungen sowie vorgängiger Erfahrungen und andererseits angesichts einer Idee davon, worauf das Leben zielt und wie dies zu erreichen ist bzw. wie es gelebt werden soll (z. B. Humanität; Menschenrechte). Antworten zu den Inhalten von Tiefenstrukturen mit ihren Schlüsselkonzepten können nur argumentativ erfolgen, die ganz besonders im philosophischen, politischen und sozialwissenschaftlichen Diskurs grundgelegt sind. Hierzu zählt auch, eine kritische Distanz zur jeweiligen schulischen Normalität zu finden und Schul- sowie Schulsystemvergleiche in den Blick zu nehmen.

Doch weshalb ist es mit diesen vielfältigen und durchaus detaillierten Wissensbeständen nicht getan?[231] Warum sind sie nicht ohne weiteres in Praxen transferierbar? Die jeweils vorliegenden (Teil-)Kenntnisse – gewonnen durch Formate empirischer Forschung oder systematischer Überlegung – bieten wichtige Informationen und Grundlagen, sie geben aber für sich noch keine Antworten auf die genannten Grundfragen – das gilt im Übrigen auch für Studien, die eine große Zahl an Einzelstudien bzw. Forschungsergebnissen zu bündeln suchen.

Daherlässt sich verantwortete Habitatgestaltung zu einer bestimmten Zeit weder theorie- noch datenbasiert herleiten, sondern »nur« begründen. Praxen von Schule und Unterricht – konkrete Habitate – fußen auf normativen Vorstellungen von Sinn. Sie können begründet werden, sind aber immer an Maßstäbe gebunden. So hilft das Wissen über Entwicklungen, Zusammenhänge, Zustände und Abweichungen, Entscheidungen zu fundieren; dennoch bleibt die normative Dimension: Woran bemesse ich die Güte einer Entwicklung? Wie gehe ich mit Abweichungen um? Wie sollen sie in einer Gesellschaft eingestuft werden? Sind bestimmte Zustände wünschenswert? Welche Kriterien und Ideen leiten diese Bewertungen? Hier können nur plausible und begründete Antworten gefunden werden, die diskursiv hervorgebracht sind. Da es um Grundlagen geht, die die Zukunft des Einzelnen sowie die der Gesellschaft fundieren, und Praxen »Ernstfälle« darstellen, muss professionelle Praxis – unter Einbeziehung des vorhandenen und möglichen Wissens (Abb. 18) – verantwortete und verantwortbare Praxis angesichts einer Sinnvorstellung sein. Diese Vorstellung von Sinnhaftigkeit gilt es zu prüfen. *Es gibt in diesem Sinne letztlich keine Pädagogik ohne Ethik.* Erkenntnisse und Wissen ersetzen keine Antworten auf Sinnkonstrukte und auch nicht deren Verantwortbarkeit, können aber sehr wohl als Begründungsgrundlagen und -hilfen dienen. Denn: Auch generiertes Wissen ist zeit-, entwicklungs- und interessengeprägt. Sinnkonstrukte nicht auf den Prüfstand zu stellen, ist gefährlich. Das gilt auch für den Mikrobereich des Unterrichts. Die Ethik in pädagogischen Entscheidungsfindungen betrifft:

---

231 In etwa ist einer Deskription des Unterrichts, in dem Lernzeit »effektiv« genutzt werden soll, unterlegt, dass Leistungssteigerungen in Tests bedeutsam und anzustreben sind. Auch wird es als »ineffektiv« eingestuft, nicht bei der von der Lehrperson gewünschten Sache zu sein. Das lässt sich auch anders denken; in etwa, dass Störungen Botschaften sind oder dass Kommunikation jenseits des Unterrichtsgegenstandes wichtig sein könne. Weiterhin braucht es einen kritischen Blick auf die gewählten Forschungsfragen sowie die Reflexion, ob und weshalb diese Fragen als bedeutsam eingestuft werden und welche Ausblendungen damit einhergehen. Bleibt der kritische Blick aus, entstehen unreflektierte Normativitäten bis hin zu Paradigmen. Vgl. Esslinger-Hinz, I. (2016a): Paradigmen und Paradigmenwechsel aus kulturkritischer Perspektive. In H. Hahn, I. Esslinger-Hinz & A. Panagiotopoulou (2016). *Paradigmen und Paradigmenwechsel in der Grundschulpädagogik.* (S. 5–17). Baltmannsweiler: Schneider Hohengehren; Renkl, A. (2015). Drei Dogmen guten Lernens und Lehrens: Warum sie falsch sind. In *Psychologische Rundschau, 66*(4), 211–220.

- die Sinnkonstrukte, die dafür verantwortlich sind, dass die Lebenszeit aller beteiligten Akteure durch den Staat verfügbar gemacht ist
- die Sinnkonstrukte, die das zu Lernende begründen
- die Sinnkonstrukte, die zu entwickelnde Haltungen und Einstellungen begründen
- die Sinnkonstrukte, die die Verantwortung für Lehr-Lernsettings grundlegen

Die Verantwortung für diese Entscheidungen und Antworten tragen die Professionellen in Schule und Unterricht. Sie zu liefern, ist Aufgabe des pädagogischen Diskurses unter Heranziehung aller zur Verfügung stehenden Kenntnisse aus Wissenschaft und Forschung. Dieser Diskurs bildet wiederum die Grundlage für die Gestaltung pädagogischer Praxen: konkret pädagogischer Unterrichtspraxen, hier vorgestellt als Unterrichtshabitate.[232]

8.4.3 Die pädagogische Validität

Die Aufrechterhaltung von Habitaten geschieht über Kollektivität. Sie wird nicht immer durch Mehrheiten generiert, sondern auch über Akteure, die über Macht verfügen (vgl. Kap. 5). Hier sei die klassische Weber´sche Definition gewählt, wonach Macht zu haben bedeutet, den eigenen Willen auch gegen Widerstand durchsetzen zu können. Insofern stabilisieren Strukturen vorhandene Machtverhältnisse Das ist auch in Schule und Unterricht der Fall. Die Bedeutung von Schulleitungen ist hier empirisch gut gesichert. Die Bedeutung von Lehrpersonen für die strukturelle Definitionsmacht im Unterricht ist durch das Generationenverhältnis, die Schulpflicht, durch die zumeist nicht kooperativ stattfindende Unterrichtsvorbereitung sowie die separierten Unterrichtsräume angelegt. Da Schule offen und unmittelbar politisch zu steuern gesucht wird, sind gesellschaftliche Interessen zu sehen, aber auch die Individualinteressen einzelner Politiker bzw. Politikerinnen einzublenden. Dieses Gefüge an Einflussnahmen auf konkrete Kulturhabitate ist zu thematisieren und zu prüfen, denn junge Menschen werden einzelnen Kulturhabitaten ausgesetzt: in Deutschland besteht Schulpflicht bis zum 18. Lebensjahr. In letzter Konsequenz kann hier die staatliche Gewalt (Abholung durch die Polizei) ins Spiel kommen. Dieser Umstand markiert, neben den materiell investierten Ressourcen, dass Gesellschaften hier ernst machen: zu wichtig ist die Leistung des Schulsystems für die Zukunft bzw. Reproduktion der Gesellschaft.

Pädagogisch können Schule und Unterricht nur sein, wenn sie Kinder und Jugendliche in ihrer Lebensgestaltung und ihrer Gegenwart bestärken und unterstützen. Dieser Maßstab ist an Gegebenheiten anzulegen und der Schulpädagogik kommt an die-

---

232 Die Rede von der Lehrperson als »Lernbegleitung« ist aus Sicht der hier vorgestellten Überlegungen sehr verkürzt und bezogen auf die zu verantwortenden Aufgaben reduziert bzw. nicht hinreichend.

ser Stelle auch die Aufgabe zu, prüfend auf das vorhandene Schulsystem zu blicken, und zwar nicht nur im gesellschaftlichen Interesse, sondern im Interesse derer, die verpflichtet wurden, Lebenszeit in der Institution Schule zu verbringen, sowie im Interesse derer, die das Wohl ihrer Kinder im Blick haben: Schülerinnen und Schüler sowie deren Eltern. Vor diesem Hintergrund werden die Schule und der Unterricht nicht unter dem Fokus der Kritik bzw. der Gesellschaftskritik in den Blick genommen, sondern unter dem Fokus der »pädagogischen Validität des Kulturhabitats«. Darunter wird hier verstanden, dass das Habitat Unterricht dazu da ist, die Möglichkeitsräume und Potenziale von Schülerinnen und Schülern zu stärken (vgl. Kap. 4.6). Leistet ein Habitat dies, wird diese Qualität hier als »pädagogische Validität« bezeichnet.

Pädagogische Validität

Die pädagogische Validität von Unterrichtshabitaten ist dann gegeben bzw. hoch, wenn das Habitat Kinder und Jugendliche in ihren Potenzialen, ihren Entwicklungen stärkt und ihre Möglichkeiten zur Lebensgestaltung in der Schulzeit und darüber hinaus weitet. Ereignisse, Einstellungen und Haltungen der Akteure, die einschränkend wirken, mindern die pädagogische Validität des Habitats. Pädagogische Validität ist durch Förderorientierung gekennzeichnet.

In der Konsequenz sind gesellschaftliche Entwicklungen in Politik, Wissenschaft und Wirtschaft, die Teilhabe und Verantwortung in und für die Lebenswelten nicht einlösen, von der Mikroebene heraus abzulehnen. Schulische Verhältnisse, das heißt Unterrichtshabitate sind so einzurichten, dass pädagogische Validität ein Gütemerkmal darstellt.

Der Informationsgehalt, die positive Resonanz sowie die pädagogische Validität sind die Transformationsriemen, um Sinnstrukturen etablieren zu können. Die konkrete Planung und Analyse des Unterrichts hat somit diese Qualitäten von Kulturhabitaten zu prüfen und sicherzustellen.

Mit der Frage nach der Pädagogischen Validität ist das Themenfeld Gesellschafts- und Schulkritik direkt und unmittelbar anhand seiner Ausdrucksformen, dem konkreten Unterricht, zur Sprache gebracht und in Gestaltungs- und Handlungsvorhaben transformiert. Dieser Zugang stellt das Pädagogische vorne an.[233]

233 In dieser Perspektive liegt ein Hauptproblem der aktuellen Schulpädagogik darin, dass mit der Fokussierung von Lerneffekten genuin schulpädagogische Fragen eher randständig behandelt werden. Auch die Schul- und Gesellschaftskritik kann nur anmahnen. Vgl. Pfisterer, A. (2003). *Schulkritik und die Suche nach Schulalternativen – ein Motor der Schulentwicklung. Rückblick und Ausblick an der Schwelle zum 21. Jahrhundert.* Hamburg: Kovač.

8.4.4 Die aktive Konsolidierung

Ein gewünschtes Habitat lässt sich nur dann realisieren, wenn die gewünschten Oberflächenstrukturen von der Lehrperson aktiv konsolidiert werden. Das bedeutet, dass Lehrpersonen kontinuierlich die Aufrechterhaltung intendierter und etablierter Strukturen sichern sollten. Strukturen, verstanden als Ordnungen im Habitat, schreiben sich nicht »automatisch« fort; sie brauchen dauernde Sicherungen der Oberflächenstrukturen durch die Lehrperson. Systemtheoretisch betrachtet, haben Lehrpersonen die Aufgabe, aktiv die Habitatstrukturen zu reproduzieren bzw. erwünschte System-Umwelt-Bezüge zuzulassen und unerwünschte zu eliminieren. Das bedeutet, dass Oberflächenstrukturen, die gewünschte Tiefenstrukturen nicht abbilden oder ihnen zuwiderlaufen, aktiv verhindert werden. Die am häufigsten in der Schulpädagogik diskutierte unerwünschte Oberflächenstruktur ist ein Verhalten der Akteure, welches Lernen einschränkt oder behindert; bezeichnet mit dem Begriff der »Unterrichtsstörung«. Das im aktuellen Diskurs prominent diskutierte »Classroommanagement« mit Verhaltensempfehlungen für Lehrpersonen (z. B. »Allgegenwärtigkeit«, »Unterrichtsfluss«), die in günstigem Zusammenhang zu den Lerneffekten stehen, werden hier als Formen aktiver Konsolidierung des Habitats verstanden. Hierzu zählt auch, legt eine Lehrperson sehr viel Wert auf soziale Kompetenzen oder inklusives Arbeiten, dass Störungen Raum gegeben wird, indem sie aufgenommen und besprochen werden (vgl. Kap. 5.5). Diese Lehrperson folgt tiefenstrukturell anderen Logiken als denen, dass möglichst rasch, effektiv und überprüfbar gelernt wird. »Aktive Konsolidierung« meint, dass die professionellen Entscheidungen von Lehrpersonen – bezogen auf die Tiefenstrukturen ihres Unterrichtshabitats – zu stabilisieren sind. Das heißt, dass die Lehrperson in der Konstruktion der Oberflächen bzw. der Lehr-Lernsettings und ihrem Verhalten alles tut, um den intendierten Sinn zu etablieren und zu verstetigen. Eine aktive Konsolidierung ist demnach nicht gegeben, wenn die Lehrperson in ihrer Unterrichtsplanung und -gestaltung Oberflächen generiert, die im Widerspruch zu den intendierten Sinnstrukturen steht. Solche Widersprüche können sein:

Beispiel

Tiefenstruktur: Die Schule ist ein Ort zum Wohlfühlen.
Oberflächenstruktur: Katrin meidet das »versiffte« WC.

Tiefenstruktur: Verlässlichkeit ist ein wichtiger Wert.
Oberflächenstruktur: Lehrperson korrigiert Klassenarbeiten über vier Wochen hinweg nicht.

Tiefenstruktur: Leistungsentwicklung ist eine zentrale Intention im Sportunterricht.
Oberflächenstruktur: Im Unterricht wird kaum Zeit für Übungen und Training vorgesehen.

Aktive Konsolidierung

Aktive Konsolidierung heißt, dass die Akteure die Oberflächenstrukturen kontinuierlich an die gewünschten Tiefenstrukturen anpassen bzw. Formen und Wege finden, dass die Tiefenstrukturen repräsentiert sind.

8.4.5 Instrumente zur qualitativen Habitatanalyse

Die Güte von Unterrichtshabitaten ist hier über vier weitere Gütemerkmale[234] näher beschrieben:

1. *den Informationsgehalt,*
2. *die positive Resonanz,*
3. *die pädagogische Validität sowie*
4. *die aktive Konsolidierung.*

Instrument zur Analyse des Informationsgehalts

Der Informationsgehalt ist bei der Planung des Unterrichts grundlegend. Der Zugang bei der Unterrichtsplanung ist im Kapitel 10 ausgeführt. An dieser Stelle geht es um die Analyse des Unterrichts. Hier wird Unterricht, der stattgefunden hat, bzw. konzeptualisierter Unterricht im Hinblick auf dessen Informationsgehalt geprüft.[235]

Folgenden fünf Dimensionen zum Informationsgehalt werden geprüft (vgl. Kap. 8.4.1):

1. der Neuigkeitsgehalt (Ist der Neuigkeitsgehalt angemessen?)
2. die Differenziertheit (Ist die Sache differenziert genug dargestellt?)
3. die Richtigkeit, Korrektheit und der Wahrheitsgehalt der Informationen (Sind die Aussagen zur Sache fachlich korrekt?)
4. Lehr-Lernprozess (Wissen die Schülerinnen und Schüler, wie gearbeitet wird?)
5. Begründungen (Erfahren die Schülerinnen und Schüler, weshalb die Oberfläche des Unterrichts so und nicht anders gewählt wurde?)

Der folgende Analysebogen fordert zur Einschätzung des Informationsgehalts in den vorgestellten fünf Dimensionen auf.

---

234 Ergänzend zu Kohärenz und Adaptivität (vgl. Kap. 6.2 und 6.3).
235 Vgl. Kapitel 7.2.1.

<table>
<tr><th colspan="7">Analysebogen zur Einschätzung des Informationsgehalts
Wählen Sie Unterricht aus, den Sie beobachtet haben, oder ziehen Sie Ihre Unterrichtsvorbereitung heran. Schätzen Sie den Informationsgehalt des Unterrichtshabitats ein, indem Sie ein Kreuz bei der Rubrik »Einschätzung« setzen. Besprechen Sie diese Einschätzungen und prüfen Sie Änderungsoptionen.</th></tr>
<tr><th>Informationsgehalt</th><th colspan="3">Einschätzung</th><th>Beschreibung</th><th colspan="2">Beispiele</th></tr>
<tr><td>Neuigkeitsgehalt</td><td>zu hoch</td><td>angemessen</td><td>zu gering</td><td>Lernt, erfährt, kann der Schüler bzw. die Schülerin etwas Neues?</td><td>Die Lehrperson erklärt die Satzglieder, die so bereits in der Grundschule erarbeitet wurden.</td><td>Die Lehrperson führt eine neue Drucktechnik ein.</td></tr>
<tr><td>Differenziertheit</td><td>angemessen</td><td colspan="2">unangemessen</td><td>Ist die Sache so differenziert dargestellt, dass es für die Sache, das Lebensalter und den Lernstand des Schülers bzw. der Schülerin angemessen ist?</td><td>Im 5. Schuljahr wird der Bau der Zelle erarbeitet. Die Lehrperson zeichnet, beschriftet u. a. die Bestandteile »Tonoplast« und »Peroxisom«.</td><td>Die Erzählperspektive ist ein Thema im Deutschunterricht. Die Lehrperson führt den Begriff »auktoriale Erzählperspektive« ein.</td></tr>
<tr><td>Richtigkeit, Korrektheit, Wahrheitsgehalt</td><td>wahr, richtig, korrekt</td><td colspan="2">fehlerbehaftet, unwahr, lückenhaft</td><td>Entspricht die Thematisierung im Habitat dem Stand des Wissens? Sind alle Informationen korrekt, richtig und vollständig?</td><td>Die Lehrperson teilt ein Arbeitsblatt mit Rechtschreibfehlern aus.</td><td>Die Lehrperson präsentiert eine Regel zur Kommasetzung und erläutert sie fachlich korrekt.</td></tr>
<tr><td>Lehr-Lernprozess</td><td>nachvollziehbar</td><td colspan="2">nicht nachvollziehbar</td><td>Wissen die Schülerinnen und Schüler, was zu tun ist?</td><td>Die Schülerinnen und Schüler sollen ein Bild beschreiben. Niemand weiß so recht, worum es geht.</td><td>Die Lehrperson informiert die Schülerinnen und Schüler, wie gearbeitet wird.</td></tr>
<tr><td>Begründungen</td><td>zu wenig</td><td>angemessen</td><td>zu viel</td><td>Wissen die Schülerinnen und Schüler, warum sie etwas tun sollen?</td><td>Die Lehrperson fordert die Schülerinnen und Schüler auf, zwei Reihen zu bilden. Niemand weiß, wozu.</td><td>Die Lehrperson erklärt, dass sich bei der folgenden Übung immer zwei Personen gegenüberstehen müssen.</td></tr>
</table>

Material 11: Analysebogen zur Einschätzung des Informationsgehalts im Unterrichtshabitat

Angewendet auf den beobachteten oder geplanten Unterricht entsteht unter der Anwendung der Bewertungen (Material 11) ein Gesamtprofil zum Informationsgehalt.

Instrument zur Einschätzung der positiven Resonanz

Positive Resonanz bezeichnet ein Bündel an motivationalen Konstrukten: Motivation, Interesse, Begeisterung, Könnenserfahrung, Selbstkonzeptstärkung. Positive Resonanz schlägt sich beispielsweise darin nieder, dass das Fach gemocht wird, dass Interesse geweckt ist, dass Schülerinnen und Schüler spüren, dass der Lehrperson Lernzuwächse wichtig sind. Diese Wirkungen des Unterrichts sind bekanntlich schwer zu messen; sie zeigen sich

- indem Schülerinnen und Schüler über den Unterricht hinaus über das Thema sprechen wollen,
- wenn Schülerinnen und Schüler sagen, dass sie ein bestimmtes Thema oder Fach »mögen«,
- Wenn Schülerinnen und Schüler bestrebt sind, etwas zu können oder zu wissen.

Positive Resonanz ist einschätzbar und thematisierbar.

Das Instrument Material 12 kann sowohl von Schülerinnen und Schülern als auch von hospitierenden Personen genutzt werden. Für Lehrpersonen sind nicht nur die Einschätzungen hilfreich, sondern insbesondere die Antworten auf die Frage, welche Habitatmerkmale für die Einschätzung ausschlaggebend sind.

Einschätzung der positiven Resonanz

Hat Sie/dich der Unterricht heute erreicht? Notiere/notieren Sie in dem Ring, der deiner/Ihrer Meinung nach passt, was bei dir/Ihnen angekommen ist.

Was war günstig? Was war hinderlich?

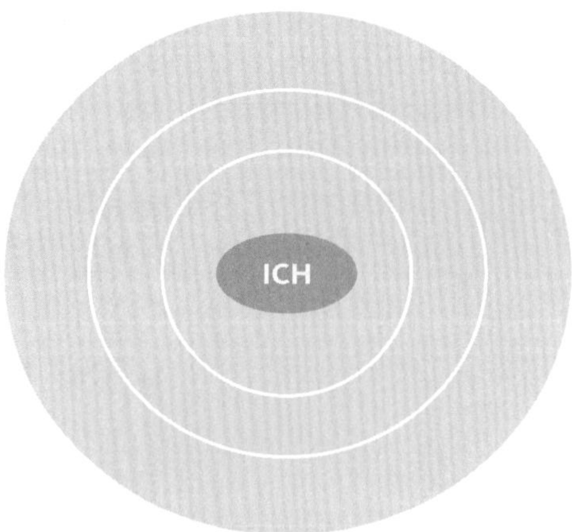

Material 12: Instrument zur positiven Resonanz

Instrument zur pädagogischen Validität

Die pädagogische Validität bezeichnet die Förderorientierung, verstanden als Unterricht im Interesse der Schülerinnen und Schüler. Die folgende Kernfrage zur pädagogischen Validität ist hilfreich, um die pädagogische Validität zu fokussieren.

Kernfrage zur zur pädagogischen Validität

Pädagogische Validität

Die pädagogische Validität von Unterrichtshabitaten ist dann gegeben bzw. hoch, wenn das Habitat Kinder und Jugendliche in ihren Potenzialen, ihren Entwicklungen stärkt und ihre Möglichkeiten zur Lebensgestaltung in der Schulzeit und darüber hinaus weitet. Ereignisse, Einstellungen und Haltungen der Akteure, die einschränkend wirken, mindern die pädagogische Validität des Habitats. Pädagogische Validität ist durch Förderorientierung gekennzeichnet.

Lesen Sie die Definition und beantworten Sie vor diesem Hintergrund die folgenden Fragen.
Woran wird im Unterrichtshabitat sichtbar und deutlich, dass die Lehrperson Könnenserfahrungen ermöglicht, unterstützt und intendiert?
Gibt es Möglichkeiten, die Oberflächen- und Tiefenstrukturen zu verändern, zu entwickeln, zu erweitern, um die pädagogische Validität zu stärken?

Material 13: Kernfrage zur pädagogischen Validität

Instrument zur aktiven Konsolidierung

Aktive Konsolidierung meint, dass Habitatgestaltung eine Daueraufgabe ist, die nicht als abgeschlossen betrachtet werden kann, sondern kontinuierlich gestützt werden muss. Aktive Konsolierung fokussiert die Stetigkeiten und deren Stabilisierung. Voraussetzung hierfür ist die Identifikation eines zentralen Schlüsselkonzepts. Das Instrument (Material 14) leitet dazu an, Unterrichtskonzepte zu entwickeln, die dazu geeignet sind, ein bestimmtes Schlüsselkonzept zu konsolidieren, indem es strukturell verankert wird.

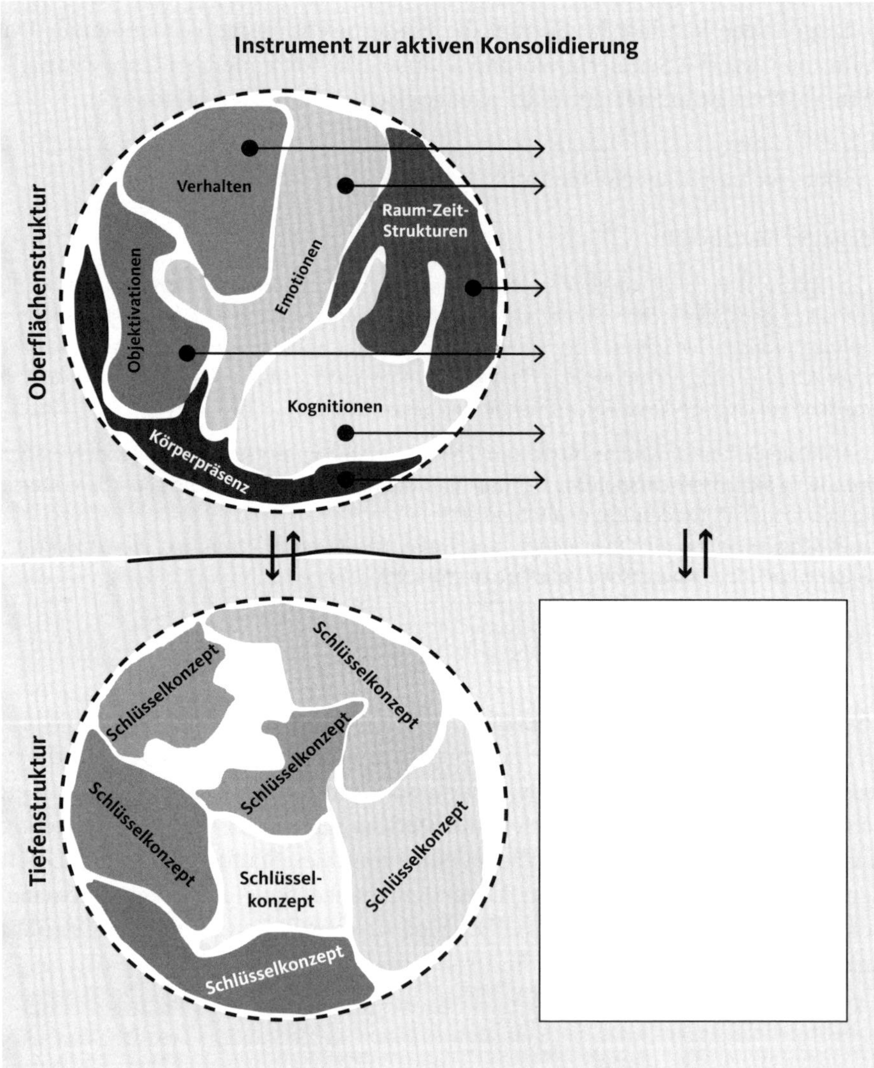

Schritt 1: Identifikation eines oder weiterer zentraler Schlüsselkonzepte.

Schritt 2: In welchen Oberflächenstrukturen des Habitats ist das Schlüsselkonzept präsent?

Schritt 3: Wie wurde dieses Schlüsselkonzept in der Vergangenheit konsolidiert?

Schritt 4: Wie kann es weiterhin gestärkt, gestützt und gegebenenfalls erweitert werden?

Material 14: Reflexion der aktiven Konsolidierung

8.5 Zusammenfassung: Habitatanalyse und Unterrichtsreflexion

Was lässt sich nun zusammenfassend über die Güte eines Habitats sagen? Angenommen eine Betreuungslehrperson beobachtet Unterricht und soll die Lehrperson anschließend beraten. Wonach richtet sie ihre Bewertungen aus? Was ist der Maßstab für »guten Unterricht« bzw. ein hochwertiges Habitat?

Die Güte des Unterrichtshabitats bemisst sich an der Wahl bzw. der Begründung gewählter Schlüsselkonzepte (als Elemente der Tiefenstruktur) sowie an der Auswahl korrespondierender Oberflächenstrukturen, die die Tiefenstruktur repräsentieren, immer aufs Neue aktualisieren und etablieren. Die Güte von Tiefenstrukturen (und in der Konsequenz die der Oberflächentrukturen) steht und fällt mit den Begründungen zum unterlegten Sinn von Unterricht. Diese sind argumentativ und diskursiv zu entwickeln. Empirisch überprüfbar ist in Anteilen die Wahl korrespondierender Oberflächenstrukturen.

Didaktische Entscheidungen von Lehrpersonen beziehen sich somit auf einen schulpädagogischen Raum, den man einrichtet – jedoch immer mit Mitgestalterinnen und Mitgestaltern: Schülerinnen und Schüler, Kolleginnen und Kollegen, Eltern. Damit diese Raumgestaltung im bildungswissenschaftlichen Sinne gelingt, lassen sich Schlüsselkonzepte benennen, die die Qualität markieren, sowie Merkmale der Oberflächenstruktur, die den Transfer moderieren. Damit ist noch nicht gesagt, dass die Umsetzung gelingt. Ob der tatsächlich gestaltete Raum leistet, was er leisten soll, ist eine Frage der Analyse, Reflexion und Evaluation des Unterrichtshabitats.

Zusammenfassend kann festgehalten werden, dass über die Oberflächenstrukturen ein bestimmter Informationsgehalt, ein bestimmter Resonanzrahmen sowie eine bestimmte pädagogische Validität etabliert werden, die konsolidiert werden müssen. Die Ausgestaltung und Nutzung der Oberflächenstrukturen ist abhängig von den gesetzten Tiefenstrukturen.

Die hier vorgeschlagenen Kulturanalysen greifen drei Analyseblickwinkel auf.

Zusammenfassung

Habitatanalysen

1. Sinngebend-funktionale Habitatanalyse
Ziel: Identifikation und Rekonstruktion der Tiefenstrukturen im Unterrichtshabitat; Identifikation von Schlüsselkonzepten; Prüfung und Diskussion der Schlüsselkonzepte zum Sinn und zur Funktion des Unterrichts; Prüfung der Kohärenz der Oberflächenstrukturen.

2. Deskriptive Habitatanalyse
Ziel: Einordnung des Habitats im Hinblick auf fünf zentrale Dimensionen von Unterrichtskulturen. Sie gibt beschreibende Auskünfte über die Präsenz dieser Dimensionen im Habitat.
1. Partizipation
2. Kollektivismus/Individualismus
3. Fachlichkeit
4. Leistungsorientierung
5. Innovationsorientierung.

3. Qualitative Habitatanalyse
Ziel: Anhand von vier Gütemerkmalen wird geprüft, inwiefern sie im jeweiligen Unterrichtshabitat verwirklicht sind.
1. Informationsgehalt
2. Positive Ressonanz
3. Pädagogische Validität
4. Aktive Konsolidierung

Die Benennung und Klärung der Schlüsselkonzepte für das Unterrichtshabitat ist von großer Bedeutung, denn nicht alle Schlüsselkonzepte werden bewusst oder professionell implementiert. Ein erster Schritt für die Unterrichtsplanung und -gestaltung besteht daher darin, sich der unterlegten Sinnstrukturen zu versichern. Die Implementation in die Praxis gelingt umso besser, je konkreter das Schlüsselkonzept benannt ist, denn nur so lassen sich korrespondierende Oberflächenstrukturen finden.

Wortmarken wie »Bildung« oder »Mündigkeit« sind daher nur dann tragfähig, wenn die einzelne Lehrperson ihren Sinn und ihre Bedeutung ganz persönlich anerkennt und anstrebt, diesen Sinn über die Oberfläche von Schule und Unterricht zu implementieren sucht und Konkretisierungen auf der Oberflächenebene vornimmt.[236]

Lehrpersonen können sich über eine Habitatanalyse einen Zugang verschaffen, um die vorhandenen Rahmen-, Arbeits- und Lernbedingungen verstehen zu können. Die genannten Dimensionen stellen Blickwinkel und Kategorien bereit, die ansonsten möglicherweise vernachlässigt werden könnten.[237]

---

236 Es ist somit aus der Sicht dieses Ansatzes ganz und gar nicht sekundär, wie ursprünglich von Blankertz formuliert, ob diejenigen, die pädagogische Verantwortung übernehmen, Mündigkeit wollen oder nicht. Ganz im Gegenteil: Die Tiefenstrukturen, welche die pädagogisch Verantwortlichen setzen und leben, sind das Primäre! Vgl. Blankertz, H. (1982). *Die Geschichte der Pädagogik von der Aufklärung bis zur Gegenwart.* Wetzlar: Büchse der Pandora, S. 307.

237 Bewusst wird im Rahmen des hier vorgestellten Ansatzes der Begriff der »Bedingung« nicht gewählt, weil mit ihm eine Voraussetzung festgeschrieben ist. Das hier dargelegte Modell fokussiert die Verzahnungen von Habitatmerkmalen und den fluiden Aspekt ihrer »Geschichte« in den Zyklen, in denen bestimmte Lehrpersonen die Gestaltung übernehmen. Veränderungen können

9. Unterrichtshabitate und ihre Kontexte

9.1 Kulturschachtelungen

Betrachtet man Schulsysteme[238] unter der hier vorgestellten Perspektive, so lässt sich auch auf der Schulsystemebene eine Oberflächenstruktur identifizieren. Sie spiegelt jeweils die Praxen, die sichtbaren Anteile, die Gesellschaften leiten, Schulen einzurichten. Die institutionellen Praxen stellen somit die Manifestationen dieser Vorstellungen dar, was Schule leisten soll. Schulen sind künstliche, von der Gesellschaft etablierte Einrichtungen. In der Konsequenz stehen ihre Tiefenstrukturen bzw. Sinngebungen in Zusammenhang mit gesellschaftlichen kulturellen Gegebenheiten und auch Interessen. Das Kerninteresse kann mit dem Stichwort »Reproduktion« überschrieben werden und ist prominent in Friedrich Schleiermachers pädagogischen Schriften vorgestellt und in etlichen Schultheorien[239] beschrieben: Gesellschaften wollen fortexistieren, und zwar möglichst in einem komfortablen Format. Hierzu richten Gesellschaften Schulen ein, denn sie sind die Orte, in denen das Lernen erzwungen (Schulpflicht; Bedeutung von Zertifikaten), gefördert (Lernangebote),verstetigt (Lernorientierung) und möglichst auf Dauer gestellt werden soll (lebenslanges und nachhaltiges Lernen).

Man könnte auch sagen, über das Lernen mehren Gesellschaften ihre Ressourcen. Diese Interessen werden mit und in den Oberflächen des Schulsystems sichtbar: in der Gliedrigkeit (Struktur), in den Bildungsplänen, Schulgesetzen und Verordnungen, in der Organisation des Bildungssystems bis hinein in die Praxen von Schule und Unterricht.

Aus der Subjektperspektive tragen Schulen sowie der Unterricht dazu bei, sich in der Gesellschaft zurechtzufinden, sie als vertraut und berechenbar wahrzunehmen und sich in ihr als zugehörig zu erleben.

---

sehr vielfältige Konsequenzen im Habitat zur Folge haben, aber auch punktuell und unbedeutsam sein – oberflächen- wie auch tiefenstrukturell. Damit nimmt das hier vorgestellte Modell Abstand von punktuellen Bedingungsbeschreibungen (in etwa, indem pauschal Lernvoraussetzungen von Klassen beschrieben werden) und fokussiert die dahinterstehenden Sinnperspektiven, Entwicklungen und Stetigkeiten sowie die komplexeren Gefüge der Oberflächenstrukturen.

238 Vgl. Schleiermacher, Friedrich (1826/1983). *Pädagogische Schriften I. Die Vorlesungen aus dem Jahre 1826.* Hrsg. von E. Weniger. Frankfurt: Klett-Cotta. Eine Darstellung der Systemebenen und ihrer Verzahnungen und Brüche erfolgt im Kapitel 8.

239 Zum Beispiel Fend (1980), (2008); Fuchs & Braun mit dem Fokus auf das Ästhetische; vgl. Fuchs, M., Braun, T. (Hrsg.) (2015). *Die Kulturschule und kulturelle Schulentwicklung. Grundlagen, Analysen, Kritik.* Bd. 1. Schultheorie und Schulentwicklung. Weinheim und Basel: Beltz; Hänsel & Schwager im Hinblick auf die Sonderpädagogik im Verhältnis zur »Allgemeinen Schule«, vgl. Hänsel, D., Schwager, H. (2003). *Einführung in die sonderpädagogische Schultheorie.* Weinheim: Beltz.

Innerhalb der Erziehungswissenschaft werden die Sinnannahmen bzw. Antworten auf die Fragen, wozu Schule und Unterricht da sind und was sie leisten sollen, in der Schultheorie, der allgemeinen Pädagogik bzw. pädagogischen Ethik sowie der Curriculumstheorie bearbeitet. Ein Teil der Begründungslinien kann mittels gesetzlicher Vorgaben gesteuert werden (z. B. über Lehr- bzw. Bildungspläne). Dennoch unterscheiden sich einzelne Schulen deutlich voneinander; eine Erkenntnis, die bereits Ende der 1980er Jahre empirisch gewonnen und zum Diskurs über die Schul- und Unterrichtsqualität geführt hat. Es muss also eine – bezogen auf Lerngruppen bzw. Klassen – sehr individualisierte Ausgestaltung von Schule und Unterricht geben, unter den jeweils gesetzlichen Rahmenbedingungen. Unterrichtskulturen sind in Lerngruppen immer ausgebildet. Die jeweils zugrunde liegenden Tiefenstrukturen sind individualisiert in dem Sinne, dass sie von der einzelnen Lehrperson angenommen, geglaubt, vertreten und über die Oberflächenstruktur realisiert bzw. konkretisiert und innerhalb der Lerngruppe verankert werden. Hierin liegt eine zentrale Differenz zu den Beschreibungen der Aufgaben von Schule und Unterricht in einer Gesellschaft, die die Schultheorie auf systematische Art und Weise bietet. Sie skizziert die möglichen Funktionen. Schul- und Unterrichtspraxen sind hingegen individualisierte Gebilde, die eigene Schwerpunkte bilden und individuelle Formate der Umsetzung aufweisen; im hier vorgestellten Ansatz als Habitate beschrieben. Diese Differenz zwischen den Ebenen ist bereits im ausgehenden 19. Jahrhundert beschrieben[240] und wird im Rahmen der Governanceforschung thematisiert.

Unterrichtshabitate sind immer in gesamtgesellschaftliche Diskurse eingebettet, die Ideen, Logiken, Paradigmen und zeitbedingten Programmatiken folgen. Aktuell sind dies (noch) Vorstellungen von Qualität und Effektivität;[241] die so implementiert sind, dass sie nicht mehr zur Diskussion stehen. Der Terminus »Optimierungsimperativ« markiert diese Logik, hinter der die Idee steht, dass Ressourcenmehrung das einzige wichtige und legitime Ziel sei. Die Pandemie der Jahre 2020/2021 könnte diese Logik erschüttern (Kap. 6.6), da die Gesundheit, die Bedeutung von sozialen Kontakten sowie die Digitalisierung in den Vordergrund gerückt sind. Die didaktische Theoriebildung, die immer auch die Antworten ihrer Zeit spiegelt, zeigt, dass diese Imperative im

---

240 Bereits F. Tönnies thematisiert die Differenz von »Gemeinschaft« und »Gesellschaft« und das Maß der Distanzen der Akteure voneinander (vgl. Tönnies, F. (2005/1887). *Gemeinschaft und Gesellschaft. Grundbegriffe der reinen Soziologie.* Darmstadt: Wissenschaftliche Buchgesellschaft; zur Governanceperspektive im schulpädagogischen Diskurs vgl. Kussau, J., Brüsemeister, T. (Hrsg.) (2007): *Governance, Schule und Politik. Zwischen Antagonismus und Kooperation.* Wiesbaden: VS Verlag für Sozialwissenschaften; Maag-Merki, K., Altrichter, H. (2015). Educational Governance. *Die Deutsche Schule, 107*(4), 396–410.

241 »… die alltägliche wie die längerfristig angelegte Lebensführung der Subjekte richtet sich in der Moderne in immer stärkerem Ausmaß auf die Sicherung und Verbesserung der Ressourcenlage, insbesondere auf die Steigerung der Möglichkeitsräume« Rosa (2018), S. 18. Paradigmenwechsel zum Leistungsbegriff sind beispielweise aufgearbeitet bei Reh, S. & Ricken, N. (2018) (Hrsg.). *Leistung als Paradigma. Zur Entstehung und Transformation eines pädagogischen Konzepts.* Wiesbaden: Springer.

Laufe der Geschichte wechseln; ganz besonders sichtbar wird dies an Modellen, die überholt sind.[242] Zugleich ist die Annahme, dass die didaktischen Überlegungen an einem Endpunkt angelangt seien, dass es nichts Besseres oder Selbstverständlicheres gäbe als die aktuellen Logiken, ein Marker für deren tiefenstrukturelle Verankerung. Mit der Annahme von Normalität und Normativität zeichnet sich eine Logik als tiefenstrukturell aus. Sie präsentiert sich als alternativlos. Sichtbar wird diese Tiefenstruktur auf der Oberflächenebene an aktuell geltenden Hochwertwörtern[243] und auch darin, dass die Sinnbestimmungen von Schule und Unterricht nicht mehr intensiv diskutiert sind: Schulkritik findet kaum und randständig statt und taucht in Einführungen in die Schulpädagogik kaum mehr auf, vielmehr finden sich zur Frage, wozu die Schule eigentlich da ist[244], systematische Beschreibungen, jedoch keine streitbaren Diskurse oder eine Kritik aktueller Praxen.[245] Zugleich lässt sich festhalten, dass das Lernen alle Lebensspannen durchzieht und nicht ausschließlich durch gesellschaftliche Interessen geprägt ist, vielmehr ist die Lernbedürftigkeit ein anthropologisches Phänomen (homo discens), von Beginn des Lebens an.[246] Sprachlich können unterschiedliche Wissenschaften bzw. Ansätze und Schulen für dieses Phänomen Pate stehen; im Kern geht es letztlich darum, dass das Erleben von Welt und seiner selbst solange man lebt in irgendeiner Weise stattfindet. Radikaler formuliert besteht ein basaler Zwang zum Erleben und damit zum Lernen, solange man lebt. Welt- und Selbsterschließung sind in diesem Sinne ein Movens. Menschen können mit dieser anthropologischen Tatsache unterschiedlich umgehen: Sie können ihr Leben lang Welt- und Selbstwahrnehmung steigern und Erschließungswege erweitern und sich geradezu zu »Lernfreaks« entwickeln und bis ins hohe Alter hinein Orte aufsuchen, die das bieten: Universitäten, Fort- und Weiterbildungseinrichtungen, Volkshochschulen, Vereine. Menschen fühlen sich aktiv und lebendig, solange sie Erschließungsprozesse konstatieren können. Sie können die Erschließungsmöglichkeiten aber auch reduzieren und Umgebungen, die dies einfordern, meiden. Insbesondere innerhalb der erwachsenenpädagogischen Theorie-

---

242 Man denke beispielsweise an die informationstheoretische Didaktik von Felix von Cube. Dieses Beispiel zeigt besonders deutlich den Paradigmenwechsel. Steht die Kontrollierbarkeit als Bedürfnis im Zentrum (z. B. diverse Evaluationskonzepte seit den 1990er Jahren), werden immer wieder Regelkreise als optische Modellierung gewählt. Sie suggerieren Regulierungssicherheiten.

243 Zum Beispiel »Output«, »Steuerung«, »Qualitätssicherung«. Kritisch bei Renkl (2015).

244 Zum Beispiel Diederich, J., Tenorth, H.-E. (1997). *Theorie der Schule. Ein Studienbuch zu Geschichte, Funktion und Gestaltung.* Berlin: Cornelsen Scriptor; Fend 1980; Reichenbach, R., Bühler, P. (Hrsg.) (2017). *Fragmente zu einer pädagogischen Theorie der Schule. Erziehungswissenschaftliche Perspektiven auf eine Leerstelle.* Weinheim: Beltz Juventa. Im Überblick vgl. Esslinger-Hinz, I., Sliwka, A. (2011). *Bachelor/Master Schulpädagogik.* Weinheim: Beltz, S. 16–27.

245 Interessanterweise präsentiert H. Fend (2008) in einer neueren Fassung eine Schultheorie, die Erweiterungen vornimmt.

246 Vgl. Schmidl, W. (1987): *Homo discens. Studien zur Pädagogischen Anthropologie bei Thomas von Aquin.* Wien: Verlag der österreichischen Akademie der Wissenschaften. Loch, W. (1967): Homo discens. In: J. Peege (Hrsg.), *Kontakte mit der Wirtschaftspädagogik: Festschrift für Walther Löbner zum 65. Geburtstag* (S. 135–146). Neustadt/Aisch: Schmidt.

bildung ist daher das lebenslange Lernen unter anthropologischer Perspektive, jenseits von gesellschaftlichen Interessen, zu thematisieren[247]. Habitate existieren innerhalb der individuellen Biografie einer Person parallel, je nachdem wo sich ein Schüler, eine Schülerin oder eine Lehrperson aufhält: ob in der Schule, beim Aikido-Training, im Kajak-Verein, in der Familie oder beim Treffen mit Freunden (vgl. Kap. 4.4.1). Weil Schülerinnen und Schüler unterschiedlichen Habitaten angehören, das prägendste ist zumeist die Herkunftsfamilie, kennen sie parallel unterschiedliche Oberflächen- und Tiefenstrukturen – Kulturhopping bzw. Kulturswitching ist eine Facette in jedem Leben. Allerdings unterscheiden sich Personen darin, wie viele unterschiedliche Habitate sie aufsuchen und in der Folge, je nachdem wie sehr sich diese Habitate ähneln, in der Kompetenz, sich einzufinden, sich das neue Habitat zu erschließen und Konnektivität zu erzeugen (vgl. Kap. 5.3). Diese Anforderung steigt mit zunehmenden Differenzen in den Oberflächen- und Tiefenstrukturen diverser Habitate, die die Einzelperson erlebt. Zugleich fördert das Erleben mehrerer Kulturen bzw. Habitate die Fähigkeit, sich in neuen Habitaten zurechtzufinden, und bietet auch einen Abgleich und somit eine Thematisierung der Kultur. Das lässt sich beobachten, wenn Menschen andere Länder, Sitten und Gebräuche kennengelernt haben und sich ihrer eigenen Kultur bewusst werden. Bezogen auf den Unterricht erleben Schülerinnen und Schüler verschiedene Unterrichtshabitate, wenn sie beispielsweise von verschiedenen Lehrpersonen unterrichtet werden, die unterschiedliche oder sogar widersprüchliche Tiefenstrukturen vertreten und mittels der Manifestationsformen auf den Oberflächen ihres Unterrichts deutlich machen.[248] Das kann dann der Fall sein, wenn in einer Schule Tiefenstrukturen nicht thematisiert werden und kooperative Arbeitsweisen bei Lehrpersonen eine Randerscheinung bilden. Schülerinnen und Schüler lernen dann, sich jeweils auf die Habitatveränderungen binnen kurzer Zeiteinheiten, manchmal im 45-Minuten-Takt, einzustellen. Neben der Parallelität verschiedener Unterrichtskulturen sind diese – ähnlich einer Matrjoschka – als geschachtelt beschreibbar: Der konkrete Unterricht in der Klasse 7a ist eingebettet in die Einzelschule, in ein Schulsystem sowie in ein Gesellschaftssystem. Man kann hier von Systemebenen sprechen.[249] Es ist davon auszugehen, dass bestimmte Sinngebungen (Schlüsselkonzepte) die jeweiligen Ebenen durchziehen und somit auch verbinden.

---

247 Holm, U. (2011). *Die Konstruktion des Adressaten in der Erwachsenenbildung. Studien zur anthropologischen Erwachsenenbildung von 1945 bis 2000.* Online-Publikation aus der Reihe »texte online« des Deutschen Instituts für Erwachsenenbildung. http://www.die-bonn.de/institut/dienstleistungen/publikationen/texte-online.aspx.

248 Diese Sicht erinnert möglicherweise an U. Bronfenbrenners ökosystemischen Ansatz (1981). Hier besteht ein Anschluss, da jede Kultur auch auf Räume bezogen ist; Bronfenbrenner, U. (1981). *Die Ökologie der menschlichen Entwicklung. Natürliche und geplante Experimente.* Stuttgart: Klett-Cotta. Insbesondere Harrison White hat die Bedeutung des Kontextwechsels herausgearbeitet (White, H. (1995). Network Switching and Bayesian Forks. Reconstructing the Social and Behavioral Sciences. *Social Research 62*(4), 1035–1063.)

249 Häufig werden hier Begriffe wie »Mikro-, Makro- und Mesoebene« verwendet.

9.2 Gesellschaftsdiskurs

Top-down implementierte Schlüsselkonzepte zielen auf alle Ebenen des Bildungssystems – bis hinein in das einzelne Unterrichtshabitat. Regierungen, Parteien oder Interessengruppen sind daran interessiert, dass die gewünschten Ziele (z. B. Lernleistungen, Einstellung) implementiert werden. Hierzu werden aktuell Evaluationen in den verschiedensten Formaten weltweit vorgenommen.

Nationale Gesellschaften versuchen, die großen Logiken (Schlüsselkonzepte) in alle Ebenen hinein zu vermitteln. In demokratischen Gesellschaften sind dies zum Beispiel Vorstellungen von Teilhabe, die Einhaltung von Menschenrechten sowie die Wettbewerbsfähigkeit. Häufig wird hier der Begriff »Enkulturationsfunktion« genutzt.[250] Im Rahmen einer Allgemeinen Didaktik interessiert die Mikroebene sowie das Sub-Sub-(…)-System Lerngruppe bzw. Schulklasse (vgl. Abb. 19). Wie wird hier eine Implementation kultureller Logiken zu gewährleisten gesucht?

Verfolgt ein Gesellschaftssystem bestimmte Schlüsselkonzepte (z. B. das der Teilhabe), so werden auf allen Ebenen[251] Maßnahmen ergriffen, um diese tiefen- und oberflächenstrukturell zu implementieren. Das geschieht über Bildungspläne, Fort- und Weiterbildungen, Belohnungen, Schulpreise, Evaluationen, Präsentation von »guten Schulen«, Ausschreibung von Forschungsmitteln, Förderung von Stellen in der Lehrerbildung, die vielversprechend sind. Gerade weil bestimmte Schlüsselkonzepte alle Ebenen tangieren und unter Einsatz enormer Ressourcen implementiert werden, *besteht eine wichtige Aufgabe der Schulpädagogik darin, diese Normalitäten zu prüfen und die dazu notwendige Distanz mit kritischer Perspektive einzunehmen:*

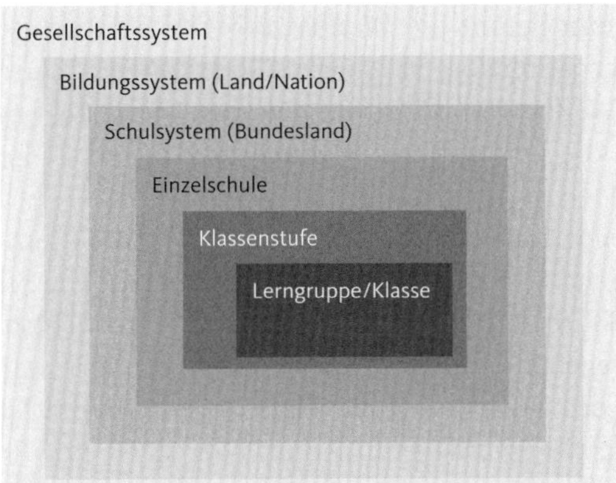

Abb. 19: Systemschachtelungen

250 Zum Beispiel von Fend 2006, S. 48 f.

251 Vgl. Fend, H. (1996). Schulkultur und Schulqualität. In A. Leschinsky (Hrsg.), *Die Institutionalisierung von Lehren und Lernen. Beiträge zu einer Theorie der Schule.* (S. 85–97). Weinheim: Beltz, S. 93 ff.; Bronfenbrenner (1981).

Schul- und Unterrichtskritik bilden eine zentrale Aufgabe der Schulpädagogik. Im hier vorgestellten Konzept bedeutet dies, die aktuell geltenden, ebenendurchlaufenden Schlüsselkonzepte zu identifizieren, zu benennen und auf den Prüfstand zu stellen.[252] Das ist eher eine undankbare Aufgabe, denn Akteure, die sich zu geltenden Tiefenstrukturen kritisch oder ablehnend verhalten, werden in der Regel sanktioniert. Dies geschieht in demokratischen Gesellschaften über Formate von Missbilligung, Marginalisierung bis hin zu Ressourcenentzug und Ausgrenzung auf allen Systemebenen. In nicht demokratischen Gesellschaften sind die Menschenrechte tangiert.

Zwar durchziehen bestimmte Schlüsselkonzepte die Ebenen, zugleich – ähnlich einem Sieb – werden diese je nach Systemebene bis hin zur Mikroebene immer engmaschiger, sodass auch Brüche, Schnittstellen bis hin zu Widersprüchen zwischen den Ebenen zu identifizieren sind. Die Ebenen bieten Möglichkeiten von Freiheiten, Interpretation und Ausgestaltung »übergeordneter« Schlüsselkonzepte. Hierzu eine Textpassage aus der Webseite des Bundesministeriums für Bildung und Forschung[253]:

> »… denn in einer zunehmend globalisierten Welt ist der Wettbewerb um die Zukunftschancen für Deutschland auch ein internationaler Wettbewerb um die Qualität von Bildungssystemen geworden. Deswegen ist eine Beteiligung an internationalen Leistungsvergleichsuntersuchungen von hoher Bedeutung. Deutschland hat sich in den vergangenen Jahren an wichtigen internationalen Leistungsvergleichen wie PISA, IGLU oder TIMSS beteiligt. Die Ergebnisse der Studien zeigen, über welche Kompetenzen und Einstellungen deutsche Schülerinnen und Schüler im internationalen Vergleich verfügen.«

Das Bundesministerium betont die Wettbewerbsfähigkeit deutscher Wirtschaft und Entwicklung im internationalen Vergleich. Grundlegend hierfür ist ein Bildungssystem, welches die Wettbewerbsfähigkeit gewährleistet. Leistungsvergleichsuntersuchungen geben über die Leistung des Systems bzw. seine Konkurrenzfähigkeit Auskunft.

Im Unterrichtshabitat kommen diese Konzepte vermittelt durch die Lehrpersonen bzw. die Schulleitungen mehr oder minder an. Wie bereits die Schulqualitätsuntersuchungen der 1980er Jahre deutlich machen, können Unterrichtshabitate in ihrer Ausgestaltung nicht vorgegeben oder verordnet werden, sondern werden von den Bedingungen vor Ort und das heißt durch die Tiefen- und Oberflächenstrukturen, die im Unterrichtshabitat etabliert werden, bestimmt. Hier spielt eine Rolle, inwieweit Lehrpersonen in ihrer Biografie, in ihrem Studium und in ihrer Ausbildung bestimmte Schlüsselkonzepte angenommen haben, diese implementieren und tradieren.

---

252 Hierzu ist eine historische Perspektive notwendig sowie ein Instrumentarium für eine systematische kritische Auseinandersetzung, außerdem braucht es Personen, die mit dieser Aufgabe gezielt betraut sind. Ansonsten sänken deren Chancen, im System zu reüssieren.

253 Aus: https://www.bmbf.de/de/bildung-im-schulalter-68.html, vom 20.08.2019

Es braucht daher massive Ereignisse (vgl. Kap. 5.6), damit zu »Paradigmen« geronnene Schlüsselkonzepte, die lange etabliert und repetiert werden, Wandlungen, Relativierungen oder Umstürze erfahren. Für den großen gesellschaftlichen Kontext waren dies insbesondere Ereignisse, die deutlich machten, dass das Bildungssystem im Vergleich weniger Innovationen, weniger Wirtschaftskraft, weniger Kreation, weniger Stabililtät hervorbrächte als andere, konkurrierende Systeme (z. B. Sputnik-Schock (1957), Deutsche Bildungskatastrophe (1964), PISA (2000), Corona (2020). *Gesamtgesellschaftlichen Sinnkonstrukten kann sich kein Akteur entziehen, in dem Sinne, dass sie immer über die Oberflächenstrukturen präsent sind; auf deren Grundlage individuelle Reflexionsprozesse und Abgrenzungen einsetzen können. Nun stellt sich die Frage, ob diese zeitbedingten Sinnkonstruktionen günstig sind.* Doch wie können Wissenschaftlerinnen und Wissenschaftler, die sich aktuell selbst in Lebenskontexten mit gesellschaftlich geprägten Sinnkonstruktionen bewegen, in die Lage versetzt werden, diese Konstruktionen zu identifizieren, zu benennen, in ihrer Bedeutung zu beschreiben und zu bewerten? Hierzu ist es notwendig, sich gleichsam einem Baron Münchhausen gedanklich von diesen aktuell geltenden Sinnkonstruktionen zu lösen. Diese Distanznahme kann beispielsweise erreicht werden, indem andere Sinnkonstruktionen als Vergleiche dienen (z. B. Schule in anderen Ländern) sowie über die Rezeption von Konsequenzen und Problemlagen, die bestimmte Sinnkonstruktionen mit sich bringen (z. B. durch historische Rekonstruktionen).[254] Diese Strategien ermöglichen eine Distanz, eine gedankliche Emanzipation von geltenden Sinnkonstrukten über *argumentbasierte, kritische Diskurse* (vgl. Kap. 8.2). Zu fragen wäre in etwa dann, *ob und wenn ja, warum, sich die Vorstellungen von Selbstbestimmung im Kontext von Schule und Unterricht gewandelt haben.* Ob es einen Zwang zur Selbstbestimmung gibt bzw. geben sollte? Ob der Gedanke von Selbstbestimmung und radikaler Individualisierung Schattenseiten haben könnte und falls ja, welche? Ob die Bedeutungszuschreibungen bezogen auf Evaluationen angemessen sind. In etwa könnte man sich klarmachen, dass Selbstbestimmung an Ressourcen gebunden ist und in der Folge zum Wunsch nach einer Akkumulation dieser Ressourcen führt[255] oder dass die Individualität zu einem zu diskutierenden Format von Singularität führt.[256] Für die Schulpädagogik sind die Theorien, Ansätze und Modelle der Allgemeinen Didaktik, der Allgemeinen Pädagogik, der Schul- und Unterrichtsforschung, der Naturwissenschaften, der Entwicklungspsychologie, zur Geschichte von Schule und Unterricht, der Soziologie, der Theologie sowie der Philosophie wichtig.

Das Unterrichtshabitat ist im vorgestellten Ansatz auf der einen Seite zwar von der Gesellschaft und für die Gesellschaft konstruiert, hat aber auch einen Zweck, der allein personbezogen gedacht ist. Dies bedeutet, dass die pädagogische, die integrative sowie die reproduktive Funktion durch das Habitat »Unterricht« aufrechtzuerhalten sind.

---

254 Zum Beispiel Trommsdorff (1995), S. 91 ff.
255 Zum Beispiel dargelegt bei Rosa (2018).
256 Zum Beispiel Reckwitz (2017).

Deshalb gilt für Unterrichtshabitate, dass sie im Einklang zum Gemeinwohl, zu den Menschenrechten, zum Wohlbefinden der Akteure stehen. Unterrichtshabitate bzw. Oberflächen- und Tiefenstrukturen, die das nicht bieten, sind kritisch zu prüfen (vgl. Kap. 8.4.3 Pädagogische Validität). An diesem Punkt stellt sich somit auch die Frage nach der Qualität von Unterrichtshabitaten einerseits sowie die Forderung nach einer kritischen Begleitung schul- und bildungspolitischer Entwicklungen andererseits.[257] Die Forderung, dass sich Wissenschaft freischwimmt von vorhandenen gesellschaftlichen Sinnkonstruktionen, um gewissermaßen aus der Vogelperspektive, mit der nötigen Distanz Beschreibungen und Bewertungen vornehmen zu können, ist für die Schulpädagogik wichtig und kontinuierlich anzumahnen.

Unterrichtshabitate sind eingebettet in strukturell »übergeordnete«, »umfassendere« Habitatzusammenhänge, die andere Systemebenen betreffen. Man kann sich ähnlich einer Matrjoschka oder ähnlich einem Geschenk, das vielfach eingepackt ist, Kulturschachtelungen vorstellen, die andere Systemebenen betreffen; zum Beispiel existieren übergeordnete Fachkulturen[258], die im Habitat Bedeutung haben, oder nationale Kulturen oder politische Kulturen; für Europa zum Beispiel Vorstellungen von freiheitlich-demokratische Grundlagen des Zusammenlebens. Bindet man diese Einbettungen ein, ergibt sich in der Gesamtdarstellung die bereits eingangs vorgestellte Grafik (Abb. 1).

---

257 Sämtliche didaktische Modelle der Nachkriegszeit nahmen mehr oder weniger aus- und nachdrücklich die »Emanzipation« in ihre Modellbildung auf; vor dem Hintergrund der Erfahrungen mit der Dienstbarmachung der Institution Schule und aller Akteure zumindest ein Sicherungsversuch, um zu gewährleisten, dass Schule und Unterricht und ihre Akteure aufmerksam, kritisch und distanznehmend auf jegliches un- oder antidemokratisches Ansinnen reagieren würden. Im hier vorgestellten Ansatz wird betont, dass die gesellschaftlichen Sinnsysteme und Logiken im Blick sein müssen und diskursbasiert zu prüfen und zu thematisieren sind. Es geht in diesem Sinne nicht nur um eine Forderung, sondern um systembezogene Kulturentwicklung. Vgl. Greis, C. (2017).

258 Lüders, J. (Hrsg.) (2007). *Fachkulturforschung in der Schule.* Opladen & Farmington Hills: Barbara Budrich.

10. Praxisforschung und Unterrichtspraxis

10.1 Lehrerinnen- bzw. Lehrerprofessionalität

Die Oberflächenstrukturen des Unterrichts sind relativ einfach zu erforschen, denn ihre Sichtbarkeit ist potenziell gegeben und lässt sich mit den methodischen Zugängen empirischer Forschung grundsätzlich erfassen. Betrachtet man die Oberfläche als eine Art Indizienlandschaft für tiefer Liegendes, stellt sich die Frage, wie grundlegende Schlüsselkonzepte identifiziert werden können. Da die Oberfläche durch die Schlüsselkonzepte konstituiert ist, existiert ein grundlegender Zusammenhang, den es zu rekonstruieren gilt.[259]

Eine besondere Problematik liegt darin, dass die Forschung selbst bzw. der oder die Forschende in Habitaten verankert ist, die Tiefenstrukturen unterliegen, eine andere liegt darin, dass die Unterrichtsforschung sich auf Oberflächenstrukturen fokussiert. In der Folge gehen diese Vorstellungen in die Lehrerbildung ein. Sichtbar wird dieser Umstand beispielsweise bei Unterrichtsnachbesprechungen bzw. Rückmeldungen zum Unterricht; denn hier stehen aktuell häufig *ausschließlich* die Oberflächenstrukturen im Zentrum der Aufmerksamkeit und weniger bzw. gar nicht die unterlegten Schlüsselkonzepte. Lernen Lehramtsanwärterinnen und -anwärter erwünschte Oberflächenstrukturen, in etwa die, die als »Classroommanagement« beschrieben sind, kennen und setzen sie sie um, reproduzieren sie zugleich Tiefenstrukturen (z. B. »Viel zu lernen ist wichtig«; »Das Gelernte sollte mess- und darstellbar sein«). Machen sich Lehrpersonen klar umrissene Oberflächenstrukturen zueigen – diese sind zuweilen mithilfe von Beobachtungsbögen quantifizierbar und dienen als Bewertungsgrundlage von Unterricht –, dann geschieht etwas, das zu denken geben sollte: Die professionell zu begründenden Tiefenstrukturen von Unterrichtshabitaten werden ausgespart. Dadurch werden Habitate bar von Begründungszusammenhängen geschaffen und unreflektiert Logiken implementiert, die auf messbare Lernnachweise ausgerichtet sind; besonders markant am Terminus »Output« auf den begrifflichen Punkt tiefenstruktureller Logik dieser Sichtweise gebracht. In der Konsequenz werden – ähnlich den Kompetenzlisten – Lehrerkompetenzen aufgelistet und sortiert.[260]

Damit entsteht in der Lehrerbildung eine beunruhigende Leerstelle: Eine kritische und reflektierte Auseinandersetzung mit den Schlüsselkonzepten, die zu verantworten sind (vgl. Kap. 8.2), findet nicht statt. In etwa müsste dann gefragt werden, warum viel

---

259 Vgl. Kettner (2011): »... kulturelle Komplexität tritt gewöhnlich in zusammenhängenden Mustern in Erscheinung« S. 227.

260 Frey, A., Jung, C. (2011). Kompetenzmodelle und Standards in Lehrerbildung und Lehrerberuf. In E. Terhart, H. Bennewitz & M. Rothland (Hrsg.), *Handbuch der Forschung zum Lehrerberuf* (S. 540–572). Münster: Waxmann.

gelernt werden soll und was Effektivität bedeutet. Es müsste gefragt werden, ob nicht auch andere Aspekte und Erfahrungen wichtig sind. Bleibt der Sinn unausgesprochen, dann ist er auch nicht diskutierbar. In der Konsequenz führt *die empiriebasierte Dogmatisierung von Oberflächenstrukturen*[261] *des Unterrichts zur Entmündigung der nachwachsenden Generation an Lehrerinnen und Lehrern und damit zu Formaten der Deprofessionalisierung. Das gilt umso mehr für Oberflächenstrukturen, bei denen kein Anker zu Schlüsselkonzepten geworfen wird. Eine Methode wird als eine Art oberflächenstrukturelles Gesamtpaket mit Etikett betrachtet und ist als solche »gut« (z. B. Think-Pair-Share, Fish-bowl), weil es sich um eine gängige und vielfach genutzte Methode (Oberflächenstruktur) handelt. Zu dieser Vernachlässigung der Sinnstrukturen trägt auch die aktuell immer wieder bemerkte Marginalisierung der Allgemeinen Didaktik bei. Ihre Aufgabe ist es, diese Sinnfragen aufzuwerfen. In der Konsequenz ist die künftige Generation an Lehrpersonen nicht mehr geübt, Annahmen über die Qualität von Unterricht tiefenstrukturell zu reflektieren.*

Der hier vorgestellte Ansatz ist insofern anstrengend, denn er fordert dazu auf, die Begründungen für die Gestaltung eines Unterrichtshabitats zu durchdringen und zu prüfen – trotz und wegen vermeintlicher und zeitgebundener und immer wieder als unumstößlich richtig eingestufter Antworten darauf, was guten Unterricht kennzeichnet und ausmacht. Wichtig für die nachwachsende Generation an Lehrerinnen und Lehrern ist die Erkenntnis, dass die Suchbewegungen, Anpassungs- und Innovationsleistungen immer wieder neu vorzunehmen sind. Die Vorstellung, dass man mit einer Liste von Merkmalen guten Unterrichts die Hände in den Schoß legen könne, ist verführerisch und problematisch und – darauf weist dieser Ansatz hin – programmatisch zugleich. Einige Ergebnisse der empirischen Bildungsforschung flüstern hier laut: »Du kannst das machen. Das ist in Ordnung und empirisch belegt.« Allerdings muss man sich klarmachen: Diese Merkmale fußen tiefenstrukturell auf Vorstellungen, die im Verborgenen sind, aber reprodziert werden. In der recht radikal deprofessionalisiertesten Form, wenn angehende Lehrpersonen nur noch darüber sprechen, welche Methoden aneinandergereiht werden, oder Sekunden vermeintlich nicht effektiv genutzter Lernzeit aufaddieren.

Eine Studentin im Semesterpraktikum gibt als Begründung:

Beispiel

»Ich mache Think-Pair-Share«, das ist immer gut.

261 Vgl. Renkl (2015).

Um tatsächlich Unterrichtskulturmerkmale zu identifizieren, ist das Merkmal relativer Dauerhaftigkeit hilfreich, denn Kulturen zeichnen sich durch ihre Geschichtlichkeit aus (vgl. Kap. 6).

Für den hier vorgestellten Ansatz sind folgende Aspekte bei Forschungen zur Oberflächenstruktur von Schule und Unterricht besonders in den Blick zu nehmen:

1. *Die Identifikation kulturrelevanter Oberflächenstrukturen.*
2. *Die Identifikation von Schlüsselkonzepten.*
3. *Die Prüfung und Einschätzung der Konnektivität von Unterrichtshabitaten mit anderen Habitaten.*
4. *Die Analyse des Informationsgehalts.*
5. *Die Prüfung der pädagogischen Validität.*
6. *Die Untersuchung des Maßes aktiver Konsolidierung.*
7. *Die Untersuchung der Kohärenz zwischen Oberflächen- und Tiefenstruktur.*
8. *Die Einschätzung der Verhältnisbestimmung zwischen Habitat und gesellschaftlicher Rahmenbedinungen.*

10.2 Forschungsmethodische Zugänge

Die Sicht auf die Tiefen- und Oberflächenstrukturen von Unterricht hat Konsequenzen für ihre Erforschung, denn es werden Wege gesucht, um die Tiefenstrukturen zu beschreiben und zu verstehen sowie Zusammenhänge zu den Oberflächenstrukturen zu rekonstruieren. Ähnlich dem Zusammensetzen eines Puzzles werden Kulturmerkmale der Oberflächenstruktur identifiziert, in ihren Zusammenhängen beschrieben und interpretiert, um zu einem Gesamtbild zu kommen. Ein solches Gesamtbild der unterlegten Sinnkonstruktion entsteht durch die Analyse der Oberflächenstrukturen und ihrer Zusammenhänge. Tiefenstrukturen lassen sich nur rekonstruieren; ihre Oberflächen repräsentieren sie. Damit wird methodisch in Bezug auf die Tiefenstrukturen ein verstehender Zugang gewählt. Im Kapitel 8 ist ein solcher Zugang über die vorgestellten Analyseinstrumente bereits eingeführt, jedoch anwendungsorientiert im Hinblick auf die Gestaltung von Unterricht. Hier wird das Vorgehen unter methodischer Perspektive nochmals aufgegriffen. Oberflächenstrukturell sind qualitative sowie quantitative Zugänge von Interesse und Bedeutung.

Insbesondere die ethnografischen Arbeiten von Clifford Geertz[262], der einen methodischen Zugang vorlegt, den er in Anlehnung an Ryle als »dichte Beschreibung« bzw. »thick description« bezeichnet, sind hier richtungsweisend. Um rekonstruktiv arbeiten zu können, müssen Beschreibungen genau sein, Zusammenhänge aufweisen und vielfältige Daten einbeziehen. Sie werden oftmals über Beobachtungen im Feld gewonnen, in Zusammenhänge gebracht, zu verstehen und zu validieren gesucht. Die Grundfragen bezogen auf die Oberflächen lauten: »Warum ist das so?«, »Warum ist

262 Vgl. Geertz, C. (1987).

das wichtig?«, »Warum handeln die Akteure so?«, »Was bedeutet es, wenn…«? »Ist das immer so?«

Leitfragen zur Rekonstruktion von Schlüsselkonzepten:

- Warum ist die Schule und der Unterricht so geworden?
- Warum ist der Schulleitung, den Lehrpersonen, den Schülerinnen und Schülern Bestimmtes so wichtig?
- Warum handeln die Akteure so?
- Wofür stehen bestimmte Dinge und Aussagen?

Schlüsselkonzept (Element der Tiefenstruktur)

Abb. 20: Leitfragen zur Rekonstruktion von Schlüsselkonzepten

Die Aufgabe besteht darin, Aspekte der Oberflächenstruktur zu wählen, die eine bestimmte Tiefenstruktur repräsentieren und moderieren. Hier stellt sich die Frage nach der Wahl des zu Beobachtenden. Worauf soll bei der Komplexität von Unterricht geachtet werden? Wie kann gesichert sein, dass Relevantes und Repräsentatives in den Blick genommen wird?

Im Hinblick auf die Praxisforschung eignet sich die bereits in Kapitel 8.2 vorgestellte sinngebend-funktionale Habitatanalyse. Da Kulturen auf Dauer gestellt sind, richtet sich der Blick bei der sinngebend-funktionalen Habitatanalyse auch auf die Historie dieser Begründungen bzw. auf die Entwicklungsgeschichte von Tiefenstrukturen bzw. Schlüsselkonzepten: Seit wann gibt es sie? Warum gibt es sie? Zuweilen graben sie sich in das kulturelle Gedächtnis ein und werden tradiert, zum Beispiel in Form von Narrativen.

Konzepte, die zwischen Tiefen und Oberflächen unterscheiden, basieren auf Rekonstruktionen der Tiefenstruktur. Die Begründung ist denkbar einfach: Anders als über Rekonstruktionen kann die Tiefenstruktur bzw. Bedeutung nicht sichtbar gemacht werden. Das Phänomen ist universell und zeitlos: Menschen erklären sich die Tiefenstrukturen, das heißt die Bedeutung von Oberflächen, mittels Natur- und Sozialwissenschaften bzw. Philosophie, Mythologie, Religion.

Der methodische Zugang ist somit rekonstruktiv und interpretativ bezogen auf die Oberflächenebene, die mit Hilfe der empirischen Sozialforschung beschrieben werden kann. Die Oberflächenstrukturen dienen somit als Datenmaterial, um Rückschlüsse auf die Tiefenebene zu ermöglichen. Der Rückschluss wird generiert durch die Identifizierung einer der Oberflächenstruktur unterlegten »Tiefenstruktur als einer Eigenlogik«. Diese muss nicht nach logischen Gesetzmäßigkeiten »logisch« sein, sondern für die beteiligten Personen »Sinn machen«. Es geht also nicht um eine Bewertung oder

Einschätzung von außen, sondern um die Kenntnis und das Verstehen des unterlegten Sinns im Kulturhabitat. Die gefundenen Schlüsselkonzepte haben immer Konstruktcharakter und sind das Ergebnis von Interpretationen, basierend auf mit empirischen Mitteln untersuchten Oberflächenstrukturen. *Der unterlegte Sinn ist somit das Überlappende, das Einigende, das die Oberflächenstrukturen in sich und mit der unterlegten Tiefenstruktur zusammenhält.*[263]

Besondere Aufmerksamkeit erweckt der »Störfall« im Unterrichtshabitat, denn die Irritation markiert einen Bruch des Zusammenhangs von Oberflächen- und Tiefenstruktur.[264] Die Reaktionen und Versuche von Akteuren, die Kohärenz zu sichern, legen Tiefenstrukturen und relevante Oberflächenstrukturen frei. Die Tiefenebene hat somit immer Konstruktcharakter. Methodisch ist hier eine große Bandbreite an Forschungsmethoden jenseits der Differenzlinien »qualitativ versus quantitativ« anzulegen (z. B. Beobachtung, Experiment, Interview, Dokumentenanalysen). Hierbei ist zu beachten, dass Tiefenstrukturen eine variable Oberflächenstruktur produzieren können. Das bedeutet, dass die Rekonstruktionen Annäherungen sind, die durch Sättigung und Widerspruchsfreiheit validiert werden. An dieser Stelle melden sich somit auch alle Fehleroptionen an, die Interpretationen im Schlepptau führen (an erster Stelle Objektivitätseinbußen). In der Folge gelten auch hier Gütemaßstäbe für die Forschung; insbesondere die Sättigung sowie die solide datenbasierte Rekonstruktion sind hier zu nennen.

Eine zentrale Herausforderung besteht in der Differenzierung zwischen tiefenstrukturell verankerten und kontingenten Oberflächenstrukturen, will man eine Rekonstruktion der Tiefenstrukturen vornehmen. Denn: Konzentriert man sich quasi auf

---

263 Nicht zu verwechseln ist die Rekonstruktion von Tiefenstrukturen mit dem Rekonstruktionsbegriff im Rahmen der Objektiven Hermeneutik (vgl. Oevermann, U. (1996). Theoretische Skizze einer revidierten Theorie professionellen Handelns. In A. Combe & W. Helsper (Hrsg.): *Pädagogische Professionalität. Untersuchungen zum Typus pädagogischen Handelns* (S. 70–182). Frankfurt a. M.: Suhrkamp; Wernet, A. (2009). *Einführung in die Interpretationstechnik der Objektiven Hermeneutik* (3. Aufl.). Wiesbaden: VS Verlag.
Dort werden unterlegte Regeln unterstellt, die Handlungsfolgen eröffnen bzw. Anschlüsse ermöglichen. Der Fokus liegt auf der Sequenzierung und das präferierte Datenmaterial bilden Protokolle oder Reden; das heißt Textmaterial, das einen sequenzanalytischen Blick zulässt. Geht es im vorgestellten Ansatz um die Analyse von Tiefenstrukturen, sind keine Progressionen bzw. Prozesse im Blick, sondern kulturelle Gegebenheiten. In diesem Sinne handelt es sich um eine kulturelle Zustandsanalyse der aktuellen Reproduktion von Tiefen- und Oberflächenstrukturen, in deren Zentrum das Einende und Gemeinsame in der Oberflächenstruktur steht. Das Datenmaterial kann alles sein, was auf der Oberfläche gesichtet werden kann (Objekte, Dokumente, Interviews, Verhalten).

264 »Wenn Handlungsroutinen am Widerstand der sozialen und materiellen Welt scheitern, wenn unerwartete Situationen, Paradoxien eintreten, wenn die Gruppe ›verrücktspielt‹, wenn das Computerprogramm ‹alles auf den Kopf stellt›, wenn etwas Außerordentliches einbricht, wenn ein etabliertes Feld umstrukturiert werden muss, wenn neue Erfahrungsmuster gefordert sind, kann aus solchen Krisen eine gesteigerte praktische Intelligenz, ein kreatives Potential erwachsen« (Hörning 2011, S. 147).

»Eintagsfliegen« auf der Oberfläche, dann ist das wenig hilfreich und führt zu Fehleinschätzungen. Die Verankerung der gefundenen Merkmale ist daher in den Blick zu nehmen: das Überdauernde, das Perennierende bildet den Untersuchungsgegenstand.[265]

Weder die Differenz noch die Kohärenz von Tiefe und Oberfläche löst sich – wird sie erklärbar – auf, sie wird allerdings zugänglicher. Das Verstehen von Tiefenstrukturen eröffnet Möglichkeiten der Verbesserung, der Gesundung, der Friedfertigkeit einerseits; andererseits aber auch der Ausbeutung, Manipulation sowie der Missachtung von Menschenrechten. Insofern sind Kulturanalysen aller Art auch unter ethischem Vorzeichen zu sehen; das gilt auch für die Schaffung von Unterrichtshabitaten.

Die kultursensible Perspektive auf den Unterricht ist somit erläutert. Das Unterrichtsplanungs- und Analysemodell (S. 17) sollte nunmehr selbsterklärend sein.

265 Möchte man die Professionalität von Lehrpersonen und ihre Arbeit einschätzen, wäre es wichtig, die Habitatgestaltung über ein größeres Zeitfenster hinweg in den Blick zu nehmen und nicht eine einzelne Unterrichtsstunde, wie das üblicherweise in Prüfungslehrproben geschieht.

11. Unterricht planen und dokumentieren im Rahmen Kultursensibler Didaktik

11.1 Der Aufbau des ausführlichen Unterrichtsentwurfs im Überblick

Zu unterrichten bedeutet im hier vorgestellten Ansatz, Unterrichtshabitate bewusst zu gestalten. Unterrichtsplanungen stellen antizipierte, imaginierte Weiter- und Fortgestaltungen von bereits existierenden Unterrichtshabitaten dar. Die Bereiche des Unterrichts, die auf die Tiefenstrukturen zielen und die oberflächenstrukturell etabliert sind, bilden den kulturellen Rahmen, das Unterrichtshabitat. Zugleich ist Unterricht einmalig, situativ, oft spontan und fluide. Unterrichtsanalysen und Unterrichtshospitationen sind Habitatanalysen und Habitatreflexionen, indem sie die Oberflächen des Unterrichts und ihre Bedeutung für das Unterrichtshabitat thematisieren.

Unterrichtshabitate sind für die nachwachsende Generation eingerichtet und gestaltet: die Schülerinnen und Schüler. Wenn man folglich die Habitatgestaltung in den Blick nimmt, bezieht sich das gesamte Unterfangen auf diejenigen, für die es da ist: die Schülerinnen und Schüler. Ob Schule und Unterricht für sie da ist, für sie – auch als die nachwachsende Generation und damit für die künftige Gesellschaft – sinnvoll und »gut« ist, ist die zentral zu reflektierende Frage.

Unterrichtsplanungen sind in ausführlichen Unterrichtsentwürfen dokumentiert.[266] Im folgenden Abschnitt sind die Planungsüberlegungen auf der Grundlage des hier vorgestellten Modells näher erläutert.[267] Damit die kultursensible Perspektive und ihre konkrete Bedeutung für die Unterrichtspraxis deutlich, nachvollziehbar und praktizierbar wird, sind die Elemente der Planungsüberlegungen an einem Unterrichtsbeispiel konkretisiert.[268] Auch die Beobachtung, Evaluation, Reflexion von Unterricht ist

---

266 Vgl. Esslinger-Hinz, I., Wigbers, M. et al. (2013). *Der ausführliche Unterrichtsentwurf.* Weinheim: Beltz; Esslinger-Hinz (2016).

267 Die hier vorgestellte Strukturierung bildet einen Vorstoß, da sehr vertraute Begrifflichkeiten aufgegeben sind. Klassischerweise wird in der didaktischen Theoriebildung zwischen »didaktischer« und »methodischer Analyse« differenziert und die Verhältnisbestimmung diskutiert (z. B. Arnold & Lindner-Müller (2016), S. 146). Diese Differenz wird im vorgestellten Ansatz nicht aufgegriffen. Die Begründung ist schlicht: Alle Überlegungen und Planungen bezüglich des Lehr-Lernprozesses und seiner Gestaltung sind als »didaktisch« zu bezeichnen. Ein Unterrichtsentwurf ist daher an sich eine »didaktische Analyse« – in allen Teilen. Damit erübrigt sich auch die Diskussion um die Einordnung der methodischen Überlegungen. Dieser Weg ist im Grunde bereits beschritten, wenn Arnold & Koch-Priewe in ihrem Vorschlag zur Unterrichtsplanung und zur Planungsanalyse bezogen auf die Planung nur noch die Verlaufsdarstellung aus der didaktischen Analyse herausnehmen (S. 145).

268 Der vollständige Unterrichtsentwurf ist unter den Onlinematerialien, die zu diesem Buch gehören, zusammengestellt.

unter der Perspektive Kultursensibler Didaktik wichtig und trägt dazu bei, Perspektiven und konkrete Entwicklungen für die Unterrichtsgestaltung anzubahnen. Deshalb widmet sich Kapitel 11.2 der Wahrnehmung von Unterricht unter kultursensibler Perspektive. *Alle in Kapitel 11 wiedergegebenen oder angesprochenen Planungs- und Analysehilfen für die Schulpraxis sind mithilfe der Codenummer (siehe Kap. 1.3.5) herunterladbar und in der Schulpraxis, im Rahmen des Studiums, des Referendariats oder der Lehre einsetzbar.*

Der Unterrichtsentwurf[269] hat im deutschsprachigen Raum einen festen Platz in der Lehrerbildung; für die Bundesrepublik Deutschland sind Unterrichtsentwürfe in allen Bundesländern in beiden Phasen der Lehrerbildung verankert.[270] Der ausführliche Unterrichtsentwurf stellt eine sehr spezielle Textgattung dar, die die Sicht auf Unterricht und seine Begründung freilegt. Die gewählte Struktur und Begrifflichkeit geben Auskunft über didaktische Theorien, die hier Pate stehen und die Überlegungen leiten. Ähnlich dem Gebrauch eines technischen Gerätes, das man benutzt, ohne zu wissen, wie es eigentlich funktioniert, ist es auch hier so, dass Strukturierungen von Unterrichtsentwürfen in der Schulpraxis auch genutzt werden können, ohne dass man sich über die dahinterliegenden Theorien Gedanken macht bzw. die theoretischen Hintergründe kennt. Zuweilen bieten Lehrende an Hochschulen, Universitäten sowie an Seminaren Gliederungen an, die aus der eigenen Studienzeit stammen oder Mischformen enthalten bis hin zu Begriffen, die anders genutzt werden als in der ursprünglichen Theorie vorgesehen. Dieser Umstand hat nicht nur negative Facetten, denn der Unterrichtsentwurf übt Reflexionen ein. Nicht so genau zu wissen, was man tut, stellt allerdings auch eine gravierende professionelle Schattenseite dar. Auf der Grundlage der vorgängingen Lektüre dürfte der folgende Vorschlag zur Gliederung des Unterrichtsentwurfs selbsterklärend sein. *Im Rahmen der kultursensibelen Didaktik zielt die Darstellung der Unterrichtsplanung im Rahmen eines ausführlichen Unterrichtsentwurfs auf die bewusste, reflektierte und konkrete Habitatgestaltung im Interesse der nachwachsenden Generation.*

Will man ein Unterrichtshabitat gestalten und soll hierzu eine bestimmte Unterrichtssequenz vorbereitet werden, so stehen die didaktischen Entscheidungen zur Oberflächenstruktur immer in Zusammenhängen: in Zusammenhängen zu den Tiefenstrukturen sowie in Zusammenhängen mit den Manifestationsformen und an erster Stelle in Zusammenhängen zu den Personen, für die das Unterrichtshabitat gestaltet wird: die Schülerinnen und Schüler. [271]

---

269 Was den Umfang der Planungsperspektiven anbelangt, sind in den Alltagspraxen von Schule und Unterricht eher mehrere Unterrichtsstunden im Blick; manche Schulen weisen ausschließlich Doppelstunden aus. Im Hinblick auf die zweite Phase der Lehrerausbildung wird im Rahmen von Prüfungslehrproben die Einzelstunde betrachtet. Hier ist ein Entwurf zu einer Sequenz von eineinhalb Stunden (»Doppelstunde«) ausgewiesen.

270 Vgl. Esslinger-Hinz et al. 2013; Esslinger-Hinz 2016.

271 Esslinger-Hinz et al. (2013).

Da das Modell Zusammenhänge akzentuiert, ist die Konsequenz, dass die »Überlegungs- und Planungspakete« nicht separiert gedacht und vorgestellt werden können. Aussagen zum Zusammenhang von Oberflächen- und Tiefenstruktur sind grundlegend wichtig. Ähnlich einem Zauberwürfel fordern Veränderungen an einer Stelle didaktische Konsequenzen an anderen. Diese Komplexität ist in klassischen Unterrichtsplanungskonzepten faktisch rasch überfordernd und wird durch optische Modellationen mit vielerlei Pfeilen gelöst, die oftmals in beide Richtungen weisen: Alles hängt mit allem zusammen. In der linearen Darstellung des Entwurfs im Textformat – ein Text kann nur eins nach dem anderen aufweisen und darstellen –, lässt sich diese Komplexität zuweilen ausblenden: Nicht von ungefähr hat sich in der Praxis des Schreibens von Unterrichtsentwürfen ein »Bausteinprinzip« etabliert, das zwar flexibel im Hinblick auf die Reihenfolge der Textbausteine ist, nicht jedoch hinsichtlich der Zusammenhänge. Die Planungsüberlegungen sind dann nacheinander abgearbeitet, ohne dass die Zusammenhänge zum Thema werden. Diese Vorgehensweise ist in dem Sinne praxistauglich, weil sie leicht »umsetzbar« ist – freilich *unter der Einbuße, dass die Planungsüberlegungen tatsächlich in Zusammenhang stehen.*[272] Hier handelt es sich um eine Komplexitätsreduktion, die dazu führen kann, dass die Zusammenhänge aus dem Blick geraten und die Methodik fokussiert wird. Ein solcher Unterricht kann aus der Sicht von Lehrpersonen funktionieren, wenn er störungsfrei vonstattengeht. Was ist nun anders am hier vorgestellten, kultursensiblen Konzept zur Unterrichtsplanung?

Unterrichtsvorbereitung im Rahmen Kultursensibler Didaktik bedeutet, die Tiefen- sowie die Oberflächenstrukturen in den Blick zu nehmen. Bei der schriftlichen Darstellung des geplanten Unterrichts zeigt man in der Konsequenz nicht den Planungsprozess an, sondern ein fertig durchdachtes Ganzes. Im Planungsprozess wird oftmals nachjustiert und verändert. Schreibt man einen ausführlichen Unterrichtsentwurf, dann gibt es mehrere Möglichkeiten, mit dem Schreiben einzusetzen. Tut man dies bei den Tiefenstrukturen, kommt man unwillkürlich zu den Oberflächenstrukturen. Während man plant, prüft man die Passung; zum Beispiel den Informationsgehalt oder versichert sich der fachlichen Grundlage. Der ausführliche Unterrichtsentwurf stellt *die Lösung* einer kreativen und komplexen Aufgabe dar. Der Prozess der Lösung ist unstetig, revidierend, prüfend. Es ist daher wichtig, Kriterien zu haben und einzubeziehen, die die Güte der erwogenen Planungen aufzeigen. Vor diesem Hintergrund wird im hier vorgestellten Modell die Prüfung der Planung in den Entwurf integriert.

Die grundlegenden *Planungselemente im Rahmen Kultursensibler Didaktik* beziehen sich auf die Tiefen-, die Oberflächenstruktur sowie auf die Sicherung der Güte im Unterrichtshabitat. Abbildung 21 gibt sie zunächst im Überblick in Anbindung an das bislang entwickelte Modell wieder.

---

272 In etwa werden in Unterrichtsentwürfen Angaben zu den Schülerinnen und Schülern gemacht oder zur Schule, die für die konkrete Planung keine Rolle spielen. Die fehlenden Passungen zeigen sich, wenn man gedanklich eine völlig andere Schülerschaft voraussetzt und keine Auswirkungen auf den Unterricht festzustellen sind.

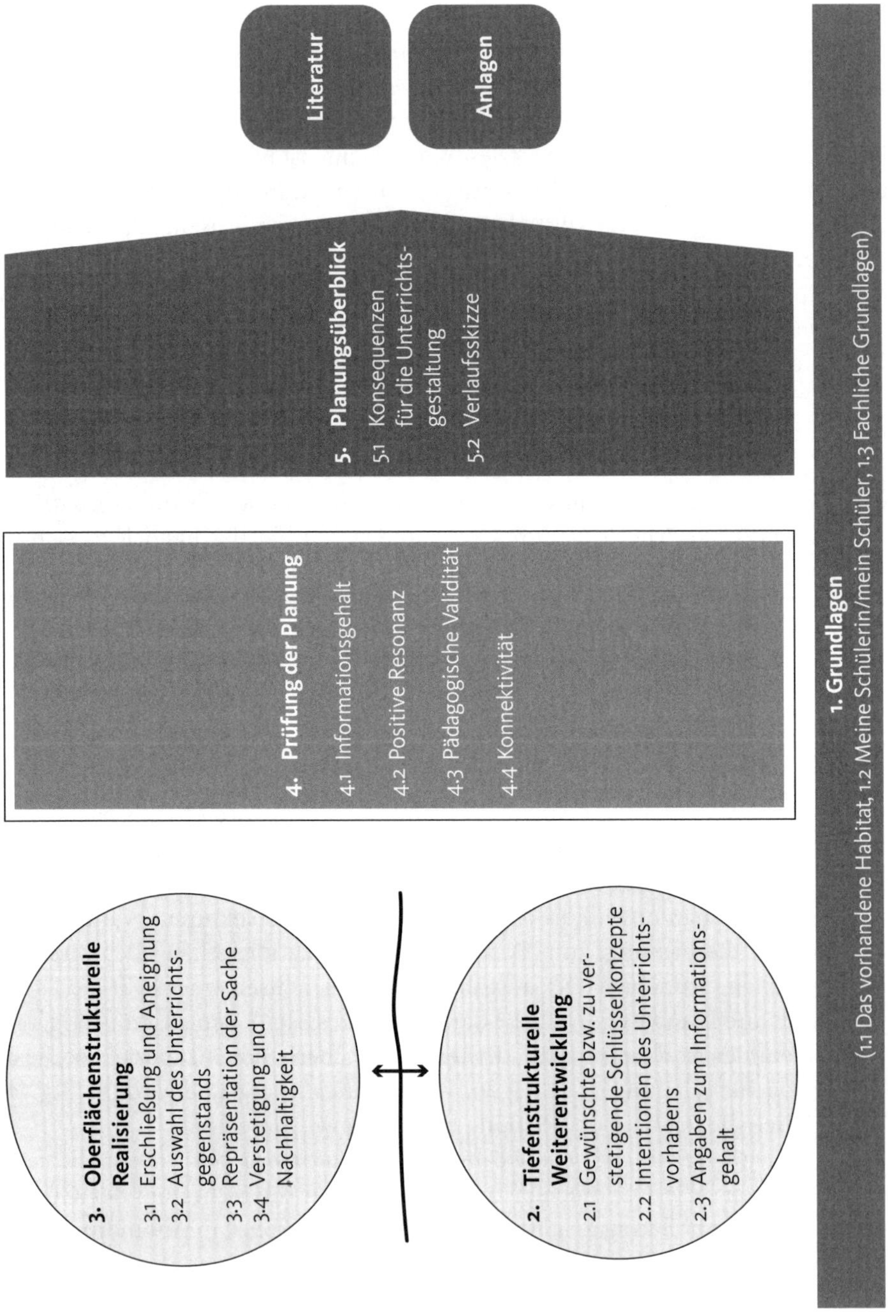

Abb. 21: Planungselemente im ausführlichen Unterrichtsentwurf

Linear angeordnet ergibt sich folgende Strukturierung des Entwurfs:

Aufbau des ausführlichen Unterrichtsentwurfs

Allgemeine Angaben
Fach:
Klasse:
Datum:
Zeit:
Schule/Raum:

1. Grundlagen
1.1 Das vorhandene Habitat
1.2 Meine Schülerin/mein Schüler
1.2 Fachliche Grundlagen

2. Tiefenstrukturelle Weiterentwicklung
2.1 Gewünschte Schlüsselkonzepte
2.2 Intentionen des Unterrichtsvorhabens
2.3 Angaben zum Informationsgehalt

3. Oberflächenstrukturelle Realisierung
3.1 Erschließungs- und Aneignungsprozesse
3.2 Auswahl des Unterrichtsgegenstandes
3.3 Die Repräsentation auf der Oberflächenebene
3.4 Verstetigung und Nachhaltigkeit

4. Prüfung der Planung
4.1 Angemessenheit des Informationsgehalts
4.2 Ermöglichung positive Resonanz
4.3 Etablierung pädagogische Validität
4.4 Maß der Konnektivität

5. Planungsüberblick
5.1 Zusammenfassende Konsequenzen für die Unterrichtsgestaltung
5.2 Verlaufsskizze

Literatur

Anlagen

Abb. 22: Aufbau des Unterrichtsentwurfs im Rahmen Kultursensibler Didaktik

Im Folgenden sind fünf Planungselemente vorgestellt und am Beispiel eines Unterrichts in Klasse 7 (Thema: »Bau der Netzhaut«/Fach Biologie/Gemeinschaftsschule) konkretisiert. Der so entstehende Unterrichtsentwurf ist nochmals vollständig, ohne erklärende Zwischentexte, in den online-gestellten Anlagen zu diesem Buch zu finden.

Die Unterrichtsplanung verläuft »in Schleifen«, das heißt beispielsweise, dass die angestrebten Erschließungs- und Aneignungsprozesse im Planungsprozess korrigiert, präzisiert, gekürzt oder erweitert werden, bis eine Passung hergestellt ist. Die letztlichen didaktischen Entscheidungen hängen von den Überlegungen zur Tiefenstruktur und zum Informationsgehalt ab. In der Konsequenz sind *Überarbeitungsschleifen* vorzusehen, die in der folgenden Darstellung aufgenommen sind.

11.2 Die Elemente des ausführlichen Unterrichtsentwurfs im Einzelnen

1. Grundlagen

Die Grundlagen jedes Unterrichts bildet das vorhandene Habitat, die Akteure, die gemeinsam im Unterrichtshabitat leben und arbeiten, sowie die Gegenstände, an denen gelernt werden kann und soll. Dieses Fundamtent, auf dem die Planung aufbaut, wird zunächst beschrieben.

1. Grundlagen
1.1 Das vorhandene Habitat
1.2 Meine Schülerin/mein Schüler
1.3 Fachliche Grundlagen

1.1 Das vorhandene Habitat

Den Ausgangspunkt der Überlegungen bilden im hier vorgestellten Ansatz die Tiefenstrukturen als Sinnebene und Basis von Unterrichtshabitaten. Deshalb ist es wichtig, die Tiefenstrukturen klar im Blick zu haben, zu benennen und zu begründen. Sie werden im Habitat reproduziert oder auch modifiziert. Kein Unterricht setzt »habitatfrei« an. Das ist eine Situation, die nur zu Schuljahresbeginn mit einer neuen Klasse bzw. Lerngruppe vorliegt. Sobald der Unterricht beginnt, setzt auch die Habitatsituierung ein. Deshalb ist es wichtig, das vorhandene Habitat in den Blick zu nehmen; es bietet die Grundlage für Erschließungs- und Aneignungsprozesse.

Die Beschreibung fordert eine Besinnung auf den Sinn und Zweck des (Fach-)Unterrichts. Sie erfordert weiterhin, sich den aktuellen, seither gelebten Zusammenhang von Oberflächen- und Tiefenstruktur vor Augen zu halten, und sensibilisiert für Unstimmigkeiten, Brüche und Entwicklungsbedarfe. Die Habitatbeschreibung bietet der Lehrperson eine Reflexions- und Rückversicherungsmöglichkeit über die vorhandenen unterrichtskulturellen Rahmenbedingungen.

1.1.1 Vorhandene Schlüsselkonzepte

Inhalt und Funktion dieses Abschnitts: Angaben über etablierte Tiefenstrukturen (Schlüsselkonzepte), über erwünschte Schlüsselkonzepte sowie über die Intentionen des Unterrichtsvorhabens und seine tiefenstrukturelle Einbettung.
Hinweise: Die tiefenstrukturelle Habitatbeschreibung greift ausschließlich relevante Aspekte auf. Wird eine Tiefenstruktur fokussiert, heißt das nicht, dass andere nicht auch bedeutsam oder existent sind. Es geht darum, dass die Lehrperson sich durch diese Beschreibung Klarheit verschafft über die etablierten bzw. nicht ausreichend etablierten Tiefenstrukturen als Grundlage für das Unterrichtsvorhaben bzw. die Intentionen des Unterrichts.

Beispiel

1.1.1 Vorhandene Schlüsselkonzepte: Tiefenstrukturen im Biologieunterricht der Klasse 7d

Folgende Schlüsselkonzepte sind etabliert:

1. Interaktion: »Der Unterricht betrifft und meint jeden Schüler und jede Schülerin«, »Alle verstehen sich so gut, dass Kontakte zwischen allen möglich sind« Dieses Konzept ist fest etabliert.
2. Fachlichkeit, Fachsprache, fachliche Basiskonzepte: Fachliches Wissen, Fähigkeiten und Fertigkeiten stehen oftmals nicht so im Zentrum, wie das intendiert ist. Oftmals stehen die sozialen Interaktionen im Vordergrund und nicht das Fachliche. Dass die Schülerinnen und Schüler der Klasse 7d das Fach Biologie in Beziehung zu sich und zu ihrem Leben setzen können, wird an vielen Stellen deutlich.
3. »Leistung ist individuell zu denken und nicht im Vergleich zu anderen« Dieses Konzept wird vom gesamten Kollegium getragen und wird immer selbstverständlicher; auch über die Fächer hinweg.

Dieser Abschnitt fokussiert die vorhandenen Oberflächenstrukturen und stellt dar, wie das Unterrichtsvorhaben in die Oberflächenstruktur des Unterrichts eingebettet wird. Weiterhin wird erläutert, wie eine Verstetigung und Nachhaltigkeit des Unterrichts bei den Akteuren und damit im Habitat erreicht wird.

1.1.2 Vorhandene Oberflächenstrukturen

Funktion und Inhalt diese Abschnitts: Angaben zu den vorhandenen Oberflächenstrukturen im Unterrichtshabitat. Dargestellt sind die im Unterrichtshabitat etablierten Oberflächenstrukturen und wie das konkrete Unterrichtsvorhaben sich in diese Oberflächenstrukturen einbettet.

Beispiel

1.1.2 Vorhandene Oberflächenstrukturen im Biologieunterricht der Klasse 7d

Verhalten und Kognitionen: Um alle Schülerinnen und Schüler der Klasse 7d zu erreichen, steht die Bedeutung biologischer Sachverhalte im Leben der Schülerinnen und Schüler im Zentrum.

Die Oberflächenstruktur wähle ich häufig so, dass der Unterricht bei einer Alltagserfahrung, einer Alltagsbeobachtung, bei Auswirkungen biologischer Tatsachen und Phänomene auf den Einzelnen einsetzt. Weil die Inhalte, Einsichten, Fähigkeiten und Fertigkeiten grundlegend sind, achte ich darauf, dass bei Einführungs-, Beobachtungs- und Experimentierphasen alle sehr konzentriert bei der Sache sind. Das ist mit den Schülerinnen und Schülern besprochen. Da sich die Schülerinnen und Schüler innerhalb der Klasse sehr gut verstehen, ist der Kommunikationsgrad sehr hoch. Die Schülerinnen und Schüler haben sich beständig etwas mitzuteilen. Dieses Verhalten stört zugleich häufig Erschließungs- und Aneignungsprozesse. Hier weise ich die Schülerinnen und Schüler rasch und klar darauf hin, dass die Aufmerksamkeit auf die Sache zu richten ist.

In den Übungs- und Vertiefungsphasen können die Schülerinnen und Schüler nach eigenem Tempo arbeiten; falls ein Schüler bzw. eine Schülerin sehr schnell und konzentriert arbeitet, ist es in Ordnung, wenn er oder sie in dieser Zeit Musik hört oder etwas liest oder wenn Schüler sich flüsternd unterhalten. Das ist mit den Schülerinnen und Schülern so vereinbart. Voraussetzung ist allerdings, dass die jeweilige Aufgabe korrekt und gut gelöst ist. Diese Vereinbarung hat sich als handhabbar erwiesen und die kurzen Entspannungsphasen in Doppelstunden werden von den Schülerinnen und Schülern geschätzt. Sie bieten auch die Möglichkeit, auf Schülerinnen und Schülern, die Fragen haben, einzugehen. Da das Arbeitstempo sehr heterogen ist, bin ich in der Situation, zeitgleich das unterschiedliche Arbeitstempo und die unterschiedlichen Arbeitsweisen wahrzunehmen. Auch das Misstrauen, dass ein Schüler oder eine Schülerin gerade nicht arbeiten könnte, erlebe ich als belastend. Günstig wäre, wenn Schülerinnen und Schüler mit ähnlicher Arbeitsweise und vergleichbarem Arbeitstempo räumlich beieinander säßen. Eine Lösung suche ich hier noch.

Die Schülerinnen und Schüler wissen, dass sie Ideen einbringen und Vorschläge machen können. Schüler, die Aufgaben bearbeiten wollen, die sie interessant finden, die aber im Hinblick auf den Anspruch über- oder auch unterfordernd sind, weise ich darauf hin, lasse sie bei Interesse diese Aufgabe(n) dennoch bearbeiten.

Körperpräsenz: Mit den Schülerinnen und Schülerin ist verabredet, dass sie sich bei Bedarf selbstständig im Klassenzimmer, im Vorbereitungsraum und außerhalb des Klassenzimmers bewegen können (Nischen für Kleingruppenarbeit, Gang zur Toilette, Abholung von Materialien). Das klappt inzwischen sehr gut. Zwei Schüler sind noch nicht in der Lage, das erwartete Verhalten zu zeigen. Mit ihnen wurde letzte Woche in einem Gespräch vereinbart, dass sie getrennt voneinander in verschiedenen Gruppen arbeiten werden.

Manifestationen: Wann immer möglich, werden Medien eingesetzt, die einen Bezug zum Leben der Schülerinnen und Schüler herstellen. Die Dinge (z.B. Modelle, Pflanzen, Plakate) bleiben auch über den Biologieunterricht hinaus im Klassenzimmer. Die Schülerinnen und Schüler haben kein eigenes Schulbuch. Deshalb müssen Kopien angefertigt werden. Das ist unter ökologischen Gesichtspunkten problematisch und steht im Widerspruch zu tiefenstrukturellen Konzepten von Nachhaltigkeit.

Emotionen: Insgesamt herrscht eine gute und entspannte Arbeitsatmosphäre. Die Schülerinnen und Schüler wissen, dass sie bei Fragen und Problemen auf mich zukommen können. Sie wissen auch, dass ich unfreundliche oder herabsetzende Äußerungen nicht toleriere und sie dann unmittelbar zum Gespräch am Nachmittag eingeladen sind. Das ist im Moment nicht notwendig, denn in der Klasse 7d herrscht ein starker Zusammenhalt.

Raum-Zeitstrukturen: Der Unterricht findet immer als Doppelstunde im Fachraum Biologie statt. Der Raum enthält ein Whiteboard; Modelle zur Thematik von Seiten der Schule sind nicht vorhanden. Der Raum enthält weiterhin keine Stühle mit Lehnen, sondern kleine Hocker; die Tische sind verschiebbar. Letzteres wird für die offene Versuchsphasen genutzt, führt aber auch dazu, dass Interaktionen jenseits der fachlichen Auseinandersetzung stattfinden.

1.2 Meine Schülerin/mein Schüler

Jeder einzelne Schüler und jede einzelne Schülerin ist ein Akteur bzw. eine Akteurin im Unterrichtshabitat. Zugleich ist jeder und jede Einzelne Adressat der Planung. Um ein Unterrichtshabitat individualisiert gestalten zu können, ist es wichtig, jeden einzelnen Schüler und jede Schülerin in den Blick zu nehmen. Dies sollte ein kontinuierlicher Prozess sein und nicht erst mit dem Verfassen eines Unterrichtsentwurfs starten. Empfehlenswert ist hier eine Dokumentation zu den Lernentwicklungen. Eine Möglichkeit besteht im Führen eines Portfolios (vgl. Tab. 9). Die einfachste Form bildet eine Klassenliste, in der Beobachtungen und Bemerkungen eingetragen sind. Sie trägt dazu bei, die einzelnen Schülerinnen und Schüler im Blick zu behalten.[273] Wichtig ist, dass auf pauschale, zusammenfassende Einstufungen verzichtet wird. Damit sind Unterrichtsplanungen auf bestimmte Schülerinnen und Schüler zugeschnitten.[274] Diese kontinuierlichen Dokumentationen können auch im Austausch und unter Mitgestaltung der Schülerinnen und Schüler geschehen und den Charakter eines Reflexionsgesprächs erhalten.

273 Hilfreich können auch Fotos der Schülerinnen und Schüler sein.
274 Die Anonymisierung ist bei der Weitergabe eines Entwurfs zu beachten.

Beispiel[275]

Lernentwicklungen und Beobachtungen (7d; 1. Schulhalbjahr)

Name	Foto	Lernprozesse und Ideen	Weitere Beobachtungen (z. B. zur präferierten Arbeitsweise), Ideen ...
Sina		+++ Mut, sich zu äußern sich trauen	löst alle Aufgaben, meldet sich selten, arbeitet gern kooperativ mit Noah
Erkan		++ hat sich inhaltlich viel erschlossen	kooperativ, engagiert, Hobby: Bienen
Noah		– Gespräch wichtig Lerngruppen, die ihn »mitnehmen« oder Einzelarbeit?	möchte derzeit nicht gern angesprochen werden, ablehnend, entschuldigt sich, momentan eher demotiviert und unaufmerksam
...	...	...	...

Tab. 9: Überblick zu den Arbeitsgrundlagen der Schülerinnen und Schüler

Erschließungs- und Aneignungsprozesse können durch das Unterrichtshabitat »nur« angestrebt, aber nicht hergestellt werden. Lernprozesse sind insofern unverfügbar und immer durch den Lernenden moderiert.[276] Deshalb ist es nicht nur wichtig, den Lernstand und das Verhalten bei der Planung einzubeziehen, sondern Planungsimpulse der Schülerinnen und Schülern aufzunehmen.

1.3 Fachliche Grundlagen

Alle Gestaltungsentscheidungen können nur dann professionell gefällt werden, wenn Lehrpersonen über eine fachwissenschaftliche Expertise verfügen. Sämtliche didaktischen Überlegungen sind an die fachwissenschaftlichen Grundlagen gebunden. Nur auf der Grundlage korrekter, wahrer und richtiger Aussagen kann und soll gelernt werden. Daneben bildet die fachliche Basierung die Grundlage für jede didaktische Entscheidung: Man muss die Sache kennen und um sie wissen, um ihren Stellenwert und ihre Zugänglichkeit für Schülerinnen und Schüler ermessen zu können und somit ihren Beitrag zur Etablierung von Tiefenstrukturen.

Deshalb braucht jeder Unterricht eine fachwissenschaftliche Basierung. Sie bildet ein Fundament, um Unterrichtshabitate gestalten und Lernen ermöglichen zu können. Im Rahmen der Lehrerinnen- bzw. Lehrerbildung kann eine schriftliche Ausfüh-

275 Die Namen sind anonymisiert.

276 Ein Aspekt, auf den ganz besonders konstruktivistische Ansätze eingehen. Im Rahmen didaktischer Theoriebildung zum Beispiel Reich (2012), (2016).

rung fachwissenschaftlicher Erkenntnisse die fachliche Vorbereitung belegen und sichern. Sie spiegelt sich jedoch nicht nur hier, sondern in allen Teilen der Unterrichtsvorbereitung im Rahmen Kultursensibler Didaktik.

Beispiel

1.3 Fachliche Grundlagen[277]

Der Aufbau der menschlichen Netzhaut (Retina)
Die Netzhaut besteht aus mehreren Schichten und ist aufgrund der Sehzellenschicht lichtempfindlich ...

Die Sehzellen
In der Sehzellenschicht befinden sich drei verschiedene Zapfentypen sowie die Stäbchen. Letztere ermöglichen das Hell-Dunkel-Sehen, ...

Vom Auge zum Gehirn: Die Netzhaut als Ort der Signalwandlung
In der Netzhaut findet eine Umwandlung von Lichtimpulsen auf Nervenimpulse statt ...

Netzhautablösung
Eine Netzhautablösung (Ablatio retinae) kann zur Erblindung führen, wenn sie nicht behandelt wird. Symptome einer Netzhautablösung sind ...

2. Tiefenstrukturelle Weiterentwicklung

In diesem Abschnitt wird die intentionale Ebene des Unterrichtsvorhabens benannt. Sie bezieht sich auf die Schlüsselkonzepte, auf die Intentionen des Unterrichtsvorhabens sowie auf den daraus abzuleitenden Informationsgehalt des Unterrichts.

2. Tiefenstrukturelle Weiterentwicklung
2.1 Gewünschte bzw. zu verstetigende Schlüsselkonzepte
2.2 Intentionen des Unterrichtsvorhabens
2.3 Angaben zum Informationsgehalt

2.1 Gewünschte bzw. zu verstetigende Schlüsselkonzepte

Inhalt und Funktion dieses Abschnitts: Kritische Reflexion der vorhandenen Tiefenstrukturen.
Hinweise: Die tiefenstrukturelle Habitatentwicklung greift ausschließlich relevante Aspekte auf. Eine Lehrperson kann mit dem aktuellen Habitat zufrieden sein und seine Verstetigung anstreben. Hier braucht dann nur auf die Verstetigung hingewiesen werden.

277 Die vollständigen Ausführungen finden sich aus Platzgründen in den Onlinematerialien.

Beispiel

2.1 Gewünschtes Schlüsselkonzept: Körperliche Achtsamkeit und Gesunderhaltung sind wichtig

Beitrag des Unterrichts: Der Unterricht stellt das biologische Prinzip der Stoff- und Energieumwandlung ins Zentrum. Dieses Prinzip zu verstehen, ist grundlegend, weil es klarmacht, dass der menschliche Körper komplexe Abläufe leistet und dass Störungen und Erkrankungen große Auswirkungen haben können.

Anbindung an das vorhandene Habitat: Gesundheitsbildung bzw. Körperverantwortung ist im Habitat bislang nur punktuell verankert (z.B. in Projekttagen, Präventionsmaßnahmen). Es wäre wichtig, die Körperverantwortung und die Körperwahrnehmung stärker zu verankern, das gilt insbesondere im Jugendalter und der damit verbundenen größeren Bereitschaft, Risiken einzugehen und gesundheitliche Folgen auszublenden. Der Biologieunterricht kann es leisten, über fachliche Informationen Einsichten und Haltungen zu befördern.

2.2 Intentionen des Unterrichtsvorhabens

Inhalt und Funktion dieses Abschnitts: In diesem Abschnitt wird angegeben, welche Absichten mit dem Unterrichtsvorhaben verfolgt werden bzw. was die Schülerinnen und Schüler sich erschließen und aneignen können. Diese Absichten werden in einen Zusammenhang mit den Tiefenstrukturen (2.1 und 2.2) gebracht.[278]:

Beispiel

2.2 Intentionen des Unterrichtsvorhabens

Die Schülerinnen und Schüler verstehen die Bedeutung der Netzhaut für das Sehen.

Die Schülerinnen und Schüler sind motiviert, achtsam mit ihrer Gesundheit (im Hinblick auf das Sinnesorgan »Auge«) umzugehen.

2.3 Angaben zum Informationsgehalt

Inhalt und Funktion dieses Abschnitts: Um die Intentionen etablieren und erreichen zu können, müssen auf der Oberfläche des Unterrichts Informationen gegeben werden. Die Bedeutung der Netzhaut kann beispielsweise nur verstanden werden, wenn die Schülerinnen und Schüler Informationen zum Aufbau und zur Erregungsleitung erhalten. Deshalb werden in diesem Abschnitt die notwendigen Informationen benannt, um die Intentionen einlösen zu können. Der Informationsgehalt wird nach erfolgter Planung unter Punkt 3 überprüft.

278 Die Bildungspläne der Länder geben Hinweise. Allerdings finden sich hier auch Angaben, die tiefenstrukturelle Bezüge vermissen lassen. Angegeben sind Könnens- und Wissensangaben, ohne dass angegeben wäre, welche Sinnbezüge bestehen. Sie werden im vorliegenden Ansatz in den Blick genommen.

Beispiel

2.3 Angaben zum Informationsgehalt

Der Unterricht enthält Informationen,
- dass die Sinneszelle Signale umwandelt
- dass Impulse auf verschiedenen Wegen (hier elektrisch und chemisch) weitergegeben werden können
- über den Schichtenaufbau der Netzhaut (Im Einzelnen: Pigmentschicht, Sehzellenschicht mit Stäbchen und Zapfen, Schaltzellenschicht, Nervenzellenschicht)

Die genannten Informationen sind in die Oberfläche des Unterrichts einzubetten.

3. Oberflächenstrukturelle Realisierung

In diesem Abschnitt wird beschrieben, wie die im Abschnitt 2 dargelegten Intentionen oberflächenstrukturell realisiert werden sollen. Welche Oberfächenstrukturen sind geeignet, um die Intentionen verwirklichen zu können? Weiterhin wird beschrieben, wie die Intentionen verstetigt und stabilisiert werden können:

3. Oberflächenstrukturelle Realisierung
3.1 Repräsentation des Unterrichtsgegenstandes
3.2 Verstetigung und Nachhaltigkeit des Unterrichts

3.1 Repräsentation des Unterrichtsgegenstandes

Funktion und Inhalt dieses Abschnitts: Angaben darüber, wie und mit welchen Mitteln der Unterrichtsgegenstand auf der Oberflächenebene des Unterrichts zum Thema wird. *Angaben zu den Manifestationsformen, mit deren Hilfe der Unterrichtsgegenstand oberfächenstrukturell repräsentiert wird. Das sind zum einen Medien (z. B. Objeke, Karten, Texte, Phänomene, Versuche, Beobachtungen u. a. m.), durch Personen oder durch Aufgaben.*

Beispiel

3.1 Repräsentation des Unterrichtsgegenstandes auf der Oberflächenebene des Unterrichts

Die Bedeutung der Netzhaut für das Sehen lässt sich am Beipiel von Personen deutlich machen, die an einer (drohenden) Netzhautablösung leiden. Das Beispiel des Zeichners Don Rosa ist besonders geeignet, weil die existenzielle Bedeutung des Sehens offensichtlich ist.

Für die angestrebten Intentionen in Bezug auf den Bau der Netzhaut ergibt sich aus fachdidaktischer Perspektive die Herausforderung der Anschauung. Die Netzhaut lässt sich nicht am Objekt betrachten; ihr Aufbau ist hochkomplex. Deshalb wird mit Modellen und Abbildungen gearbeitet, die bestimmte Merkmale hervorheben (z.B. zum geschichteten Aufbau), ohne dadurch fachwissenschaftlich fragwürdige Reduktionen vorzunehmen bzw. Fehlvorstellungen zu generieren. Die Komplexität des Vorgangs erfordert eine Inputphase. Eine fachliche Frage betrifft weiterhin den Schichtenaufbau der Netzhaut; im Schulbuch wie auch im zugehörigen Band mit Arbeitsblättern (z.B. Dörflinger et al. 2017, S. 37) wird der Aufbau der Netzhaut dargestellt, als ob die Aderhaut (mit Regenbogenhaut und Ziliarkörper) eine Schicht der Netzhaut bildet. Das ist fachlich nicht korrekt. Die Aderhaut und die Lederhaut bilden zwei Schichten, die von der Netzhaut funktional und anatomisch zu differenzieren sind. Das retinale Pigmentepithel ist jedoch zur Netzhaut zu zählen. Weiterhin wird der Aufbau der Netzhaut häufig ohne die sie versorgenden Blutgefäße dargestellt; irritierend wirken dann Augenmodelle, die diese abbilden. Diese Irritation ist im Tafelmodell angesichts der Arbeitsvoraussetzungen der Schülerinnen und Schüler entnommen, um die Menge an Informationen in der kurzen Zeiteinheit zu begrenzen.

Die Funktion und der Aufbau der Netzhaut lässt sich mit Hilfe ausgewählter Versuche verdeutlichen. Anzumerken ist, dass die Versuche, obwohl sie einfach sind, genau durchgeführt werden müssen, um eine Beobachtung machen zu können. Auf diesen Umstand wird in der fachdidaktischen Literatur (z.B. Wonke 2011) nachdrücklich hingewiesen, sodass gegebenenfalls eine Moderation durch die Lehrperson wichtig sein kann.

Zusammenfassend kann festhalten werden, dass der Informationsgehalt im Habitat platziert und repräsentiert wird über:

- eine konkrete Krankengeschichte einer prominenten Person (Don Rosa)
- Versuche zum Sehen
- Schemazeichnung zur Netzhaut
- Modell des Aufbaus des Auges

3.2 Verstetigung und Nachhaltigkeit des Unterrichts

Funktion und Inhalt dieses Abschnitts: Dargestellt wird in diesem Abschnitt, wie die Tiefenstrukturen verstetigt werden; bei den Schülerinnen und Schülern und damit auch im Habitat. Die Verstetigung gelingt über alle Manifestationsformen (z.B. das Sichtbarmachen von Arbeitsergebnissen im Klassenraum, über Erfahrungen, Dokumentationen, Selbstüberprüfungen und Sicherungen aller Art).

Dass die Schülerinnen und Schüler die Informationen, die der Unterricht bietet, aufgenommen und verstanden haben, lässt sich überprüfen, indem korrespondierende Aufgabenformate abgeleitet werden. Dieser Schritt trägt auch dazu bei, dass bei der Konstruktion von Klassenarbeiten, Tests bzw. Proben Aufgaben gewählt werden, die auf der Grundlage des Unterrichts gelöst werden können.[279]

---

279 Möglicherweise erinnert diese Grundlegung an die Lernzielorientierte Didaktik, in der Grobziele festgelegt wurden. Hier liegt der Unterschied zum einen darin, dass von Sinn gesprochen wird, der dem Habitat unterlegt ist. Es ist damit ein Begründungszusammenhang markiert.

Beispiel

3.2 Verstetigung und Nachhaltigkeit des Unterrichts

Der Aneignungsprozess wird sichtbar, indem Schülerinnen, Schüler zeigen, dass sie
- die Informationen (2.2) mündlich und schriftlich wiedergeben können.
- das fachliche Basiskonzept, dass die Netzhaut einen Signalwandler darstellt, erklären können.
- eine Schemazeichnung der Netzhaut anfertigen können.

Korrespondierende Aufgaben im Unterricht:
- Wie nennt man die Zellen, die für das Farbsehen zuständig sind?
- Warum wird die Netzhaut als »Signalwandler« bezeichnet?
- Zeichne eine Schemazeichnung der Netzhaut und beschrifte sie.
- Beantworte eine der folgenden Fragen (Die Schwierigkeit ist mit * markiert).

Warum habe ich einen blinden Fleck? (Versuch 1*)
Verwechsele ich Rot und Grün? (Versuch 2*)
Warum sehe ich bei Dämmerlicht besser, wenn ich vorbeischaue? (Versuch 3**)
Was sehen Fußballer/innen aus dem Augenwinkel zuerst: den Ball oder die Farbe? (Versuch 4**)
Warum sehe ich Bewegung und nicht einzelne Bilder? (Versuch 5***)
Warum sehe ich grüne Punkte, wo keine sind? (Versuch 6***)

Die Wertschätzung und Achtsamkeit gegenüber dem eigenen Körper und der Gesundheit kann durch das Wissen um die Empfindlichkeit und Komplexität der Vorgänge im Auge gestärkt werden. Der Unterricht zielt daher darauf ab, diesen Aspekt besonders zu akzentuieren.

Im Habitat wird an vielen Stellen darauf Wert gelegt, dass Schülerinnen und Schüler wertschätzend und selbstsorgend mit ihrem Körper umgehen. Insbesondere im Deutschunterricht wird aktuell das Thema »Mutproben« ins Zentrum gestellt. Einmal wöchentlich findet ein gesundes Frühstück in der Klasse statt. Insgesamt ist dieses Schlüsselkonzept noch weitaus stärker verankerbar, sodass die Einstellung und Haltung, dass wertschätzend mit dem eigenen Körper umgegangen wird, im Habitat repräsentiert ist.

4. Prüfung der Planung

Zumeist wird die Qualität der Planung erst bei der Umsetzung zum Thema. Es lässt sich jedoch bereits in der Phase der Planung abschätzen, ob die Planungsüberlegungen kultursensibel vorgenommen wurden. Die Planung ist daher daraufhin zu prüfen, wie die Entwicklung der Tiefen- und Oberflächenstrukturen angelegt ist. Hierzu wur-

---

Zum anderen steht hier keine Deduktionsfrage an in dem Sinne, dass durch bestimmte Ableitungen Fein- oder Feinstziele formuliert würden. Es geht darum, eine kohärente Oberfläche zu schaffen, wobei eine Vielfalt an Möglichkeiten angenommen wird. Möller, C. (1983). Die curriculare Didaktik. In H. Gudjons, R. Teske & R. Winkel (Hrsg.), *Didaktische Theorien* (2. Aufl., S. 63–77). Braunschweig: Agentur Pedersen.

den Kriterien vorgestellt (vgl. Kap. 8.4), die Anwendung finden. Der Abschnitt gliedert sich in folgende Punkte:

4. Prüfung der Planung
4.1 Die Angemessenheit des Informationsgehalts
4.2 Ermöglichung positiver Resonanz
4.3 Etablierung pädagogischer Validität
4.4 Maß der Konnektivität

4.1 Die Angemessenheit des Informationsgehalts

Der Informationsgehalt ist individuell bzw. im Hinblick auf den einzelnen Schüler und die einzelne Schülerin zu prüfen und anzupassen. Es geht an dieser Stelle nicht darum, »Differenzierung« als Gütemerkmal »irgendwie« zu realisieren und Schülerinnen und Schüler in »Niveaustufen« einzuteilen, sondern den Neuigkeitsgehalt für jeden Schüler und jede Schülerin zu gewährleisten. Der Unterricht bietet Informationen, deren Neuigkeitsgehalt angemessen ist, die ausreichend differenziert sind und die richtig, korrekt und wahr sind, um die angestrebten Lern- und Bildungsprozesse zu ermöglichen. Ohne Oberflächenstrukturen, die informationshaltig sind, kann Unterricht zwar durchaus stattfinden, allerdings sind Lern- und Bildungsprozesse eingeschränkt oder nicht möglich. Jedes Können, jede Fähigkeit, jede Fertigkeit, jedes Verstehen und jede Erfahrung ist an Informationen gebunden. Diese müssen Ansprüchen genügen.

Die fachliche Grundlegung bezieht sich auf die Richtigkeit, Korrektheit bzw. den Wahrheitsgehalt. Die in den Unterricht eingebrachten Informationen müssen bezogen auf den aktuellen Erkenntnisstand zutreffend sein. Die Kernfrage lautet: Ist die Information wahr, richtig und korrekt (vgl. 8.4.1)? Hier sind die fachwissenschaftlichen Erkenntnisse grundzulegen. Die Lehrperson zeigt, dass sie fachlich informiert ist.

Der Neuigkeitsgehalt hängt vom bereits erworbenen Wissen, Können, den Fähigkeiten und Fertigkeiten der Schülerinnen und Schüler ab. Die Kernfragen lauten hier: Was können und wissen die Schülerinnen und Schüler bereits? Was sollten sie können und wissen? Etliche Themen tauchen in den Bildungsplänen der Länder mehrfach auf. Achten Lehrpersonen nicht auf den Neuigkeitsgehalt, dann kann es passieren, dass Inhalte, Fähigkeiten und Fertigkeiten vermeintlich »neu« erarbeitet werden, ohne dass sie Erschließungs- und Aneignungprozesse auslösen würden. Lehrpersonen haben sich daher zu versichern, was für die einzelnen Schülerinnen und Schüler neu und damit herausfordernd, anders und auch schwierig ist oder Probleme und Hürden schaffen könnte. Deshalb ist es wichtig, den Informationsgehalt zu prüfen.

Die Differenziertheit hängt eng mit dem Neuigkeitsgehalt zusammen. Die Kernfrage lautet: Wie genau, ausführlich und detailliert wird die Sache zur Sache (vgl. Material 11, S. 173)? Fachlich ist zu beachten, dass Vereinfachungen dennoch fachlich korrekt sein müssen.

4.1 Angemessenheit des Informationsgehalts

Funktion und Inhalt dieses Abschnitts: Dieser Abschnitt zielt darauf ab, zu prüfen, ob die vorgesehene Oberflächenstruktur fachlich richtig, korrekt und wahr ist. Geprüft wird weiterhin, ob die Informationen für Schülerinnen und Schüler neu und angemessen sind.

- *Fachliche Grundlegung* (richtige, wahre und korrekte Angaben zur Sache).
- *Neuigkeitsgehalt* (Angaben darüber, was für die Schülerinnen und Schüler neu ist).
- *Differenziertheit* (Angaben darüber, wie genau, ausführlich, vertiefend, detailliert die Sache zur Sache wird).

Beispiel

4.1 Angemessenheit des Informationsgehalts

Richtigkeit, Korrektheit, Wahrheitsgehalt
Die gewählten Darstellungen zum Aufbau der Netzhaut sind korrekt. Der Text auf dem Arbeitsblatt ist geprüft. Die Versuche wurden im Vorfeld durchgeführt. Sie sind vielfach in der Literatur beschrieben.

Neuigkeitsgehalt
Erblindung und Netzhautablösung bzw. Augenerkrankungen sind in der Alltagswelt für die Schülerinnen und Schüler wahrnehmbar; die Empfindlichkeit und Komplexität des Auges ist den Schülerinnen und Schülern des 7. Schuljahrs eher weniger bewusst. Auch die Bedeutung biochemischer Umwandlungsprozesse ist eher weniger bekannt, wurde im Biologieunterricht aber bereits bei den Themen »Ernährung« und »Atmung« angesprochen. Der Aufbau des Auges wurde bereits erarbeitet. Der Bau der Netzhaut dürfte für alle Schülerinnen und Schüler neu sein. Unterricht hat daher sämtliche Informationen zum Bau der Netzhaut zu geben. Folgende Informationen benötigen alle Schülerinnen und Schüler und sind neu:

- Die Netzhaut ist der Ort der Signalumwandlung.
- Die Netzhaut besteht aus Sinneszellen.
- Die Netzhaut ist aus Schichten aufgebaut (Pigmentschicht, Sehzellenschicht, Schaltzellenschicht, Nervenzellenschicht).
- Es gibt zwei Arten von Sehzellen: die Stäbchen und die Zapfen.
- Stäbchen sind maßgebend für das Hell-Dunkel-Sehen.
- Zapfen sind maßgend für das Farbensehen.

Differenziertheit
Der Vorgang der Stoff- bzw. Energieumwandlung in den Sinneszellen der Netzhaut ist ein ausgesprochen komplexer biochemischer Prozess. In der Klasse 7d fällt es fünf Schülerinnen und Schülern (Namen) eher schwer, komplexe Zusammenhänge zu erfassen. Bei zwei Schülern besteht ein Förderbedarf im Bereich »Lernen«.

Zwei Schülerinnen (Namen) sind mit den Informationen zum Bau der Netzhaut unterfordert.

Vertiefend werden ihnen weitere und differenziertere Informationen gegeben: Sie erfahren,

- dass an der Austrittsstelle des Sehnervs keine Sinneszellen liegen,
- dass diese Stelle »blinder Fleck« genannt wird,
- dass es eine Stelle im Auge gibt, an der sehr viele Stäbchen und Zapfen zu finden sind (Gelber Fleck),
- dass manche Menschen die Farben Rot und Grün nicht unterscheiden können (Rot-Grün-Blindheit), weil die Abläufe in den Zapfen nicht stattfinden können,
- dass in den Randbereichen des Auges vor allem Stäbchen liegen und Bewegungen deshalb eher wahrgenommen werden.

4.2 Ermöglichung positive Resonanz

Inhalt und Funktion dieses Abschnitts:
Rückversicherung, dass die Schülerinnen und Schüler Könnenserfahrungen machen können und die Möglichkeit haben, sich von der Thematik betreffen zu lassen, emotional eingebunden und motiviert zu sein.

Beispiel

4.2 Ermöglichung positiver Resonanz

Um die Bedeung der Netzhaut deutlich zu machen, wird die Situation einer Person gewählt, deren Leben in besonderer Weise mit dem Sehen in Zusammenhang steht: Don Rosa. Im Unterricht wird ein Bild der Person gezeigt und aus ihrem Leben berichtet. Dieses Beispiel löst Betroffenheit aus.

Mit der Möglichkeit, sich am Ende des Unterrichts individuell über Lernfortschritte zu versichern, ist gewährleistet, dass niemand bloßgestellt wird; dass aber auch viele Schülerinnen und Schüler neu Gelerntes identifizieren können.

4.3 Etablierung pädagogischer Validität

Inhalt und Funktion dieses Abschnitts:
Benennung von Gesichtspunkten des Unterrichts, die zeigen, dass der Unterricht alle Schülerinnen und Schüler im Blick hat, anspricht und fördert.

Beispiel

4.3 Etablierung pädagogischer Validität

Die Schülerinnen und Schüler können sich in der zentralen Arbeits- und Versuchsphase interessengeleitet Aufgaben wählen. Die Schwierigkeit ist angegeben. Kein Schüler und keine Schülerin wird bei großem Interesse daran gehindert, auch eine schwierigere Aufgabe zu bearbeiten, sondern von der Lehrperson unterstützt.

4.4 Maß der Konnektivität

Inhalt und Funktion dieses Abschnitts:
Angaben, wie schwer bzw. leicht es den Schülerinnen und Schüler fällt, den Anschluss an den vorgesehenen Unterricht zu finden.

Beispiel

4.4 Maß der Konnektivität

Es sind keine Brüche oder Irritationen zu Erfahrungen beim vorgesehenen Unterricht zu erwarten. Eine besondere Konnektivität könnte für einen Schüler bzw. eine Schülerin gegeben sein, die selbst Personen im näheren Umfeld hat, die an einer Netzhautablösung leiden. Das gilt auch für Personen, die die Farben rot und grün verwechseln. Sollten solche Anbindungen an die Erfahrungen von Schülerinnen und Schülern vorhanden sein, werden sie aufgegriffen. Ansonsten bildet das Sehen eine Grunderfahrung, die alle Anwesenden teilen.

5. Planungsüberblick

Die Unterrichtsgestaltung sowie der Verlauf basieren auf den Darlegungen zum Habitat und zu den angestrebten Erschließungs- und Aneignungsprozessen. Dieser Abschnitt bildet eine Klammer zu den seitherigen Überlegungen. Dargestellt wird der Unterricht in seiner Ablaufstruktur. Diese Ablaufstruktur kann auch, will man den Unterrichtsentwurf sehr leser- bzw. leserinnenfreundlich anlegen, den anderen Ausführungen vorangestellt werden.

5. Planungsüberblick
5.1 Zusammenfassende Konsequenzen
5.2 Verlaufsplanung

Funktion und Inhalt des Planungsüberblicks
Der konkrete Unterricht wird in seinem Verlauf dargestellt. Der Verlaufsdarstellung ist ein Überblick der Punkte vorangestellt, die für die Umsetzung zentral sind und sich aus der seitherigen Darstellung ergeben.

Aus den seitherigen Überlegungen ergeben sich Konsequenzen für die Unterrichtsgestaltung, die zunächst zusammenfassend gelistet werden, um eine Umsetzung bei der Unterrichtsplanung zu sichern. Hier die Konsequenzen zum obigen Beispiel:

Beispiel

5.1 Zusammenfassende Konsequenzen für die Unterrichtsgestaltung

Zusammenfassend ergeben sich für die Gestaltung der Oberflächenstruktur des vorgesehenen Unterrichts folgende Konsequenzen:

Die Oberflächenstruktur des Unterrichts

- enthält den in 10.2.2 genannten Informationsgehalt
- differenziert nach Interessen der Schülerinnen und Schüler (Differenzierung I)
- sieht eine individuelle Wahl von Arbeitspartnern/innen vor
- nutzt verschiedene Arbeitsräume
- enthält ein Beispiel zur Netzhautablösung und betont die Folgen
- enthält die in 10.2.3 genannten Aufgaben
- bietet ein einfaches Ausgangsmodell vom Auge und von der Netzhaut
- bietet komplexere Aufgaben mit Transferleistungen (Differenzierung II)

Die Verlaufsskizze hat im Rahmen des ausführlichen Unterrichtsentwurfs die Funktion, dass die Lehrperson sich während des Unterrichts orientieren kann. Die Tabelle thematisiert die Oberflächenstrukturen des Unterrichts; die Zusammenhänge zu den Tiefenstrukturen sind im Entwurf ausführlich entfaltet.

Der Verlauf des Unterrichts ist horizontal von links nach rechts dargestellt. Jede Phase ist als Säule sichtbar, ebenso wie die Oberflächenstruktur in dieser Phase gestaltet ist. Da diese Tabelle unterrichtspraktisch ausgerichtet ist, ist jeweils angegeben, wann die Phase ungefähr enden soll, sodass ein Abgleich während des Unterrichts möglich ist.

In der ersten Zeile ist immer der Informationsgehalt genannt. So kann die Lehrperson sofort sehen, worum es in dieser Phase geht und welche Informationen gegeben werden müssen.

Die Verlaufsskizze eignet sich zudem zur ergänzenden Prüfung der Planung, weil Leerstellen markieren, dass die Phase hierzu nichts bietet (in etwa zur Verstetigung und Nachhaltigkeit). Die Angabe der Aufgabenformate hilft weiterhin, um zu erkennen, wie vielfältig, abwechslungsreich und zielführend sie sind. Schließlich bietet ein Blick auf die Repräsentation der Sache nochmal die Möglichkeit, um zu prüfen, dass bzw. ob das vorgesehene Repräsentationsformat aktuell, ansprechend, korrekt ist.

Beispiel

	1	2	3
Informationsgehalt	**Die Netzhaut ist grundlegend für das Sehen.** Don Rosa, der weltbekannte Walt-Disney-Zeichner, war vorübergehend an einer Netzhautablösung erblindet.	**Es besteht ein Zusammenhang zwischen Auge und Gehirn.** Das Auge leitet die Informationen an das Gehirn weiter.	**Die Netzhaut besteht aus mehreren Schichten.** Die Netzhaut besteht aus Sehsinneszellen (Zapfen und Stäbchen), Schaltzellenschicht, Nervenzellenschicht, Sehnerv.
Repräsentation der Sache	**Flipchart** mit Bild von Don Rosa	**Bildkarte**, für jeden Schüler/jede Schülerin, die die Nervenverbindungen zwischen Auge und Gehirn zeigt.	**Schemazeichnung** (magnetisch) mit Beschriftung, elektronenmikroskopische Aufnahme
Aufgabe	**Rezeption**	**Hypothesen bilden**: Warum ist die Netzhaut so wichtig für das Sehen?	**Rezeption** Nachvollziehen der Erläuterungen durch die Lehrperson zum Aufbau der Netzhaut. Sich an den Aufbau des Auges erinnern.
Raum-Zeit-Interaktionsstruktur	**Diskussion im Plenum**/ Schülerinnen und Schüler sitzen im Halbkreis auf Stühlen (ohne Rückenlehne) (5´) bis **7.35** Uhr	**Flüsterphase mit Partner/in.** Schülerinnen und Schüler sitzen im Halbkreis auf Stühlen. (10´) bis **7.45** Uhr	**Informationen und Erklärungen durch die Lehrperson;** *Schülerinnen und Schüler sitzen im Halbkreis auf Stühlen* (15´) bis **8.00** Uhr
Verstetigung und Nachhaltigkeit	Erinnerung an eine sehr bekannte Persönlichkeit. Erkennen, dass eine »kleine« Haut sehr wichtig ist.		

Tab. 10: Verlaufsskizze

	4	5	6
Informationsgehalt	Siehe 3.	**Informationen zur Arbeitsweise** in der nächsten Phase. Informationen zu den Arbeitsaufgaben und den Materialien.	**Blinder Fleck, Gelber Fleck, Rot-Grün-Verwechselung**
Repräsentation der Sache	**Arbeitsblatt (A1)** mit Informationen zum Bau der Netzhaut	Materialien, Anleitungen, die bereits auf den Gruppentischen stehen	Materialien, Versuche (siehe Anhang)
Aufgabe	**Textrezeption** Verstehendes Lesen des Textes. Stellen von Rückfragen.	**Entscheidungsfindung** Entscheidung für zwei der vorgestellten Aufgaben	**Durchführung** und Dokumentation der **Versuche** entsprechend der Anleitung
Raum-Zeit-Interaktionsstruktur	**Individuelle Lektüre des Textes durch die Schülerinnen und Schüler** (10´) bis **8.10** Uhr	**L stellt die Aufgabenstellungen und Schwerpunkte vor** und verweist auf die Materialien, die auf den Gruppentischen bereitstehen. Schülerinnen und Schüler entscheiden sich für einen Versuchsschwerpunkt. (5´) bis **8.15** Uhr	**Schülerinnen und Schüler wählen selbstständig ihren Arbeitsplatz und ihre Kooperationspartner/innen**. Die Auswahl kann bei unterschiedlichem Schwierigkeitsgrad interessengebunden getroffen werden. Die Lösungen können nach Abschluss der Arbeit eingesehen werden. (25´) bis **8.40** Uhr
Verstetigung und Nachhaltigkeit	Informationen können nachgelesen werden.		Erinnerung an die Versuche durch eigenes Tun. Dokumentation der Ergebnisse.

	7	8	9
Informationsgehalt		**Erfahrungsaustausch**	
Repräsentation der Sache	Rollwagen		Fragen und Antworten auf Tischflipchart
Aufgabe	**Aufräumen**	**Berichten**	**Selbstüberprüfung**: Aufgaben lösen
Raum-Zeit-Interaktionsstruktur	**Schülerinnen und Schüler schließen ihre Arbeiten ab, sortieren die Materialien und begeben sich in den Sitzkreis.** (5´) bis **8.45** Uhr	**Schülerinnen und Schüler geben Rückmeldungen über ihre Arbeit.** (5´) bis **8.50** Uhr	**Jeder Schüler und jede Schülerin beantwortet individuell für sich die gestellten Fragen,** nimmt die Antworten zur Kenntnis und schätzt den eigenen Lerngewinn ein. (10´) bis **9.00** Uhr
Verstetigung und Nachhaltigkeit			Wiederholung des Erarbeiteten

Nachweise und Anlagen

Literatur und Quellenverweise

Im Rahmen der Unterrichtsdokumentation sind sämtliche verwendete Quellen anzugeben. Sie zeigen auch auf, wie intensiv und eingehend sich die Lehrperson mit dem Unterrichtsgegenstand, seiner Bedeutung und Funktion sowie den didaktischen Optionen zur Oberflächengestaltung auseinandergesetzt hat.

Positive Merkmale der Literaturquellen bilden die Aufnahme von fachwissenschaftlicher Literatur, fachdidaktischer Literatur, Lehrerhandbüchern, Schulbüchern und Internetquellen. Weiterhin ist wichtig, dass aktuelle Quellen[280] eingebunden sind.

Für den vorgestellten Entwurf wurden folgende Quellen herangezogen:

Beispiel

Nachweise und Anlagen

Literatur

Berger, U. (2005): Die Sinnes-Werkstatt: spannende Experimente mit Auge, Hand und Ohr. Freiburg i. Br.: Velber.

Betzold, A. (o. J.): Unsere Sinne: das Auge. Aufbau und Experimente. Our senses: The Eye. Structure and Experiments. Ellwangen: Arnulf Betzold.

Bühler, T., Graf, E. (2016): Sinnesorgan Auge. Lernen an Stationen im Biologieunterricht. Augsburg: Auer.

Dörflinger, U., Hampl, U., Kunst, I. u. a. (2017): Fachwerk Biologie. Baden-Württemberg 7–9, Lösungen zum Schülerbuch mit gestuften Hilfen und Erweiterungen. Berlin: Cornelsen.

Dörflinger, U., Hampl, U., Kunst, I. u. a. (2017): Fachwerk Biologie. Baden-Württemberg 7–9, Berlin: Cornelsen.

Dolpp, N., Ganz, G., Hummel, E., Kalusche, D., Willmer-Klumpp, C. (2017): PRISMA Biologie 7/8, Differenzierende Ausgabe, Lehrerband, Baden-Württemberg, Stuttgart: Klett.

Dolpp, N., Ganz, G., Hummel, E., Kalusche, D., Willmer-Klumpp, C. (2017): PRISMA Biologie 7/8, Differenzierende Ausgabe, Lehrerband, Baden-Württemberg, Stuttgart: Klett.

Esslinger-Hinz, I. (2016): Gut vorbereitet in die Lehrprobe. Weinheim: Beltz.

Esslinger-Hinz, I., Wigbers, M. u. a. (2013): Der ausführliche Unterrichtsentwurf. Weinheim: Beltz.

Esslinger-Hinz, I. (2015): Die Unterrichtsvorbereitung für einen transparenten Unterricht. Der Informationsgehalt des Unterrichts als Element der Unterrichtsdokumentation. In: Schulpädagogik heute. H.12, 6. Jg., S. 1–17.

Gregory, R. L. (2001): Auge und Gehirn. Psychologie des Sehens. (Deutsch von M. Niehaus). Einbek: Rowohlt.

280 Ein »angestaubtes« Literaturverzeichnis markiert entweder, dass sich die Lehrperson nicht bemüht hat, nicht weiß, wie man recherchiert, oder die Dokumentation des Unterrichts unter Zeitdruck vornehmen musste.

Hammermann, M., Asshoff, R. (2014): Schülervorstellungen im Biologieunterricht: Ursachen für Lernschwierigkeiten. Seelze: Friedrich.

Wonke, G. (2011): Förderung der Experimentierfähigkeit im Rahmen der Unterrichtsreihe »Aufbau und Funktion des Auges« in der Sekundarstufe I. Uelvesbüll: Der Andere Verlag.

Texte in Arbeitsmaterialien zu Versuchen: Esslinger-Hinz; Arbeitsblatt: Esslinger-Hinz

Nachweise zu den verwendeten Abbildungen:

Arbeitsblatt zum Aufbau der Netzhaut:

Abbildung (Arbeitsblatt), Bau der Netzhaut (modifiziert, Esslinger-Hinz) aus Dolpp et al. (2017), S. 80.

Abbildung (Arbeitsblatt), Empfindlichkeit der Zapfentypen (modifiziert, Esslinger-Hinz) aus: https://amboss.miamed.de/wissen/Visuelles_System#Z140df76dd635c54233b98500176ebd5c

Foto zum blinden Fleck: biologieunterricht.info/Materialien und Ideen zum problemorientierten Biologieuntericht/http://www. biologieunterricht.info /unterrichtsmaterialien/blinder_fleck.html

Foto Don Rosa: https://www.google.com/search?q=Foto+Don+Rosa&ie=utf-8&oe=utf-8&client=firefox-b

Interview mit Don Rosa: https://www.tagesspiegel.de/themen/auge-und-ohr/auge-blindheit-ist-nicht-schwarz/13647736.html (2014)

Abbildung: Verbindung Auge-Gehirn für Partnerarbeit https://www.google.com/search?q=Gehirn+mit+sehzentrum&client=firefox-b&tbm=isch&tbo=u&source=univ&sa=X&ved=oahUKEwjMt9_Ayd3bAhUB8ywKHe8hB40QsAQIOg&biw=1920&bih=943#imgrc=VlJrqNBFXDuwhM:

Anlagen

Dem Unterrichtsentwurf sind alle Materialien beizulegen, die im Unterricht verwendet werden. Das gilt insbesondere für Arbeitsblätter, den Aufbau von Versuchen oder Tafelbilder.

12. Kultursensible Didaktik als Allgemeine Didaktik

Die Vorstellung, dass eine zeitgemäße Didaktik normativ sein könne, ruft seit eh und je Ablehnung hervor. Blankertz[281] wählt im Hinblick auf die Normativität innerhalb der didaktischen Theoriebildung Attribute wie »unrealisierbar«; »überholt«, »geächtet«. Im wissenschaftlichen Diskurs, unabhängig von der Wissenschaftsdisziplin, steht Normativität für Subjektivität mit Reflexions- und Legitimationsnotstand. Diese Sicht ist einerseits völlig richtig, denn die Gültigkeit von Erkenntnissen basiert auf systematischen und nachvollziehbaren Vorgehensweisen, die frei von Subjektivität zu halten sind. Dennoch unterliegen dem Erkenntnisprozess selbst, indem bestimmte Erkenntnisse angestrebt werden, die Art und Weise, wie sie gewonnen, interpretiert, »verarbeitet« bzw. implementiert werden, Annahmen.[282] In etwa lässt sich sagen, dass Leistungsvergleichsstudien auf der Annahme fußen, dass die Qualität von Bildungssystemen vergleichbar sei, dass Qualität und Leistung korrespondieren, dass die Schule in erster Linie eine Qualifizierungsfunktion erfülle, dass Gelerntes und Gekonntes die Qualität grundlegen und dass Leistungssteigerungen anzustreben sind. Hier wird deutlich, dass auch wissenschaftliches Arbeiten in Wissenschaftskulturen mit ihren Oberflächen- und Tiefenstrukturen stattfindet.

Im Rahmen der hier vorgestellten Didaktik wird dafür plädiert, sich dem Zusammenhang von Oberflächen- und Tiefenstrukturen im Kontext von Schule und Unterricht zuzuwenden und – wenn möglich – auf sie gestaltend einzuwirken, in dem Sinne, dass sie reflektiert, thematisiert und gegebenenfalls justiert werden, um die Praxen von Schule und Unterricht adäquat und im Interesse aller beteiligten Akteure zu gestalten. *Eine kultursensible Analyse und Betrachtung ist nicht normativ, vielmehr fokussiert sie die Normativität, die mit den Tiefenstrukturen zwangsläufig einhergeht.*

Die für Schule und Unterricht relevanten Felder, auf die sich die Normativitäten beziehen, wurden skizziert: Es sind die Antworten, die wir geben, wenn wir über den Sinn und die Aufgabe von Schule und Unterricht sprechen (Schulfunktion), wenn wir verallgemeinernde Aussagen zum Zusammenhang von Vermittlung und Aneignung machen (Lernen). Auf diesen Grundlagen entstehen konkrete Oberflächen des Unterrichts. Schlüsselkonzepte und ihre Transformation in Oberflächenstrukturen sind *al-*

---

281 Blankertz, H. (1986). *Theorien und Modelle der Didaktik* (12. Aufl. der neub. u. erw. Aufl. von 1975). Weinheim: Juventa, S. 18.

282 Rosa (2018) bringt das Phänomen deutlich zur Sprache: »Hier zeigt sich der stillschweigende tendenzielle Paternalismus einer Sozialwissenschaft, die glaubt, sich nicht nur jeder Aussage zum guten Leben, sondern auch jeglicher Analyse gelingender und misslingender Weltverhältnisse enthalten zu müssen, und dabei unvermerkt einem Ressourcenfetischismus anheimfällt (…)« (S. 22).

ternativhaltig und durch politische, wirtschaftliche, geschichtliche und technologische Entwicklungen moderiert. Die Aufgabe der Allgemeinen Didaktik besteht darin, die gegebenen Antworten auf die Sinnfragen, die hinter den Funktionsbeschreibungen von Schule und Unterricht stehen, auf den Prüfstand zu stellen – vor dem Hintergrund aller zur Verfügung stehenden Mittel und Erkenntnisse. In der Terminologie der hier vorgestellten Didaktik bedeutet dies, die Oberflächen- und Tiefenstrukturen von Unterricht zu prüfen. Was gemeinhin mit dem Terminus »Normativität« belegt ist, wird somit als ein Teil der Tiefenstruktur begriffen, den es zu prüfen und zu entwickeln gilt. Denn: Da Schulen gesellschaftliche Einrichtungen sind, besteht eine Rechenschaftspflicht im Hinblick auf ihren Sinn; da sie aber zugleich Lebenszeit von allen beteiligten Akteuren einfordern, ist der Zusammenhang zu den individuellen Sinnkonstruktionen des einzelnen Akteurs zu schaffen. Im Hinblick auf alle Akteure – Schülerinnen und Schüler wie Lehrpersonen – ist zu sichern, dass Schulzeit subjektiv als sinnvoll und nicht als sinnfreie oder geopferte Lebenszeit wahrgenommen wird – eine (ur-)alte schulpädagogische Forderung, die bereits Seneca zu Beginn der Zeitrechnung Lucilis schrieb. Jede Schule und jeder Unterricht bietet jeweils neu Anlass, die Sinnkonstruktionen zum Thema zu machen; zumeist dann, wenn sie als ungenügend oder problematisch erlebt werden.

Die Suche nach Antworten auf Sinnkonstruktionen von Schule und Unterricht ist umso wichtiger in einer Zeit, in der es keinen Konses über die Vorstellungen eines gelingenden oder glücklichen Lebens mehr gibt.[283] In der Konsequenz führt diese Feststellung dazu, dass die professionelle Sicht immer Individualisierung erfordert bzw. die einzelne Schülerin und den einzelnen Schüler mit seinen bzw. ihren Möglichkeiten im Blick hat.

Illusorisch wäre somit, anzunehmen oder zu behaupten, Schule und Unterricht sei norm- bzw. wertfrei. Kulturen und damit auch Unterrichtskulturen basieren auf Sinnkonstruktionen, deren man sich nicht entledigen kann, weder theoretisch noch praktisch. Die Vorstellung, dass die Sinnfrage von Schule und Unterricht in etwa mit der Einführung überprüfbarer Kompetenzen beantwortet, entfernt und quasi normativ bereinigt sei, täuscht, denn auch hier ist eine Sinnkonstruktion unterlegt: das Schlüsselkonzept von Leistung und Optimierung. Im vorgestellten Ansatz wird dafür plädiert, diese Sinnkonstruktionen, sprachlich als »Tiefenstrukturen« markiert – bestehend aus Schlüsselkonzepten –, einzublenden, zu fokussieren, zu reflektieren und gegebenenfalls zu modifizieren oder neu zu konstruieren.

Selbstverständlich gilt, dass eine Allgemeine Didaktik als solche nicht normativ sein darf. Zugleich bilden sich in den Praxen von Schule und Unterricht Normativitäten aus, die auch reproduziert werden – hier als Tiefen- und Oberflächenstrukturen beschrieben. Die Aufgabe der Allgemeinen Didaktik besteht darin, sich diesen Normen bzw. Tiefenstrukturen zuzuwenden und die vermeintlich korrespondierenden Oberflächenstrukturen in den Blick zu nehmen. Hier setzt die empirische Forschung an, die

283 Vgl. Rosa (2018), S. 19.

Instrumente und Möglichkeiten präziser Beschreibungen anbietet. Die Bewertung der gefundenen Tiefen- und Oberflächenstrukturen kann nur diskursiv und vor dem Hintergrund der Einbettung in ein Gesellschaftssytem vorgenommen werden. Deshalb hat die Allgemeine Didaktik (gesellschaftspolitische) Kontexte (Kap. 9) zu reflektieren.

Für Deutschland bildet die Grundlage ein freiheitlich-demokratisches Gesellschaftssystem, eine Gesellschaft, die Individualität des Einzelnen wertschätzt und schützt, die Teilhabe und Gleichberechtigung fordert und Modernisierungsprozesse (z. B. Digitalisierung) vorantreibt und die auf Konkurrenzfähigkeit setzt.

Die Aufgabe der Didaktik besteht darin, dass die gesellschafts- und zeitbedingten Antworten auf Sinn- und damit Normvorstellungen geprüft und offengelegt werden, und Konzepte vorzulegen, wie vor diesem jeweiligen Hintergrund Unterricht in seinen Tiefen- und Oberflächenstrukturen gestaltet und entwickelt werden kann. Dann würden auch die aktuell gerne gebrauchten Termini (z. B. Steuerung, Output, Kompetenz) in ihren tiefenstrukturellen Sinnkonstruktionen besser erkannt, denn auch sie sind tiefenstrukturell gebunden und verankert. Zusammenfassend kann festgehalten werden: Die Aufgabe der Allgemeinen Didaktik in dem hier vorgestellten Ansatz besteht darin, die unterlegte Tiefenstruktur mit ihren Schlüsselkonzepten zu benennen und deren multioptionale Implementationen über die Praxen von Schule und Unterricht darzustellen. Das gelingt mit Unterstützung empirischer Forschung. In diesem Sinne ist der hier vorgestellte Ansatz emanzipatorisch. Allgemeine Didaktik hat somit die Aufgabe, einen Legitimationsdiskurs zu den Oberflächen- und Tiefenstrukturen von Schule und Unterricht zu führen. Die hier genannten Schlüsselkonzepte (vgl. Kap. 3.3.1 bis 3.3.6) bilden Konkretisierungen, die diskursiv gefunden sind. Mit ihrer Darstellung und Präsentation ist eine erkenntnisbasierte Normativität verbunden, denn die Zusammenstellung der Schlüsselkonzepte, die die Qualiltät bzw. Güte von Unterrichtskulturen grundlegen, sollte auf empirischer, gesellschaftsreflektierter und anthropologischer Grundlage erfolgen.

Kultursensible Didaktik als Allgemeine Didaktik

Die Kultursensible Didaktik fokussiert die Tiefen- und Oberflächenstrukturen von Schule und Unterricht, legt sie offen und fragt nach Begründungen sowie nach dem Zusammenhang von Oberflächen- und Tiefenstruktur. Jede Praxis ist durch Praktiken gekennzeichnet. Diese sind immer vorhanden und normativ, solange sie eingeführt und praktiziert bzw. reproduziert werden. Die Kultursensible Didaktik nimmt diese Praktiken in den Blick und provoziert pädagogische Diskurse – unter Einbeziehung der jeweils zur Verfügung stehenden Erkenntnisse – über ihre Begründungen und Konkretisierungen. Hierin liegt der emanzipatorische und kritische Gehalt dieses Ansatzes. Sie zielt darauf ab, dass didaktisches Handeln bewusst und reflektiert und somit professionell geschieht. Sie ist nicht normativ, sie thematisiert und fokussiert die Normativität, die mit den Tiefenstrukturen in Schule und Unterricht gegeben sind.

Literatur

Adick, C. (2017). Internationale Schulprofile. In: G. Lang-Wojtasik & U. Klemm (Hrsg.). *Handlexikon Globales Lernen.* (2. überarb. u. erw. Aufl., S. 238–242), Münster, Ulm: Klemm + Oelschläger.

Angehrn, E. (2011). Kultur und Geschichte – Historizität der Kultur und kulturelles Gedächtnis. In F. Jaeger & B. Liebsch (Hrsg.), *Handbuch der Kulturwissenschaften.* Bd. 1, Grundlagen und Schlüsselbegriffe. Sonderausgabe. (S. 385–400). Stuttgart: Metzler.

Arnold, K.-H., Lindner-Müller, C. (2016). Die Lern- und die Lehrtheoretische Didaktik. Zur Entwicklung und Nutzung des Berliner (Heimann & Schulz) und Hamburger Modells (Schulz) der Unterrichtsplanung. In R. Porsch (Hrsg.), *Einführung in die Allgemeine Didaktik.* (S. 133–155). Münster: Waxmann.

Arnold, K.-H., Zierer, K. (2015). *Die deutsche Didaktik-Tradition. Grundlagentexte zu den großen Modellen der Unterrichtsplanung.* Bad Heilbrunn: Klinkhardt.

Arnold, K.-H. (2009). Unterricht als zentrales Konzept der didaktischen Theoriebildung und der Lehr-Lern-Forschung. In K.-H. Arnold, U. Sandfuchs & J. Wiechmann (Hrsg.), *Handbuch Unterricht* (2. aktual. Aufl., S. 15–22). Bad Heilbrunn: Klinkhardt.

Arnold, R., Schüßler, I. (2018) (Hrsg.). *Ermöglichungsdidaktik: Erwachsenenpädagogische Grundlagen und Erfahrungen* (3. unv. Aufl.). Baltmannsweiler: Schneider Hohengehren.

Asendorpf, H. B., Neyer, F. J. (2012). Persönlichkeit: Stabilität und Veränderung. In: H. Weber & T. Rammsayer (Hrsg.), *Handbuch der Persönlichkeitspsychologie und Differentiellen Psychologie* (S. 15–26). Göttingen: Hogrefe.

Assmann, J. (1988). Kollektives Gedächtnis und kulturelle Identität. In J. Assmann & T. Hölscher (Hrsg.), *Kultur und Gedächtnis.* (S. 9–19). Frankfurt: Suhrkamp.

Assmann, J. (1997). *Das kulturelle Gedächtnis, Schrift, Erinnerung und politische Identität in frühen Hochkulturen.* Beck: München.

Assmann, A. (2006). *Einführung in die Kulturwissenschaft. Grundbegriffe, Themen, Fragestellungen.* Berlin: Erich Schmidt.

Auernheimer, G. (2012). *Einführung in die Interkulturelle Pädagogik* (7., überarb. Aufl.). Darmstadt: Wiss. Buchgesellschaft.

Auerochs, B. (2011). Tradition als Grundlage und kulturelle Präfiguration von Erfahrung. In: F. Jaeger & B. Liebsch (Hrsg.), *Handbuch der Kulturwissenschaften.* Bd. 1, Grundlagen und Schlüsselbegriffe. Sonderausgabe. (S. 24–37). Stuttgart: J. B. Metzler.

Austin, J. L. (1975): *How to Do Things with Words.* (2. Ed.). Oxford: University Press. https://www.uni-frankfurt.de/65235386/

Badura, B., Ducki, A., Schröder, H., Klose, J., Meyer, M. (Hrsg.) (2018). *Fehlzeiten-Report 2018. Schwerpunkt: Sinn erleben – Arbeit und Gesundheit.* Heidelberg: Springer.

Balkar, B. (2015). Defining an empowering school culture (ESC): Teacher perceptions. *Issues in Educational Research, 25*(3) 205–224. http://www.iier.org.au/iier25/balkar.html

Beck, U. (1996/1986). *Risikogesellschaft. Auf dem Weg in eine andere Moderne.* Einmalige Sonderausgabe. Frankfurt a. M.: Suhrkamp.

Beck, I., Bentner, A. (1997). Qualitative Konzepte und Methoden der Organisations- und Unternehmenskulturforschung. In A. Bentner & C. Beck (Hrsg.), *Organisationskultur erforschen und verändern. Ein Methodenrepertoire zur qualitativen Analyse und praktischen Beratung.* (S. 23–64). Frankfurt a. M.: Campus.

Benet-Martínez, V., Oishi, S. (2008). Culture and Personality. In O. P. John, R. W. Robins & L. A. Pervin (Hrsg.), *Handbook of personality: Theory and research* (S. 542–567). New York. Guilford Press.

Bendix, R. F., Kraul, M. (2015). Die Konstituierung von Schulkulturen in Räumen und räumlichen Inszenierungen: Zwei Fallstudien. *Zeitschrift für Pädagogik,* 61(1), 82–110.

Bennewitz, H. (2011). »doing teacher« – Forschung zum Lehrerberuf in kulturtheoretischer Perspektive. In: E. Terhard, H. Bennewitz, M. Rothland (Hrsg.), *Handbuch der Forschung zum Lehrerberuf* (S. 192–213). Münster: Waxmann.

Berkemeyer, N., Junker, R., Bos, W., Müthing, K. (2015). Organizational cultures in education: Theory-based use of an instrument for identifying school culture. *Journal for Educational Research/Journal für Bildungsforschung, 7*(3), 86–102.

Berkemeyer, N., Hermstein, B., Manitius, V. (2016). Auf dem Weg zu einer raumorientierten Schulsystemforschung. Was können raumsensible Sozialtheorien für empirische Analysen regionaler Bildungsdisparitäten leisten? *Zeitschrift für Pädagogik 62*(1), 48–61.

Berliner Komitee für UNESCO-Arbeit e. V. (2017). *Kultur des Friedens. Ein Beitrag zum Bildungsauftrag der UNESCO: Building Peace in the Minds of Men and Women.* https://www.unesco.de/sites/default/files/2018-09/kultur_des_friedens.pdf.

Bhabka, H. K. (2012). *Über kulturelle Hybridität.* Wien und Berlin: Turia + Kant.

Birkmeyer, J., Combe, A., Gebhard, U., Knauth, T., Vollstedt, M. (2015). Lernen und Sinn. Zehn Grundsätze zur Bedeutung der Sinnkategorie in schulischen Bildungsprozessen. In U. Gebhard (Hrsg.), *Sinn im Dialog.* (S. 9–31). Wiesbaden: Springer.

Bischoff, S., de Moll, F., Pardo-Puhlmann, M., Betz, T. (2016). *Die EDUCARE-Studie: Theoretischer Hintergrund und Forschungsdesign der quantitativen Teilstudie. https://www.uni-frankfurt.de/65235386/EDUCARE_Working_Paper_4_Theoretischer_Hintergrund_Forschungsdesign_quantitative_Teilstudie.pdf*

Blankertz, H. (1986). *Theorien und Modelle der Didaktik* (12. Aufl. der neub. u. erw. Aufl. von 1975). Weinheim: Juventa.

Blankertz, H. (1982). *Die Geschichte der Pädagogik von der Aufklärung bis zur Gegenwart.* Wetzlar: Büchse der Pandora.

Boehme, J., Hummrich, M., Kramer, R.-T. (2015). *Schulkultur. Theoriebildung im Diskurs.* Wiesbaden: Springer.

Böhnisch, L. (2019). *Soziale Theorie der Schule.* Bad Heilbrunn: Klinkhardt.

Bongaerts, G. (2012). *Sinn.* Bielefeld: transcript.

Booth, T., Ainscow, M. (2011). Index for inclusion: developing learning and participation in schools. Third ed., Bristol: Centre for Studies on Inclusive Education (CSIE).

Bourdieu, P. (1987). *Die feinen Unterschiede. Kritik der gesellschaftlichen Urteilskraft.* Frankfurt: Suhrkamp.

Bourdieu, P. (2015). *Die verborgenen Mechanismen der Macht.* (Durchg. Neuaufl. von 1992). Hamburg:VSA.

Bourdieu, P., Passeron, J.-C. (1971). *Die Illusion der Chancengleichheit. Untersuchungen zur Soziologie des Bildungswesens am Beispiel Frankreichs.* Stuttgart: Klett.

Braun, N., Saam, N. J. (Hrsg.) (2015). *Handbuch Modellbildung und Simulation in den Sozialwissenschaften.* Wiesbaden: Springer.

Bräuer, G. (1992). Das Wahre wissen, das Gute wollen, das Notwendige tun. Bemerkungen zur Problematik einer zeitgemäßen Bildung, ausgehend von Johann Amos Comenius. *Birkacher Beiträge,* (8), 39–56.

Bronfenbrenner, U. (1981). *Die Ökologie der menschlichen Entwicklung. Natürliche und geplante Experimente.* Stuttgart: Klett-Cotta.

Bucher, A. (2018). *Psychologie des Glücks.* Weinheim: Beltz

Bülter, H., Meyer, H. (2004). Was ist ein lernförderliches Klima? Voraussetzungen und Wirkungen. *Pädagogik,* 31(11), 31–36.

Butler, J. (1997). *Körper von Gewicht.* New York: Routledge.

Cameron, K. S., Quinn, R. E. (2006). *Diagnosing and changing organizational culture: Based on the competing values framework.* San Francisco, CA: Jossey-Bass.

Chomsky, N. (1965). *Aspects of the theory of syntax.* Cambridge: The M.I.T. Press.

Combe, A. (2015). Schulkultur und Professionstheorie. Kontingenz als Handlungsproblem des Unterrichts. In J. Böhme, M. Hummrich, M., R.-T. Kramer (Hrsg.), *Schulkultur. Theoriebildung im Diskurs* (S. 117–136). Wiesbaden: Springer.

Deci, E., Ryan, R. (1993). Die Selbstbestimmungstheorie der Motivation und ihre Bedeutung für die Pädagogik. *Zeitschrift für Pädagogik, 39*(2), 223–238.

Dederich, M. (2007). *Körper, Kultur und Behinderung. Eine Einführung in die Disability Studies.* Bielefeld: transcript.

Demski, D., Ackeren, I. van, Clausen, M. (2016). Zum Zusammenhang von Schulkultur und evidenzbasiertem Handeln – Befunde einer Erhebung mit dem »Organizational Culture Assessment Instrument«. *Journal for educational research online, 8*(3), 39–58.

Diederich, J., Tenorth, H.-E. (1997). *Theorie der Schule. Ein Studienbuch zu Geschichte, Funktion und Gestaltung.* Berlin: Cornelsen Scriptor.

Diedrich, M. (2008). *Demokratische Schulkultur. Messung und Effekte.* Münster u. a.: Waxmann.

Diehm, I., Kuhn, M., Machold, C. (Hrsg.) (2017). *Differenz – Ungleichheit – Erziehungswissenschaft. Verhältnisbestimmungen im (Inter-)Disziplinären.* Wiesbaden: Springer.

Durkheim, E. (1965). *Regeln der soziologischen Methode.* Neuwied: Suhrkamp.

Ecarius, J., Oliveras, R. (2014). Sozialer Raum. In C. Wulf & J. Zirfas (Hrsg.), *Handbuch Pädagogische Anthropologie* (S. 413–422). Wiesbaden: Springer.

Esslinger, I. (2002). *Berufsverständnis und Schulentwicklung: ein Passungsverhältnis? Eine empirische Untersuchung zu schulentwicklungsrelevanten Berufsauffassungen von Lehrerinnen und Lehrern.* Bad Heilbrunn: Klinkhardt.

Esslinger-Hinz, I., Fischer, H.-J. (Hrsg.) (2008). *Spannungsfelder der Erziehung und Bildung. Ein Studienbuch zu grundlegenden Themenfeldern der Pädagogik.* Baltmannsweiler: Schneider Hohengehren.

Esslinger-Hinz, I. (2010). *Schulkulturanalyse. Eine vergleichende empirische Untersuchung zu ausgewählten Dimensionen schulischer Kulturen.* Bad Heilbrunn: Klinkhardt.

Esslinger-Hinz, I., Sliwka, A. (2011). *Bachelor/Master Schulpädagogik.* Weinheim: Beltz.

Esslinger-Hinz, I., Wigbers, M. et al. (2013). *Der ausführliche Unterrichtsentwurf.* Weinheim: Beltz.

Esslinger-Hinz, I. (2014). Inklusion und Leistung. Paradigmata im Widerspruch? In *Inklusion: Eine Herausforderung für die Grundschulpädagogik.* Reihe: Entwicklungslinien der Grundschulpädagogik. Bd. 11. (S. 142–154). Baltmannsweiler: Schneider Hohengehren.

Esslinger-Hinz, I. (2015). Die Unterrichtsvorbereitung für einen transparenten Unterricht. Der Informationsgehalt des Unterrichts als Element der Unterrichtsdokumentation. *Schulpädagogik heute, 6*(12), 1–17.

Esslinger-Hinz, I. (2016). *Gut vorbereitet in die Lehrprobe.* Weinheim und Basel: Beltz.

Esslinger-Hinz, I. (2016a). Paradigmen und Paradigmenwechsel aus kulturkritscher Perspektive. In H. Hahn, I. Esslinger-Hinz & A. Panagiotopoulou (2016). *Paradigmen und Paradigmenwechsel in der Grundschulpädagogik.* (S. 5–17). Baltmannsweiler: Schneider Hohengehren.

Esslinger-Hinz, I. (2018). Wissen, was man tut: Erziehen durch Unterricht. *PÄDAGOGIK, (70)*12, 44–48.

Esslinger-Hinz, I. (2019). Schulkultur. In M. Harring, C. Rohlfs, M. Gläser-Zikuda (Hrsg.), *Handbuch Schulpädagogik.* (S. 608–620). Münster: Waxmann,

Esslinger-Hinz, I., Denner, L. (2019). Die berufsfeldbezogene Lernbereitschaft von Lehramtsstudierenden. *Zeitschrift für Pädagogik, 65*(5), 748–768.

Esslinger-Hinz, I. (2020). Schul- und Unterrichtskultur: Innovationen in Schule und Unterricht unter der Perspektive Kultursensibler Didaktik. *Haushalt in Bildung & Forschung* 9(2), 3–19.

Esslinger-Hinz, I. (2020a). Kultursensible Didaktik: Das Wesentliche im Blick. *Die Grundschule 52*(5), S. 30–35.

Europäische Kommission (2007). *Schlüsselkompetenzen für lebensbegleitendes Lernen. Ein Europäischer Referenzrahmen.* Luxemburg: Amt für amtliche Veröffentlichungen der Europäischen Gemeinschaften.

Fend, H. (1980). *Theorie der Schule.* München: Urban & Schwarzenberg.

Fend, H. (1996). Schulkultur und Schulqualität. In A. Leschinsky (Hrsg.), *Die Institutionalisierung von Lehren und Lernen. Beiträge zu einer Theorie der Schule.* (S. 85–97). Weinheim: Beltz.

Fend, H. (2008). *Neue Theorie der Schule. Einführung in das Verstehen von Bildungssystemen.* (2. durchg. Aufl.). Wiesbaden: Verlag für Sozialwissenschaften.

Fischer, C., Platzbecker, P. (Hrsg.) (2018). *Auf den Lehrer kommt es an?! Unterstützung für professionelles Handeln angesichts aktueller Herausforderungen.* Münster: Waxmann.

Foucault, M. (1975/1994). *Überwachen und Strafen. Die Geburt des Gefängnisses.* (Original: Surveiller et punir. La naissance de la prison.) Frankfurt a. M.: Suhrkamp.

Frey, A., Jung, C. (2011). Kompetenzmodelle und Standards in Lehrerbildung und Lehrerberuf. In E. Terhart, H. Bennewitz, & M. Rothland (Hrsg.), *Handbuch der Forschung zum Lehrerberuf* (S. 540–572). Münster: Waxmann.

Fuchs, M., Braun, T. (Hrsg.) (2015). *Die Kulturschule und kulturelle Schulentwicklung. Grundlagen, Analysen, Kritik.* Bd. 1. Schultheorie und Schulentwicklung. Weinheim und Basel: Beltz.

Fuhse, J. A. (2018). *Soziale Netzwerke. Konzepte und Forschungsmethoden.* (2. überarb. Aufl.). Konstanz: UVK.

Fulda, D. (2011). Sinn und Erzählung – Narrative Kohärenzansprüche an Kulturen. In F. Jaeger & B. Liebsch (Hrsg.), *Handbuch der Kulturwissenschaften.* Bd. 1, Grundlagen und Schlüsselbegriffe. Sonderausgabe. (S. 251–265) Stuttgart: J. B. Metzler.

Gazil, H. H. (1997). Impact of school culture on effectiveness of secondary schools with disadvantaged students. *The Journal of Educational Research, 90*(5), 310–318.

Gebhard, U. (2015). *Sinn im Dialog. Zur Möglichkeit sinnkonstruierender Lernprozesse im Fachunterricht.* Wiesbaden: Springer VS.

Geertz, C. (1987). *Dichte Beschreibung. Beiträge zum Verstehen kultureller Systeme.* (Übersetzt von B. Luchesi und R. Bindemann). Frankfurt a. M.: Suhrkamp.

Giesel, K. D. (2007). *Leitbilder in den Sozialwissenschaften. Begriffe, Theorien, Forschungskonzepte.* Wiesbaden: Springer.

Göppel, R., Hirblinger, A., Hirblinger, H., Würker, A. (2010). *Schule als Bildungsort und »Emotionaler Raum«: Der Beitrag der Psychoanalytischen Pädagogik zu Unterrichtsgestaltung und Schulkultur.* Opladen: Barbara Budrich-Esser.

Graf, U., Iwers, T. (Hrsg.) (2019). *Beziehungen bilden: Wertschätzende Interaktionsgestaltung in pädagogischen Handlungsfeldern.* Bad Heilbrunn: Klinkhardt.

Graf-Deserno, S., Deserno, H. (1998). *Entwicklungschancen in der Institution. Psychoanalytische Teamsupervision.* Frankfurt a. M.: Fischer.

Gräsel, C., Parchmann, I. (2004). Implementationsforschung – oder: der steinige Weg, Unterricht zu verändern. *Unterrichtswissenschaft,* 32(4), 196–214.

Greis, C. (2017). *Die Pädagogik der Frankfurter Schule. Kritisch pädagogische Perspektiven im Denken von Horkheimer, Adorno, Marcuse, Fromm, Habermas und Negt.* Birkach: Tectum.

Gugutzer, R. (2015). *Soziologie des Körpers.* 5. vollst. überarb. Aufl., Bielefeld: transcript.

Gugutzer, R., Staack, M. (Hrsg.) (2015). *Körper und Ritual. Sozial- und kulturwissenschaftliche Zugänge und Analysen.* Wiesbaden: Springer.

Gugutzer, R., Klein, G., Meuser, M. (Hrsg.) (2017). *Handbuch Körpersoziologie.* Bd. 1. Grundbegriffe und theoretische Perspektiven. Wiesbaden: Springer: VS.

Haag, G., Müller, K. H. (2015). Kollektivverhalten. In N. Braun & N. S. Saam (Hrsg.), *Handbuch Modellbildung und Simulation in den Sozialwissenschaften* (S. 935–969). Wiesbaden: Springer.

Haag, L., Kiel, E., Trautmann, M. (2015). Einführung in den Thementeil »Klassenmanagement/Klassenführung – Perspektiven, Befunde, Kontroversen«. In L. Haag, E. Kiel & M. Trautmann (Hrsg.), *Jahrbuch für Allgemeine Didaktik.* Baltmannsweiler: Schneider, S. 9–14.

Habermas, J. (1995). *Theorie des kommunikativen Handelns.* Bd. 1. Handlungsrationalität und gesellschaftliche Rationalisierung. Frankfurt: Suhrkamp.

Hänsel, D., Schwager, H. (2003). *Einführung in die sonderpädagogische Schultheorie.* Weinheim: Beltz.

Hammel, L. (2007). Der Kulturbegriff im wissenschaftlichen Diskurs und seine Bedeutung für die Musikpädagogik. Versuch eines Literaturberichts. In *Zeitschrift für Kritische Musikpädagogik,* http://www.zfkm.org/07-hammel.pdf

Hattie, J. (2009). *Visible learning.* London, New York: Routledge.

Hattie, J. (2012). *Visible learning for teachers. Maximizing impact on learning.* London, New York: Routledge.

Hattie, J. (2013). Lernen sichtbar machen (übers. überarb. Deutschspr. Ausg., von W. Beywl & K. Zierer). Baltmannsweiler: Schneider Hohengehren.

Heimann, P. (1962). Didaktik als Theorie und Lehre. *Die Deutsche Schule, 54(9)*, 407–427.

Heimann, P., Otto, G., Schulz, W. (1965). *Unterricht. Analyse und Planung.* Hannover: Schroedel.

Heitzmann, N., Fischer, F. (2016). Berufsbegleitendes Lernen: Modelle und Befunde aus der Lehr-/Lernforschung. In: M. Dick, W. Marotzki & H. Mieg (Hrsg.). *Handbuch Professionsentwicklung* Bad Heilbrunn: Klinkhardt/UTB, 239–250.

Helmke, A. (2005): *Unterrichtsqualität erfassen, bewerten, verbessern.* (4. Aufl.). Seelze: Kallmeyer.

Helsper, W. (2008). Schulkulturen – die Schule als symbolische Sinnordnung. *Zeitschrift für Pädagogik, 54*(1), 63–80.

Helsper, W. (2000). Wandel der Schulkultur. *Zeitschrift für Erziehungswissenschaft, 3*(1), 35–60.

Helsper, W. (2012). Antinomien im Lehrerhandeln. Professionelle Antinomien – vermeidbare Verstrikkung oder pädagogische Notwendigkeit. *Lernende Schule, 15*(60), S. 30–34.

Hericks, U. (2008). Bildungsgangforschung und die Professionalisierung des Lehrerberufs – Perspektiven für die Allgemeine Didaktik. *Zeitschrift für Erziehungswissenschaft, 10*(Sonderheft 9), 61–75.

Herrmann, I., Flasche, V. (2015). Schulkultur und Raum. Raumentwürfe, Topografien und Raumpraktiken als materiale Manifestationen von Schulkulturen. In: J. Böhme, T. Kramer, T., M. Hummrich: *Schulkultur. Theoriebildung im Diskurs.* (S. 351–378). Wiesbaden: Springer.

Herzmann, P., Hoffmann, M., Proske, M. (2015). Leistungen und Kosten professioneller Klassenführung. Ein kontingenzgegenwärtiger Blick auf die Steuerung von Unterricht. In L. Haag, E. Kiel & M. Trautmann (Hrsg.), *Jahrbuch für Allgemeine Didaktik.* (S. 56–70). Baltmannsweiler: Schneider Hohengehren.

Hickok, G. (2015). *Warum wir verstehen, was andere fühlen. Der Mythos der Spiegelneuronen.* München: Hanser.

Hinz, A. (2017). Improving Body Satisfaction in Preadolescent Girls and Boys: Short-Term Effects of a School-Based Program. *Electronic Journal of Research in Educational Psychology, 15*(2), 241–258.

Hinz, A. (2008). Jungen und Gesundheit/Risikoverhalten. In M. Matzner & W. Tischner (Hrsg.), *Handbuch Jungen-Pädagogik.* (S. 232–244). Weinheim: Beltz.

Hörning, K. H., Reuter, J. (Hrsg.) (2004). *Doing Culture. Neue Positionen zum Verhältnis von Kultur und sozialer Praxis.* Bielefeld: transcript.

Hörning, K. H. (2011). Kultur als Praxis. In F. Jaeger & B. Liebsch (Hrsg.), *Handbuch der Kulturwissenschaften.* Bd. 1, Grundlagen und Schlüsselbegriffe. Sonderausgabe. (S. 139–151). Stuttgart: J. B. Metzler.

Hofmann, M. L., Korta, T., Niekisch, S. (Hrsg.) (2004). *Culture Club. Klassiker der Kulturtheorie.* Frankfurt: Suhrkamp.

Hofstede, G., Hofstede, G. J., Minkov, M. (2017). *Lokales Denken, globales Handeln: Interkulturelle Zusammenarbeit und globales Management.* (5. vollst. überarb. und durchg. Aufl.). München: dtv.

Holm, U. (2011). *Die Konstruktion des Adressaten in der Erwachsenenbildung. Studien zur anthropologischen Erwachsenenbildung von 1945 bis 2000.* Online-Publikation aus der Reihe »texte online« des Deutschen Instituts für Erwachsenenbildung. http://www.die-bonn.de/institut/dienstleistungen/publikationen/texte-online.aspx.

Holt-Lunstad, J., Smith, T. B., Baker, M., Stephenson, D. (2015). Loneliness and social isolation as risk factors for mortality: a meta-analytic Review. In *Perspectives on Psychological Science, 10* (2), 227–237.

Horlacher, R. (2011). *Bildung.* Berne: Haupt.

Huber, S. G (2009). Wirksamkeit von Fort- und Weiterbildung. In: O. Zlatkin-Troitschanskaia, K. Beck, D. Sembill, R. Nickolaus, R. Mulder (Hrsg.). *Lehrerprofessionalität. Bedingungen, Genese, Wirkungen und Messung* (S. 451–463). Weinheim: Beltz.

Hüther, G. (2010). Auf dem Weg zu einer anderen Schulkultur: Die Bedeutung von Geist und Haltung aus neurobiologischer Sicht. In E. Jürgens & J. Standop: *Was ist »guter« Unterricht?* (S. 223–231). Bad Heilbrunn: Klinkhardt.

Jäger, F., Liebsch, B. (Hrsg.) (2011): *Handbuch der Kulturwissenschaften.* Bd. 1: Grundlagen und Schlüsselbegriffe. Stuttgart: Metzler.

Johnson-Laird, P. (1983). *Mental Models. Towards a cognitive science of language.* Cambridge, M. A.: Harvard University Press.

Jones, G. R., Bouncken, R. B. (2008). *Organisation: Theorie, Design und Wandel* (5., akt. Aufl.). München: Pearson.

Julmi, C. (2015). *Atmosphären in Organisationen. Wie Gefühle das Zusammenleben in Organisationen beherrschen.* Bochum und Freiburg: projektverlag.

Kammler, C., Lohmann, A. (2018). *Kulturelle Bildung an Schulen: konzeptionell gestalten – konkret verankern.* Kronach: Carl Link.

Keller, F. (2014). *Strukturelle Faktoren des Bildungserfolgs. Wie das Bildungssystem den Übertritt ins Berufsleben bestimmt.* Wiesbaden: Springer.

Keller, R. (2014). Wissenssoziologische Diskursforschung und Deutungsmusteranalyse. In C. Behnke, D. Lengersdorf, S. Scholz (Hrsg.), *Wissen – Methode – Geschlecht: Erfassen des fraglos Gegebenen.* (S. 143–160). Wiesbaden: Springer.

Keller-Schneider, M. (2011). Die Bedeutung von Berufswahlmotiven von Lehrpersonen in der Bewältigung beruflicher Anforderungen in der Berufseingangsphase. In *Lehrerbildung auf dem Prüfstand* *4*(2), 157–185.

Kessl, F., Reutlinger, C. (Hrsg.) (2008). *Schlüsselwerke der Sozialraumforschung. Traditionslinien in Text und Kontexten.* Wiesbaden: VS Verlag.

Kettner, M. (2011). Werte und Normen – Praktische Geltungsansprüche von Kulturen. In F. Jaeger & B. Liebsch (Hrsg.), *Handbuch der Kulturwissenschaften.* Bd. 1, Grundlagen und Schlüsselbegriffe. Sonderausgabe (S. 219–231). Stuttgart: Metzler.

Kiel, E., Esslinger-Hinz, I., Reusser, K. (2014). Einführung in den Thementeil »Allgemeine Didaktik für eine inklusive Schule«. In. E. Kiel, I. Esslinger-Hinz, K. Reusser (Hrsg.), *Jahrbuch für Allgemeine Didaktik.* (S. 9–15). Schneider: Hohengehren.

Klafki, W. (1996). *Neue Studien zur Bildungstheorie und Didaktik* (5. unveränd. Aufl.). Weinheim und Basel: Beltz.

Koch-Priewe, B., Stübig, H., Henricks, W. (Hrsg.) (2002). *Wolfgang Klafki: Schultheorie, Schulforschung und Schulentwicklung im politisch-gesellschaftlichen Kontext* (Studien zur Schulpädagogik und Didaktik, 19). Weinheim: Beltz.

Kolbe, F.-U., Reh, S., Fritzsche, B., Idel, T.-S., Rabenstein, K. (2008): Lernkultur. Überlegungen zu einer kulturwissenschaftlichen Grundlegung qualitativer Unterrichtsforschung. *Zeitschrift für Erziehungswissenschaft, 11*(1), 125–143.

Kopp, J., Steinbach, A. (Hrsg.) (2018). *Grundbegriffe der Soziologie.* (12. Aufl.). Wiesbaden: Springer.

Korte, M. (2019). *Wir sind Gedächtnis. Wie unsere Erinnerungen bestimmen, wer wir sind.* München: pantheon-verlag.

Kramer, R.-T. (2002). *Schulkultur und Schülerbiografien: Rekonstruktionen zur Schulkultur II.* Opladen: Leske und Budrich.

Kramer, R.-T. (2015). Bildungshabitus und Schulkultur. Zu einer kulturtheoretischen Perspektive auf Bildungsungleichheiten und die Gestaltung schulischer Übergänge. In G. Bellenberg & M. Forell (Hrsg.), *Bildungsübergänge gestalten. Ein Dialog zwischen Wissenschaft und Praxis* (S. 151–173). Münster: Waxmann.

Kriegesmann, B., Kerka, F. (Hrsg.) (2007). *Innovationskulturen für den Aufbruch zu Neuem. Missverständnisse – praktische Erfahrungen – Handlungsfelder des Innovationsmanagements.* Wiesbaden: Deutscher Universitätsverlag.

Kroeber, A. L., Kluckhohn, C. (1952). *Culture. A critical review of concepts and definitions.* Cambridge, Massachsetts; published by the museum: The Harvard University printing office.

Kron, F. W., Jürgens, E., Standop, J. (2014). *Grundwissen Didaktik.* (6. überarb. Aufl.). München: Ernst Reinhardt.

Kultusministerkonferenz (KMK) (2019). *Standards für die Lehrerbildung: Bildungswissenschaften.* Beschluss der Kultusministerkonferenz vom 16.12.2004 i. d. F. vom 16.05.2019. https://www.kmk.org/fileadmin/veroeffentlichungen_beschluesse/2004/2004_12_16-Standards-Lehrerbildung-Bildungswissenschaften.pdf

Kupfer, A. (2011). *Bildungssoziologie. Theorien – Institutionen – Debatten.* Wiesbaden: VS Verlag.

Kussau, J., Brüsemeister, T. (Hrsg.) (2007). *Governance, Schule und Politik. Zwischen Antagonismus und Kooperation.* Wiesbaden: VS Verlag.

Kythreotis, A., Pashiardis, P., Kyriakides, L. (2010). The influence of school leadership styles and culture on students´achievement in Cyprus primary schools. *Journal of Educational Administration*, 48(2), 218-240.

Lambert, T., Richter, M., Schneider, S., Spallek, J., Dragano, N. (2016). Soziale Ungleichheit und Gesundheit. Stand und Perspektiven der sozialepidemiologischen Forschung in Deutschland. In *Bundesgesundheitsblatt – Gesundheitsforschung – Gesundheitsschutz, 59* (2), 153–165.

Leggewie, C. (2011). Zugehörigkeit und Mitgliedschaft. Die politische Kultur der Weltgesellschaft. In F. Jäger & B. Liebsch (Hrsg.), *Handbuch der Kulturwissenschaften.* Bd. 1, Grundlagen und Schlüsselbegriffe. Sonderausgabe (S. 316–333). Stuttgart: J. B. Metzler.

Lewin, K. (1951). *Field-Theory in Social Science.* New York: Harper and Row.

Lindemann, G. (2017). Leiblichkeit und Körper. In R. Gugutzer, G. Klein, M. Meuser (Hrsg.), *Handbuch Körpersoziologie. Bd. 1. Grundbegriffe und theoretische Perspektiven* (S. 57–66). Wiesbaden: Springer.

Link, J. (2018). *Normalismus und Antagonismus in der Postmoderne: Krise, New Normal, Populismus.* Göttingen: Vandenhoeck & Ruprecht.

Loch, W. (1967): Homo discens. In: J. Peege (Hrsg.), *Kontakte mit der Wirtschaftspädagogik: Festschrift für Walther Löbner zum 65. Geburtstag* (S. 135–146). Neustadt/Aisch: Schmidt.

Loch, W. (1969). Enkulturation als anthropologischer Grundbegriff der Pädagogik. In E. E. Weber (Hrsg.), *Der Erziehungs- und Bildungsbegriff im 20. Jahrhundert* (S. 122–140). Bad Heilbrunn: Klinkhardt.

Löw, M. (2011): Raum – die topologische Dimension der Kultur. In F. Jäger & B. Liebsch (Hrsg.), *Handbuch der Kulturwissenschaften.* Bd. 1, Grundlagen und Schlüsselbegriffe. Sonderausgabe. (S. 46–59). Stuttgart: J. B. Metzler.

Lohmann, G. (2012). *Mit Schülern klarkommen: Professioneller Umgang mit Unterrichtsstörungen und Disziplinkonflikten* (9. Aufl.). Berlin: Cornelsen Scriptor.

Lotz, M., Lipowsky, F. (2015). Die Hattie-Studie und ihre Bedeutung für den Unterricht. Ein Blick auf ausgewählte Aspekte der Lehrer-Schüler-Interaktion. In. G. Mehlhorn, F. Schulz, K. Schöppe (Hrsg.), *Begabung entwickeln und Kreativität fördern.* (S. 97–136). München: kopaed.

Lüddemann, S. (2019). *Kultur. Eine Einführung.* (2. aktual. und ergänzte Aufl.). Wiesbaden: VS-Verlag.

Lüders, J. (Hrsg.) (2007). *Fachkulturforschung in der Schule.* Opladen & Farmington Hills: Barbara Budrich.

Lüdtke, N., Matsuzaki, H. (Hrsg.) (2011). *Akteur – Individuum – Subjekt. Fragen zu ›Personalität‹ und ›Sozialität‹.* Wiesbaden: Springer.

Luhmann, N. (1971). »Sinn als Grundbegriff der Soziologie«. In J. Habermas & N. Luhmann: *Theorie der Gesellschaft oder Sozialtechnologie.* Was leistet die Systemforschung? (S. 25–100). Frankfurt a. M.: Suhrkamp.

Luhmann, N. (1998). *Die Gesellschaft der Gesellschaft.* Frankfurt am Main: Suhrkamp.

Maag-Merki, K., Altrichter, H. (2015). Educational Governance. *Die Deutsche Schule, 107*(4), 396–410.

Mandl, H. (2010). Lernumgebungen problemorientiert gestalten – Zur Entwicklung einer neuen Lernkultur. In E. Jürgens & J. Standop: *Was ist »guter« Unterricht?* (S. 19–38). Bad Heilbrunn: Klinkhardt.

Marchart, O. (2018). *Cultural Studies.* (2. aktual. Aufl.). München: UVK.

Markowitz, J. (1982). Relevanz im Unterricht – eine Modellskizze. In N. Luhmann & K. E. Schorr (Hrsg.), *Zwischen Technologie und Selbstreferenz. Fragen an die Pädagogik.* Frankfurt: Suhrkamp, 87–115.

Markowitz, J. (1998). Zum Verhältnis von Schulkultur und Unternehmenskultur. In J. Keuffer, H.-H. Krüger, S. Reinhardt, E. Weise & H. Wenzel (Hrsg.), *Schulkultur als Gestaltungsaufgabe. Partizipation, Management, Lebensweltgestaltung.* (S. 101–117). Weinheim: Beltz.

McAdams, D. P., Logan, R. L. (2004). What is generativity? In E. de St. Aubin, D. P. McAdams & T.-C. Kim (Eds.), *The generative society: Caring for future generations* (p. 15–31). Washington, D. C: American Psychological Association Press.

Mertens, J.-U. (2018). *Glück in Psychologie, Philosphie und im Alltag.* Stuttgart: Kohlhammer.

Meseth, W., Casale, R., Tervooren, A., Zirfas, J. (Hrsg.) (2019). *Normativität in der Erziehungswissenschaft.* Wiesbaden: Springer.

Meyer, H. (2018). Allgemeine Didaktik im Globalisierungsprozess. In M. Rohtland & M. Lüders (Hrsg.), *Lehrer-Bildungs-Forschung.* (S. 161–177). Münster: Waxmann.

Meyer, M. A., Reinartz, A. (Hrsg.) (1998). *Bildungsgangdidaktik. Denkanstöße für pädagogische Forschung und schulische Praxis.* Wiesbaden: Springer.

Meyer, M. A. (2007). Fachkultur, Lernkultur und Bildungsgang. In J. Lüders (Hrsg.), *Fachkulturforschung in der Schule* (S. 191–208). Opladen & Farmington Hills: Barbara Budrich.

Meyer, M. A. (2016). Bildungsgangdidaktik. In R. Porsch (Hrsg.), *Einführung in die Allgemeine Didaktik* (S. 229–268). Münster: Waxmann.

Meyr, J. (2011). Der Persönlichkeitsansatz in der Lehrerforschung. Konzepte, Befunde und Folgerungen. In E. Terhart, H. Bennewitz & M. Rothland (Hrsg.), *Handbuch der Forschung zum Lehrerberuf* (S. 125–148). Münster: Waxmann.

Miklautz, E. (1996). *Kristallisierter Sinn: Ein Beitrag zur soziologischen Theorie des Artefakts.* München: Profil.

Möller, C. (1983). Die curriculare Didaktik. In H. Gudjons, R. Teske & R. Winkel (Hrsg.), *Didaktische Theorien* (2. Aufl., S. 63–77). Braunschweig: Agentur Pedersen.

Neubert, S., Sanders, O., Yildiz, E. (2008). Kultur und Identität: vom Ereignis zum Diskurs (und zurück). In L. Rosen & S. Farrokhzad (Hrsg.), *Macht – Kultur – Bildung. Festschrift für Georg Auernheimer* (S. 71–81). Münster: Waxmann.

Nipkow, K. E. (2007). *Der schwere Weg zum Frieden. Geschichte und Theorie der Friedenspädagogik von Erasmus bis zur Gegenwart.* Gütersloh: Gütersloher Verlagshaus.

Nölle, K. (2002). Probleme der Form und des Erwerbs unterrichtsrelevanten pädagogischen Wissens. *Zeitschrift für Pädagogik 48*(1), S. 48–67.

Nolting, H.-P. (2017). *Störungen in der Schulklasse* (14. vollst. überarb. Aufl.). Weinheim: Beltz.

Nussbaum, M. C. (2006). *Frontiers of Justice: Disability, Nationality, Species Membership.* Cambrridge: Harvard University Press.

Oevermann, U. (1996). Theoretische Skizze einer revidierten Theorie professionellen Handelns. In A. Combe & W. Helsper (Hrsg.): *Pädagogische Professionalität. Untersuchungen zum Typus pädagogischen Handelns* (S. 70–182). Frankfurt a. M.: Suhrkamp.

Oser, F., Sarasin, S. (2005). *Basismodelle des Unterrichts: Von der Sequenzierung zur Lernerleichterung.* https://publishup.uni-potsdam.de/opus4-ubp/frontdoor/index/index/year/2005/docId/410

Palazzoli, M. A., Anoli, L., Di Blasio, P., Giossi, L., Pisano, I., Ricci, C., Sacchi, M., Ugazio, V. (1995). *Hinter den Kulissen der Organisation.* (6. Aufl.). Stuttgart: Klett-Cotta.

Papke, P. (2016). *Das bildungstheoretische Potenzial inklusiver Pädagogik. Meilensteine der Konstruktion von Bildung und Behinderung am Beispiel von Kindern mit Lernschwierigkeiten.* Bad Heilbrunn: Klinkhardt.

Parsons, T. (1994). *Aktor, Situation und normative Muster. Ein Essay zur Theorie sozialen Handelns.* Frankfurt: Suhrkamp.

Pethes, N. (2008). *Kulturwissenschaftliche Gedächtnistheorien.* Hamburg: Junius.

Pfeufer, M. (2013). Abkehr vom Gewohnten: Worauf zielt inklusive Schulkultur? In: *Katechetische Blätter* 138(5), 319–323.

Pfisterer, A. (2003). *Schulkritik und die Suche nach Schulalternativen – ein Motor der Schulentwicklung. Rückblick und Ausblick an der Schwelle zum 21. Jahrhundert.* Hamburg: Kovač.

Pieler, D. (2003). *Neue Wege zur lernenden Organisation. Bildungsmanagement – Wissensmanagement – Change Management – Culture Management* (2., überarb. Aufl.). Wiesbaden: Gabler.

Pongratz, L. A. (2004). Freiwillige Selbstkontrolle. Schule zwischen Disziplin und Kontrollgesellschaft. In N. Ricken & M. Rieger-Ladich (Hrsg.), *Michel Foucault. Pädagogische Lektüren* (S. 143–259). Wiesbaden: VS.

Popkewitz, T. S. (2018). Anticipation the Future Society: The Cultural Inscription of Numbers and International Larce-Syale Assessment. In S. Lindblad, D. Pettersson, T. S. Popkewitz (Ed.), *Education by the numbers and the making of Society. The Expertise of International Assessments* (S. 222–238). New York: Routledge.

Porsch, R. (Hrsg.) (2016). *Einführung in die Allgemeine Didaktik.* Münster: Waxmann.

Quinn, R. E., Rohrbaugh, J. (1983). *A spatial model of eff ectiveness criteria: Towards a competing values approach to organizational analysis. Management Science, 29*(3), 363–377.

Rabenstein, K., Steinwald, J. (2018). »Un/doing differences« im Unterricht. Zur Berücksichtigung der Kontingenz von Differenzierungen in der Weiterentwicklung ethnographischer Differenzforschung. In: *Zeitschrift für Qualitative Forschung, (19)*1-2, 113–129.

Rauthmann, J. F. (2017). *Persönlichkeitspsychologie: Paradigmen – Strömungen – Theorien.* Berlin: Springer.

Reckwitz, A. (2004). Die Logik der Grenzerhaltung und die Logik der Grenzüberschreitung: Niklas Luhmann und die Kulturtheorien. In: G. Burkart & G. Runkel (Hrsg.), *Luhmann und die Kulturtheorie.* (S. 213–240). Frankfurt: Suhrkamp.

Reckwitz, A. (2006). *Die Transformation der Kulturtheorien. Zur Entwicklung eines Theorieprogramms.* Göttingen: Velbrück Wissenschaft.

Reckwitz, A. (2017). *Die Gesellschaft der Singularitäten: Zum Strukturwandel der Moderne.* Frankfurt: Suhrkamp.

Reckwitz, A. (2019). *Das Ende der Illusion: Politik, Ökonomie und Kultur in der Spätmoderne.* Frankfurt: Suhrkamp.

Reh, S., Ricken, N. (2018) (Hrsg.). *Leistung als Paradigma. Zur Entstehung und Transformation eines pädagogischen Konzepts.* Wiesbaden: Springer.

Reich, K. (2012). *Konstruktivistische Didaktik. Das Lehr- und Studienbuch mit Online-Methodenpool.* (5.Aufl.). Weinheim: Beltz.

Reich, K. (2016). Die konstruktivistische und inklusive Didaktik. In R. Porsch (Hrsg.), *Einführung in die Allgemeine Didaktik.* (S. 177–206). Münster und New York: Waxmann.

Reichenbach, R., Bühler, P. (Hrsg.) (2017). *Fragmente zu einer pädagogischen Theorie der Schule. Erziehungswissenschaftliche Perspektiven auf eine Leerstelle.* Weinheim: Beltz Juventa.

Reindl, M., Gniewosz, B. (2017). *Prima Klima: Schule ist mehr als Unterricht.* Wiesbaden: Springer.

Renkl, A. (2015). Drei Dogmen guten Lernens und Lehrens: Warum sie falsch sind. In *Psychologische Rundschau, 66*(4), 211–220.

Rizzolatti, G., Fabbri-Destro, M. (2010). Mirror neurons: from discovery to autism. In *Experimental brain research, 200*(3–4), 223–237.

Rorty, R. (1992/1982). *Kontingenz, Ironie und Solidarität.* (Originalausgabe 1989: Contingency, irony and solidarity). Frankfurt a. M.: Suhrkamp.

Rosa, H. (2005). *Beschleunigung. Die Veränderung der Zeitstrukturen in der Moderne.* Frankfurt: Suhrkamp.

Rosa, H. (2018). *Resonanz: Eine Soziologie der Weltbeziehung.* Berlin: Suhrkamp.

Rosen, L., Schahrzad, F. (Hrsg.) (2008). *Macht – Kultur – Bildung.* Festschrift für Georg Auernheimer. Münster: Waxmann.

Samida, S., Eggert, M. K. F.; Hahn, H. P. (Hrsg.). *Handbuch Materielle Kultur. Bedeutungen, Konzepte, Disziplinen.* Stuttgart und Weimar: Metzler.

Schäfer, H. (2013). *Die Instabilität der Praxis. Reproduktion und Transformation des Sozialen in der Praxistheorie.* Welerswist: Velbrück Wissenschaft.

Schäfers, B. (2003). *Grundbegriffe der Soziologie.* (3. Aufl.). Wiesbaden: Springer.

Schein, E. H. (1995). *Unternehmenskultur. Ein Handbuch für Führungskräfte.* Frankfurt a. M.: Campus.

Schein, E. H. (2003). *Organisationskultur. The Ed Schein Corporate Culture Survival Guide.* Bergisch Gladbach: Edition Humanistische Psychologie.

Schleiermacher, F. (1826/1983). *Pädagogische Schriften I. Die Vorlesungen aus dem Jahre 1826.* Hrsg. von E. Weniger. Frankfurt: Klett-Cotta.

Schmidl, W. (1987). *Homo discens. Studien zur Pädagogischen Anthropologie bei Thomas von Aquin.* Wien: Verlag der österreichischen Akademie der Wissenschaften.

Schmidt, R. (2008). Das Zusammenspiel von Habitat und Habitus und die Sozialität der Artefakte: zur empirischen Rekonstruktion der praktischen Logik von Programmierung und Softwareentwicklung. In K.-S. Rehberg (Hrsg.), *Die Natur der Gesellschaft: Verhandlungen des 33. Kongresses der Deutschen Gesellschaft für Soziologie in Kassel 2006* (S. 1961–1967). Frankfurt a. M.: Campus.

Schmied-Kowarzik, W. (2003). Praktische Philosophie und Pädagogik. In H. Eidam & F. Hermenau (Hrsg.): *Praktische Philosophie und Pädagogik.* (Kasseler Philosophische Schriften 37, S. 11–33). Kassel: university press.

Scholl, D. (2018). *Metatheorie der Allgemeinen Didaktik. Ein systemtheoretisch begründeter Vorschlag.* Bad Heilbrunn: Klinkhardt.

Schreyögg, G. (1991). Kann und darf man Unternehmenskulturen ändern? In E. Dülfer (Hrsg.), *Organisationskultur. Phänomen – Philosophie – Technologie* (2. erw. Aufl., S. 201–214). Stuttgart: Poeschel.

Schreyögg, A. (1995). Organisationkulturen von Human Service Organizations. Begriff, Charakteristika, Einflussvariablen, Implikationen für die Organisationsberatung. *Organisationsberatung – Supervision – Clinical Management, 2*(1), 15–34.

Schreyögg, A. (2008). *Organisation. Grundlagen moderner Organisationsgestaltung.* (5. vollst. überab. Aufl.). Wiesbaden: Gabler.

Schüßler, I. (2003). Ermöglichungsdidaktik – eine didaktische Theorie? In R. Arnold & I. Schüßler (Hrsg.), *Ermöglichungsdidaktik.* (S. 76–97). Baltmannsweiler: Schneider Hohengehren.

Schütz, A. (1993/1932). *Der sinnhafte Aufbau der sozialen Welt. Einleitung in die verstehende Soziologie* (6. Aufl.). Suhrkamp: Frankfurt a. M.

Schützeleichel, R. (2017). Emotion. In R. Gugutzer, G. Klein & M. Meuser (Hrsg.), *Handbuch Körpersoziologie. Bd. 1. Grundbegriffe und theoretische Perspektiven.* (S. 21–26). Wiesbaden: Springer.

Schulz, W. (1965). Unterricht – Analyse und Planung. In P. Heimann, G. Otto, W. Schulz (Hrsg.), *Unterricht – Analyse und Planung.* (S. 13–47). Hannover: Schrödel.

Schulz, W. (1980). *Unterrichtsplanung.* München: Urban und Schwarzenberg.

Schulz, W. (1980a). Die lehrtheoretische Didaktik. Oder: Didaktisches Handeln im Schulfeld. Modellskizze einer professionellen Tätigkeit. In H. Gudjons & R. Winkel (Hrsg.), *Didaktische Theorien.* (13. Aufl.). Hamburg: Bergmann und Helbig.

Schulz, W. (1996). *Anstiftung zum didaktischen Denken. Unterricht – Didaktik – Bildung.* Weinheim: Beltz.

Schulze, G. (2005). *Die Erlebnisgesellschaft. Kultursoziologie der Gegenwart.* (2. Aufl.). Frankfurt a. M.: Campus.

Schweer, M. K. W. (2017). Vertrauen im Klassenzimmer. In M. K. W. Schweer (Hrsg.), *Lehrer-Schüler-Interaktion. Inhaltsfelder, Forschungsperspektiven und methodische Zugänge.* (3. Aufl., S. 523–544). Wiesbaden: Springer VS.

Searle, J. R. (1971). *Sprechakte: Ein sprachphilosophischer Essay.* Übersetzt von R. und R. Wiggershaus. Frankfurt a. M.: Suhrkamp.

Searle, J. R. (1982). *Ausdruck und Bedeutung: Untersuchungen zur Sprechakttheorie.* Frankfurt: Suhrkamp.

Senett, R. (1998). *Der flexible Mensch. Die Kultur des neuen Kapitalismus.* (2. Aufl.). Berlin: Berlin Verlag.

Sengpiel, J., Smolka, D. (2018). *Das große Handbuch Schulkultur.* Köln: Carl Link.

Shulman, L. S. (2004). *The Wisdom of Practice. Essays on teaching, learning, and learning to teach.* San Francisco: Jossey Bass.

Sourisseaux, A. L. (1994). *Organisationskultur. Zur facettentheoretischen Konzeptualisierung eines organisationspsychologischen Konstruktes.* Frankfurt a. M.: Peter Lang.

Stachowiak, H. (1973). *Allgemeine Modelltheorie.* Wien: Springer.

Stadler-Altmann, U., Gördel, B.-M. (2015). Schule bildet. Organisations- und Schulentwicklung zu demokratischen Aspekten von Schulkultur und der Unterrichtstheorien von Lehrkräften. In: H. Petzold & N. Hoffmann (Hrsg.). *Organisation bildet.* Weinheim: Juventa. S. 178–203.

Standop, J., Jürgens, E. (2015). *Unterricht planen, gestalten und evaluieren.* Bad Heilbrunn: Klinkhardt.

Suderland, M. (2014). Sozialer Raum (espace social). In G. Fröhlich & B. Rehbein (Hrsg.), *Bourdieu Handbuch* (S. 219–225). Stuttgart: Metzler.

Tenorth, H.-E. (2014). *Evidenzbasierte Bildungsforschung vs. Pädagogik als Kulturwissenschaft – Über einen neuerlichen Paradigmenstreit in der wissenschaftlichen Pädagogik.* http://nevelestudomany.elte.hu/downloads/2014/nevelestudomany_2014_3_5-21.pdf.

Terhart, E. (1994): SchulKultur. Hintergründe, Formen, Implikationen. *Zeitschrift für Pädagogik*, 40(5), 685–699.

Tervooren, A., Engel, N., Göhlich, M., Miehte, I., Reh, S. (Hrsg.) (2014). *Ethnographie und Differenz in pädagogischen Feldern. Internationale Entwicklungen erziehungswissenschaftlicher Forschung.* Bielefeld: transcript.

Timm, S., Costa, J., Kühn, C., Scheunpflug, A. (2020) (Hrsg.). *Kulturelle Bildung. Theoretische Perspektiven, methodische Herausforderungen, empirische Befunde.* Münster: Waxmann.

Tönnies, F. (2005/1887). *Gemeinschaft und Gesellschaft. Grundbegriffe der reinen Soziologie.* Darmstadt: Wissenschaftliche Buchgesellschaft.

Trommsdorff, G. (1995). Individualismus aus der Sicht verschiedener Kulturen. In: V. J. Kreyher & C. Böhret (Hrsg.), *Gesellschaft im Übergang: Problemaufrisse und Antizipationen* (S. 91–104). Baden-Baden: Momos.

Tulodziecki, G., Herzig, B., Blömeke, S. (2017). *Gestaltung von Unterricht* (3. überarb. und erw. Aufl.). Bad Heilbrunn: Klinkhardt.

Tylor, E. B. (1871). *Primitive culture: researches into the development of mythology, philosophy, religion, art, and custom.* (In two volumes. Vol. I.) London: John Murray.

Tylor, E. B. (1871/1958). *The Origins of Culture.* New York: Harper & Brothers.

Tylor, E. B. (1873). *Anfänge der Cultur [sic]. Untersuchungen über die Entwicklung der Mythologie, Philosophie, Religion, Kunst und Sitte* (Bd. 1). Leipzig: Winter´sche Verlagshandlung.

Von Hehn, S., Cornelissen, N., Braun, C. (2016). *Kulturwandel in Organisationen. Ein Baukasten für angewandte Psychologie im Change-Management.* Berlin: Springer.

Wahl, E. (in Vorb.). *Wie Lehrkräfte Schülerinnen und Schüler im Unterricht wahrnehmen.* Dissertationsschrift.

Weick, K. E. (1995). *Sensemaking in Organisations.* Thousand Oaks, California: SAGE Publications.

Weber, M. (1968). Über einige Kategorien der verstehenden Soziologie. In M. Weber: *Gesammelte Aufsätze zur Wissenschaftslehre.* (3. Aufl., S. 427–474).Tübingen: Mohr.

Weinert, A. B. (1998). *Organisationspsychologie. Ein Lehrbuch* (4. vollst. überarb. und erw. Aufl.). Weinheim: Beltz.

Wernet, A. (2009). *Einführung in die Interpretationstechnik der Objektiven Hermeneutik* (3. Aufl.). Wiesbaden: VS Verlag.

Welsch, W. (2017). *Transkulturalität. Realität – Geschichte – Aufgabe.* Wien: academic press.

Whitaker, T., Good, M., Whitaker, M., Whitaker, K. (2019). *Classroom management from the ground up.* New York: Routledge.

White, H. (1995). Network Switching and Bayesian Forks. Reconstructing the Social and Behavioral Sciences. *Social Research 62*(4), 1035–1063.

Wieser, M. (2004). Inmitten der Dinge. Zum Verhältnis von sozialen Praktiken und Artefakten. In K. H. Hörning & J. Reuter (Hrsg.), *Doing Culture. Neue Positionen zum Verhältnis von Kultur und sozialer Praxis.* (S. 92–107). Bielefeld: transcript.

Willke, H. (2006). *Global Governance.* Bielefeld: transcript.

Wilson, D., Conyers, M. (2013). *Five big ideas for effective teaching. Connecting mind, brain, and education research to classroom practice.* New York: Teachers College Press.

Wissinger, J., Huber, S. G. (Hrsg.) (2002). *Schulleitung – Forschung und Qualifizierung.* Opladen: Leske & Budrich.

Wulf, C. (2007). Rituelle Lernkulturen. Eine Einführung. In C. Wulf, B. Althans, G. Blaschke et al. (Hrsg.), *Lernkulturen im Umbruch. Rituelle Praktiken in Schule, Medien, Familie, Jugend* (S. 11–27). Wiesbaden: VS Verlag.

Wulf, C., Zirfas, J. (Hrsg.) (2014). *Handbuch Pädagogische Anthropologie.* Wiesbaden: Springer.

Wulf, C. (2015). Rituale als performative Handlungen und die mimetische Erzeugung des Sozialen. In R. Gugutzer & M. Staack (Hrsg.), *Körper und Ritual. Sozial- und kulturwissenschaftliche Zugänge und Analysen.* (S. 23–40). Wiesbaden: Springer.

Zanna, M. P., Rempel, J. K. (1988). Attitudes: A new look at an old concept. In D. Bar-Tal & A. W. Kruglanski (Eds.), *The social psychology of knowledge* (pp. 315–334). Cambridge: University Press.

Zierer, K. (2010). *Alles prüfen! Das Beste behalten! Zur Eklektik in Lehrbüchern der Didaktik und des Instructional Desin.* Baltmannsweiler: Schneider Hohengehren.

Zierer, K. (2013). Eklektische Didaktik. In: T. Bohl, U. Hanke, B. Koch-Priewe, K. Zierer (Hrsg.), *Jahrbuch für Allgemeine Didaktik. Neuere Ansätze in der Allgemeinen Didaktik.* Baltmannsweiler: Schneider Hohengehren, S. 203–216.

Zierer, K. (2013a). Völlig unbrauchbar?! Zur Praktikabilität allgemeindidaktischer Modelle – Ergebnisse einer qualitativen Studie. *Pädagogische Rundschau, 67*(2), 143–160.

Zierer, K., Werner, J., Wernke, S. (2015). Besser planen? Mit Modell! Empirisch basierte Überlegungen zur Entwicklung eines Planungskompetenzmodells. *Die Deutsche Schule, 107*(4), 375–395.

Zierer, K. (Hrsg.) (2015a). *Jahrbuch für Allgemeine Didaktik. Klassenmanagement/Klassenführung – Perspektive, Befunde, Kontroversen.* Baltmannsweiler: Schneider Hohengehren.

Zierer, K. (Hrsg.) (2019). *Leitfaden Schulpraktikum* (5. Aufl.). Baltmannsweiler: Schneider Hohengehren.

Glossar

Adaptivität: Während »Kohärenz« die Passung zwischen Schlüsselkonzepten der Tiefenstruktur des Unterrichts und deren Realisierung in den Oberflächenstrukturen markiert, akzentuiert der Terminus Adaptivität die Kohärenzherstellung in diversen und vielfältigen Handlungs- und Entscheidungssituationen. Die Adaptivität ist an die Fähigkeit der Lehrperson geknüpft, Unterrichtssituationen und -ereignisse unter dem Vorzeichen gewählter Schlüsselkonzepte wahrzunehmen und kohärente Entscheidungen zu fällen. Hierzu muss die Lehrperson in der Lage sein, die wichtigen Merkmale von Situationen zu erkennen und zu deuten. Adaptivität ist somit die Fähigkeit von Lehrpersonen, Kohärenz herzustellen.

Aktive Konsolidierung: Aktive Konsolidierung heißt, dass die Akteure die Oberflächenstrukturen kontinuierlich an die gewünschten Tiefenstrukturen anpassen bzw. Formen und Wege finden, dass die Tiefenstrukturen repräsentiert sind.

Bildungsprozesse durch das Unterrichtshabitat: Sobald das Unterrichtshabitat dazu führt, dass Akteure eigenständig und auf eigenen Wunsch eine Sache mehr und mehr zu

- ihrer Sache werden lassen,
- dass Verhaltensnormen eigenständig gesetzt und umgesetzt werden,
- dass Didaktik zur Autodidaktik (von Einzelnen oder kooperativ) geworden ist,

ist im hier vorgestellten Ansatz von Bildung die Rede. Das professionell gestaltete Unterrichtshabitat mit seinen Oberflächen- und Tiefenstrukturen leistet, dass Bildungsprozesse angebahnt werden.

Habitate: Habitate sind Kontexte, in denen bestimmte Kulturen in ihren Oberflächenstrukturen beschreibbar sind und die durch Tiefenstrukturen grundgelegt sind. Der Begriff ist akteursbezogen, weil die Verhältnisbestimmung des Akteurs zum Habitat im Zentrum steht. Habitate sind von Akteuren und werden für bestimmte Akteure eingerichtet. Im Hinblick auf Schule ist dies das Verhältnis des Schülers und der Schülerin zum Unterrichtshabitat als kulturellem Raum, dem er oder sie zugehörig ist.
Habitate haben Grenzen, ein Innen und Außen mit unterschiedlichen Graden an Durchlässigkeit. Akteure kennen diese Grenzen. Sie bewegen sich in ihrem Alltag in der Regel zwischen unterschiedlichen Habitaten. Sie suchen das jeweilige Habitat freiwillig oder auch unfreiwillig auf und können ihr individuelles Verhältnis bzw. ihre Zugehörigkeit zum Habitat beschreiben.

Habitatanalysen: 1. Sinngebend-funktionale Habitatanalyse: Ziel: Identifikation und Rekonstruktion der Tiefenstrukturen im Unterrichtshabitat; Identifikation von Schlüsselkonzepten; Prüfung und Diskussion der Schlüsselkonzepte zum Sinn und zur Funktion des Unterrichts; Prüfung der Kohärenz der Oberflächenstrukturen. 2. Deskriptive Habitatanalyse: Ziel: Einordnung des Habitats im Hinblick auf fünf zentrale Dimensionen von Unterrichtskulturen. Sie gibt beschreibende Auskünfte über die Präsenz dieser Dimensionen im Habitat (1. Partizipation, 2. Kollektivismus/Individualismus, 3. Fachlichkeit, 4. Leistungsorientierung, 5. Innovationsorientierung). 3. Qualitative Habitatanalyse: Ziel: Anhand von vier Gütemerkmalen wird geprüft, inwiefern sie im jeweiligen Unterrichtshabitat verwirklicht sind (1. Informationsgehalt, 2. Positive Resonanz, 3. Pädagogische Validität, 4. Aktive Konsolidierung).

Kohärenz: Der Begriff »Kohärenz« bezeichnet die Passung zwischen Schlüsselkonzepten der Tiefenstruktur des Unterrichts und deren Realisierung in den Oberflächenstrukturen.
Ist Kohärenz gegeben, dann lassen sich anhand der Oberflächenstrukturen die Tiefenstrukturen rekonstruieren. Kohärenz liegt vor, wenn Gegenständliches, Kognitionen, Verhalten, Raum-Zeit-Strukturen, Emotionen und Körperpräsenzen sich gegenseitig stützen und widerspruchsfrei sind, wenn die Sinnannahmen im Habitat durch die Oberflächenstrukturen abgebildet sind und wenn die Sinnannahmen in sich stimmig sind. Kohärenz ist kein Zustand, sondern ein Prozess.

Konnektivität: Konnektivität bezeichnet die Leichtigkeit bzw. die Schwierigkeit für den einzelnen Schüler bzw. die einzelne Schülerin, die Schul- und Unterrichtskultur und in der Folge den aktuell stattfindenden Unterricht als vertraut, normal, verständlich zu erleben und zu bewerten und sich die Tiefen- sowie die Oberflächenstrukturen von Schule und Unterricht erschließen und aneignen zu können.

Kontinuität als Kulturmerkmal: *Die Anteile von Schule und Unterricht, die Kontinuität besitzen, sind kulturbestimmend.* Diese sind in der Wahrnehmung der Akteure auf Dauer gestellt; sie sind routinisiert und werden im Laufe der Zeit immer weniger reflektiert. Diese Elemente werden als normal und selbstverständlich erlebt. Bestandteile des Unterrichts, die auf Dauer gestellt und etabliert sind, zählen zur Unterrichtskultur.

Kultur/Unterrichtkultur: Kulturen entstehen und entwickeln sich in sozialen Zusammenhängen, die von Dauer sind. Sie sind durch Oberflächen- und Tiefenstrukturen gekennzeichnet.

Lernen als Erschließungs- und Aneignungsprozess: Lernen in systematisierter und organisierter Form des Unterrichts ist ein Erschließungs- und Aneignungsprozess des bzw. der einzelnen Lernenden. Die Erschließung bezieht sich auf Weltausschnitte, auf die eigene Person sowie auf die Erschließungswege. Erschließung und Aneignung sind aktive, individuelle und konstruktive Prozesse.
Schulen als gesellschaftliche Einrichtungen entwickeln Habitate, in denen über die Oberflächen- sowie Tiefenstrukturen bestimmte Erschließungsprozesse ermöglicht und angestrebt werden.
Dass die Erschließung in Aneignung übergeht, zeigt sich in Fähigkeiten, Fertigkeiten, Einstellungen, Wissen, die dauerhaft und nachhaltig zum Lernenden gehören.
Lernprozesse können in Anteilen sichtbar gemacht werden (z. B. Wissen und Können), sind aber in anderen Anteilen schwerer messbar (z. B. Betroffenheit und Einstellung) und in wiederum anderen unzugänglich (z. B. die Bedeutung des Gelernenten für die eigene Person, die erst in anderen Lebensphasen erkannt wird).
Zu lernen ist in diesem Sinne ein konventionalisierter Vorgang (ich lerne, was andere auch lernen) sowie ein individualisierter Prozess (die Bedeutung, das Tempo, die Lernwege, die erlebte Schwierigkeit, die Motivation sind individuell).
Welt-, Selbst- und Zugangserschließung in Verzahnung sind die Grundlage für die Aneignung.

Manifestationsformen von Kulturen: Unterrichtskulturen manifestieren sich auf der Oberflächenebene über sechs Manifestationsformen: 1. Verhalten der Akteure, 2. Kognitionen zu den Praktiken, 3. Raum-Zeit-Strukturen, 4. Objektivationen, 5. Emotionen, 6. Körperpräsenz.

Oberflächenstrukturen von Unterricht: Mit dem Begriff »Oberflächenstrukturen« sind die Anteile des Unterrichts bezeichnet, die sichtbar, wahrnehmbar und beschreibbar sind und die sich durch Kontinuität und Stabilität auszeichnen. Systematisch lassen sich Oberflächenstrukturen mit Hilfe der Möglichkeiten, Mittel und Instrumente der empirischen Sozialforschung beschreiben.

Pädagogische Validität: Die pädagogische Validität von Unterrichtshabitaten ist dann gegeben bzw. hoch, wenn das Habitat Kinder und Jugendliche in ihren Potenzialen, ihren Entwicklungen stärkt und ihre Möglichkeiten zur Lebensgestaltung in der Schulzeit und darüber hinaus weitet. Ereignisse, Einstellungen und Haltungen der Akteure, die einschränkend wirken, mindern die pädagogische Validität des Habitats. Pädagogische Validität ist durch Förderorientierung gekennzeichnet.

Positive Resonanz: Der Terminus Resonanz bezeichnet das Erleben des Unterrichtshabitats aus der Perspektive des einzelnen Akteurs, als eine Bezugnahme. Begriffe wie »begeistert sein«, »berührt sein«, »betroffen sein«, »interessiert sein an« und alle Unterstützungsmaßnahmen aller beteiligter Akteure im Habitat, um diese Resonanz zu erzeugen. Die Resonanz betrifft das Erleben des Habitats durch die Schülerinnen und Schüler: kognitiv, emotional sowie körperlich. Positive Resonanz ist gegeben, wenn Schülerinnen und Schüler über tiefenstrukturell angelegte Sinnkonstruktionen, die auf der Oberfläche manifestiert sind, in ihren Erschließungs- und Aneignungsprozessen gestärkt und gefördert werden. Hierzu können beispielsweise Gespräche über Arbeitsfortschritte, produktive Rückmeldungen, Ermutigungen, Lob, Unterstützung, fachliche Diskussionen zählen.
Unterrichtshabitate, die negative Resonanzen generieren (»Ablehnung«, »Ekel«, »Unzufriedenheit«, »Bloßstellung«), sind ungünstig und in Unterrichtshabitaten zu verändern. Sie markieren schlechten Unterricht. Unterrichtshabitate, die positive Resonanzen generieren (»Interesse«, »Aufmerksamkeit«, »Wohlbefinden«, »Anerkennung«), sind begünstigend für das Lernen, das heißt für Erschließungs- und Aneignungsprozesse.

Praktiken: Verhaltensweisen, die stetig bzw. über einen längeren Zeitraum gezeigt werden und die nicht mehr zur Disposition stehen, sondern selbstverständlich in bestimmten Situationen aktualisiert werden, sind im Folgenden als »Praktiken« bezeichnet.

Schlüsselkonzepte: Schlüsselkonzepte sind Annahmen, die Praxen unterlegt sind. Ein Schlüsselkonzept stellt die Begründung für etablierte Oberflächenstrukturen bereit. Schlüsselkonzepte werden von Akteuren als geltend, wahr und richtig angenommen. Sie werden als relevant eingestuft. Es handelt sich um grundlegende Annahmen, Vorstellungen und Sichtweisen zum Sinn von Schule und Unterricht.

Tiefenstrukturen: Die Tiefenstruktur bezeichnet die kollektiv geteilten Sinngebungen, die Akteure ihren Praxen unterlegen. Tiefenstrukturen bestehen aus Bündeln an Schlüsselkonzepten. Ein Schlüsselkonzept ist ein Bestandteil der Tiefenstruktur und stellt eine sinngebende Aussage dar, die für die Gestaltung der Oberflächenstrukturen maßgeblich ist.

Tiefenstrukturen haben normativen Charakter; sie werden als richtig und wahr angenommen und stehen in der Regel, sind sie etabliert, nicht zur Disposition. Professionelle Lehrpersonen haben die Aufgabe, sich der Tiefenstrukturen zu versichern und ihnen das notwendige Gewicht zu geben.
Die Oberflächenstruktur steht in einem Zusammenhang mit der Tiefenstruktur. Ist dieser Zusammenhang eng, bildet die Oberflächenstruktur die Tiefenstruktur ab. Sie konkretisiert, inkarniert, manifestiert die Tiefenstruktur. Die Oberflächenstruktur gibt der Tiefenstruktur eine konkrete Gestalt und implementiert sie ins Schulleben bzw. den Schulalltag. Schul- und Unterrichtskulturen sind in ihren Oberflächen- und Tiefenstrukturen beschreibbar.

Unterrichten: Unterrichten bedeutet, Tiefenstrukturen grundzulegen und Oberflächenstrukturen zu etablieren, die die Tiefenstrukturen abbilden bzw. sich in Passung zu ihnen befinden. Unterrichtsentwicklung bedeutet,

- den generativen, reziproken und multioptionalen Zusammenhang von Oberflächen- und Tiefenstruktur zu prüfen und zu gestalten.
- die tiefenstrukturellen Annahmen zu benennen und kritisch zu reflektieren.
- die Passung zwischen den Manifestationsformen zu steigern.
- die Schülerinnen und Schüler für den Sinn und die Ziele im Habitat zu gewinnen.
- die Habitat- bzw. Unterrichtsentwicklung mit den Schülerinnen und Schülern vorzunehmen.
- die Konnektivität zu Habitaten außerhalb von Schule und Unterricht zu berücksichtigen.
- Oberflächenstrukturen, die im Widerspruch zu gewünschten Schlüsselkonzepten stehen, nicht zu ermöglichen oder zu situieren.

Unterrichtshabitat: Der Binnenraum des Lebens und Lernens in der Schule wird als Unterrichtshabitat bezeichnet. Dieser Raum ist durch Oberflächen- und Tiefenstrukturen gekennzeichnet, in denen die Akteure leben und auf die sie reproduzierend und modifizierend einwirken. Unterrichtshabitate sind »kulturelle Räume« mit Grenzen, deren Offenheit bzw. Geschlossenheit sie definieren.
Kultur bedeutet, dass Oberflächen- und Tiefenstrukturen ausgebildet sind. Kulturerhalt geht mit der kontinuierlichen Reproduktion dieser Strukturen einher. Kulturmodifikation geht mit Umstrukturierungen einher, die durch die Kultur zum Beispiel irritierende Ereignisse ausgelöst werden können.

Unterrichtsstörung: Unterrichtsstörungen sind Ereignisse, Verhaltensweisen, Gegenstände, Strukturen, Stimmungen sowie Körperpräsenzen, die von Akteuren in Form und Intensität als widersprüchlich zu den Schlüsselkonzepten bzw. der Tiefenstruktur im unterrichtlich angestrebten Unterrichtshabitat wahrgenommen werden. Sie stören konkret und punktuell die Umsetzung der im Habitat angestrebten Sinnkonzepte; zum Beispiel das Lernen, das Wohlbefinden, die Stärkung der Persönlichkeit. Die Ursachen dafür, dass das Sinnkonstrukt verschoben wird, können vielfältig sein:

- momentane individuelle Befindlichkeiten (z. B. Konflikte, emotional als gravierend erlebte Ereignisse, Langeweile, erlebte Über- ober Unterforderung)
- eingeschränkte Professionalität der Lehrperson (z. B. geringer Informationsgehalt, eingeschränkte Präsenz, Leerstellen und Wartezeiten im Unterricht)
- ungünstige oder widersprüchliche Habitateigenschaften (z. B. Raumgröße, Lärm)

Störungen können Hinweise und Impulse für Veränderungen bzw. Verbesserungen geben und dazu auffordern, vorhandene Ressourcen bei den Akteuren sowie im Habitat stärker in den Blick zu nehmen und zu nutzen.

Verhältnis von Oberflächen- und Tiefenstruktur: Die Oberflächen- und Tiefenstruktur moderieren einander. Ihr Verhältnis ist durch drei Merkmale gekennzeichnet. Es ist

1. generativ
2. multioptional
3. reziprok

Generativität bezeichnet ein »Erzeugungsverhältnis«: keine Oberflächenstruktur ohne Tiefenstruktur und umgekehrt. Das Verhältnis zwischen Oberflächen- und Tiefenstruktur ist weiterhin *multioptional*, das heißt es existiert eine Vielfalt an Möglichkeiten der Repräsentation und Aktualisierung von Schlüsselkonzepten auf der Oberflächenebene des Unterrichts. Es handelt sich um kein 1:1-Verhältnis in dem Sinne, dass die Tiefenstrukturen eine bestimmte Oberflächenstruktur forderen, sondern um ein Spektrum an Optionen. Welches eine passende, das heißt die Tiefenstruktur reproduzierende ist, ist mittels empirischer Zugänge darstellbar. Weiterhin ist das Verhältnis zwischen Oberflächen- und Tiefenstruktur *reziprok*; denn Veränderungen der Oberflächenstrukturen können zu Modifikationen der Tiefenstrukturen führen.

Wohlergehen und Wohlbefinden: Die an das Wohlergehen gebundenen Bedürfnisse haben Auswirkungen auf die Ausgestaltung des Kulturhabitats. Wohlergehen und Wohlbefinden sind an die Befriedung grundlegender Bedürfnisse gekoppelt (soziale Eingebundenheit, Ernährung, Schlaf, Herausforderungen) sowie an die Anerkennung durch andere und an die Erfahrung persönlichen Sinns.